U0626863

中华传世藏书 【图文珍藏版】

论语

诠解

[春秋]孔子⊙原著 马博⊙主编

线装书局

闵损

闵损(公元前 536～前 487)，字子骞，春秋鲁国人。损为人温厚，富正义感，有批判力。夫子曰："夫人不言，言必有中。"

冉求

　　冉求(公元前 522~?)，字子有，春秋鲁
国人。冉求为人温和而谦逊；多艺而长于
政治；其行恭老恤幼，不忘宾旅，好学博艺，
省物而勤。

冉雍

　　冉雍(公元前 522~?),字仲弓,春秋鲁
国人。雍以德行称,为人重厚简默,敏于身
体力行;其行在贫如客,使其臣如借,不迁
怒,不深怨,不录旧恶。

颜回

颜回（公元前521~前490），字子
渊，春秋鲁国人。回天资明敏，不迁
怒，不二过，人格完善，于孔门中居德
行第一，被视为圣学传人，不幸先孔
子而死。

巫马施

　　巫马施(公元前 521～?)，字子旗，春秋鲁国人。施治理单父勤政爱民，事必躬亲，以星出，以星入，单父大治。

高柴

　　高柴(公元前 521~?)，字子羔，春秋卫国
人。柴长不盈五尺，受业孔子，孔子以为愚；柴
尝与子路同仕于卫，及卫乱，子路殉难，而柴能
得免。

子路篇第十三

【解读】

"子路篇"强调名正言顺。孔子说:"名不正则言不顺,言不顺则事不成。事不成则礼乐不兴,礼乐不兴则刑罚不中,刑罚不中。则民无所措手足。故君子名之必可言也。言之必可行也。君子于其言,无所苟而已矣。"做人做事都要讲究名正言顺,真正的君子。对于自己的言行,从来不会马马虎虎。做事情一定遵循规章律法,不会胡乱行事;说话也必定经过认真思考,不会随便出口。现代社会仍旧应该强调名正言顺,言之必行。

子路塑像

【原文】

子路问政。子曰:"先之劳之^①。"请益^②。曰:"无倦^③。"

【注释】

①先之劳之:先,引导,先导,即教化。之,指老百姓。做在老百姓之前,使老百姓勤劳。②益:请求增加一些。③无倦:不厌倦,不松懈。

【名家点评】

吴氏曰:"勇者喜于有为而不能持久,故以此告之。"

程子曰:"子路问政,孔子既告之矣。及请益,则曰'无倦'而已。未尝复有所告,姑使之深思也。"

苏氏曰:"凡民之行,以身先之,则不令而行。凡民之事,以身劳之,则虽勤不怨。"

【译文】

子路问怎样管理政事。孔子说:"做在老百姓之前,使老百姓勤劳。"子路请求多讲一点。孔子说:"不要懈怠。"

【原文】

仲弓为季氏宰,问政。子曰:"先有司①,赦小过,举贤才。"曰:"焉知贤才而举之?"曰:"举尔所知。尔所不知,人其舍诸②?"

【注释】

①有司:古代负责具体事务的官吏。②诸:"之乎"二字的合音。

【名家点评】

程子曰:"人各亲其亲,然后不独亲其亲。仲弓曰:'焉知贤才而举之',子曰'举尔所知,尔所不知,人其舍诸',便见仲弓与圣人用心之大小。推此义,则一心可以兴邦。一心可以丧邦,只在公私之间尔。"

范氏曰:"不先有司,则君行臣职矣;不赦小过,则下无全人矣;不举贤才,则百职废矣。失此三者,不可以为季氏宰,况天下乎?"

【译文】

仲弓做了季氏的家臣,问怎样管理政事。孔子说:"先责成手下负责具体事务的官吏,让他们各负其责,赦免他们的小过错,选拔贤才来任职。"仲弓又问:"怎样知道是贤才而把他们选拔出来呢?"孔子说:"选拔你所知道的,至于你不知道的贤才,别人难道还会埋没他们吗?"

【原文】

子路曰:"卫君①待子为政,子将奚②先?"子曰:"必也正名③乎!"子路曰:"有是哉,子之迂④也!奚其正?"子曰:"野哉,由也!君子于其所不知,盖阙⑤如也。名不正则言不顺,言不顺则事不成,事不成则礼乐不兴,礼乐不兴则刑罚不中⑥,刑罚不中,则民无所措手足。故君子名之必可言也,言之必可行也。君子于其言,无所苟⑦而已矣。"

【注释】

①卫君:卫出公,名辄,卫灵公之孙。其父蒯聩被卫灵公驱逐出国,卫灵公死后,蒯辄继位。蒯聩要回国争夺君位,遭到蒯辄拒绝。这里,孔子对此事提出了自己的看法。②奚:什么。③正名:即正名分。④迂:迂腐。⑤阙:同"缺",存疑的意思。⑥中:得当。⑦苟:苟且,马马虎虎。

【名家点评】

杨氏曰:"名不当其实,则言不顺;言不顺,则无以考实而事不成。"

范氏曰:"事得其序之谓礼,物得其和之谓乐;事不成则无序而不和,故礼乐不兴。礼乐不兴,则施之政事皆失其道,故刑罚不中。"

谢氏曰:"正名虽为卫君而言,然为政之道,皆当以此为先。"

程子曰:"名实相须。一事苟,则其馀皆苟矣。"

王安石曰:"孔子曰:'必也正名乎!'正名也者,所以正分也。然且为之,非所谓正名也。身不能正名,而可以正天下之名者,未之有也。"

【译文】

子路(对孔子)说:"卫国国君要您去治理国家,您打算先从哪些事情做起呢?"孔子说:"首先必须正名分。"子路说:"有这样做的吗?您想得太不合时宜了。这名怎么正呢?"孔子说:"仲由,真粗野啊。君子对于他所不知道的事情,总是采取存疑的态度。名分不正,说起话来就不顺当合理,说话不顺当合理,事情就办不成。事情办不成,礼乐也就不能兴盛。礼乐不能兴盛,刑罚的执行就不会得当。刑罚不得当,百姓就不知怎么办好。所以,君子一定要定下一个名分,必须能够说得明白,说出来一定能够行得通。君子对于自己的言行,是从不马马虎虎对待的。"

【阐释】

以上三章所讲的中心问题都是如何从政。前两章讲当政者应当以身作则。要求百姓做的事情,当政者首先要告诉百姓,使百姓能够搞清楚国家的政策,即孔子所讲的引导百姓。但在这三章中讲得最重要的问题是"正名"。"正名"是孔子"礼"的思想的组成部分。正名的具体内容就是"君君、臣臣、父父、子子",只有"名正"才可以做到"言顺",接下来的事情就迎刃而解了。

【原文】

樊迟请学稼。子曰:"吾不如老农。"请学为圃①。曰:"吾不如老圃。"樊迟出。子曰:"小人哉,樊须也!上好礼,则民莫敢不敬,上好义,则民莫敢不服;上好信,则民莫敢不用情②。夫如是,则四方之民襁③负其子而至矣,焉用稼?"

【注释】

①圃:菜地,引申为种菜。②用情:情,情实。以真心实情来对待。③襁:背婴孩的背篓。

【名家点评】

杨氏曰:"樊须游圣人之门而问稼圃,志则陋矣,辞而辟之可也。待其出而后言其非,何也?盖于其问也,自谓农圃之不如,则拒之者至矣。须之学疑不及此,而不能问。不能以三隅反矣,故不复。及其既出,则惧其终不喻也,求老农老圃而学焉,则其失愈远矣。故复言之,使知前所言者意有在也。"

【译文】

樊迟向孔子请教如何种庄稼。孔子说:"我不如老农。"樊迟又请教如何种菜。孔子说:"我不如老菜农。"樊迟退出以后,孔子说:"樊迟真是小人。在上位者只要重视礼,老百姓就不敢不敬长;在上位者只要重视义,老百姓就不敢不服从;在上位的人只要重视信,老百姓就不敢不用真心实情来对待你。要是做到这样,四面八方的老百姓就会背着自己的小孩来投奔,哪里用得着自己去种庄稼呢?"

【阐释】

孔子毫不客气地指责想学种庄稼和种菜的樊迟是小人,可以清楚地看出他的教育思想。他认为,在上位的人哪里需要学习种庄稼、种菜之类的知识,只要重视礼、义、信也就足够了。他培养学生,不是为了以后去种庄稼种菜,而是为了从政为官。在孔子时代,接受教育的人毕竟是少数,劳动者只要有充沛的体力就可以从事农业生产,而教育的目的,就是为了培养实行统治的知识分子。所以,孔子的教育目的并不是为了培养劳动者。这在当时的历史条件下有其相对的合理性。

【原文】

子曰:"诵《诗》三百,授之以政,不达①;使于四方,不能专对②。虽多,亦奚以③为?"

【注释】

①达:通达。这里是会运用的意思。②专对:独立对答。③以:用。

【名家点评】

程子曰:"穷经将以致用也。世之诵《诗》者,果能从政而专对乎?然则其所学者,章句之末耳,此学者之大患也。"

朱子曰:"《诗》本人情,该物理,可以验风俗之盛衰,见政治之得失。其言温厚和平,长于风谕。故诵之者,必达于政而能言也。"

【译文】

孔子说:"把《诗》三百篇背得很熟,让他处理政务,却不会办事;让他当外交使节,不能独立地办交涉;背得很多,又有什么用呢?"

【阐释】

《诗》,也是孔子教授学生的主要内容之一。他教学生诵诗,不单纯是为了诵诗,而为了把诗的思想运用到指导政治活动之中。儒家不主张死背硬记,当书呆子,而是要学以致用,应用到社会实践中去。

【原文】

子曰:"其身正,不令而行;其身不正,虽令不从。"

身正令行

【译文】

孔子说:"自身正了,即使不发布命令,老百姓也会去干;自身不正,即使发布命令,老百姓也不会服从。"

【原文】

子曰:"鲁、卫之政,兄弟也。"

【名家点评】

朱子曰:"鲁,周公之后。卫,康叔之后。本兄弟之国,而是时衰乱,政亦相似,故孔子叹之。"

【译文】

孔子说:"鲁和卫两国的政事,就像兄弟(的政事)一样。"

【阐释】

鲁国是周公旦的封地,卫国是康叔的封地,周公旦和康叔是兄弟,当时两国的政治情况有些相似。所以孔子说,鲁国的国事和卫国的国事,就像兄弟一样。

【原文】

子谓卫公子荆①:"善居室②。始有,曰:'苟③合④矣'。少有,曰:'苟完矣。'富有,曰:'苟美矣。'"

【注释】

①卫公子荆:卫国大夫,字南楚,卫献公的儿子。②善居室:善于管理经济,居家过日子。③苟:差不多。④合:足够。

【名家点评】

杨氏曰:"务为全美,则累物而骄吝之心生。公子荆皆曰'苟'而已,则不以外物为心,其欲易足故也。"

【译文】

孔子谈到卫国的公子荆时说:"他善于管理经济,居家理财。刚开始有一点,他说:'差不多也就够了。'稍为多一点时,他说:'差不多就算完备了。'更多一点时,他说:'差不多算是完美了'。"

【原文】

子适卫,冉有仆①。子曰:"庶矣哉!"冉有曰:"既庶②矣,又何加焉?"曰:"富之。"曰:"既富矣,又何加焉?"曰:"教之。"

【注释】

①仆:驾车。②庶:众多,这里指人口众多。

【名家点评】

胡氏曰:"天生斯民,立之司牧,而寄以三事。然自三代之后,能举此职者,百无一二。汉之文、明,唐之太宗,亦云庶且富矣。西京之教无闻焉。明帝尊师重傅,临雍拜老,宗戚子弟莫不受学;唐太宗大召名儒,增广生员,教亦至矣:然而未知所以教也。三代之教,天子公卿躬行于上,言行政事皆可师法。彼二君者,其能然乎。"

【译文】

孔子到卫国去,冉有为他驾车。孔子说:"人口真多呀!"冉有说:"人口已经够多了,还要再做什么呢?"孔子说:"使他们富起来。"冉有说:"富了以后又还要做些什么?"孔子说:"对他们进行教化。"

【阐释】

在本章里,孔子提出"富民"和"教民"的思想,而且是"先富后教"。这是正确的。但这并不是说,对老百姓只富不教。在孔子的观念中,教化百姓始终是十分重要的问题。所以,在这里,一定要注意深入理解孔子的原意。

【原文】

子曰:"苟有用我者,期月而已可也,三年有成。"

【名家点评】

尹氏曰:"孔子叹当时莫能用己也,故云然。"

【译文】

孔子说:"如果有人用我治理国家,一年便可以搞出个样子,三年就一定会有成效。"

【原文】

子曰:"善人为邦百年,亦可以胜残去杀矣。诚哉是言也!"

【名家点评】

尹氏曰:"胜残去杀,不为恶而已,善人之功如是。若夫圣人,则不待百年,其化亦不止此。"

程子曰："汉自高、惠至于文、景，黎民醇厚，几致刑措，庶乎其近之矣。"

《太平御览》注曰："善人居中不践迹，不入室也。此人为政不能早有成功，百年乃能无残暴之人。"

【译文】

孔子说："善人治理国家，经过一百年，也就可以消除残暴，废除刑罚杀戮了。这话真对呀！"

礼乐可兴

【阐释】

孔子说：善人需要一百年的时间，可以"胜残去杀"，达到他所理想的境界。其实，从这句话的本意去理解，善人施行"德治"，但并不排除刑罚的必要手段。这在现实的政治活动中，并不是可有可无的。

【原文】

子曰："如有王者，必世而后仁。"

【名家点评】

程子曰："周自文、武至于成王，而后礼乐兴，即其效也。"或问："'三年'、'必世'，迟速不同,何也?"程子曰:"'三年有成'。谓法度纪纲有成而化行也。渐民以仁,摩民以义,使之浃于肌肤,沦于骨髓,而礼乐可兴,所谓仁也。此非积久,何以能致?"

【译文】

孔子说:"如果有王者兴起,也一定要三十年才能实现仁政。"

【阐释】

上一章孔子讲,善人施行德治需要一百年的时间才可以到达理想境界,本章又说,王者治理国家也需要三十年的时间才能实现仁政。同样,王者在实现仁政之前的三十年间,也不能排除刑罚杀戮手段在社会政治生活中所起的重要作用。

【原文】

子曰:"苟正其身矣,于从政乎何有?不能正其身,如正人何?"

【译文】

孔子说:"如果端正了自身的行为,管理政事还有什么困难呢?如果不能端正自身的行为,怎能使别人端正呢?"

【阐释】

俗话说:"正人先正己。"本章里孔子所讲的就是这个道理。孔子把"正身"看作是从政为官的重要方面,是有深刻的思想价值的。

【原文】

冉子退朝。子曰:"何晏也?"对曰:"有政。"子曰:"其事也?如有政,虽不吾以,吾其与闻之。"

【名家点评】

礼:大夫虽不治事,犹得与闻国政。

朱子曰:"是时季氏专鲁,其于国政,盖有不与同列议于公朝,而独与家臣谋于私室者。故夫子为不知者而言:此必季氏之家事耳。若是国政,我尝为大夫。虽不见用,犹当与闻。今既不闻。则是非国政也。语意与魏征献陵之对略相似。其所以正名分,抑季氏,而教冉有之意深矣。"

【译文】

冉求退朝回来。孔子说:"为什么回来得这么晚呀?"冉求说:"有政事。"孔子说:"只是一般的事务吧? 如果有政事,虽然国君不用我了,我也会知道的。"

【原文】

定公问:"一言而可以兴邦,有诸?"孔子对曰:"言不可以若是其几也。人之言曰:'为君难,为臣不易。'如知为君之难也,不几乎一言而兴邦乎?"曰:"一言而丧邦,有诸?"孔子对曰:"言不可以若是其几也。人之言曰:'予无乐乎为君,唯其言而莫予违也。'如其善而莫之违也,不亦善乎? 如不善而莫之违也,不几乎一言而丧邦乎?"

【名家点评】

范氏曰:"言不善而莫之违,则忠言不至于耳,君日骄而臣日谄,未有不丧邦者也。"

谢氏曰:"知为君之难。则必敬谨以持之。惟其言而莫予违,则谗谄面谀之人至矣。邦未必遽兴丧也,而兴丧之源分于此。然此非识微之君子,何足以知之?"

【译文】

鲁定公问:"一句话就可以使国家兴盛,有这样的话吗?"孔子答道:"不可能有这样的话,但有近乎于这样的话。有人说:'做君难,做臣不易。'如果知道了做君的难,这不近乎于一句话可以使国家兴盛吗?"鲁定公又问:"一句话可以亡国,有这样的话吗?"孔子回答说:"不可能有这样的话,但有近乎这样的话。有人说过:'我做君主并没有什么可高兴的,我所高兴的只在于我所说的话没有人敢于违抗。'如果说得对而没有人违抗,不也好吗? 如果说得不对而没有人违抗,那不就近乎于一句话可以亡国吗?"

【阐释】

对于鲁定公的提问,孔子实际上做了肯定性的回答。他劝告定公,应当行仁政、礼治,不应以国君所说的话无人敢于违抗而感到高兴,这是值得注意的。作为在上位的统治者,一个念头、一句话如果不当,就有可能导致亡国丧天下的结局。

【原文】

叶公问政。子曰:"近者悦,远者来。"

【名家点评】

朱子曰:"被其泽则说,闻其风则来。然必近者说,而后远者来也。"

【译文】

叶公问孔子怎样管理政事。孔子说:"使近处的人高兴,使远处的人来归附。"

【原文】

子夏为莒父①宰,问政。子曰:"毋欲速,毋见小利。欲速则不达,见小利,则大事不成。"

【注释】

①莒父:莒,鲁国的一个城邑,在今山东省莒县境内。

【名家点评】

程子曰:"子张问政,子曰:'居之无倦,行之以忠。'子夏问政,子曰:'无欲速,无见小利。'子张常过高而未仁,子夏之病常在近小,故各以切己之事告之。"

苏轼曰:"若有始有卒,自可徐徐,十年之后,何事不立。"

【译文】

子夏做莒父的总管,问孔子怎样办理政事。孔子说:"不要求快,不要贪求小利。求快反而达不到目的,贪求小利就做不成大事。"

【阐释】

"欲速则不达",贯穿着辩证法思想,即对立着的事物可以互相转化。孔子要求子夏从政不要急功近利,否则就无法达到目的;不要贪求小利,否则就做不成大事。

【原文】

叶公语孔子曰:"吾党①有直躬者②,其父攘羊③,而子证④之。"孔子曰:"吾党之直者异于是，父为子隐，子为父隐，直在其中矣。"

【注释】

①党：乡党，古代以五百户为一党。②直躬者：正直的人。③攘羊：偷羊。④证：告发。

【名家点评】

谢氏曰："顺理为直。父不为子隐，子不为父隐，于理顺邪？瞽瞍杀人，舜窃负而逃，遵海滨而处。当是时，爱亲之心胜，其于直不直何暇计哉？"

朱子曰："父子相隐，天理人情之至。故不求为直，而直在其中。"

【译文】

叶公告诉孔子说："我的家乡有个正直的人，他的父亲偷了人家的羊，他告发了父亲。"孔子说："我家乡的正直的人和你讲的正直人不一样：父亲为儿子隐瞒，儿子为父亲隐瞒。正直就在其中了。"

【阐释】

孔子认为"父为子隐，子为父隐"就是具有了"直"的品格。看来，他把正直的道德纳入"孝"与"慈"的范畴之中了，一切都要服从"礼"的规定。这在今天当然应予扬弃。

【原文】

樊迟问仁。子曰："居处恭，执事敬，与人忠。虽之夷狄，不可弃也。"

【名家点评】

胡氏曰："樊迟问仁者三：此最先，'先难'次之，'爱人'其最后乎？"

程子曰："此是彻上彻下语。圣人初无二语也，充之则睟面盎背；推而达之，则笃恭而天下平矣。"

【译文】

樊迟问怎样才是仁。孔子说："平常在家规规矩矩，办事严肃认真，待人忠心诚意。即使到了夷狄之地，也不可背弃。"

【阐释】

这里孔子对"仁"的解释，是以"恭""敬""忠"三个德目为基本内涵。在家恭敬有礼，就是要符合孝悌的道德要求；办事严肃谨慎，就是要符合"礼"的要求；待人忠厚诚实，显示出仁德的本色。

【原文】

子贡问曰："何如斯可谓之士①矣?"子曰："行己有耻，使于四方，不辱君命，可谓士矣。"曰："敢问其次。"曰："宗族称孝焉，乡党称弟焉。"

曰："敢问其次。"曰："言必信，行必果②，硁硁③然小人哉! 抑亦可以为次矣。"曰："今之从政者何如?"子曰："噫! 斗筲之人④，何足算也?"

【注释】

①士:士在周代贵族中位于最底层。此后，士成为古代社会知识分子的通称。②果:果断、坚决。③硁硁:象声词，敲击石头的声音。这里引申为像石块那样坚硬。④斗筲之人:筲，竹器，容一斗二升。比喻器量狭小的人。

器如江海

【名家点评】

程子曰："子贡之意,盖欲为皎皎之行,闻于人者。夫子告之,皆笃实自得之事。"

【译文】

子贡问道："怎样才可以叫作士?"孔子说："自己在做事时有知耻之心,出使外国各方,能够完成君主交付的使命,可以叫作士。"子贡说："请问次一等的呢?"孔子说："宗族中的人称赞他孝顺父母,乡党们称他尊敬兄长。"子贡又问:"请问再次一等的呢?"孔子说："说到一定做到,做事一定坚持到底,不问是非地固执己见,那是小人啊。但也可以说是再次一等的士了。"子贡说："现在的执政者,您看怎么样?"孔子说："唉! 这些器量狭小的人,哪里能数得上呢?"

【阐释】

孔子观念中的"士",首先是有知耻之心、不辱君命的人,能够担负一定的国家使命。其次是孝敬父母、顺从兄长的人。再次才是"言必信,行必果"的人。至于现在的当政者,他认为是器量狭小的人,根本算不得士。他所培养的就是具有前两种品德的"士"。

【原文】

子曰："不得中行①而与之,必也狂狷②乎! 狂者进取,狷者有所不为也。"

【注释】

①中行:行为合乎中庸。②狷:拘谨,有所不为。

【名家点评】

朱子曰："圣人本欲得中道之人而教之,然既不可得,而徒得谨厚之人,则未必能自振拔而有为也。故不若得此狂狷之人,犹可因其志节而激厉裁抑之,以进于道,非与其终于此而已也。"

《论语集解》引:"狂者进取于善道,狷者守节无为。"

【译文】

孔子说："我找不到奉行中庸之道的人和他交往,只能与狂者、狷者相交往了。狂者敢作敢为,狷者对有些事是不肯干的。"

【阐释】

"狂"与"狷"是两种对立的品质。一是流于冒进,进取,敢作敢为;一是流于退缩,不敢作为。孔子认为,中行就是不偏不狂,也不偏于狷。人的气质、作风、德行都不偏于任何一个方面,对立的双方应互相牵制,互相补充,这样,才符合于中庸的思想。

【原文】

子曰:"南人有言曰:'人而无恒,不可以作巫医①。'善夫!""不恒其德,或承之羞②。"子曰:"不占③而已矣。"

不偏不狂

【注释】

①巫医:用卜筮为人治病的人。②不恒其德,或承之羞:此二句引自《易经·恒卦·爻辞》。③占:占卜。

【名家点评】

杨氏曰:"君子于《易》苟玩其占,则知无常之取羞矣。其为无常也,盖亦不占而已矣。"

【译文】

孔子说:"南方人有句话说:'人如果做事没有恒心,就不能当巫医。'这句话说得真好啊!""人不能长久地保存自己的德行,免不了要遭受耻辱。"孔子说:"(这句话是说,没有恒心的人)用不着去占卦了。"

【阐释】

本章中孔子讲了两层意思:一是人必须有恒心,这样才能成就事业。二是人必须恒久保持德行,否则就可能遭受耻辱。这是他对自己的要求,也是对学生们的告诫。

【原文】

子曰:"君子和①而不同②,小人同而不和。"

【注释】

①和:不同的东西和谐地配合叫作和,各方面之间彼此不同。②同:相同的东西相加或与人相混同,叫作同。各方面之间完全相同。

【名家点评】

尹氏曰:"君子尚义,故有不同。小人尚利,安得而和。"

【译文】

孔子说:"君子讲求和谐而不同流合污,小人只求完全一致,而不讲求协调。"

【阐释】

"和而不同"是孔子思想体系中的重要组成部分。"君子和而不同,小人同而不和。"君子可以与他周围的人保持和谐融洽的关系,但他对待任何事情都必须经过自己大脑的独立思考,从来不愿人云亦云,盲目附和;但小人则没有自己独立的见解,只求与别人完全一致,而不讲求原则,但他却与别人不能保持融洽友好的关系。这是在处事为人方面。

其实,在所有的问题上,往往都能体现出"和而不同"和"同而不和"的区别。"和而不同"显示出孔子思想的深刻哲理和高度智慧。

【原文】

子贡问曰:"乡人皆好之,何如?"子曰:"未可也。""乡人皆恶之,何如?"子曰:"未可也。不如乡人之善者好之,其不善者恶之。"

【名家点评】

朱子曰:"一乡之人,宜有公论矣,然其间亦各以类自为好恶也。故善者好之而恶者不恶,则必其有苟合之行,恶者恶之而善者不好,则必其无可好之实。"

【译文】

子贡问孔子说:"全乡人都喜欢、赞扬他,这个人怎么样?"孔子说:"这还不能肯定。"子贡又问孔子说:"全乡人都厌恶、憎恨他,这个人怎么样?"孔子说:"这也是不能肯定的。最好的人是全乡的好人都喜欢他,全乡的坏人都厌恶他。"

【阐释】

对于一个人的正确评价,其实并不容易。但在这里孔子把握住了一个原则,即不以众人的好恶为依据,而应以善恶为标准。听取众人的意见是应当的,也是判断一个人优劣的依据之一,但绝不是唯一的依据。他的这个思想对于我们今天识别好人与坏人有重要意义。

【原文】

子曰:"君子易事①而难说②也。说之不以道,不说也;及其使人也,器之③。小人难事而易说也。说之虽不以道,说也;及其使人也,求备焉。"

【注释】

①易事:易于与人相处共事。②难说:难于取得他的欢喜。③器之:量才使用他。

【名家点评】

朱子曰:"君子之心公而恕,小人之心私而刻。天理人欲之间,每相反而已矣。"

【译文】

　　孔子说："为君子办事很容易,但很难取得他的欢喜。不按正道去讨他的喜欢,他是不会喜欢的。但是,当他使用人的时候,总是量才而用人;为小人办事很难,但要取得他的欢喜则是很容易的。不按正道去讨他的喜欢,也会得到他的喜欢。但等到他使用人的时候,却是求全责备。"

泰而不骄

【阐释】

　　这一章里,孔子又提出了君子与小人之间的另一个区别。这一点也是十分重要的。作为君子,他并不对人百般挑剔,而且也不轻易表明自己的喜好,但在选用人才的时候,往往能够量才而用,不会求全责备。但小人就不同了。在现实社会中,君子并不多见,而此类小人则屡见不鲜。

【原文】

　　子曰:"君子泰而不骄,小人骄而不泰。"

【名家点评】

朱子曰:"君子循理,故安舒而不矜肆。小人逞欲,故反是。"

【译文】

孔子说:"君子安静坦然而不傲慢无礼,小人傲慢无礼而不安静坦然。"

【原文】

子曰:"刚、毅、木、讷近仁。"

【名家点评】

程子曰:"木者,质朴。讷者,迟钝。四者质之近乎仁者也。"

杨氏曰:"刚毅则不屈于物欲,木讷则不至于外驰,故近仁。"

何晏曰:"刚,无欲。毅,果敢。木,质朴。讷,迟钝。有斯四者,近于仁。"

【译文】

孔子说:"刚强、果敢、朴实、谨慎,这四种品德接近于仁。"

【阐释】

孔子把"仁"和人的朴素气质归为一类。这里首先必须是刚毅果断,其次必须言行谨慎,这样就接近于仁的最高境界了。这一主张与孔子的一贯思想是完全一致的。

【原文】

子路问曰:"何如斯可谓之士矣?"子曰:"切切偲偲①,怡怡②如也,可谓士矣。朋友切切偲偲,兄弟怡怡。"

【注释】

①偲偲:勉励、督促、诚恳的样子。②怡怡:和气、亲切、顺从的样子。

【名家点评】

胡氏曰:"切切,恳到也。偲偲,详勉也。怡怡,和悦也。皆子路所不足,故告之。又恐其混于所施,则兄弟有贼恩之祸,朋友有善柔之损,故又别而言之。"

【译文】

子路问孔子道:"怎样才可以称为士呢?"孔子说:"互助督促勉励,相处和和气气,可以算是士了。朋友之间互相督促勉励,兄弟之间相处和和气气。"

有道而为

【原文】

子曰:"善人教民七年,亦可以即戎矣。"

【名家点评】

程子曰:"'七年'云者,圣人度其时可矣。如云'期月'、'三年'、'百年'、'一世'、'大国五年'、'小国七年'之类,皆当思其作为如何乃有益。"

坡公曰:"夫民既富而教,然后可以即戎。"

【译文】

孔子说:"善人教练百姓用七年的时候,也就可以叫他们去当兵打仗了。"

【原文】

子曰:"以不教民战,是谓弃之。"

【名家点评】

朱子曰："用不教之民以战,必有败亡之祸,是弃其民也。"

【译文】

孔子说："如果不先对老百姓进行作战训练,这就叫抛弃他们。"

【阐释】

本章和上一章都讲了教练百姓作战的问题,从中可以看出,孔子并不完全反对军事手段解决某些问题。他主张训练百姓,否则便是抛弃了他们。

宪问篇第十四

【解读】

本篇共计四十四篇。本篇主要介绍了作为君子必须具备的某些品德,孔子对当时社会上的各种现象所发表的评论,孔子提出"见利思义"的义利观等。

【原文】

宪①问耻。子曰："邦有道,谷②;邦无道,谷,耻也。""克、伐③、怨、欲不行焉,可以为仁矣?"子曰："可以为难矣,仁则吾不知也。"

【注释】

①宪:姓原名宪,孔子的学生。②谷:这里指做官者的俸禄。③伐:自夸。

【名家点评】

朱子曰："邦有道不能有为,邦无道不能独善,而但知食禄,皆可耻也。宪之狷介,其于'邦无道,谷'之可耻,固知之矣;至于'邦有道,谷'之可耻,则未必知也。故夫子因其问而并言之,以广其志。使知所以自勉而进于有为也。"

程子曰："人而无克、伐、怨、欲,惟仁者能之。有之而能制其情,使不行,斯亦难能也,谓之仁则未也。此圣人开示之深，惜乎宪之不能再问也。"或曰："四者不行，固不得为仁矣。然亦岂非所谓克己之事。求仁之方乎？"曰：克去己私以复乎礼，则私欲不留。而天理之本然者得矣。若但制而不行，则是未有拔去病根之意，而容其潜藏隐伏于胸中也。岂克己求仁之谓哉？学者察于二者之间，则其所以求仁之功，益亲切而无渗漏矣。

【译文】

原宪问孔子什么是可耻。孔子说："国家有道，做官拿俸禄；国家无道，还做官拿俸禄，这就是可耻。"原宪又问："好胜、自夸、怨恨、贪欲都没有的人，可以算做到仁了吧？"孔子说："这可以说是很难得的，但至于是不是做到了仁，那我就不知道了。"

【阐释】

在《述而》篇第 13 章里，孔子谈到过有关"耻"的问题，本章又提到"耻"的问题。孔子在这里认为，做官的人应当竭尽全力为国效忠，无论国家有道还是无道，都照样拿俸禄的人，就是无耻。在本章第二个层次中，孔子又谈到"仁"的题。仁的标准很高，孔子在这里认为脱除了"好胜、自夸、怨恨、贪欲"的人难能可贵，但究竟合不合"仁"，他说就不得而知。显然，"仁"是最高的道德标准。

原宪

【原文】

子曰："士而怀居①，不足以为士矣。"

【注释】

①怀居：怀，思念，留恋。居，家居。指留恋家居的安逸生活。

【译文】

孔子说:"士如果留恋家庭的安逸生活,就不配做士了。"

【原文】

子曰:"邦有道,危①言危行;邦无道,危行言孙②。"

【注释】

①危:直,正直。②孙:同"逊"。

【名家点评】

尹氏曰:"君子之持身不可变也,至于言则有时而不敢尽,以避祸也。然则为国者使士言孙,岂不殆哉?"

【译文】

孔子说:"国家有道,要正言正行;国家无道,还要正直,但说话要随和谨慎。"

【阐释】

孔子要求自己的学生,当国家有道时,可以直述其言,但国家无道时,就要注意说话的方式方法。只有这样,才可以避免祸端。这是一种为政之道。当然,今天这样的做法也不乏其人,特别是在一些为官者那里,更是精于此道,这是应当给予批评的。

【原文】

子曰:"有德者必有言,有言者不必有德。仁者必有勇,勇者不必有仁。"

【名家点评】

尹氏曰:"有德者必有言,徒能言者未必有德也。仁者志必勇,徒能勇者未必有仁也。"

坡公曰:"非有言也,德之发于口者也。"

【译文】

孔子说:"有道德的人,一定有言论,有言论的人不一定有道德。仁人一定勇敢,勇敢的人都不一定有仁德。"

【阐释】

这一章解释的是言论与道德，勇敢与仁德之间的关系。这是孔子的道德哲学观，他认为勇敢只是仁德的一个方面，二者不能画等号，所以，人除了有勇以外，还要修养其他各种道德，从而成为有德之人。

【原文】

南宫适①问于孔子曰："羿②善射，奡③荡舟④，俱不得其死然。禹、稷⑤躬稼而有天下。"夫子不答。南宫适出。子曰："君子哉若人！尚德哉若人！"

【注释】

①南宫适：适，同"括"，即南容。②羿：传说中夏代有穷国的国君，善于射箭，曾夺夏太康的王位，后被其臣寒浞所杀。③奡：传说中寒浞的儿子，后来为夏少康所杀。④荡舟：用手推船。传说中奡力大，善于水战。⑤禹、稷：禹，夏朝的开国之君，善于治水，注重发展农业。稷，传说是周朝的祖先，又为谷神，教民种植庄稼。

【译文】

南宫适问孔子："羿善于射箭，奡善于水战，最后都不得好死。禹和稷都亲自种植庄稼，却得到了天下。"孔子没有回答，南宫适出去后，孔子说："这个人真是个君子呀！这个人真尊重道德。"

【阐释】

孔子是道德主义者，他鄙视武力和权术，崇尚朴素和道德。南宫适认为禹、稷以德而有天下，羿、奡以力而不得其终。孔子就说他很有道德，是个君子。后代儒家发展了这一思想，提出"恃德者昌，恃力者亡"的主张，要求统治者以德治天下，而不要以武力得天下，否则，最终是没有好下场的。

【原文】

子曰："君子而不仁者有矣夫，未有小人而仁者也。"

【名家点评】

谢氏曰："君子志于仁矣，然毫忽之间，心不在焉，则未免为不仁也。"

【译文】

孔子说:"君子中没有仁德的人是有的,而小人中有仁德的人是没有的。"

【原文】

子曰:"爱之,能勿劳乎? 忠焉,能勿诲乎?"

【名家点评】

苏氏曰:"爱而勿劳,禽、犊之爱也。忠而勿诲,妇、寺之忠也。爱而知劳之,则其为爱也深矣。忠而知诲之,则其为忠也大矣。"

【译文】

孔子说:"爱他,能不为他操劳吗? 忠于他,能不对他劝告吗?"

【原文】

子曰:"为命①,裨谌②草创之,世叔③讨论之,行人④子羽⑤修饰之,东里⑥子产润色之。"

【注释】

①命:指国家的政令。②裨谌:人名,郑国的大夫。③世叔:即子太叔,名游吉,郑国的大夫。子产死后,继子产为郑国宰相。④行人:官名,掌管朝觐聘问,即外交事务。⑤子羽:郑国大夫公孙挥的字。⑥东里:地名,郑国大夫子产居住的地方。

【译文】

孔子说:"郑国发表的公文,都是由裨谌起草的,世叔提出意见,外交官子羽加以修饰,由子产做最后修改润色。"

【原文】

或问子产。子曰:"惠人也。"问子西①。曰:"彼哉! 彼哉!"问管仲。曰:"人也②。夺伯氏③骈邑④三百,饭疏食,没齿⑤无怨言。"

【注释】

①子西:这里的子西指楚国的令尹,名申。②人也:即此人也。③伯氏:齐国的大夫。

④骈邑:地名,伯氏的采邑。⑤没齿:死。

【名家点评】

荀卿所谓"与之书社三百,而富人莫之敢拒"者,即此事也。或问"管仲、子产孰优?"曰:"管仲之德,不胜其才。子产之才,不胜其德。然于圣人之学,则概乎其未有闻也。"

加恩于人

【译文】

有人问子产是个怎样的人。孔子说:"是个有恩惠于人的人。"又问子西。孔子说:"他呀!他呀!"又问管仲。孔子说:"他是个有才干的人,他把伯氏骈邑的三百家夺走,使伯氏终生吃粗茶淡饭,直到老死也没有怨言。"

【原文】

子曰:"贫而无怨难,富而无骄易。"

【名家点评】

朱子曰:"处贫难,处富易,人之常情。然人当勉其难,而不可忽其易也。"

【译文】

孔子说:"贫穷而能够没有怨恨是很难做到的,富裕而不骄傲是容易做到的。"

【原文】

子曰:"孟公绰①为赵、魏老②则优③,不可以为滕、薛④大夫。"

【注释】

①孟公绰:鲁国大夫,属于孟孙氏家族。②老:这里指古代大夫的家臣。③优:有余。④滕、薛:滕,诸侯国家,在今山东滕县。薛,诸侯国家,在今山东滕县东南一带。

【名家点评】

杨氏曰:"知之弗豫,枉其才而用之,则为弃人矣。此君子所以患不知人也,言此,则孔子之用人可知矣。"

【译文】

孔子说:"孟公绰做晋国赵氏、魏氏的家臣,是才力有余的,但不能做滕、薛这样小国的大夫。"

【原文】

子路问成人①。子曰:"若臧武仲②之知,公绰之不欲,卞庄子③之勇,冉求之艺,文之以礼乐,亦可以为成人矣。"曰:"今之成人者何必然?见利思义,见危授命,久要④不忘平生之言,亦可以为成人矣。"

【注释】

①成人:人格完备的完人。②臧武仲:鲁国大夫臧孙纥。③卞庄子:鲁国卞邑大夫。④久要:长久处于穷困中。

【名家点评】

胡氏曰:"'今之成人'以下,乃子路之言。盖不复'闻斯行之'之勇,而有'终身诵之'之固矣。"

朱子曰:"兼此四子之长,则知足以穷理,廉足以养心,勇足以力行,艺足以泛应。而又节之以礼,和之以乐,使德成于内而文见乎外,则材全德备,浑然不见一善成名之迹;中正和乐,粹然无复偏倚驳杂之蔽:而其为人也亦成矣。"

【译文】

子路问怎样做才是一个完美的人。孔子说："如果具有臧武仲的智慧,孟公绰的克制,卞庄子的勇敢,冉求那样多才多艺,再用礼乐加以修饰,也就可以算是一个完人了。"孔子又说:"现在的完人何必一定要这样呢? 见到财利想到义的要求,遇到危险能献出生命,长久处于穷困还不忘平日的诺言,这样也可以成为一位完美的人。"

【阐释】

本章谈人格完善的问题。孔子认为,具备完善人格的人,应当富有智慧、克制、勇敢、多才多艺和礼乐修饰。谈到这里,孔子还认为,有完善人格的人,应当做到在见利见危和久居贫困的时候,能够思义、授命、不忘平生之言,这样做就符合于义。尤其是本章提出"见利思义"的主张,即遇到有利可图的事情,要考虑是否符合义,不义则不为。这句话对后世产生了极大影响。

【原文】

子问公叔文子①于公明贾②曰:"信乎,夫子③不言,不笑,不取乎?"公明贾对曰:"以④告者过也。夫子时然后言,人不厌其言;乐然后笑,人不厌其笑;义然后取,人不厌其取。"子曰:"其然? 岂其然乎?"

【注释】

①公叔之子:卫国大夫公孙拔,卫献公之子。谥号"文"。②公明贾:姓公明字贾,卫国人。③夫子:文中指公叔文子。④以:此处是"这个"的意思。

【名家点评】

朱子曰:"厌者,苦其多而恶之之辞。事适其可,则人不厌,而不觉其有是矣,是以称之或过,而以为不言、不笑、不取也。然此言也,非礼义充溢于中、得时措之宜者不能。文子虽贤,疑未及此。但君子与人为善,不欲正言其非也,故曰:'其然,岂其然乎?'"

【译文】

孔子向公明贾问到公叔文子,说:"先生他不说、不笑、不取钱财,是真的吗?"公明贾

中正和乐

回答道:"这是告诉你话的那个人的过错。先生他到该说时才说,因此别人不厌恶他说话;快乐时才笑,因此别人不厌恶他笑;合于礼要求的财利他才取,因此别人不厌恶他取。"孔子说:"原来这样,难道真是这样吗?"

【阐释】

孔子在这里通过评价公叔文子,进一步阐释"义然后取"的思想,只要合乎于义、礼,公叔文子并非不说、不笑、不取钱财。这就是有高尚人格者之所为。

【原文】

子曰:"臧武仲以防求为后于鲁,虽曰不要君,吾不信也。"

【名家点评】

朱子曰:"武仲得罪奔邾,自邾如防,使请立后而避邑。以示若不得请,则将据邑以叛,是要君也。"

范氏曰:"要君者无上,罪之大者也。武仲之邑,受之于君。得罪出奔,则立后在君,非己所得专也。而据邑以请,由其好知而不好学也。"

杨氏曰:"武仲卑辞请后,其迹非要君者,而意实要之。夫子之言,亦《春秋》诛意之法也。"

【译文】

孔子说:"臧武仲凭借防邑请求鲁君在鲁国替臧氏立后代,虽然有人说他不是要挟君主,我不相信。"

【阐释】

臧武仲因得罪孟孙氏逃离鲁国,后来回到防邑,向鲁君要求,以立臧氏之后为卿大夫作为条件,自己离开防邑。孔子认为他以自己的封地为据点,想要挟君主,犯上作乱,犯下了不忠的大罪。所以他说了上面这段话。此事在《春秋》书中有记载。

【原文】

子曰:"晋文公①谲②而不正,齐桓公③正而不谲。"

【注释】

①晋文公:姓姬名重耳,春秋时期有作为的政治家,著名的霸主之一。公元前636~前628年在位。②谲:欺诈,玩弄手段。③齐桓公:姓姜名小白,春秋时期有作为的政治家,著名的霸主之一。公元前685~前643年在位。

【名家点评】

朱子曰:"二公(指晋文公、齐桓公)皆诸侯盟主,攘夷狄以尊周室者也。虽其以力假仁,心皆不正,然桓公伐楚,仗义执言,不由诡道,犹为彼善于此。文公则伐卫以致楚,而阴谋以取胜,其谲甚矣。"

【译文】

孔子说:"晋文公诡诈而不正派,齐桓公正派而不诡诈。"

【阐释】

为什么孔子对春秋时代两位著名政治家的评价截然相反呢?他主张"礼乐征伐自天

仗义执言

子出", 对时人的违礼行为一概加以指责。晋文公称霸后召见周天子, 这对孔子来说是不可接受的, 所以他说晋文公诡诈。齐桓公打着"尊王"的旗号称霸, 孔子认为他的做法符合于礼的规定。所以, 他对晋文公、齐桓公做出上述评价。

【原文】

子路曰:"桓公杀公子纠①, 召忽②死之, 管仲不死。"曰:"未仁乎?"子曰:"桓公九合诸侯③, 不以兵车④, 管仲之力也。如其仁⑤, 如其仁。"

【注释】

①公子纠:齐桓公的哥哥。齐桓公与他争位, 杀掉了他。②召忽:管仲和召忽都是公子纠的家臣。公子纠被杀后, 召忽自杀, 管仲归服于齐桓公, 并当上了齐国的宰相。③九合诸侯:指齐桓公多次召集诸侯盟会。④不以兵车:即不用武力。⑤如其仁:这就是他的仁德。

【译文】

子路说:"齐桓公杀了公子纠, 召忽自杀以殉, 但管仲却没有自杀。管仲不能算是仁人吧?"孔子说:"桓公多次召集各诸侯国的盟会, 不用武力, 都是管仲的力量啊。这就是他的仁德, 这就是他的仁德。"

【阐释】

孔子提出"事君以忠"。公子纠被杀了,召忽自杀以殉其主,而管仲却没有死,不仅如此,他还归服了其主的政敌,担任了宰相,这样的行为应当属于对其主的不忠。但孔子这里却认为管仲帮助齐桓公召集诸侯会盟,而不依靠武力,是依靠仁德的力量,值得称赞。

【原文】

子贡曰:"管仲非仁者与?桓公杀公子纠,不能死,又相之。"子曰:"管仲相桓公,霸诸侯,一匡天下,民到于今受其赐。微①管仲,吾其被发左衽②矣。岂若匹夫匹妇之为谅③也,自经④于沟渎⑤而莫之知也。"

【注释】

①微:无,没有。②被发左衽:被,同"披"。衽,衣襟。"被发左衽"是当时的夷狄之俗。③谅:遵守信用。这里指小节小信。④自经:上吊自杀。⑤渎:小沟渠。

【名家点评】

程子曰:"桓公,兄也。子纠,弟也。仲私于所事,辅之以争国,非义也。桓公杀之虽过,而纠之死实当。仲始与之同谋,遂与之同死,可也;知辅之争为不义,将自免以图后功,亦可也,故圣人不责其死而称其功。若使桓弟而纠兄,管仲所辅者正,桓夺其国而杀之,则管仲之与桓,不可同世之仇也;若计其后功而与其事桓,圣人之言,无乃害义之甚,启万世反覆不忠之乱乎?如唐之王珪、魏征,不死建成之难,而从太宗,可谓害于义矣。后虽有功,何足赎哉?"

朱子曰:"管仲有功而无罪,故圣人独称其功;王、魏先有罪而后有功,则不以相掩可也。"

【译文】

子贡问:"管仲不能算是仁人了吧?桓公杀了公子纠,他不能为公子纠殉死,反而做了齐桓公的宰相。"孔子说:"管仲辅佐桓公,称霸诸侯,匡正了天下,老百姓到了今天还享受到他的好处。如果没有管仲,恐怕我们也要披散着头发,衣襟向左开了。哪能像普通百姓那样恪守小节,自杀在小山沟里,而谁也不知道呀。"

【阐释】

本章和上一章都是评价管仲。孔子也曾在别的章节中说到管仲的不是之处,但总的来说,他肯定了管仲有仁德。根本原因就在于管仲"尊王攘夷",反对使用暴力,而且阻止了齐鲁之地被"夷化"的可能。孔子认为,像管仲这样有仁德的人,不必像匹夫匹妇那样,斤斤计较他的节操与信用。

【原文】

公叔文子之臣大夫僎①与文子同升诸公②。子闻之,曰:"可以为'文'矣。"

【注释】

①僎:人名。公叔文子的家臣。②升诸公:公,公室。这是说僎由家臣升为大夫,与公叔文子同位。

【名家点评】

洪氏曰:"家臣之贱而引之使与己并,有三善焉:知人,一也;忘己,二也;事君,三也。"

【译文】

公叔文子的家臣僎和文子一同做了卫国的大夫。孔子知道了这件事以后说:"(他死后)可以给他'文'的谥号了。"

【原文】

子言卫灵公之无道也,康子曰:"夫如是,奚而不丧?"孔子曰:"仲叔圉①治宾客,祝鮀治宗庙,王孙贾治军旅,夫如是,奚其丧?"

【注释】

①仲叔圉:圉,即孔文子。他与后面提到的祝鮀、王孙贾都是卫国的大夫。

【名家点评】

尹氏曰:"卫灵公之无道,宜丧也;而能用此三人,犹足以保其国。而况有道之君,能用天下之贤才者乎?《诗》曰:'无竞维人,四方其训之。'"

【译文】

孔子讲到卫灵公的无道,季康子说:"既然如此,为什么他没有败亡呢?"孔子说:"因为他有仲叔圉接待宾客,祝鮀管理宗庙祭祀,王孙贾统率军队,像这样,怎么会败亡呢?"

【原文】

子曰:"其言之不怍①,则为之也难。"

【注释】

①怍:惭愧的意思。

【名家点评】

朱子曰:"大言不惭,则无必为之志,而不自度其能否矣。欲践其言,岂不难哉?"

【译文】

孔子说:"说话如果大言不惭,那么实现这些话就是很困难的了。"

【原文】

陈成子①弑简公②。孔子沐浴而朝,告于哀公曰:"陈恒弑其君,请讨之。"公曰:"告夫三子③。"孔子曰:"以吾从大夫之后④,不敢不告也。君曰'告夫三子'者。"之⑤三子告,不可。孔子曰:"以吾从大夫之后,不敢不告也。"

【注释】

①陈成子:即陈恒,齐国大夫,又叫田成子。他以大斗借出,小斗收进的方法受到百姓拥护。公元前481年,他杀死齐简公,夺取了政权。②简公:齐简公,姓姜名壬。公元前484~前481年在位。③三子:指季孙、孟孙、叔孙三家。④从大夫之后:孔子曾任过大夫职,但此时已经去官家居,所以说从大夫之后。⑤之:动词,往。

【名家点评】

程子曰:"左氏记孔子之言曰:'陈恒弑其君,民之不予者半。以鲁之众,加齐之半,可克也。'此非孔子之言。诚若此言,是以力不以义也。若孔子之志,必将正名其罪,上告天子,下告方伯,而率与国以讨之。至于所以胜齐者,孔子之馀事也,岂计鲁人之众寡哉?

以力不以义

当是时,天下之乱极矣,因是足以正之,周室其复兴乎？鲁之君臣,终不从之,可胜惜哉！"

胡氏曰:"《春秋》之法:弑君之贼,人得而讨之。仲尼此举,先发后闻可也。"

【译文】

陈成子杀了齐简公。孔子斋戒沐浴以后,随即上朝去见鲁哀公,报告说:"陈恒把他的君主杀了,请你出兵讨伐他。"哀公说:"你去报告那三位大夫吧。"孔子退朝后说:"因为我曾经做过大夫,所以不敢不来报告,君主却说'你去告诉那三位大夫吧'！"孔子去向那三位大夫报告,但三位大夫不愿派兵讨伐,孔子又说:"因为我曾经做过大夫,所以不敢不来报告呀！"

【阐释】

陈成子杀死齐简公,这在孔子看来真是"不可忍"的事情。尽管他已经退官家居了,但他还是郑重其事地把此事告诉了鲁哀公,当然这违背了"不在其位,不谋其政"的戒律。他的请求遭到哀公的婉拒,所以孔子心里一定是很抱怨,但又无能为力。

【原文】

子路问事君。子曰:"勿欺也,而犯之。"

【名家点评】

范氏曰:"犯非子路之所难也,而以不欺为难。故夫子教以先勿欺而后犯也。"

【译文】

子路问怎样侍奉君主。孔子说:"不能欺骗他,但可以犯颜直谏。"

【原文】

子曰:"君子上达,小人下达。"

【名家点评】

朱子曰:"君子循天理,故日进乎高明。小人徇人欲,故日究乎污下。"

【译文】

孔子说:"君子向上通达仁义,小人向下通达财利。"

【阐释】

对于"上达""下达"的解释,在学术界有所不同。另两种观点,一是上达于道,下达于器,即农工商各业;二是上达长进向上,日进乎高明;下达是沉沦向下,日究乎污下。可供读者分析判别。

【原文】

子曰:"古之学者为己,今之学者为人。"

【名家点评】

程子曰:"为己,欲得之于己也。为人,欲见知于人也。"

程子曰:"古之学者为己,其终至于成物。今之学者为人,其终至于丧己。"

朱子曰:"圣贤论学者用心得失之际,其说多矣,然未有如此言之切而要者。于此明辨而日省之,则庶乎其不昧于所从矣。"

【译文】

孔子说:"古代的人学习是为了提高自己,而现在的人学习是为了给别人看。"

【原文】

蘧伯玉①使人于孔子。孔子与之坐而问焉,曰:"夫子何为?"对曰:"夫子欲寡其过而未能也。"使者出,子曰:"使乎!使乎!"

【注释】

①蘧伯玉:蘧,人名,卫国的大夫,名瑗,孔子到卫国时曾住在他的家里。

【名家点评】

朱子曰:"言其但欲寡过而犹未能,则其省身克己、常若不及之意可见矣。使者之言愈自卑约,而其主之贤益彰,亦可谓深知君子之心而善于辞令者矣。故夫子再言'使乎',以重美之。按庄周称'伯玉行年五十而知四十九年之非',又曰:'伯玉行年六十而六十化'。盖其进德之功,老而不倦,是以践履笃实,光辉宣著,不惟使者知之,而夫子亦信之也。"

【译文】

蘧伯玉派使者去拜访孔子。孔子让使者坐下,然后问道:"先生最近在做什么?"使者回答说:"先生想要减少自己的错误,但未能做到。"使者走了以后,孔子说:"好一位使者啊,好一位使者啊!"

【原文】

子曰:"不在其位,不谋其政。"曾子曰:"君子思不出其位。"

【名家点评】

范氏曰:"物各止其所,而天下之理得矣。故君子所思不出其位,而君臣、上下、大小、皆得其职也。"

【译文】

孔子说:"不在那个职位,就不要考虑那个职位上的事情。"曾子说:"君子考虑问题,从来不超出自己的职位范围。"

【阐释】

"不在其位,不谋其政",这是被人们广为传说的一句名言。这是孔子对于学生们今后为官从政的忠告。他要求为官者各负其责,各司其职,脚踏实地,做好本职分内的事情。"君子思不出位"也同样是这个意思。这是孔子的一贯思想,与"正名分"的主张是完全一致的。

【原文】

子曰:"君子耻其言而过其行。"

【译文】

孔子说:"君子认为说得多而做得少是可耻的。"

【阐释】

这句话极为精炼,但含义深刻。孔子希望人们少说多做,而不要只说不做或多说少做。在社会生活中,总有一些夸夸其谈的人,他们口若悬河,滔滔不绝,说尽了大话、套话、虚话,但到头来,一件实事未做,给集体和他人造成极大的不良影响。因此,对照孔子所说的这句话,有此类习惯的人,似乎应当有所警戒了。

【原文】

子曰:"君子道者三,我无能焉:仁者不忧,知者不惑,勇者不惧。"子贡曰:"夫子自道也。"

【名家点评】

尹氏曰:"成德以仁为先,进学以知为先。"

【译文】

孔子说:"君子之道有三个方面,我都未能做到:仁德的人不忧愁,聪明的人不迷惑,勇敢的人不畏惧。"子贡说:"这正是老师的自我表述啊!"

【阐释】

作为君子,孔子认为其必需的品格有许多,这里他强调指出了其中的三个方面:仁、智、勇。在《子罕》篇第9章中，孔子也讲到以上这三个方面。

【原文】

子贡方人①。子曰："赐也贤乎哉②？夫我则不暇。"

专务致事

【注释】

①方人：评论、诽谤别人。②赐也贤乎哉：疑问语气，批评子贡不贤。

【名家点评】

谢氏曰："圣人责人，辞不迫切而意已独至如此。"

朱子曰："比方人物而较其短长，虽亦穷理之事，然专务为此，则心驰于外，而所以自治者疏矣。故褒之而疑其辞，复自贬以深抑之。"

【译文】

子贡评论别人的短处。孔子说："赐啊，你真的就那么贤良吗？我可没有闲工夫去评论别人。"

【原文】

子曰："不患人之不己知，患其不能也。"

【译文】

孔子说:"不忧虑别人不知道自己,只担心自己没有本事。"

【原文】

子曰:"不逆①诈,不亿②不信,抑亦先觉者,是贤乎!"

【注释】

①逆:迎。预先猜测。②亿:同"臆",猜测的意思。

【译文】

孔子说:"不预先怀疑别人欺诈,也不猜测别人不诚实,然而能事先觉察别人的欺诈和不诚实,这就是贤人了。"

【原文】

微生亩①谓孔子曰:"丘,何为是②栖栖③者与? 无乃为佞乎?"孔子曰:"非敢为佞也,疾固④也。"

【注释】

①微生亩:鲁国人。②是:如此。③栖栖:忙碌不安、不安定的样子。④疾固:疾,恨。固,固执。

【名家点评】

朱子曰:"圣人之于达尊,礼恭而言直如此,其警之亦深矣。"

【译文】

微生亩对孔子说:"孔丘,你为什么这样四处奔波游说呢? 你不就是要显示自己的口才和花言巧语吗?"孔子说:"我不是敢于花言巧语,只是痛恨那些顽固不化的人。"

【原文】

子曰:"骥①不称其力,称其德也。"

【注释】

①骥:千里马。古代称善跑的马为骥。

大夫师事

【名家点评】

尹氏曰："骥虽有力,其称在德。人有才而无德,则亦奚足尚哉?"

【译文】

孔子说:"千里马值得称赞的不是它的气力,而是称赞它的品德。"

【原文】

或曰:"以德报怨,何如?"子曰:"何以报德? 以直报怨,以德报德。"

【名家点评】

朱子曰:"或人之言,可谓厚矣。然以圣人之言观之,则见其出于有意之私,而怨德之报皆不得其平也。必如夫子之言,然后二者之报各得其所。然怨有不仇,而德无不报,则又未尝不厚也。此章之言,明白简约,而其指意曲折反复,如造化之简易易知,而微妙无穷。"

【译文】

有人说:"用恩德来报答怨恨怎么样?"孔子说:"用什么来报答恩德呢? 应该是用正直来报答怨恨,用恩德来报答恩德。"

【阐释】

孔子不同意"以德报怨"的做法,认为应当是"以直报怨"。这是说,不以有旧恶旧怨而改变自己的公平正直，也就是坚持了正直，"以直报怨"对于个人道德修养极为重要，但用在政治领域，有时就不那么适宜了。

【原文】

子曰："莫我知也夫！"子贡曰："何为其莫知子也？"子曰："不怨天，不尤①人。下学而上达②，知我者其天乎！"

【注释】

①尤：责怪、怨恨。②下学上达：下学学人事，上达达天命。

【名家点评】

程子曰："不怨天，不尤人，在理当如此。"又曰："下学上达，意在言表。"又曰："学者须守下学上达之语，乃学之要。盖凡下学人事，便是上达天理。然习而不察，则亦不能以上达矣。"

朱子曰："不得于天而不怨天，不合于人而不尤人。但知下学而自然上达，此但自言其反己自修，循序渐进耳，无以甚异于人而致其知也。然深味其语意，则见其中自有人不及知而天独知之之妙。"

【译文】

孔子说："没有人了解我啊！"子贡说："怎么能说没有人了解您呢？"孔子说："我不埋怨天，也不责备人，下学礼乐而上达天命，了解我的只有天吧！"

【原文】

公伯寮①愬②子路于季孙。子服景伯③以告，曰："夫子故有惑志于公伯寮，吾力犹能肆诸市朝④。"子曰："道之将行也与，命也；道之将废也与，命也。公伯寮其如命何！"

【注释】

①公伯寮：姓公伯名寮，字子周，孔子的学生，曾任季氏的家臣。②愬：同"诉"，告发、诽谤。③子服景伯：鲁国大夫，姓子服名伯，景是他的谥号。④肆诸市朝：古时处死罪人后陈尸示众。

【名家点评】

朱子曰:"言此以晓景伯,安子路,而警伯寮耳。圣人于利害之际,则不待决于命而后泰然也。"

谢氏曰:"虽寮之想行,亦命也。其实寮无如之何。"

【译文】

公伯寮向季孙告发子路。子服景伯把这件事告诉给孔子,并且说:"季孙氏已经被公伯寮迷惑了,我的力量能够把公伯寮杀了,把他陈尸于市。"孔子说:"道能够得到推行,是天命决定的;道不能得到推行,也是天命决定的。公伯寮能把天命怎么样呢?"

【阐释】

在本章里,孔子又一次谈到自己的天命思想。"道"能否推行,在天命而不在人为,即所谓"谋事在人,成事在天"。

【原文】

子曰:"贤者辟①世,其次辟地,其次辟色,其次辟言。"子曰:"作者七人②矣。"

【注释】

①辟:同"避",逃避。②七人:即伯夷、叔齐、虞仲、夷逸、朱张、柳下惠、少连。

【名家点评】

《太平御览·叙逸民一》注曰:七人谓长沮、桀溺、丈人、石门、荷蒉、仪封人、楚狂接舆。

【译文】

孔子说:"贤人逃避动荡的社会而隐居,次一等的逃避到另外一个地方去,再次一点的逃避别人难看的脸色,再次一点的回避别人难听的话。"孔子又说:"这样做的已经有七个人了。"

【阐释】

这一章里讲为人处世的道理。人不能总是处于一帆风顺的环境里,身居逆境,怎样做？这是孔子教授给弟子们的处世之道。

【原文】

子路宿于石门①。晨门②曰："奚自？"子路曰："自孔氏。"曰："是知其不可而为之者与？"

【注释】

①石门：地名。鲁国都城的外门。②晨门：早上看守城门的人。

【名家点评】

胡氏曰："晨门知世之不可而不为，故以是讥孔子。然不知圣人之视天下，无不可为之时也。"

【译文】

子路夜里住在石门，看门的人问："从哪里来？"子路说："从孔子那里来。"看门的人说："是那个明知做不到却还要去做的人吗？"

【阐释】

"知其不可而为之"，这是做人的大道理。人要有一点锲而不舍的追求精神，许多事情都是经过艰苦努力和奋斗而得来的。孔子"知其不可而为之"，反映出他孜孜不倦的执着精神。从这位看门人的话中，我们也可以看出当时普通人对孔子的评论。

【原文】

子击磬①于卫，有荷蒉②而过孔氏之门者，曰："有心哉，击磬乎！"既而曰："鄙哉！硁硁③乎！莫己知也，斯己而已矣。深则厉④，浅则揭⑤。"子曰："果哉！末⑥之难⑦矣。"

【注释】

①磬：一种打击乐器的名称。②荷蒉：荷，肩扛。蒉，草筐，肩背着草筐。③硁硁：击磬的声音。④深则厉：穿着衣服涉水过河。⑤浅则揭：提起衣襟涉水过河。"深则厉，浅出揭"是《诗经·卫风·匏有苦叶》的诗句。⑥末：无。⑦难：责问。

【名家点评】

朱子曰："圣人心同天地,视天下犹一家,中国犹一人,不能一日忘也。故闻荷蒉之言,而叹其果于忘世,且言人之出处若但如此,则亦无所难矣。"

【译文】

孔子在卫国,一次正在敲击磬,有一位背扛草筐的人从门前走过说:"这个击磬的人有心思啊!"一会儿又说:"声音硁硁的,真可鄙呀,没有人了解自己,就只为自己就是了。(好像涉水一样)水深就穿着衣服趟过去,水浅就撩起衣服趟过去。"孔子说:"说得真干脆,没有什么可以责问他了。"

【原文】

子张曰:"《书》云:'高宗①谅阴②,三年不言。'何谓也?"子曰:"何必高宗?古之人皆然。君薨③,百官总己以听于冢宰④三年。"

【注释】

①高宗:商王武宗。②谅阴:古时天子守丧之称。③薨:周代时诸侯死称此。④冢宰:官名,相当于后世的宰相。

【名家点评】

刑昺云:"言君既薨,新君即位,使百官各总己职以听于冢宰三年,丧毕,然后王自听政。"

胡氏曰:"位有贵贱,而生于父母无以异者。故三年之丧,自天子达于庶人。子张非疑此也,殆以为人君三年不言,则臣下无所禀令,祸乱或由以起也。孔子告以听于冢宰,则祸乱非所忧矣。"

【译文】

子张说:"《尚书》上说,'高宗守丧,三年不谈政事。'这是什么意思?"孔子说:"不仅是高宗,古人都是这样。国君死了,朝廷百官都各管自己的职事,听命于冢宰三年。"

【阐释】

子女为父母守丧三年的习惯在孔子以前就有,《尚书》中就有这样的记载。对此,孔

听命冢宰

子持肯定态度,即使国君,其父母去世了,也在继位后三年内不理政事,平民百姓更是如此了。

【原文】

子曰:"上好礼,则民易使也。"

【名家点评】

谢氏曰:"礼达而分定,故民易使。"

【译文】

孔子说:"在上位的人喜好礼,那么百姓就容易指使了。"

【原文】

子路问君子。子曰:"修己以敬。"曰:"如斯而已乎?"曰:"修己以安人①。"曰:"如斯而已乎?"曰:"修己以安百姓②。修己以安百姓,尧舜其犹病诸?"

【注释】

①安人:使上层人物安乐。②安百姓:使老百姓安乐。

【名家点评】

朱子曰："夫子之言至矣尽矣,而子路少之。故再以其充积之盛、自然及物者告之,无他道也。'人'者,对'己'而言。'百姓',则尽乎人矣。'尧、舜犹病',言不可以有加于此,以抑子路,使反求诸己也。盖圣人之心无穷,世虽极治,然岂能必知四海之内果无一物不得其所哉? 故尧、舜犹以安百姓为病,若曰'吾治已足',则非所以为圣人矣。"

程子曰："君子修己以安百姓,笃恭而天下平。惟上下一于恭敬,则天地自位,万物自育,气无不和,而四灵毕至矣。此体信达顺之道,聪明睿智皆由是出,以此事天飨帝。"

【译文】

子路问什么叫君子。孔子说："修养自己,保持严肃恭敬的态度。"子路说："这样就够了吗?"孔子说："修养自己,使周围的人们安乐。"子路说："这样就够了吗?"孔子说："修养自己,使所有百姓都安乐。修养自己使所有百姓都安乐,尧舜还怕难于做到呢?"

【阐释】

本章里孔子再谈君子的标准问题。他认为,修养自己是君子立身处世和管理政事的关键所在,只有这样做,才可以使上层人物和老百姓都得到安乐,所以孔子的修身,更重要的是在于治国平天下。

【原文】

原壤①夷俟②。子曰："幼而不孙弟③,长而无述焉,老而不死,是为贼。"以杖叩其胫。

【注释】

①原壤:鲁国人,孔子的旧友。他母亲死了,他还大声歌唱,孔子认为这是大逆不道。②夷俟:夷,双腿分开而坐。俟,等待。③孙弟:同"逊悌"。

【译文】

原壤叉开双腿坐着等待孔子。孔子骂他说："年幼的时候,你不讲孝悌,长大了又没有什么可说的成就,老而不死,真是害人虫。"说着,用手杖敲他的小腿。

【原文】

阙党①童子将命②。或问之曰："益者与?"子曰："吾其居于位③也,见其与先毕并行也。非求益者也,欲速成者也。"

阙里之地

【注释】

①阙党:即阙里,孔子家住的地方。②将命:在宾主之间传言。③居于位:童子与长者同坐。

【名家点评】

礼:童子当隅坐,随行。孔子言:吾见此童子不循此礼,非能求益,但欲速成尔。故使之给使令之役,观长少之序,习揖逊之容,盖所以抑而教之,非宠而异之也。

【译文】

阙里的一个童子,来向孔子传话。有人问孔子:"这是个求上进的孩子吗?"孔子说:"我看见他坐在成年人的位子上,又见他和长辈并肩而行,他不是要求上进的人,只是个急于求成的人。"

【阐释】

孔子特别注重长幼有序。这是儒家的一贯主张。除了在家庭里讲孝、讲悌以外,年幼者在家庭以外的地方还必须尊敬长者。由此,发展为中华民族尊老敬老的传统美德,这在今天还有提倡的必要,但应当剔除其中的封建因素,赋予民主性内容。

卫灵公篇第十五

【解读】

"卫灵公篇"旨在警示人们应该有忧患意识。人无远虑必有近忧,如果不能用长远的目光来看待事物,没有纵观全局的远见卓识,就必定会被始料不及的危难弄得措手不及。

孔子说:"志士仁人,无求生以害仁,有杀身以成仁。""人无远虑,必有近忧。""不曰'如之何,如之何'者,吾末如之何也已矣。"做人要谨慎,身处顺境的时候。不能得意忘形,要树立忧患意识,想到可能会遇到的困难;身处逆境的时候,不要灰心绝望,要有临危不惧的精神。凡事未雨绸缪。防患于未然,就能够从容面对一切灾难。

【原文】

卫灵公问陈①于孔子。孔子对曰:"俎豆②之事,则尝闻之矣;军旅之事,未之学也。"明日遂行。

【注释】

①陈:同"阵",军队作战时,布列的阵势。②俎豆:俎,俎豆是古代盛食物的器皿,被用作祭祀时的礼器。

【名家点评】

尹氏曰:"卫灵公,无道之君也,复有志于战伐之事,故答以未学而去之。"

【译文】

卫灵公向孔子问军队列阵之法。孔子回答说:"祭祀礼仪方面的事情,我还听说过;用兵打仗的事,从来没有学过。"第二天,孔子便离开了卫国。

【阐释】

卫灵公向孔子询问有关军事方面的问题,孔子对此很不感兴趣。从总体上讲,孔子反对用战争的方式解决国与国之间的争端，当然在具体问题上也有例外。孔子主张以礼治国，礼让为国，所以他以上面这段话回答了卫灵公，并于次日离开了卫国。

【原文】

在陈绝粮，从者病，莫能兴。子路愠①见曰："君子亦有穷乎?"子曰："君子固穷②，小人穷斯滥矣。"

【注释】

①愠：怒，怨恨。②固穷：固守穷困，安守穷困。

【名家点评】

程子曰："固穷者，固守其穷。"

何氏曰："滥，溢也。言君子固有穷时，不若小人穷则放溢为非。"

【译文】

(孔子一行)在陈国断了粮食，随从的人都饿病了。子路很不高兴地来见孔子，说道："君子也有穷得毫无办法的时候吗?"孔子说："君子虽然穷困，但还是坚持着；小人一遇穷困就无所不为了。"

【阐释】

从本章开始，以后又有若干章谈及君子与小人在某些方面的区别。这里，孔子说到面对穷困潦倒的局面，君子与小人就有了显而易见的不同。

【原文】

子曰："赐也! 女以予为多学而识之者与?"对曰："然，非与?"曰："非也，予一以贯之。"

【名家点评】

谢氏曰："圣人之道大矣，人不能遍观而尽识，宜其以为多学而识之也。然圣人岂务博者哉? 如天之于众形，匪物物刻而雕之也。故曰：'予一以贯之。''德輶如毛，毛犹有伦。上天之载，无声无臭。至矣!'"

朱子按:"夫子之于子贡,屡有以发之,而他人不与焉。则颜、曾以下诸子所学之浅深,又可见矣。"又曰:"子贡之学,多而能识矣。夫子欲其知所本也,故问以发之。"

【译文】

孔子说:"赐啊!你以为我是学习得多了才——记住的吗?"子贡答道:"是啊,难道不是这样吗?"孔子说:"不是的。我是用一个根本的东西把它们贯彻始终的。"

【阐释】

这里,孔子讲到"一以贯之",这是他学问渊博的根本所在。那么,这个"一"指什么?文中没有讲明。我们认为,"一以贯之",就是在学习的基础上,认真思考,从而悟出其中内在的东西。孔子在这里告诉子贡和其他学生,要学与思相结合,认真学习,深切领悟。

【原文】

子曰:"由!知德者鲜矣。"

【译文】

孔子说:"由啊!懂得德的人太少了。"

【原文】

子曰:"无为而治①者,其舜也与?夫②何为哉?恭己正南面而已矣。"

【注释】

①无为而治:国家的统治者不必有所作为便可以治理国家了。②夫:代词,他。

【名家点评】

朱子曰:"无为而治者,圣人德盛而民化,不待其有所作为也。独称舜者,绍尧之后,而又得人以任众职,故尤不见其有为之迹也。"

【译文】

孔子说:"能够无所作为而治理天下的人,大概只有舜吧?他做了些什么呢?只是庄严端正地坐在朝廷的王位上罢了。"

【阐释】

"无为而治"是道家所称赞的治国方略,符合道家思想的一贯性。这里,孔子也赞赏无为而治并以舜为例加以说明,这表明,主张积极进取的儒家十分留恋三代的法度礼治,但在当时的现实生活中并不一定要求统治者无为而治。在孔子的观念中,不是无为而治,而是礼治。

【原文】

子张问行①。子曰"言忠信,行笃敬,虽蛮貊②之邦,行矣。言不忠信,行不笃敬,虽州里③,行乎哉?立则见其参④于前也,在舆则见其倚于衡⑤也,夫然后行。"子张书诸绅⑥。

【注释】

①行:通达的意思。②蛮貊:古人对少数民族的贬称。蛮在南,貊,在北方。③州里:五家为邻,五邻为里。五党为州,二千五百家。州里指近处。④参:列,显现。⑤衡:车辕前面的横木。⑥绅:贵族系在腰间的大带。

【名家点评】

程子曰:"学要鞭辟近里,著己而已。博学而笃志,切问而近思;言忠信,行笃敬;立则见其参于前,在舆则见其倚于衡:即此是学。质美者明得尽,渣滓便浑化,却与天地同体。其次惟庄敬以持养之,及其至则一也。"

朱子曰:"其于忠信、笃敬念念不忘,随其所在,常若有见,虽欲顷刻离之而不可得;然后一言一行,自然不离于忠信、笃敬,而蛮貊可行也。"

【译文】

子张问如何才能使自己到处都能行得通。孔子说:"说话要忠信,行事要笃敬,即使到了蛮貊地区,也可以行得通。说话不忠信,行事不笃敬,就是在本乡本土,能行得通吗?站着,就仿佛看到忠信笃敬这几个字显现在面前,坐车,就好像看到这几个字刻在车辕前的横木上,这样才能使自己到处行得通。"子张把这些话写在腰间的大带上。

【原文】

子曰:"直哉史鱼①!邦有道,如矢②;邦无道,如矢。君子哉蘧伯玉!邦有道,则仕;

邦无道,则可卷而怀之。"

【注释】

①史鱼:卫国大夫,名鰌,字子鱼,他多次向卫灵公推荐蘧伯玉。②如矢:矢,箭。形容其直。

【名家点评】

杨氏曰:"史鱼之直,未尽君子之道。若蘧伯玉,然后可免于乱世。若史鱼之如矢,则虽欲卷而怀之,有不可得也。"

【译文】

孔子说:"史鱼真是正直啊!国家有道,他的言行像箭一样直;国家无道,他的言行也像箭一样直。蘧伯玉也真是一位君子啊!国家有道就出来做官,国家无道就(辞退官职)把自己的主张收藏在心里。"

【阐释】

从文中所述内容看,史鱼与伯玉是有所不同的。史鱼当国家有道或无道时,都同样直爽,而伯玉则只在国家有道时出来做官。所以,孔子说史鱼是"直",伯玉是"君子"。

【原文】

子曰:"可与言而不与之言,失人;不可与言而与言,失言。知者不失人,亦不失言。"

【译文】

孔子说:"可以同他谈的话,却不同他谈,这就是失掉了朋友;不可以同他谈的话,却同他谈,这就是说错了话。有智慧的人既不失去朋友,又不说错话。"

【原文】

子曰:"志士仁人,无求生以害仁,有杀身以成仁。"

【名家点评】

朱子曰:"(志士仁人)理当死而求生。则于其心有不安矣,是害其心之德也。当死而死,则心安而德全矣。"

杀身成仁

程子曰:"实理得之于心自别。实理者,实见得是,实见得非也。古人有捐躯殒命者,若不实见得,恶能如此? 须是实见得生不重于义、生不安于死也。故有杀身以成仁者,只是成就一个'是'而已。"

【译文】

孔子说:"志士仁人,没有贪生怕死而损害仁的,只有牺牲自己的性命来成全仁的。"

【阐释】

"杀身成仁"被近现代以来某些人加以解释和利用后,似乎已经成了贬义词。其实,我们认真、深入地去理解孔子所说的这段话,主要谈了他的生死观是以"仁"为最高原则的。生命对每个人来讲都是十分宝贵的,但还有比生命更可宝贵的,那就是"仁"。"杀身成仁",就是要人们在生死关头宁可舍弃自己的生命也要保全"仁"。自古以来,它激励着多少仁人志士为国家和民族的生死存亡而抛头颅洒热血,谱写了一首首可歌可泣的壮丽诗篇。

【原文】

子贡问为仁。子曰:"工欲善其事,必先利其器。居是邦也,事其大夫之贤者,友其士之仁者。"

【名家点评】

程子曰:"子贡问'为仁',非问'仁'也,故孔子告之以为仁之资而已。"

友士之仁

朱子曰："贤以事言，仁以德言。夫子尝谓子贡悦不若己者，故以是告之，欲其有所严惮切磋以成其德也。"

【译文】

子贡问怎样实行仁德。孔子说："做工的人想把活儿做好，必须首先使他的工具锋利。住在这个国家，就要事奉大夫中的那些贤者，与士人中的仁者交朋友。"

【阐释】

"工欲善其事，必先利其器。"这句话在民间已为人们所熟知。这就是"磨刀不误砍柴工"。在本章中，孔子以此做比喻，说明实行仁德的方式，就是要事奉贤者，结交仁者，这是需要首先做到的。

【原文】

颜渊问为邦。子曰："行夏之时①，乘殷之辂②，服周之冕③，乐则《韶》《舞》④。放⑤郑声⑥，远⑦佞人。郑声淫，佞人殆⑧。"

【注释】

①夏之时：夏代的历法,便于农业生产。②殷之辂：辂,天子所乘的车。殷代的车是木制成,比较朴实。③周之冕：周代的帽子。④《韶》《舞》：是舜时的舞乐,孔子认为是尽善尽美的。⑤放：禁绝、排斥、抛弃的意思。⑥郑声：郑国的乐曲,孔子认为是淫声。⑦远：远离。⑧殆：危险。

【名家点评】

张子曰："礼乐,治之法也。放郑声,远佞人,法外意也。一日不谨,则法坏矣。虞夏君臣更相饬戒,意盖如此。"又曰："法立而能守,则德可久,业可大。郑声、佞人,能使人丧其所守,故放远之。"

尹氏曰："此所谓百王不易之大法。孔子之作《春秋》,盖此意也。孔、颜虽不得行之于时,然其为治之法,可得而见矣。"

【译文】

颜渊问怎样治理国家。孔子说："用夏代的历法,乘殷代的车子,戴周代的礼帽,奏《韶》乐,禁绝郑国的乐曲,疏远能言善辩的人,郑国的乐曲浮靡不正派,佞人太危险。"

【阐释】

这里仍讲为人处世的道理。夏代的历法有利于农业生产,殷代的车子朴实适用,周代的礼帽华美,《韶》乐优美动听,这是孔子理想的生活方式。涉及礼的问题,他还是主张"复礼",当然不是越古越好,而是有所选择。此外,还要禁绝靡靡之音,疏远佞人。

【原文】

子曰："人无远虑,必有近忧。"

【名家点评】

苏氏曰："人之所履者,容足之外,皆为无用之地,而不可废也。故虑不在千里之外,则患在几席之下矣。"

【译文】

孔子说："人没有长远的考虑,一定会有眼前的忧患。"

【原文】

子曰:"已矣乎!吾未见好德如好色者也。"

【译文】

孔子说:"完了,我从来没有见像好色那样好德的人。"

【原文】

子曰:"臧文仲其窃位①者与!知柳下惠②之贤而不与立也。"

【注释】

①窃位:身居官位而不称职。②柳下惠:春秋中期鲁国大夫,姓展名获,又名禽,他受封的地名是柳下,惠是他的私谥,所以,人称其为柳下惠。

【名家点评】

范氏曰:"臧文仲为政于鲁,若不知贤,是不明也;知而不举,是蔽贤也。不明之罪小,蔽贤之罪大。故孔子以为不仁,又以为窃位。"

【译文】

孔子说:"臧文仲是一个窃居官位的人吧!他明知道柳下惠是个贤人,却不举荐他一起做官。"

【原文】

子曰:"躬自厚而薄责于人,则远怨矣。"

【名家点评】

朱子曰:"责己厚,故身益修;责人薄,故人易从。所以人不得而怨之。"

【译文】

孔子说:"多责备自己而少责备别人,那就可以避免别人的怨恨了。"

【阐释】

人与人相处难免会有各种矛盾与纠纷。那么,为人处事应该多替别人考虑,从别人的角度看待问题。所以，一旦发生了矛盾，人们应该多作自我批评，而不能一味指责别人的不是。责己严，待人宽，这是保持良好和谐的人际关系所不可缺少的原则。

【原文】

子曰："不曰'如之何①，如之何'者，吾末②如之何也已矣。"

【注释】

①如之何：怎么办的意思。②末：这里指没有办法。

【名家点评】

朱子曰：……如之何，如之何者，熟思而审处之辞也。不如是而妄行，虽圣人亦无如之何矣。

【译文】

孔子说："从来遇事不说'怎么办，怎么办'的人，我对他也不知怎么办才好。"

【原文】

子曰："群居终日，言不及义，好行小慧，难矣哉！"

【译文】

孔子说："整天聚在一块，说的都达不到义的标准，专好卖弄小聪明，这种人真难教导。"

【原文】

子曰："君子义以为质，礼以行之，孙以出之，信以成之。君子哉！"

【名家点评】

程子曰："义以为质，如质干然；礼行此，孙出此，信成此。此四句只是一事，以义为本。"又曰："'敬以直内'则'义以方外'。'义以为质'，则'礼以行之，孙以出之，信以成之'。"

朱子曰："义者制事之本，故以为质干；而行之必有节文，出之必以退逊，成之必在诚实，乃君子之道也。"

【译文】

孔子说:"君子以义作为根本,用礼加以推行,用谦逊的语言来表达,用忠诚的态度来完成,这就是君子了。"

【原文】

子曰:"君子病无能焉,不病人之不己知也。"

【译文】

孔子说:"君子只怕自己没有才能,不怕别人不知道自己。"

【原文】

子曰:"君子疾没世^①而名不称焉。"

【注释】

①没世:死亡之后。

【名家点评】

范氏曰:"君子学以为己,不求人知。然没世而名不称焉,则无为善之实可知矣。"

【译文】

孔子说:"君子担心死亡以后他的名字不为人们所称颂。"

【原文】

子曰:"君子求诸己,小人求诸人。"

【名家点评】

谢氏曰:"君子无不反求诸己,小人反是。此君子小人所以分也。"

杨氏曰:"君子虽不病人之不己知,然亦疾没世而名不称也。虽疾没世而名不称,然所以求者,亦反诸己而已。小人求诸人,故违道干誉,无所不至。三者文不相蒙,而义实相足,亦记言者之意。"

【译文】

孔子说:"君子求之于自己,小人求之于别人。"

【原文】

子曰:"君子矜①而不争,群而不党。"

【注释】

①矜:庄重的意思。

【译文】

孔子说:"君子庄重而不与别人争执,合群而不结党营私。"

【原文】

子曰:"君子不以言举人,不以人废言。"

【译文】

孔子说:"君子不凭一个人说的话来举荐他,也不因为一个人不好而不采纳他的好话。"

【阐释】

从18章到23章,这6章基本上全都是讲君子的所作所为以及与小人的不同。什么是君子呢?孔子认为,他应当注重义、礼、逊、信的道德准则;他严格要求自己,尽可能做到立言立德立功的"三不朽",传名于后世;他行为庄重,与人和谐,但不结党营私,不以言论重用人,也不以人废其言,等等。当然,这只是君子的一部分特征。

【原文】

子贡问曰:"有一言而可以终身行之者乎?"子曰:"其恕乎! 己所不欲,勿施于人。"

【名家点评】

朱子曰:"推己及物,其施不穷,故可以终身行之。"

尹氏曰:"学贵于知要。子贡之问,可谓知要矣。孔子告以求仁之方也,推而极之,虽圣人之无我,不出乎此。终身行之,不亦宜乎?"

坡公云:"夫以忠恕为心,而以平易为政,则上易知而下易达。"

【译文】

子贡向孔子问道："有没有一个字可以终身奉行的呢?"孔子回答说:"那就是恕吧!自己不愿意的,不要强加给别人。"

【阐释】

"忠恕之道"可以说是孔子的发明。这个发明对后人影响很大。孔子把"忠恕之道"看成是处理人己关系的一条准则,这也是儒家伦理的一个特色。这样,可以消除别人对自己的怨恨,缓和人际关系,安定当时的社会秩序。

【原文】

子曰:"吾之于人也,谁毁谁誉? 如有所誉者,其有所试矣。斯民也,三代之所以直道而行也。"

【名家点评】

朱子曰:"吾之所以无所毁誉者,盖以此民即三代之时所以善其善、恶其恶而无所私曲之民,故我今亦不得而枉其是非之实也。"

尹氏曰:"孔子之于人也,岂有意于毁誉之哉? 其所以誉之者,盖试而知其美故也。斯民也,三代所以直道而行,岂得容私于其间哉?"

【译文】

孔子说:"我对于别人,诋毁过谁? 赞美过谁? 如有所赞美的,必须是曾经考验过他的。夏商周三代的人都是这样做的,所以三代能直道而行。"

【原文】

子曰:"吾犹及史之阙文①也,有马者借人乘之②,今亡矣夫。"

【注释】

①阙文:史官记史,遇到有疑问的地方便缺而不记,这叫作阙文。②有马者借人乘之:有人认为此句系错出,另有一种解释为:有马的人自己不会调教,而靠别人训练。本书依从后者。

【名家点评】

杨氏曰："'史阙文'、'马借人'此二事孔子犹及见之。'今亡矣夫',悼时之益偷也。"

朱子曰："此必有为而言。盖虽细故,而时变之大者可知矣。"

坡公曰："夫史之不阙文,与马之不借人也,岂有损益于世者哉?然且识之,以为世之君子长者,日以远矣,后生不复见其流风遗俗,是以日趋于智巧便佞而莫之止。是二者虽不足以损益,而君子长者之泽在焉。则孔子识之,而况其足以损益于世者乎。"

【译文】

孔子说:"我还能够看到史书存疑的地方,有马的人(自己不会调教,)先给别人使用,这种精神,今天没有了罢。"

【原文】

子曰:"巧言乱德。小不忍,则乱大谋。"

【译文】

孔子说:"花言巧语就败坏人的德行,小事情不忍耐,就会败坏大事情。"

【阐释】

"小不忍则乱大谋",这句话在民间极为流行,甚至成为一些人用以告诫自己的座右铭。的确,这句话包含有智慧的因素,尤其对于那些有志于修养大丈夫人格的人来说,此句话是至关重要的。有志向、有理想的人,不会斤斤计较个人得失,更不应在小事上纠缠不清,而应有开阔的胸襟,远大的抱负,只有如此,才能成就大事,从而达到自己的目标。

【原文】

子曰:"众恶之,必察焉;众好之,必察焉。"

【名家点评】

杨氏曰:"惟仁者能好恶人。众好恶之而不察,则或蔽于私矣。"

【译文】

孔子说:"大家都厌恶他,我必须考察一下;大家都喜欢他,我也一定要考察一下。"

【阐释】

这一段讲了两个方面的意思。一是孔子决不人云亦云,不随波逐流,不以众人之是非标准决定自己的是非判断,而要经过自己大脑的独立思考,经过自己理性的判断,然后再做出结论。二是一个人的好与坏不是绝对的,在不同的地点,不同的人们心目中,往往有很大的差别。所以孔子必定用自己的标准去评判他。

【原文】

子曰:"人能弘道,非道弘人。"

【名家点评】

张子曰:"心能尽性,人能弘道也。性不知检其心,非道弘人也。"

朱子曰:"人外无道,道外无人。然人心有觉,而道体无为,故人能大其道,道不能大其人也。"

【译文】

孔子说:"人能够使道发扬光大,不是道使人的才能扩大。"

【阐释】

人必须首先修养自身、扩充自己、提高自己,才可以把道发扬光大,反过来,以道弘人,用来装点门面,哗众取宠,那就不是真正的君子之所为。这两者的关系是不可以颠倒的。

过而能改

【原文】

子曰:"过而不改,是谓过矣。"

【名家点评】

朱子曰:"过而能改,则复于无过。惟不改,则其过遂成,而将不及改矣。"

【译文】

孔子说:"有了过错而不改正,这才真叫错了。"

【阐释】

"人非圣贤,孰能无过?"但关键不在于过,而在于能否改过,保证今后不再重犯同样的错误。也就是说,有了过错并不可怕,可怕的是坚持错误,不加改正。孔子以"过而不改,是谓过矣"的简练语言,向人们道出了这样一个真理,这是对待错误的唯一正确态度。

【原文】

子曰:"吾尝终日不食,终夜不寝,以思,无益,不如学也。"

【名家点评】

朱子曰:"盖劳心以必求,不如逊志而自得也。"

李氏曰:"夫子非思而不学者,特垂语以教人尔。"

【译文】

孔子说:"我曾经整天不吃饭,彻夜不睡觉,去左思右想,结果没有什么好处,还不如去学习为好。"

【阐释】

这一章讲的是学与思的关系问题。在前面的一些章节中,孔子已经提到"学而不思则罔,思而不学则殆"的认识,这里又进一步加以发挥和深入阐述。思是理性活动,其作用有两方面,一是发觉言行不符合或者违背了道德,就要改正过来;另一方面是检查自己的言行符合道德标准,就要坚持下去。但学和思不可以偏废,只学不思不行,只思不学也是十分危险的。总之,思与学相结合才能使自己成为德行、有学问的人。这是孔子教育思想的组成部分。

【原文】

子曰:"君子谋道不谋食。耕也,馁①在其中矣;学也,禄②在其中矣。君子忧道不忧贫。"

【注释】

①馁:饥饿。②禄:做官的俸禄。

学至于仁

【名家点评】

尹氏曰:"君子治其本而不恤其末,岂以在外者为忧乐哉?"

朱子曰:"耕所以谋食,而未必得食。学所以谋道,而禄在其中。然其学也,忧不得乎道而已,非为忧贫之故而欲为是以得禄也。"

【译文】

孔子说:"君子只谋求道行道,不谋求衣食。耕田,也常要饿肚子;学习,可以得到俸禄。君子只担心道不能行,不担心贫穷。"

【原文】

子曰："知及之①,仁不能守之;虽得之,必失之;知及之,仁能守之,不庄以莅②之,则民不敬。知及之,仁能守之,庄以莅之,动之不以礼,未善也。"

【注释】

①知及之:知,同"智"。之,一说是指百姓,一说是指国家。此处我们认为指禄位和国家天下。②莅:临,到的意思。

【名家点评】

朱子曰："学至于仁,则善有诸己而大本立矣。莅之不庄,动之不以礼,乃其气禀学问之小疵,然亦非尽善之道也。故夫子历言之,使知德愈全则责愈备,不可以为小节而忽之也。"

【译文】

孔子说："凭借聪明才智足以得到它,但仁德不能保持它,即使得到,也一定会丧失。凭借聪明才智足以得到它,仁德可以保持它,不用严肃态度来治理百姓,那么百姓就会不敬;聪明才智足以得到它,仁德可以保持它,能用严肃态度来治理百姓,但动员百姓时不照礼的要求,那也是不完善的。"

【原文】

子曰："君子不可小知①而可大受②也,小人不可大受而可小知也。"

【注释】

①小知:知,作为的意思,做小事情。②大受:受,责任,使命的意思,承担大任。

【名家点评】

朱子曰："此言观人之法。知,我知之也。受,彼所受也。盖君子于细事未必可观,而材德足以任重;小人虽器量浅狭,而未必无一长可取。"

【译文】

孔子说："君子不能让他们做那些小事,但可以让他们承担重大的使命。小人不能让

《论语》注解

他们承担重大的使命,但可以让他们做那些小事。"

【原文】

子曰:"民之于仁也,甚于水火。水火,吾见蹈而死者矣,未见蹈仁而死者也。"

【名家点评】

李氏曰:"此夫子勉人为仁之语。"

朱子曰:"民之于水火,所赖以生,不可一日无。其于仁也亦然,但水火外物,而仁在己。无水火,不过害人之身,而不仁则失其心。是仁有甚于水火,而尤不可以一日无者也。况水火或有时而杀人,仁则未尝杀人,亦何惮而不为哉?"

【译文】

孔子说:"百姓们对于仁(的需要),比对于水(的需要)更迫切。我只见过人跳到水火中而死的,却没有见过实行仁而死的。"

【原文】

子曰:"当仁,不让于师。"

【名家点评】

朱子曰:"以仁为己任。虽师亦无所逊,言当勇往而必为。盖仁者,人所自有而自为之,非有争也,何逊之有?"

程子曰:"为仁在己,己所与逊。若善名在外,则不可不逊。"

【译文】

孔子说:"面对着仁德,就是老师,也不同他谦让。"

【阐释】

孔子和儒家特别重视师生关系的和谐,强调师道尊严,学生不可违背老师。这是在一般情况下。但是,在仁德面前,即使是老师,也不谦让。这是把实现仁德摆在了第一位,仁是衡量一切是非善恶的最高准则。

【原文】

子曰:"君子贞^①而不谅^②。"

贞而不谅

【注释】

①贞:一说是"正"的意思,一说是"大信"的意思。这里选用"正"的说法。②谅:信,守信用。

【译文】

孔子说:"君子固守正道,而不拘泥于小信。"

【阐释】

前面孔子曾说过:"言必信,行必果"这不是君子的作为,而是小人的举动。孔子注重"信"的道德准则,但它必须以"道"为前提,即服从于仁、礼的规定。离开了仁、礼这样的大原则,而讲什么"信",就不是真正的信。

【原文】

子曰:"事君,敬其事而后其食^①。"

【注释】

①食:食禄,俸禄。

【名家点评】

朱子曰："君子之仕也,有官守者修其职,有言责者尽其忠。皆以敬吾之事而已,不可先有求禄之心也。"

【译文】

孔子说："侍奉君主,要认真办事而把领取俸禄的事放在后面。"

【原文】

子曰："有教无类。"

【名家点评】

朱子曰："人性皆善,而其类有善恶之殊者,气习之染也。故君子有教,则人皆可以复于善,而不当复论其类之恶矣。"

【译文】

孔子说："人人都可以接受教育,不分族类。"

【阐释】

孔子的教育对象、教学内容和培养目标都有自己的独特性。他办教育,反映了当时文化下移的现实,学在官府的局面得到改变,除了出身贵族的子弟可以受教育外,其他各阶级、阶层都有了受教育的可能性和某种机会。他广招门徒,不分种族、氏族,都可以到他的门下受教育。所以,我们说,孔子是中国古代伟大的教育家,开创了中国古代私学的先例,奠定了中国传统教育的基本思想。

【原文】

子曰："道不同,不相为谋。"

【译文】

孔子说："主张不同,不互相商议。"

【原文】

子曰："辞达而已矣。"

【名家点评】

坡公曰："夫言止于达意,即疑若不文,是大不然。辞至于能达,则文不可胜用矣。"

【译文】

孔子说:"言辞只要能表达意思就行了。"

【原文】

师冕①见,及阶,子曰:"阶也。"及席,子曰:"席也。"皆坐,子告之曰:"某在斯,某在斯。"师冕出,子张问曰:"与师言之道与?"子曰:"然,固相②师之道也。"

【注释】

①师冕:乐师,这位乐师的名字是冕。②相:帮助。

【名家点评】

范氏曰："圣人不侮鳏寡,不虐无告,可见于此。推之天下。无一物不得其所矣。"

尹氏曰："圣人处已为人,其心一致,无不尽其诚故也。有志于学者,求圣人之心,于斯亦可见矣。"

【译文】

乐师冕来见孔子,走到台阶沿,孔子说:"这儿是台阶。"走到座席旁,孔子说:"这是座席。"等大家都坐下来,孔子告诉他:"某某在这里,某某在这里。"师冕走了以后,子张就问孔子:"这就是与乐师谈话的道吗?"孔子说:"这就是帮助乐师的道。"

季氏篇第十六

【解读】

"季氏篇"意在推崇儒家"以德治国"的政治理想。国家大政方针的制定与实施,是否符合民意,得到百姓的拥护,关键在于执政者是否具有崇高的政治道德。以仁德教化百姓。施行仁政,自然会得到百姓的拥戴;而施行暴政,大肆搜刮掠夺百姓,必定会遭到百姓的反抗抵制。

孔子说:"周任有言曰:'陈力就列,不能者止。'危而不持,颠而不扶,则将焉用彼相矣?且尔言过矣,虎兕出于柙,龟玉毁于椟中,是谁之过与?""天下有道,则礼乐征伐自天子出;天下无道,则礼乐征伐自诸侯出。自诸侯出,盖十世希不失矣;自大夫出,五世希不失矣;陪臣执国命,三世希不失矣。天下有道,则政不在大夫。天下有道,则庶人不议。"执政者的个人品德关系着国家的生死存亡。君子执政,一心为黎民百姓谋福利,社会就安定和谐;小人执政,烧杀抢掠残害百姓,社会就混乱动荡。居上位者要注重修养个人道德,以君子之道治理国家,使百姓永享平安。

【原文】

季氏将伐颛臾①。冉有、季路见于孔子曰:"季氏将有事②于颛臾。"孔子曰:"求!无乃尔是过与?夫颛臾,昔者先王以为东蒙主③,且在邦域之中矣,是社稷之臣也。何以伐为?"冉有曰:"夫子欲之,吾二臣者皆不欲也。"孔子曰:"求!周任④有言曰:'陈力就列⑤,不能者止。'危而不持,颠而不扶,则将焉用彼相⑥矣?且尔言过矣,虎兕⑦出于柙⑧,龟玉毁于椟⑨中,是谁之过与?"冉有曰:"今夫颛臾,固而近于费⑩。今不取,后世必为子孙忧。"孔子曰:"求!君子疾夫舍曰欲之而必为之辞。丘也闻有国有家者,不患寡而患不均,不患贫而患不安⑪。盖均无贫,和无寡,安无倾。夫如是,故远人不服,则修文德以来之。既来之,则安之。今由与求也,相夫子,远人不服,而不能来也,邦分崩离析,而不能守也;而谋动干戈于邦内。吾恐季孙之忧,不在颛臾,而在萧墙⑫之内也。"

【注释】

①颛臾:鲁国的附属国,在今山东省费县西。②有事:指有军事行动,用兵作战。③东蒙主:东蒙,蒙山。主,主持祭祀的人。④周任:人名,周代史官。⑤陈力就列:陈力,发挥能力,按才力担任适当的职务。⑥相:搀扶盲人的人叫相,这里是辅助的意思。⑦兕:雌性犀牛。⑧柙:用以关押野兽的木笼。⑨椟:匣子。⑩费:季氏的采邑。⑪贫、寡:可能有错误,应为寡、贫。⑫萧墙:照壁屏风。指宫廷之内。

萧墙之内

【名家点评】

何晏集解:"马(融)曰:'周任,古之良史。言当陈其才力,度己所任,以就其位。不能则当止。'"

谢氏曰:"当是时,三家强,公室弱,冉求又欲伐颛臾以附益之。夫子所以深罪之,为其瘠鲁以肥三家也。"

【译文】

季氏将要讨伐颛臾。冉有、子路去见孔子说:"季氏快要攻打颛臾了。"孔子说:"冉求,这不就是你的过错吗?颛臾从前是周天子让它主持东蒙的祭祀的,而且已经在鲁国的疆域之内,是国家的臣属啊,为什么要讨伐它呢?"冉有说:"季孙大夫想去攻打,我们两个人都不愿意。"孔子说:"冉求,周任有句话说:'尽自己的力量去负担你的职务,实在做不好就辞职。'有了危险不去扶助,跌倒了不去搀扶,那还用辅助的人干什么呢?而且你说的话错了。老虎、犀牛从笼子里跑出来,龟甲、玉器在匣子里毁坏了,这是谁的过错

中华传世藏书

论语诠解

《论语》注解

呢?"冉有说:"现在颛臾城墙坚固,而且离费邑很近。现在不把它夺取过来,将来一定会成为子孙的忧患。"孔子说:"冉求,君子痛恨那种不肯实说自己想要那样做而又一定要找出理由来为之辩解的做法。我听说,对于诸侯和大夫,不怕贫穷,而怕财富不均;不怕人口少,而怕不安定。由于财富均了,也就没有所谓贫穷;大家和睦,就不会感到人少;安定了,也就没有倾覆的危险了。因为这样,所以如果远方的人还不归服,就用仁、义、礼、乐招徕他们;已经来了,就让他们安心住下去。现在,仲由和冉求你们两个人辅助季氏,远方的人不归服,而不能招徕他们;国内民心离散,你们不能保全,反而策划在国内使用武力。我只怕季孙的忧患不在颛臾,而是在自己的内部呢!"

【阐释】

这一章又反映出孔子的反战思想。他不主张通过军事手段解决国际、国内的问题,而希望采用礼、义、仁、乐的方式解决问题,这是孔子的一贯思想。此外,这一章里孔子还提出了"不患贫而患不均,不患寡而患不安"。朱熹对此句的解释是:"均,谓各得其分;安,谓上下相安。"这种思想对后代人的影响很大,甚至成为人们的社会心理。就今天而言,这种思想有消极的一面,基本不适宜现代社会,这是应该指出的。

【原文】

孔子曰:"天下有道,则礼乐征伐自天子出;天下无道,则礼乐征伐自诸侯出。自诸侯出,盖十世希不失矣;自大夫出,五世希不失矣;陪臣执国命,三世希不失矣。天下有道,则政不在大夫。天下有道,则庶人不议。"

【名家点评】

刑昺疏曰:"政出诸侯,不过十世必失其位,不失者少也。"

【译文】

孔子说:"天下有道的时候,制作礼乐和出兵打仗都由天子做主决定;天下无道的时候,制作礼乐和出兵打仗,由诸侯做主决定。由诸侯做主决定,大概经过十代很少有不垮台的;由大夫决定,经过五代很少有不垮台的。天下有道,国家政权就不会落在大夫手中。天下有道,老百姓也就不会议论国家政治了。"

【阐释】

"天下无道"指什么？孔子这里讲，一是周天子的大权落入诸侯手中，二是诸侯国家的大权落入大夫和家臣手中，三是老百姓议论政事。对于这种情况，孔子极感不满，认为这种政权很快就会垮台。他希望回到"天下有道"的那种时代去，政权就会稳定，百姓也相安无事。

【原文】

孔子曰："禄之去公室五世①矣，政逮②于大夫四世③矣，故夫三桓④之子孙微矣。"

【注释】

①五世：指鲁国宣公、成公、襄公、昭公、定公五世。②逮：及。③四世：指季孙氏文子、武子、平子、桓子四世。④三桓：鲁国伸孙、叔孙、季孙都出于鲁桓公，所以叫三桓。

【名家点评】

苏氏曰："礼乐征伐自诸侯出，宜诸侯之强也，而鲁以失政。政逮于大夫，宜大夫之强也，而三桓以微。何也？强生于安，安生于上下之分定。今诸侯、大夫皆陵其上，则无以令其下矣，故皆不久而失之也。"

【译文】

孔子说："鲁国失去国家政权已经有五代了，政权落在大夫之手已经四代了，所以三桓的子孙也衰微了。"

【阐释】

三桓掌握了国家政权，这是春秋末期的一种政治变革，对此，孔子表示不满。本章里孔子对当时社会政治形势提出了自己的认识和态度。孔子的观点是，社会政治变革就是"天下无道"，这还是基于他的"礼治"的思想，希望变为"天下有道"的政治局面。

【原文】

孔子曰："益者三友，损者三友。友直，友谅①，友多闻，益矣。友便辟②，友善柔③，友便佞④，损矣。"

天下有道

【注释】

①谅:诚信。②便辟:惯于走邪道。③善柔:善于和颜悦色骗人。④便佞:惯于花言巧语。

【名家点评】

尹氏曰:"自天子至于庶人,未有不须友以成者。而其损益有如是者,可不谨哉?"

【译文】

孔子说:"有益的交友有三种,有害的交友有三种。同正直的人交友,同诚信的人交友,同见闻广博的人交友,这是有益的。同惯于走邪道的人交朋友,同善于阿谀奉承的人交朋友,同惯于花言巧语的人交朋友,这是有害的。"

【原文】

子曰:"益者三乐,损者三乐。乐节礼乐①,乐道人之善,乐多贤友,益矣。乐骄乐②,乐佚③游,乐晏乐④,损矣。"

【注释】

①节礼乐：孔子主张用礼乐来节制人。②骄乐：骄纵不知节制的乐。③佚：同"逸"。④晏乐：沉溺于宴饮取乐。

【名家点评】

尹氏曰："君子之于好乐，可不谨哉？"

【译文】

孔子说："有益的喜好有三种，有害的喜好有三种。以礼乐调节自己为喜好，以称道别人的好处为喜好，以有许多贤德之友为喜好，这是有益的。喜好骄傲，喜欢闲游，喜欢大吃大喝，这就是有害的。"

【原文】

孔子曰："侍于君子有三愆①：言未及之而言谓之躁，言及之而不言谓之隐，未见颜色而言谓之瞽②。"

【注释】

①愆，过失。②瞽：盲人。

【名家点评】

尹氏曰："时然后言，则无三者之过矣。"

【译文】

孔子说："侍奉在君子旁边陪他说话，要注意避免犯三种过失：还没有问到你的时候就说话，这是急躁；已经问到你的时候你却不说，这叫隐瞒；不看君子的脸色而贸然说话，这是瞎子。"

【阐释】

以上这几章，主要讲的是社会交往过程中应当注意的问题。交朋友要结交那些正直、诚信、见闻广博的人，而不要结交那些逢迎谄媚、花言巧语的人，要用礼乐调节自己，多多地称道别人的好处，与君子交往要注意不急躁、不隐瞒等等，这些对我们都有一定的参考价值。

【原文】

孔子曰："君子有三戒：少之时，血气未定，戒之在色；及其壮也，血气方刚，戒之在斗；及其老也，血气既衰，戒之在得。"

血气尚斗

【名家点评】

范氏曰："圣人同于人者血气也，异于人者志气也。血气有时而衰，志气则无时而衰也。少未定、壮而刚、老而衰者，血气也。戒于色、戒于斗、戒于得者，志气也。君子养其志气，故不为血气所动，是以年弥高而德弥劭也。"

【译文】

孔子说："君子有三种事情应引以为戒：年少的时候，血气还不成熟，要戒除对女色的迷恋；等到身体成熟了，血气方刚，要戒除与人争斗；等到老年，血气已经衰弱了，要戒除贪得无厌。"

【阐释】

这是孔子对人从少年到老年这一生中需要注意的问题做出的忠告。这对今天的人们还是很有必要注意的。

【原文】

孔子曰："君子有三畏：畏天命，畏大人，畏圣人之言。小人不知天命而不畏也，狎大人，侮圣人之言。"

【名家点评】

尹氏曰："三畏者，修己之诚当然也。小人不务修身诚己，则何畏之有？"

【译文】

孔子说："君子有三件敬畏的事情：敬畏天命，敬畏地位高贵的人，敬畏圣人的话，小人不懂得天命，因而也不敬畏，不尊重地位高贵的人，轻侮圣人之言。"

【原文】

孔子曰："生而知之者，上也；学而知之者，次也；困而学之，又其次也；困而不学，民斯为下矣。"

【名家点评】

杨氏曰："生知、学知以至困学，虽其质不同，然及其知之，一也。故君子唯学之为贵。困而不学，然后为下。"

【译文】

孔子说："生来就知道的人，是上等人；经过学习以后才知道的，是次一等的人；遇到困难再去学习的，是又次一等的人；遇到困难还不学习的人，这种人就是下等的人了。"

【阐释】

孔子虽说有"生而知之者"，但他不承认自己是这种人，也没有见到这种。他说自己是经过学习之后才知道的。他希望人们勤奋好学，不要等遇到困难再去学习。俗话说：书到用时方恨少，就是讲的这个道理。至于遇到困难还不去学习，就不足为训了。

【原文】

孔子曰："君子有九思：视思明，听思聪，色思温，貌思恭，言思忠，事思敬，疑思问，忿思难,见得思义。"

【名家点评】

朱子曰:"视无所蔽,则明无不见。听无所壅,则聪无不闻。色,见于面者。貌,举身而言。思问,则疑不蓄。思难,则忿必惩。思义,则得不苟。"

程子曰:"九思各专其一。"

谢氏曰:"未至于从容中道,无时而不自省察也,虽有不存焉者,寡矣。此之谓思诚。"

【译文】

孔子说:"君子有九种要思考的事:看的时候,要思考看清与否;听的时候,要思考是否听清楚;自己的脸色,要思考是否温和,容貌要思考是否谦恭;言谈的时候,要思考是否忠诚;办事要思考是否谨慎严肃;遇到疑问,要思考是否应该向别人询问;愤怒时,要思考是否有后患,获取财利时,要思考是否合乎义的准则。"

【阐释】

本章通过孔子所谈的"君子有九思",把人的言行举止的各个方面都考虑到了,他要求自己和学生们一言一行都要认真思考和自我反省,这里包括个人道德修养的各种规范,如温、良、恭、俭、让、忠、孝、仁、义、礼、智等等,所有这些,是孔子关于道德修养学说的组成部分。

【原文】

子曰:"见善如不及,见不善如探汤。吾见其人矣,吾闻其语矣。隐居以求其志,行义以达其道。吾闻其语矣,未见其人也。"

【译文】

孔子说:"看到善良的行为,就担心达不到,看到不善良的行动,就好像把手伸到开水中一样赶快避开。我见到过这样的人,也听到过这样的话。以隐居避世来保全自己的志向,依照义而贯彻自己的主张。我听到过这种话,却没有见到过这样的人。"

【原文】

齐景公有马千驷,死之日,民无德而称焉。伯夷、叔齐饿死于首阳之下,民到于今称之。其斯之谓与?

【译文】

齐景公有马四千匹,死的时候,百姓们觉得他没有什么德行可以称颂。伯夷、叔齐饿死在首阳山下,百姓们到现在还在称颂他们。说的就是这个意思吧。

【原文】

陈亢①问于伯鱼曰:"子亦有异闻②乎?"对曰:"未也。尝独立,鲤趋而过庭。曰:'学诗乎?'对曰:'未也'。'不学诗,无以言。'鲤退而学诗。他日,又独立,鲤趋而过庭。曰:'学礼乎?'对曰:'未也'。'不学礼,无以立。'鲤退而学礼。闻斯二者。"陈亢退而喜曰:"问一得三。闻诗,闻礼,又闻君子之远③其子也。"

【注释】

①陈亢:亢,即陈子禽。②异闻:这里指不同于对其他学生所讲的内容。③远,不亲近,不偏爱。

【名家点评】

尹氏曰:"孔子之教其子,无异于门人,故陈亢以为'远其子'。"

【译文】

陈亢问伯鱼:"你在老师那里听到过什么特别的教诲吗?"伯鱼回答说:"没有呀。有一次他独自站在堂上,我快步从庭里走过,他说:'学《诗》了吗?'我回答说:'没有。'他说:'不学诗,就不懂得怎么说话。'我回去就学《诗》。又有一天,他又独自站在堂上,我快步从庭里走过,他说:'学礼了吗?'我回答说:'没有。'他说:'不学礼就不懂得怎样立身。'我回去就学礼。我就听到过这两件事。"陈亢回去高兴地说:"我提一个问题,得到三方面的收获,听了关于《诗》的道理,听了关于礼的道理,又听了君子不偏爱自己儿子的道理。"

【原文】

邦君之妻,君称之曰夫人,夫人自称曰小童;邦人称之曰君夫人,称诸异邦曰寡小君;

异邦人称之亦曰君夫人。

【译文】

国君的妻子,国君称她为夫人,夫人自称为小童,国人称她为君夫人;对他国人则称她为寡小君,他国人也称她为君夫人。

【阐释】

这套称号是周礼的内容之一。这是为了维护等级名分制度,以达到"名正言顺"的目的。

阳货篇第十七

【解读】

本篇共二十六章。本篇介绍了孔子的道德教育思想,孔子对仁的进一步解释,还有关于为父母守丧三年问题,也谈到君子与小人的区别等等。

【原文】

阳货①欲见孔子,孔子不见,归孔子豚②。孔子时其亡③也,而往拜之,遇诸涂④。谓孔子曰:"来!予与尔言。"曰:"怀其宝而迷其邦⑤,可谓仁乎?"曰:"不可。""好从事而亟⑥失时,可谓知乎?"曰:"不可。""日月逝矣,岁不我与⑦。"孔子曰:"诺,吾将仕矣。"

【注释】

①阳货:又叫阳虎,季氏的家臣。②归孔子豚:归,赠送。豚,小猪。赠给孔子一只熟小猪。③时其亡:等他外出的时候。④遇诸涂:涂,同"途",道路。在路上遇到了他。⑤迷其邦:听任国家迷乱。⑥亟:屡次。⑦与:在一起,等待的意思。

【名家点评】

朱子曰:"货语皆讥孔子而讽使速仕。孔子固未尝如此,而亦非不欲仕也。但不仕于货耳,故直据理答之,不复与辩,若不谕其意者。阳货之欲见孔子,虽其善意,然不过欲使助己为乱耳。故孔子不见者,义也。其往拜者,礼也。必时其亡而往者,欲其称也。遇诸途而不避者,不终绝也。随问而对者,理之直也。对而不辩者,言之孙而亦无所诎也。”

杨氏曰:“扬雄谓:‘孔子于阳货也,敬所不敬,为诎身以信道。’非知孔子者。盖道外无身,身外无道,身诎矣而可以信道,吾未之信也。”

【译文】

阳货想见孔子,孔子不见,他便赠送给孔子一只熟小猪,想要孔子去拜见他。孔子打听到阳货不在家时,往阳货家拜谢,却在半路上遇见了。阳货对孔子说:“来,我有话要跟你说。”(孔子走过去。)阳货说:“把自己的本领藏起来而听任国家迷乱,这可以叫作仁吗?”(孔子回答)说:“不可以。”(阳货)说:“喜欢参与政事而又屡次错过机会,这可以说是智吗?”(孔子回答)说:“不可以。”(阳货)说:“时间一天天过去了,年岁是不等人的。”孔子说:“好吧,我将要去做官了。”

【原文】

子曰:“性相近也,习相远也。”

【名家点评】

程子曰:“此言气质之性,非言性之本也,若言其本,则性即是理。理无不善,孟子之言‘性善’是也。何相近之有哉?”

苏轼曰:“至于言性,则未尝断其善恶。”

【译文】

孔子说:“人的本性是相近的,由于习染不同才相互有了差别。”

【原文】

子曰:“唯上知与下愚不移。”

【名家点评】

朱子曰:“人之气质相近之中,又有美恶一定,而非习之所能移者。”

【译文】

孔子说:"只有上等的智者与下等的愚者是改变不了的。"

【阐释】

"上智"是指高贵而有智慧的人;"下愚"指卑贱而又愚蠢的人,这两类人是先天所决定的,是不能改变的。这种观念如果用阶级分析的方法去看待,则有其歧视甚至侮辱劳动民众的一面,这是应该予以指出的。

【原文】

子之武城①,闻弦歌②之声。夫子莞尔而笑,曰:"割鸡焉用牛刀?"子游对曰:"昔者偃也闻诸夫子曰:'君子学道则爱人,小人学道则易使也。'"子曰:"二三子! 偃之言是也。前言戏之耳。"

【注释】

①武城:鲁国的一个小城,当时子游是武城宰。②弦歌:弦,指琴瑟。以琴瑟伴奏歌唱。

【名家点评】

朱子曰:"子游所称,盖夫子之常言。言君子、小人,皆不可以不学。故武城虽小,亦必教以礼乐。""嘉子游之笃信,又以解门人之惑也。治有大小,而其治之必用礼乐,则其为道一也。但众人多不能用,而子游独行之。故夫子骤闻而深喜之。"

【译文】

孔子到武城,听见弹琴唱歌的声音。孔子微笑着说:"杀鸡何必用宰牛的刀呢?"子游回答说:"以前我听先生说过,'君子学习了礼乐就能爱人,小人学习了礼乐就容易指使。'"孔子说:"学生们,言偃的话是对的。我刚才说的话,只是开个玩笑而已。"

【原文】

公山弗扰①以费畔,召,子欲往。子路不悦,曰:"末之也已②,何必公山氏之之也③。"子曰:"夫召我者,而岂徒④哉? 如有用我者,吾其为东周乎⑤?"

【注释】

①公山弗扰：人名，又称公山不狃，字子泄，季氏的家臣。②末之也已：末，无。之，到、往。末之，无处去。已，止，算了。③之之也：第一个"之"字是助词，后一个"之"字是动词，去、到的意思。④徒：徒然，空无所据。⑤吾其为东周乎：为东周建造一个东方的周王朝，在东方复兴周礼。

【名家点评】

程子曰："圣人以天下无不可有为之人，亦无不可改过之人，故欲往。然而终不往者，知其必不能改故也。"

【译文】

公山弗扰据费邑反叛，来召孔子，孔子准备前去。子路不高兴地说："没有地方去就算了，为什么一定要去公山弗扰那里呢？"孔子说："他来召我，难道只是一句空话吗？如果有人用我，我就要在东方复兴周礼，建设一个东方的西周。"

【原文】

子张问仁于孔子。孔子曰："能行五者于天下为仁矣。""请问之。"曰："恭、宽、信、敏、惠。恭则不侮，宽则得众，信则人任焉，敏则有功，惠则足以使人。"

【名家点评】

朱子曰："行是五者，则心存而理得矣。'于天下'，言无适而不然，犹所谓虽之夷狄不可弃者。五者之目，盖因子张所不足而言耳。"

张敬夫曰："能行此五者于天下，则其心公平而周遍可知矣。然恭其本与？"

【译文】

子张向孔子问仁。孔子说："能够处处实行五种品德。就是仁人了。"子张说："请问哪五种。"孔子说："庄重、宽厚、诚实、勤敏、慈惠。庄重就不致遭受侮辱，宽厚就会得到众人的拥护，诚信就能得到别人的任用，勤敏就会提高工作效率，慈惠就能够使唤人。"

【原文】

佛肸①召，子欲往。子路曰："昔者由也闻诸夫子曰：'亲于其身为不善者，君子不入

【注释】

①佛肸:晋国大夫范氏家臣,中牟城地方官。②中牟:地名,在晋国,约在今河北邢台与邯郸之间。③磷:损伤。④涅:一种矿物质,可用作颜料染衣服。⑤缁:黑色。⑥匏瓜:葫芦中的一种,味苦不能吃。⑦系:结,扣。

【名家点评】

杨氏曰:"磨不磷,涅不缁,而后无可无不可。坚白不足,而欲自试于磨涅,其不磷缁也者几希。"

张敬夫曰:"子路昔者之所闻,君子守身之常法。夫子今日之所言,圣人体道之大权也。然夫子于公山、佛肸之召皆欲往者,以天下无不可变之人,无不可为之事也。其卒不往者,知其人之终不可变而事之终不可为耳。一则生物之仁,一则知人之智也。"

【译文】

佛肸召孔子去,孔子打算前往。子路说:"从前我听先生说过:'亲自做坏事的人那里,君子是不去的。'现在佛肸据中牟反叛,你却要去,这如何解释呢?"孔子说:"是的,我有过这样的话。不是说坚硬的东西磨也磨不坏吗?不是说洁白的东西染也染不黑吗?我难道是个苦味的葫芦吗?怎么能只挂在那里而不给人吃呢?"

【原文】

子曰:"由也,女闻六言六蔽矣乎?"对曰:"未也。""居①,吾语女。好仁不好学,其蔽也愚②;好知不好学,其蔽也荡③;好信不好学,其蔽也贼④;好直不好学,其蔽也绞⑤;好勇不好学,其蔽也乱;好刚不好学,其蔽也狂。"

【注释】

①居:坐。②愚:受人愚弄。③荡:放荡。好高骛远而没有根基。④贼:害。⑤绞:说话尖刻。

【名家点评】

朱子曰："六言皆美德，然徒好之而不学以明其理，则各有所弊。"

范氏曰："子路勇于为善，其失之者，未能好学以明之也，故告之以此。曰勇，曰刚，曰信，曰直，又皆所以救其偏也。"

【译文】

孔子说："由呀，你听说过六种品德和六种弊病了吗？"子路回答说："没有。"孔子说："坐下，我告诉你。爱好仁德而不爱好学习，它的弊病是受人愚弄；爱好智慧而不爱好学习，它的弊病是行为放荡；爱好诚信而不爱好学习，它的弊病是危害亲人；爱好直率却不爱好学习，它的弊病是说话尖刻；爱好勇敢却不爱好学习，它的弊病是犯上作乱；爱好刚强却不爱好学习，它的弊病是狂妄自大。"

【原文】

子曰："小子何莫学夫《诗》。《诗》，可以兴①，可以观②，可以群③，可以怨④。迩⑤之事父，远之事君；多识于鸟兽草木之名。"

【注释】

①兴：激发感情的意思。一说是诗的比兴。②观：观察了解天地万物与人间万象。③群：合群。④怨：讽谏上级，怨而不怒。⑤迩：近。

【名家点评】

朱子曰："学《诗》之法，此章尽之。读是经者，所宜尽心也。"

【译文】

孔子说："学生们为什么不学习《诗》呢？学《诗》可以激发志气，可以观察天地万物及人间的盛衰与得失，可以使人懂得合群的必要，可以使人懂得怎样去讽谏上级。近可以用来侍奉父母，远可以侍奉君主；还可以多知道一些鸟兽草木的名字。"

【原文】

子谓伯鱼曰："女为《周南》《召南》①矣乎？人而不为《周南》《召南》，其犹正墙面而立②也与？"

【注释】

①《周南》《召南》：《诗经·国风》中的第一、二两部分篇名。周南和召南都是地名。这是当地的民歌。②正墙面而立：面向墙壁站立着。

【译文】

孔子对伯鱼说："你学习《周南》《召南》了吗？一个人如果不学习《周南》《召南》，那就像面对墙壁而站着吧？"

孔子授教图

【原文】

子曰："礼云礼云，玉帛云乎哉？乐云乐云，钟鼓云乎哉？"

【名家点评】

朱子曰："敬而将之以玉帛，则为礼；和而发之以钟鼓，则为乐。遗其本而专事其末，则岂礼乐之谓哉？"

程子曰："礼只是一个'序'，乐只是一个'和'。只此两字，含蓄多少义理。天下无一物无礼乐。且如置此两椅，一不正，便是无序。无序便乖，乖便不和。又如盗贼至为不道，然亦有礼乐。盖必有总属，必相听顺，乃能为盗。不然，则叛乱无统，不能一日相聚而为盗也。礼乐无处无之,学者须要识得。"

【译文】

孔子说:"礼呀礼呀,只是说的玉帛之类的礼器吗?乐呀乐呀,只是说的钟鼓之类的乐器吗?"

【原文】

子曰:"色厉而内荏①,譬诸小人,其犹穿窬②之盗也与?"

【注释】

①色厉内荏:厉,威严,荏,虚弱。外表严厉而内心虚弱。②窬:洞。

【名家点评】

朱子曰:"言其无实盗名,而常畏人知也。"

【译文】

孔子说:"外表严厉而内心虚弱,以小人做比喻,就像是挖墙洞的小偷吧?"

【原文】

子曰:"乡愿,德之贼也。"

【名家点评】

朱子曰:"乡愿,乡人之愿者也。盖其同流合汗以媚于世,故在乡人之中独以愿称。夫子以其似德非德,而反乱乎德,故以为德之贼而深恶之。"

【译文】

孔子说:"没有道德修养的伪君子,就是破坏道德的人。"

【阐释】

孔子所说的"乡愿",就是指那些表里不一、言行不一的伪君子,这些人欺世盗名,却可以堂而皇之地自我炫耀。孔子反对"乡愿",就是主张以仁、礼为原则,只有仁、礼可以使人成为真正的君子。

【原文】

子曰:"道听而途说,德之弃也。"

【名家点评】

朱子曰:"虽闻善言,不为己有,是自弃其德也。"

王氏曰:"君子多识前言往行以畜其德,道听途说则弃之矣。"

【译文】

孔子说:"在路上听到传言就到处去传播,这是道德所唾弃的。"

【阐释】

道听途说是一种背离道德准则的行为,而这种行为自古以来就存在的。在现实生活中,有些不仅是道听途说,而且四处打听别人的隐私,然后到处传说,以此作为生活的乐趣,实乃卑鄙之小人。

【原文】

子曰:"鄙夫可与事君也与哉?其未得之也,患得之。既得之,患失之。苟患失之,无所不至矣。"

【名家点评】

朱子曰:"小则吮痈舐痔,大则弑父与君,皆生于患失而已。"

胡氏曰:"许昌靳裁之有言曰:'士之品大概有三:志于道德者,功名不足以累其心;志于功名者,富贵不足以累其心;志于富贵而已者,则亦无所不至矣。'志于富贵,即孔子所谓鄙夫也。"

【译文】

孔子说:"可以和一个鄙夫一起事奉君主吗?他在没有得到官位时,总担心得不到。已经得到了,又怕失去它。如果他担心失掉官职,那他就什么事都干得出来了。"

【阐释】

孔子在本章里对那些一心想当官的人斥为鄙夫,这种人在没有得到官位时总担心得不到，一旦得到又怕失去。为此，他就会不择手段去做任何事情，以至于不惜危害群体，危害他人。这种人在现实生活中也是司空见惯的。当然，这种人是不会有什么好的结局的。

【原文】

子曰："古者民有三疾，今也或是之亡也。古之狂①也肆②，今之狂也荡③；古之矜也廉④，今之矜也忿戾⑤；古之愚也直，今之愚也诈而已矣。"

【注释】

①狂：狂妄自大，愿望太高。②肆：放肆，不拘礼节。③荡：放荡，不守礼。④廉：不可触犯。⑤戾：火气太大，蛮横不讲理。

【名家点评】

范氏曰："末世滋伪。岂惟贤者不如古哉？民性之蔽，亦与古人异矣。"

【译文】

孔子说："古代人有三种毛病，现在恐怕连这三种毛病也不是原来的样子了。古代的狂者不过是愿望太高，而现在的狂妄者却是放荡不羁；古代骄傲的人不过是难以接近，现在那些骄傲的人却是凶恶蛮横；古代愚笨的人不过是直率一些，现在的愚笨者却是欺诈啊！"

【阐释】

孔子所处的时代，已经与上古时代有所区别，上古时期人们的"狂""矜""愚"虽然也是毛病，但并非不能让人接受，而今天人们的这三种毛病都变本加厉。从孔子时代到现在，又过去了两三千年了，这三种毛病不但没有改变，反而有增无已，愈益加重，到了令人无法理喻的地步。这就需要用道德的力量加以惩治。也希望有这三种毛病的人警醒。

【原文】

子曰："巧言令色，鲜矣仁。"①

【注释】

①本章已见于《学而篇》第一之第3章，此处系重出。

【名家点评】

何晏曰:"巧言,无实。令色,无质。"

坡公曰:"所恶夫佞者,非恶其佞也,恶其不仁也。"又曰:"佞者之必不仁也。"

【原文】

子曰:"恶紫之夺朱也,恶郑声之乱雅乐也,恶利口之覆邦家者。"

【名家点评】

范氏曰:"天下之理,正而胜者常少,不正而胜者常多,圣人所以恶之也。利口之人,以是为非,以非为是,以贤为不肖,以不肖为贤。人君苟悦而信之,则国家之覆也不难矣。"

【译文】

孔子说:"我厌恶用紫色取代红色,厌恶用郑国的声乐扰乱雅乐,厌恶用伶牙俐齿而颠覆国家这样的事情。"

【原文】

子曰:"予欲无言。"子贡曰:"子如不言,则小子何述焉?"子曰:"天何言哉?四时行焉,百物生焉,天何言哉?"

【名家点评】

程子曰:"孔子之道,譬如日星之明,犹患门人未能尽晓,故曰:'予欲无言'。若颜子则便默识,其他则未免疑问,故曰'小子何述'。"又曰:"'天何言哉?四时行焉,百物生焉',则可谓至明白焉。"

王安石曰:"孔子曰:'予欲无言。'然未尝无言也;其言也,盖有不得已焉。"

朱子曰:"学者多以言语观圣人,而不察其天理流行之实。有不待言而著者,是以徒得其言,而不得其所以言。故夫子发此以警之。"

【译文】

孔子说:"我想不说话了。"子贡说:"你如果不说话,那么我们这些学生还传述什么呢?"

孔子说:"天何尝说话呢? 四季照常运行,百物照样生长。天说了什么话呢?"

【原文】

孺悲①欲见孔子,孔子辞以疾。将命者出户,取瑟而歌,使之闻之。

【注释】

①孺悲:鲁国人,鲁哀公曾派他向孔子学礼。

【名家点评】

程子曰:"此孟子所谓'不屑之教诲',所以深教之也。"

【译文】

孺悲想见孔子,孔子以有病为由推辞不见。传话的人刚出门,(孔子)便取来瑟边弹边唱,(有意)让孺悲听到。

【原文】

宰我问:"三年之丧,期已久矣。君子三年不为礼,礼必坏;三年不为乐,乐必崩。旧谷既没,新谷既升,钻燧改火①,期②可已矣。"子曰:"食夫稻③,衣夫锦,于女安乎?"曰:"安。""女安则为之。夫君子之居丧,食旨④不甘,闻乐不乐,居处不安,故不为也。今女安,则为之!"宰我出,子曰:"予之不仁也! 子生三年,然后免于父母之怀,夫三年之丧,天下之通丧也。予也有三年之爱于其父母乎?"

【注释】

①钻燧改火:古人钻木取火,四季所用木头不同,每年轮一遍,叫改火。②期:一年。③食夫稻:古代北方少种稻米,故大米很珍贵。这里是说吃好的。④旨:甜美,指吃好的食物。

【名家点评】

尹氏曰:"短丧之说,下愚且耻言之。宰我亲学圣人之门,而以是为问者,有所疑于心而不敢强焉尔。"

范氏曰:"丧虽止于三年,然贤者之情则无穷也。特以圣人为之中制而不敢过,故必俯而就之,非以三年之丧为足以报其亲也。所谓三年然后免于父母之怀,特以责宰我之无恩,欲其有以跂而及之尔。”

【译文】

宰我问:“服丧三年,时间太长了。君子三年不讲究礼仪,礼仪必然败坏;三年不演奏音乐,音乐就会荒废。旧谷吃完,新谷登场,钻燧取火的木头轮过了一遍,有一年的时间就可以了。”孔子说:“(才一年的时间,)你就吃开了大米饭,穿起了锦缎衣,你心安吗?”宰我说:“我心安。”孔子说:“你心安,你就那样去做吧!君子守丧,吃美味不觉得香甜,听音乐不觉得快乐,住在家里不觉得舒服,所以不那样做。如今你既觉得心安,你就那样去做吧!”宰我出去后,孔子说:“宰予真是不仁啊!小孩生下来,到三岁时才能离开父母的怀抱。服丧三年,这是天下通行的丧礼。难道宰予对他的父母没有三年的爱吗?”

【阐释】

这一段说的是孔子和他的弟子宰我之间,围绕丧礼应服几年的问题展开的争论。孔子的意见是孩子生下来以后,要经过三年才能离开父母的怀抱,所以父母去世了,也应该为父母守三年丧。这是必不可少的。所以,他批评宰我“不仁”。其实在孔子之前,华夏族就已经有为父母守丧三年的习惯,经过儒家在这个问题上的道德制度化,一直沿袭到今天。这是以“孝”的道德为思想基础的。

【原文】

子路曰:“饱食终日,无所用心,难矣哉!不有博弈者乎?为之,犹贤乎已。”

【名家点评】

李氏曰:“圣人非教人博弈也,所以甚言无所用心之不可尔。”

【译文】

孔子说:“整天吃饱了饭,什么心思也不用,真太难了!不是还有玩博和下棋的游戏吗?干这个,也比闲着好。”

【原文】

子路曰:“君子尚勇乎?”子曰:“君子义以为上。君子有勇而无义为乱,小人有勇而无义为盗。"

【名家点评】

尹氏曰："义以为尚，则其勇也大矣。子路好勇，故夫子以此救其失也。"

【译文】

子路说："君子崇尚勇敢吗？"孔子答道："君子以义作为最高尚的品德，君子有勇无义就会作乱，小人有勇无义就会偷盗。"

【原文】

子贡曰："君子亦有恶①乎？"子曰："有恶。恶称人之恶者，恶居下流②而讪③上者，恶勇而无礼者，恶果敢而窒④者。"曰："赐也亦有恶乎？""恶徼⑤以为知⑥者，恶不孙⑦以为勇者，恶讦⑧以为直者。"

仁者广爱

【注释】

①恶：厌恶。②下流：下等的，在下的。③讪：诽谤。④窒：阻塞，不通事理，顽固不化。⑤徼：窃取，抄袭。⑥知：同"智"。⑦孙：同"逊"。⑧讦：攻击、揭发别人。

【名家点评】

侯氏曰："圣贤之所恶如此,所谓'唯仁者能恶人'也。"

杨氏曰："仁者无不爱,则君子疑若无恶矣。子贡之有是心也,故问焉以质其是非。"

朱子曰："称人恶,则无仁厚之意。下讪上,则无忠敬之心。勇无礼,则为乱。果而窒,则妄作。故夫子恶之。"

【译文】

子贡说："君子也有厌恶的事吗?"孔子说："有厌恶的事。厌恶宣扬别人坏处的人,厌恶身居下位而诽谤在上者的人,厌恶勇敢而不懂礼节的人,厌恶固执而又不通事理的人。"孔子又说："赐,你也有厌恶的事吗?"子贡说："厌恶偷袭别人的成绩而作为自己的知识的人,厌恶把不谦虚当作勇敢的人,厌恶揭发别人的隐私而自以为直率的人。"

【原文】

子曰："唯女子与小人为难养也,近之则不孙,远之则怨。"

【名家点评】

朱子曰："君子之于臣妾,庄以莅之,慈以畜之,则无二者之患矣。"

【译文】

孔子说："只有女子和小人是难以教养的,亲近他们,他们就会无礼,疏远他们,他们就会报怨。"

【阐释】

这一章表明孔子轻视妇女的思想。这是儒家一贯的思想主张,后来则演变为"男尊女卑""夫为妻纲"的男权主义。

【原文】

子曰："年四十而见恶焉,其终也已。"

【译文】

孔子说："到了四十岁的时候还被人所厌恶,他这一生也就终结了。"

微子篇第十八

【解读】

本篇共计十一章。本篇介绍了孔子的政治思想主张,孔子弟子与老农谈孔子、孔子关于塑造独立人格的思想等。

【原文】

微子①去之,箕子②为之奴,比干③谏而死。孔子曰:"殷有三仁焉。"

【注释】

①微子:殷纣王的同母兄长,见纣王无道,劝他不听,遂离开纣王。②箕子:箕,殷纣王的叔父。他去劝纣王,见王不听,便披发装疯,被降为奴隶。③比干:殷纣王的叔父,屡次强谏,激怒纣王而被杀。

【名家点评】

杨氏曰:"此三人者,各得其本心,故同谓之仁。"

朱子曰:"三人之行不同,而同出于至诚恻怛之意,故不咈乎爱之理,而有以全其心之德也。"

【译文】

微子离开了纣王,箕子做了他的奴隶,比干被杀死了。孔子说:"这是殷朝的三位仁人啊!"

【原文】

柳下惠为士师①,三黜②。人曰:"子未可以去乎?"曰:"直道而事人,焉往而不三黜?枉道而事人,何必去父母之邦?"

【注释】

①士师:典狱官,掌管刑狱。②黜:罢免不用。

【名家点评】

刑昺曰:"士师,典狱之官也。三黜者,时柳下惠为典狱之官,任其直道,群邪丑直,故三被黜退。人曰:'子未可以去乎'者,或人谓柳下惠曰:'吾子数被黜辱,未可以去鲁乎?'……枉,曲也。时世皆邪,已用直道以事于人,则何往而不三黜乎? 言苟直道以事人,所至之国俱当复三黜。其舍其直道而曲以事人,则在鲁亦不见黜,何必去父母所居之国也。"

朱子曰:"柳下惠三黜不去,而其辞气雍容如此,可谓和矣。然其不能枉道之意,则有确乎其不可拔者。是则所谓必以其道,而不自失焉者也。"

【译文】

柳下惠当典狱官,三次被罢免。有人说:"你不可以离开鲁国吗?"柳下惠说:"按正道侍奉君主,到哪里不会被多次罢官呢? 如果不按正道侍奉君主,为什么一定要离开本国呢?"

【原文】

齐景公待孔子曰:"若季氏,则吾不能;以季、孟之间待之。"曰:"吾老矣,不能用也。"孔子行。

【名家点评】

程子曰:"季氏强臣,君待之之礼极隆,然非所以待孔子也。以季、孟之间待之,则礼亦至矣。然复曰'吾老矣,不能用也',故孔子去之。盖不系待之轻重,特以不用而去尔。"

【译文】

齐景公讲到对待孔子的礼节时说:"像鲁君对待季氏那样,我做不到,我用介于季氏孟氏之间的待遇对待他。"又说:"我老了,不能用了。"孔子离开了齐国。

【原文】

齐人归①女乐,季桓子②受之,三日不朝,孔子行。

【注释】

①归:同"馈",赠送。②季桓子:鲁国宰相季孙斯。

【名家点评】

范氏曰："此篇记仁贤之出处,而折中以圣人之行,所以明中庸之道也。"

尹氏曰："受女乐而怠于政事如此,其简贤弃礼、不足与有为可知矣。夫子所以行也。所谓'见几而作,不俟终日'者与?"

【译文】

齐国人赠送了一些歌女给鲁国,季桓子接受了,三天不上朝。孔子于是离开了。

【原文】

楚狂接舆①歌而过孔子曰:"凤兮! 凤兮! 何德之衰? 往者不可谏,来者犹可追。已而,已而! 今之从政者殆而!"孔子下,欲与之言。趋而辟之,不得与之言。

【注释】

①楚狂接舆:一说楚国的狂人接孔子之车;一说楚国叫接舆的狂人;一说楚国狂人姓接名舆。本书采用第二种说法。

【名家点评】

程子曰："圣人不敢有忘天下之心,故其言如此也。"

张子曰："圣人之仁,不以无道,必天下而弃之也。"

【译文】

楚国的狂人接舆唱着歌从孔子的车旁走过,他唱道:"凤凰啊,凤凰啊,你的德运怎么这么衰弱呢? 过去的已经无可挽回,未来的还来得及改正。算了吧,算了吧。今天的执政者危乎其危!"孔子下车,想同他谈谈,他却赶快避开,孔子没能和他交谈。

【原文】

长沮、桀溺①耦而耕②。孔子过之,使子路问津③焉。长沮曰:"夫执舆④者为谁?"子路曰:"为孔丘。"曰:"是鲁孔丘与?"曰:"是也。"曰:"是知津矣。"问于桀溺。桀溺曰:"子为谁?"曰:"为仲由。"曰:"是孔丘之徒与?"对曰:"然。"曰:"滔滔者天下皆是也,而谁以易之⑤? 且而与其从辟⑥人之士也,岂若从辟世之士哉?"耰⑦而不辍。子路行以告。夫子忧然⑧曰:"鸟兽不可与同群,吾非斯人之徒与而谁与? 天下有道,丘不与易也。"

【注释】

①长沮、桀溺:两位隐士,真实姓名和身世不详。②耦而耕:两个人合力耕作。③问津:津,渡口。询问渡口。④执舆:即执辔。⑤之:与。⑥辟:同"避"。⑦耰:用土覆盖种子。⑧忧然:怅然,失意。

圣人之仁

【译文】

长沮、桀溺在一起耕种,孔子路过,让子路去询问渡口在哪里。长沮问子路:"那个拿着缰绳的是谁?"子路说:"是孔丘。"长沮说:"是鲁国的孔丘吗?"子路说:"是的。"长沮说:"那他是早已知道渡口的位置了。"子路再去问桀溺。桀溺说:"你是谁?"子路说:"我是仲由。"桀溺说:"你是鲁国孔丘的门徒吗?"子路说:"是的。"桀溺说:"像洪水一般的坏东西到处都是,你们同谁去改变它呢? 而且你与其跟着躲避人的人,为什么不跟着我们这些躲避社会的人呢?"说完,仍旧不停地做田里的农活。子路回来后把情况报告给孔子。孔子很失望地说:"人是不能与飞禽走兽合群共处的,如果不同世上的人群打交道还与谁打交道呢? 如果天下太平,我就不会与你们一道来从事改革了。"

【阐释】

这一章反映了孔子关于社会改革的主观愿望和积极的入世思想。儒家不倡导消极避世的做法,这与道家不同。儒家认为,即使不能齐家治国平天下,也要独善其身,做一个有道德修养的人。孔子就是这样一位身体力行者。所以,他感到自己有一种社会责任心,正因为社会动乱、天下无道,他才与自己的弟子们不知辛苦地四处呼吁,为社会改革而努力,这是一种可贵的忧患意识和历史责任感。

【原文】

子路从而后,遇丈人,以杖荷蓧①。子路问曰:"子见夫子乎?"丈人曰:"四体不勤,五谷不分②,孰为夫子?"植其杖而芸。子路拱而立。止子路宿,杀鸡为黍③而食④之。见其二子焉。明日,子路行以告。子曰:"隐者也。"使子路反见之。至,则行矣。子路曰:"不仕无义。长幼之节,不可废也;君臣之义,如之何其废之?欲洁其身,而乱大伦。君子之仕也,行其义也。道之不行,已知之矣。"

【注释】

①蓧:古代耘田所用的竹器。②四体不勤,五谷不分:一说这是丈人指自己。分是粪;不,是语气词,意为:我忙于播种五谷,没有闲暇,怎知你夫子是谁? 另一说是丈人责备子路。说子路手脚不勤,五谷不分。多数人持第二种说法。我们以为,子路与丈人刚说了一句话,丈人并不知道子路是否真的四体不勤,五谷不分,没有可能说出这样的话。所以,我们同意第一种说法。③黍:黏小米。④食:拿东西给人吃。

【名家点评】

朱子曰:"盖丈人之接子路甚倨,而子路益恭,丈人因见其二子焉,则于长幼之节,固知其不可废矣。故因其所明以晓之。仕所以行君臣之义,故虽知道之不行而不可废。然谓之义,则事之可否,身之去就,亦自有不可苟者。是以虽不洁身以乱伦,亦非忘义以徇禄也。"

范氏曰:"隐者为高,故往而不反。仕者为通,故溺而不止。不与鸟兽同群,则决性命之情以饕富贵。此二者皆惑也,是以依乎中庸者为难。惟圣人不废君臣之义,而必以其正,所以或出或处而终不离于道也。"

【译文】

子路跟随孔子出行,落在了后面,遇到一个老丈,用拐杖挑着除草的工具。子路问道:"你看到我的老师吗?"老丈说:"我手脚不停地劳作,五谷还来不及播种,哪里顾得上你的老师是谁?"说完,便扶着拐杖去除草。子路拱着手恭敬地站在一旁。老丈留子路到他家住宿,杀了鸡,做了小米饭给他吃,又叫两个儿子出来与子路见面。第二天,子路赶上孔子,把这件事向他做了报告。孔子说:"这是个隐士啊。"叫子路回去再看看他。子路到了那里,老丈已经走了。子路说:"不做官是不对的。长幼间的关系是不可能废弃的;君臣间的关系怎么能废弃呢?想要自身清白,却破坏了根本的君臣伦理关系。君子做官,只是为了实行君臣之义的。至于道的行不通,早就知道了。"

【阐释】

过去有一个时期,人们认为这一章中老丈所说:"四体不勤,五谷不分"是劳动人民对孔丘的批判等等。这恐怕是理解上和思想方法上的问题。对此,我们不想多作评论,因为当时不是科学研究,而是政治需要。其实,本章的要点不在于此,而在于后面子路所做的总结。即认为,隐居山林是不对的,老丈与他的儿子的关系仍然保持,却抛弃了君臣之伦。这是儒家向来都不提倡的。

【原文】

逸①民:伯夷、叔齐、虞仲、夷逸、朱张、柳下惠、少连②。子曰:"不降其志,不辱其身,伯夷、叔齐与?"谓柳下惠、少连,"降志辱身矣,言中伦,行中虑,其斯而已矣。"谓虞仲、夷逸,"隐居放③言,身中清,废中权。""我则异于是,无可无不可。"

【注释】

①逸:同"佚",散失、遗弃。②虞仲、夷逸、朱张、少连:此四人身世无从考,从文中意思看,当是没落贵族。③放:放置,不再谈论世事。

【名家点评】

孟子曰:"孔子可以仕则仕,可以止则止,可以久则久,可以速则速。"

刑昺曰:"无可无不可,我之所行,则与此逸民异,亦不必进,亦不必退,唯义所在。"

尹氏曰:"七人各守其一节,而孔子则无可无不可,此所以常适其可,而异于逸民之徒也。扬雄曰:观乎圣人则见贤人。是以孟子语夷、惠,亦必以孔子断之。"

【译文】

被遗落的人有:伯夷、叔齐、虞仲、夷逸、朱张、柳下惠、少连。孔子说:"不降低自己的意志,不屈辱自己的身份,这是伯夷叔齐吧。"说柳下惠、少连是"被迫降低自己的意志,屈辱自己的身份,但说话合乎伦理,行为合乎人心。"说虞仲、夷逸"过着隐居的生活,说话很随便,能洁身自爱,离开官位合乎权宜。""我却同这些人不同,可以这样做,也可以那样做。"

【原文】

大师挚①适齐,亚饭干适楚,三饭缭适蔡,四饭缺适秦②,鼓方叔③入于河,播鼗④武入于汉,少师⑤阳、击磬襄⑥,入于海。

【注释】

①大师挚:大,同"太"。太师是鲁国乐官之长,挚是人名。②亚饭、三饭、四饭:都是乐官名。干、缭、缺是人名。③鼓方叔:击鼓的乐师名方叔。④鼗:小鼓。⑤少师:乐官名,副乐师。⑥击磬襄:击磬的乐师,名襄。

【名家点评】

朱子曰:"此记贤人之隐遁以附前章,然未必夫子之言也。末章放此。"

张子曰:"周衰乐废,夫子自卫反鲁,一尝治之,其后伶人贱工识乐之正。及鲁益衰,三桓僭妄,自大师以下,皆知散之四方、逾河蹈海以去乱。圣人俄顷之助,功化如此。'如有用我,期月而可。'岂虚语哉?"

【译文】

太师挚到齐国去了,亚饭干到楚国去了,三饭缭到蔡国去了,四饭缺到秦国去了,打鼓的方叔到了黄河边,敲小鼓的武到了汉水边,少师阳和击磬的襄到了海滨。

【原文】

周公谓鲁公①曰:"君子不施②其亲,不使大臣怨乎不以③。故旧无大故,则不弃也。无求备于一人。"

【注释】

①鲁公:指周公的儿子伯禽,封于鲁。②施:同"弛",怠慢、疏远。③以:用。

【名家点评】

胡氏曰:"此伯禽受封之国,周公训戒之辞,鲁人传诵,久而不忘也。其或夫子尝与门弟子言之欤?"

李氏曰:"四者皆君子之事,忠厚之至也。"

【译文】

周公对鲁公说:"君子不疏远他的亲属,不使大臣们抱怨不用他们。旧友老臣没有大的过失,就不要抛弃他们,不要对人求全责备。"

【原文】

周有八士①:伯达、伯适、伯突、仲忽、叔夜、叔夏、季随、季騧。

【注释】

①八士:本章中所说八士已不可考。

【名家点评】

张子曰:"记善人之多也。"

朱子曰:"此篇孔子于三仁、逸民、师挚、八士,既皆称赞而品列之;于接舆、沮、溺、丈人,又每有惓惓接引之意。皆衰世之志也,其所感者深矣!在陈之叹,盖亦如此。三仁则无间然矣,其余数君子者,亦皆一世之高士。若使得闻圣人之道。以裁其所过而勉其所不及,则其所立岂止于此而已哉?"

【译文】

周代有八个士:伯达、伯适、伯突、仲忽、叔夜、叔夏、季随、季騧。

子张篇第十九

【解读】

本篇共计二十五章。本篇介绍内容如下:孔子学而不厌、不耻下问的精神;孔子对殷纣王的批评,孔子关于学与仕的关系,君子与小人在有过失时的不同表现,以及孔子与其学生和他人之间的对话。

【原文】

子张曰:"士见危致命,见得思义,祭思敬,丧思哀,其可已矣。"

【名家点评】

朱子曰:"四者立身之大节,一有不至,则馀无足观。故言士能如此,则庶乎其可矣。"

【译文】

子张说:"士遇见危险时能献出自己的生命,看见有利可得时能考虑是否符合义的要求,祭祀时能想到是否严肃恭敬,居丧的时候想到自己是否哀伤,这样就可以了。"

【阐释】

"见危致命,见得思义",这是君子之所为,在需要自己献出生命的时候,他可以毫不犹豫,勇于献身。同样,在有利可得的时候,他往往想到这样做是否符合义的规定。这是孔子思想的精华点。

【原文】

子张曰:"执德不弘,信道不笃,焉能为有? 焉能为亡?"

【名家点评】

朱子曰:"有所得而守之太狭,则德孤;有所闻而信之不笃,则道废。"

【译文】

子张说:"实行德而不能发扬光大,信仰道而不忠实坚定,(这样的人)怎么能说有,又

【原文】

子夏之门人问交于子张。子张曰："子夏云何？"对曰："子夏曰：'可者与之，其不可者拒之。'"子张曰："异乎吾所闻：君子尊贤而容众，嘉善而矜不能。我之大贤与，于人何所不容？我之不贤与，人将拒我，如之何其拒人也？"

【名家点评】

朱子曰："盖大贤虽无所不容，然大故亦所当绝；不贤固不可以拒人，然损友亦所当远。学者不可不察。"

【译文】

子夏的学生向子张询问怎样结交朋友。子张说："子夏是怎么说的？"答道："子夏说：'可以相交的就和他交朋友，不可以相交的就拒绝他。'"子张说："我所听到的和这些不一样：君子既尊重贤人，又能容纳众人；能够赞美善人，又能同情能力不够的人。如果我是十分贤良的人，那我对别人有什么不能容纳的呢？我如果不贤良，那人家就会拒绝我，又怎么谈能拒绝人家呢？"

【原文】

子夏曰："虽小道①，必有可观者焉，致远恐泥②，是以君子不为也。"

【注释】

①小道：指各种农工商医卜之类的技能。②泥：阻滞，不通，妨碍。

【名家点评】

何晏曰："小道谓异端。"

杨氏曰："百家众技，犹耳目口鼻，皆有所明而不能相通。非无可观也，致远则泥矣，故君子不为也。"

【译文】

子夏说："虽然都是些小的技艺，也一定有可取的地方，但用它来达到远大目标就行不通了。"

【原文】

子夏曰:"日知其所亡,月无忘其所能,可谓好学也已矣。"

【名家点评】

刑昺疏曰:"《正义》曰:此章劝学也。亡,无也。旧无闻者,当学之,使日知其所未闻。旧已能者,当温寻之,使日月无忘也。能如此者可谓之好学。"

尹氏曰:"好学者日新而不失。"

坡公曰:"古之学者,其所亡与其所能,皆可以一二数而日月见也。如今世之学,其所亡者果何物,而所能者果何事欤?"

【译文】

子夏说:"每天学到一些过去所不知道的东西,每月都不能忘记已经学会的东西,这就可以叫作好学了。"

【阐释】

这是孔子教育思想的一个组成部分。孔子并不笼统反对博学强记,因为人类知识中的很多内容都需要认真记忆,不断巩固,并且在原有知识的基础上再接受新的知识。这一点,对我们今天的教育也有某种借鉴作用。

【原文】

子夏曰:"博学而笃志^①,切问^②而近思,仁在其中矣。"

【注释】

①笃志:志,意为"识",此为强记之义。②切问:问与切身有关的问题。

【名家点评】

朱子曰:"四者皆学问思辨之事耳,未及乎力行而为仁也。然从事于此,则心不外驰,而所存自熟,故曰'仁在其中矣'。"

苏氏曰:"博学而志不笃,则大而无成;泛问远思,则劳而无功。"

【译文】

子夏说:"博览群书广泛学习而已记得牢固,就与切身有关的问题提出疑问并且去思考,仁就在其中了。"

【阐释】

这里又提到孔子的教育方法问题。"博学而笃志"即"博学而强记",再一次谈到它的重要性的问题。

【原文】

子夏曰:"百工居肆①以成其事,君子学以致其道。"

【注释】

①百工居肆:百工,各行各业的工匠。肆,古代社会制作物品的作坊。

【名家点评】

朱子曰:"工不居肆,则迁于异物而业不精。君子不学,则夺于外诱而志不笃。"

尹氏曰:"学所以致其道也。百工居肆,必务成其事。君子之于学,可不知所务哉?"

坡公曰:"道可致而不可求。""莫之求而自至,斯以为致也欤!"

【译文】

子夏说:"各行各业的工匠住在作坊里来完成自己的工作,君子通过学习来掌握道。"

【原文】

子夏说:"小人之过也必文。"

【名家点评】

朱子曰:"小人惮于改过,而不惮于自欺,故必文以重其过。"

【译文】

子夏说:"小人犯了过错一定要掩饰。"

【原文】

子夏曰:"君子有三变:望之俨然,即之也温,听其言也厉。"

【名家点评】

程子曰:"他人俨然则不温,温则不厉,惟孔子全之。"谢氏曰:"此非有意于变,盖并行而不相悖也,如良玉温润而栗然。"

【译文】

子夏说:"君子有三变:远看他的样子庄严可怕,接近他又温和可亲,听他说话语言严厉不苟。"

【原文】

子夏曰:"君子信而后劳其民;未信,则以为厉己也,信而后谏;未信,则以为谤己也。"

【名家点评】

朱子曰:"事上使下,皆必诚意交孚,而后可以有为。"

坡公曰:"盖未信而谏,圣人不与。交浅言深,君子所戒。"

【译文】

子夏说:"君子必须取得信任之后才去役使百姓,否则百姓就会以为是在虐待他们。要先取得信任,然后才去规劝;否则,(君主)就会以为你在诽谤他。"

【原文】

子夏曰:"大德不逾闲①,小德出入可也。"

【注释】

①闲:木栏,这里指界限。

【名家点评】

朱子曰:"言人能先立乎其大者,则小节虽或未尽合理,亦无害也。"

【译文】

子夏说:"大节上不能超越界限,小节上有些出入是可以的。"

【阐释】

这一章提出了大节小节的问题。儒家向来认为,作为有君子人格的人,他应当顾全大局,而不在细枝末节上斤斤计较。

【原文】

子游曰:"子夏之门人小子,当洒扫应对进退,则可矣,抑^①末也。本之则无,如之何?"子夏闻之,曰:"噫,言游过矣!君子之道,孰先传焉?孰后倦^②焉?譬诸草木,区以别矣。君子之道,焉可诬^③也?有始有卒者,其惟圣人乎!"

【注释】

①抑:但是,不过。转折的意思。②倦:诲人不倦。③诬:欺骗。

【名家点评】

朱子曰:"言君子之道,非以其末为先而传之,非以其本为后而倦教。但学者所至,自有浅深,如草木之有大小,其类固有别矣。若不量其浅深,不问其生熟,而概以高且远者强而语之,则是诬之而已。君子之道,岂可如此?若夫始终本末一以贯之,则惟圣人为然,岂可责之门人小子乎?"

【译文】

子游说:"子夏的学生,做些打扫和迎送客人的事情是可以的,但这些不过是末节小事,根本的东西却没有学到,这怎么行呢?"子夏听了,说:"唉,子游错了。君子之道先传授哪一条,后传授哪一条,这就像草和木一样,都是分类区别的。君子之道怎么可以随意歪曲,欺骗学生呢?能按次序有始有终地教授学生们,恐怕只有圣人吧!"

【阐释】

孔子的两个学生子游和子夏,在如何教授学生的问题上发生了争执,而且争得比较激烈,不过,这其中并没有根本的不同,只是教育方法各有自己的路子。

【原文】

子夏曰:"仕而优^①则学,学而优则仕。"

【注释】

①优:有余力。

启蒙幼童

【名家点评】

朱子曰:"优,有余力也。仕与学,理同而事异。故当其事者,必先有以尽其事,而后可及其余。然仕而学,则所以资其仕者益深;学而仕,则所以验其学者益广。"

【译文】

子夏说:"做官还有余力的人,就可以去学习,学习有余力的人,就可以去做官。"

【阐释】

子夏的这段话集中概括了孔子的教育方针和办学目的。做官之余,还有精力和时间,那他就可以去学习礼乐等治国安邦的知识;学习之余,还有精力和时间,他就可以去做官从政。同时,本章又一次谈到"学"与"仕"的关系问题。

【原文】

子游曰:"丧致①乎哀而止。"

【注释】

①致:极致、竭尽。

【名家点评】

朱子曰："致极其哀,不尚文饰也。"

杨氏曰："'丧,与其易也宁戚',不若礼不足而哀有余之意。"

【译文】

子游说:"丧事做到尽哀也就可以了。"

【原文】

子游曰:"吾友张也为难能也,然而未仁。"

【译文】

子游说:"我的朋友子张可以说是难得的了,然而还没有做到仁。"

【原文】

曾子曰:"堂堂乎张也,难与并为仁矣。"

【名家点评】

范氏曰:"子张外有余而内不足,故门人皆不与其为仁。子曰:'刚毅,木讷,近仁。'宁外不足而内有余,庶可以为仁矣。"

【译文】

曾子说:"子张外表堂堂,难于和他一起做到仁的。"

【原文】

曾子曰:"吾闻诸夫子,人未有自致者也,必也亲丧乎。"

【名家点评】

尹氏曰:"亲丧固所自尽也,于此不用其诚,恶乎用其诚?"

【译文】

曾子说:"我听老师说过,人不可能自动地充分发挥感情,(如果有,)一定是在父母死亡的时候。"

【原文】

曾子曰："吾闻诸夫子,孟庄子①之孝也,其它可能也;其不改父之臣与父之政,是难能也。"

【注释】

①孟庄子:鲁国大夫孟孙速。

【名家点评】

朱子曰："献子有贤德,而庄子能用其臣,守其政。故其他孝行虽有可称,而皆不若此事之为难。"

【译文】

曾子说："我听老师说过,孟庄子的孝,其他人也可以做到,但他不更换父亲的旧臣及其政治措施,这是别人难以做到的。"

【原文】

孟氏使阳肤①为士师,问于曾子。曾子曰："上失其道,民散久矣。如得其情,则哀矜②而勿喜。"

【注释】

①阳肤:曾子的学生。②矜:怜悯。

【名家点评】

谢氏曰："民之散也,以使之无道,教之无素,故其犯法也,非迫于不得已,则陷于不知也。故得其情,则哀矜而勿喜。"

【译文】

孟氏任命阳肤做典狱官,阳肤向曾子请教。曾子说："在上位的人离开了正道,百姓早就离心离德了。你如果能弄清他们的情况,就应当怜悯他们,而不要自鸣得意。"

【原文】

子贡曰："纣①之不善,不如是之甚也。是以君子恶居下流②,天下之恶皆归焉。"

问学子贡

【注释】

①纣:商代最后一个君主,名辛,纣是他的谥号,历来被认为是一个暴君。②下流:即地形低洼各处来水汇集的地方。

【名家点评】

朱子曰:"子贡言此,欲人常自警省,不可一置其身于不善之地;非谓纣本无罪而虚被恶名也。"

【译文】

子贡说:"纣王的不善,不像传说的那样厉害。所以君子憎恨处在下流的地方,使天下一切坏名声都归到他的身上。"

【原文】

子贡曰:"君子之过也,如日月之食焉。过也,人皆见之;更也,人皆仰之。"

【名家点评】

坡公曰:"圣贤举动,明白正直,不当如是耶? 所用之人,有邪有正。所做之事,有是有非。是非邪正,两言而足,正则用之,邪则去之,是则行之,非则改之。"

【译文】

子贡说："君子的过错好比日月食。他犯过错,人们都看得见;他改正过错,人们都仰望着他。"

【原文】

卫公孙朝①问于子贡曰:"仲尼②焉学?"子贡曰:"文武之道,未坠于地,在人。贤者识其大者,不贤者识其小者,莫不有文武之道焉。夫子焉不学? 而亦何常师之有?"

【注释】

①卫公孙朝:卫国的大夫公孙朝。②仲尼:孔子的字。

【译文】

卫国的公孙朝问子贡说:"仲尼的学问是从哪里学来的?"子贡说:"周文王武王的道,并没有失传,还留在人们中间。贤能的人可以了解它的根本,不贤的人只了解它的末节,没有什么地方无文王武王之道。我们老师何处不学,又何必要有固定的老师传播呢?"

【阐释】

这一章又讲到孔子之学何处而来的问题。子贡说,孔子承袭了周文王、周武王之道,并没有固定的老师给他传授。这实际是说,孔子肩负着上承尧舜禹汤文武周公之道,并把它发扬光大的责任,这不需要什么人讲授给孔子。表明了孔子"不耻下问""学无常师"的学习过程。

【原文】

叔孙武叔①语大夫于朝曰:"子贡贤于仲尼。"子服景伯②以告子贡。子贡曰:"譬之宫墙③,赐之墙也及肩,窥见室家之好。夫子之墙数仞④,不得其门而入,不见宗庙之美,百官⑤之富。得其门者或寡矣。夫子之云,不亦宜乎!"

【注释】

①叔孙武叔:鲁国大夫,名州仇,三桓之一。②子服景伯:鲁国大夫。③宫墙:宫也是墙。围墙,不是房屋的墙。④仞:古时七尺为仞,一说八尺为仞,一说五尺六寸为仞。⑤

官：这里指房舍。

【译文】

叔孙武叔在朝廷上对大夫们说："子贡比仲尼更贤。"子服景伯把这一番话告诉了子贡。子贡说："拿围墙来做比喻，我家的围墙只有齐肩高，老师家的围墙却有几仞高，如果找不到门进去，你就看不见里面宗庙的富丽堂皇，和房屋的绚丽多彩。能够找到门进去的人并不多。叔孙武叔那么讲，不也是很自然吗？"

【原文】

叔孙武叔毁仲尼。子贡曰："无以①为也！仲尼不可毁也。他人之贤者，丘陵也，犹可逾也；仲尼，日月也，无得而逾焉。人虽欲自绝，其何伤于日月乎？多②见其不知量也③。"

【注释】

①以：此也，这里作副词用。②多：副词，只是的意思。③不知量也：皇侃《义疏》解此句为"不知圣人之度量"，译文从朱熹《集注》。"也"，用法同"耳"。

【译文】

叔孙武叔毁谤仲尼。子贡道："不要这样做，仲尼是毁谤不了的。别人的贤能，好比山邱，还可以超越过去；仲尼，简直是太阳和月亮，不可能超越它。人家纵是要自绝于太阳月亮，那对太阳月亮有什么损害呢？只是表示他不自量力罢了。"

【原文】

陈子禽谓子贡曰："子为恭也，仲尼岂贤于子乎？"子贡曰："君子一言以为知，一言以为不知，言不可不慎也。夫子之不可及也，犹天之不可阶而升也。夫子之得邦家者，所谓立之斯立，道之斯行，绥之斯来，动之斯和。其生也荣，其死也哀，如之何其可及也？"

【名家点评】

程子曰："此圣人之神化，上下与天地同流者也。"

谢氏曰："观子贡称圣人语，乃知晚年进德，盖极于高远也。夫子之得邦家者，其鼓舞群动，捷于桴鼓影响。人虽见其变化，而莫窥其所以变化也。盖不离于圣，而有不可知者存焉,此殆难以思勉及也。"

【译文】

　　陈子禽对子贡说:"你是谦恭了,仲尼怎么能比你更贤良呢?"子贡说:"君子的一句话就可以表现他的智识,一句话也可以表现他的不智,所以说话不可以不慎重。夫子的高不可及,正像天是不能够顺着梯子爬上去一样。夫子如果得国而为诸侯或得到采邑而为卿大夫,那就会像人们说的那样,教百姓立于礼,百姓就会立于礼,要引导百姓,百姓就会跟着走;安抚百姓,百姓就会归顺;动员百姓,百姓就会齐心协力。(夫子)活着是十分荣耀的,(夫子)死了是极其可惜的。我怎么能赶得上他呢?"

【阐释】

　　以上这几章,都是子贡回答别人贬低孔子而抬高子贡的问话。子贡对孔子十分敬重,认为他高不可及。所以他不能容忍别人对孔子的毁谤。

尧曰篇第二十

【解读】

　　"尧曰篇"以称颂孔子推崇的尧、舜、禹等上古帝王的仁德为主要内容,提出了儒家关于大同世界的美好理想。建设和谐美好的大同社会,每个人都责无旁贷,需要大家共同去努力。在民主思想深入人心的现代,我们再体会古人之语、观望古人之德时,更应理解大义当先的意义所在,自觉承担起社会责任。

　　本篇共三章,段落都比较长。儒家学说是研究格物致知、正心诚意、修身、齐家、治国、平天下的学说,简略一些说,儒家则是有关修、齐、治、平的学说。前面"学而篇第一"到"子张篇第十九"侧重谈的是修身齐家类学问,以修身为主。本篇三章谈的侧重是治国平天下,以治国为主,本篇首章又是一章文字整饬严谨的治国方略,万川归海,修身是为了齐家,齐家是为了治国,治国是为了平天下。治国平天下是孔子的终极目标,也是编纂者的编纂意图,所以本篇三章全关乎治国之方略。第一章古贤先圣治国之方略。第二章孔子谈治国之方略。第三章既是对全书的总结,也是对本篇内容的概括。

【原文】

尧曰①:"咨②!尔舜!天之历数在尔躬,允③执其中。四海困穷,天禄永终。"舜亦以命禹。曰:"予小子履④,敢用玄牡⑤,敢昭告于皇皇后帝:有罪不敢赦。帝臣不蔽,简⑥在帝心。朕⑦躬有罪,无以万方;万方有罪,罪在朕躬。"周有大赉⑧,善人是富。"虽有周亲⑨,不如仁人。百姓有过,在予一人。"谨权量⑩,审法度⑪,修废官,四方之政行焉。兴灭国,继绝世,举逸民,天下之民归心焉。所重:民、食、丧、祭。宽则得众,信则民任焉。敏则有功,公则说。

【注释】

①尧曰:下面引号内的话是尧在禅让帝位时给舜说的话。②咨:即"啧",感叹词,表示赞誉。③允:真诚;诚信。④履:这是商汤的名字。⑤玄牡:玄,黑色谓玄。牡,公牛。⑥简:阅,这里是知道的意思。⑦朕:我。从秦始皇起,专用作帝王自称。⑧赉:赏赐。下面几句是说周武王。⑨周亲:至亲。⑩权量:权,秤锤。指量轻重的标准。量,斗斛。指量容积的标准。⑪法度:指量长度的标准。

【名家点评】

《吕氏春秋》曰:"昔殷汤克夏,而天下大旱,五年不收。汤乃以身祷于桑林曰:'余一人有罪,无及万方。万方有罪,在予一人。无以一人之不敏,使上帝鬼神伤民之命。'于是翦其发。鄌其手,自以为牲,用祈福于上帝。民悦,雨乃大至。"

尧帝

【译文】

尧说:"啧啧! 你这位舜! 上天的大命已经落在你的身上了。诚实地保持那中道吧! 假如天下百姓都隐于困苦和贫穷,上天赐给你的禄位也就会永远终止。"舜也这样告诫过禹。(商汤)说:"我小子履谨用黑色的公牛来祭祀,向伟大的天帝祷告:有罪的人我不敢擅自赦免,天帝的臣仆我也不敢掩蔽,都由天帝的心来分辨、选择。我本人若有罪,不要牵连天下万方,天下万方若有罪,都归我一个人承担。"周朝大封诸侯,使善人都富贵起来。(周武王)说:"我虽然有至亲,不如有仁德之人。百姓有过错,都在我一人身上。"认真检查度量衡器,周密地制定法度,全国的政令就会通行了。恢复被灭亡了的国家,接续已经断绝了家族,提拔被遗落的人才,天下百姓就会真心归服了。所重视的四件事:人民、粮食、丧礼、祭祀。宽厚就能得到众人的拥护,诚信就能得到别人的任用,勤敏就能取得成绩,公平就会使百姓公平。

【阐释】

本章记载古圣贤治国之方略,具体则有尧舜汤周公以及孔子等。本章文字前人多有疑其脱落者,认为文义不相连贯,有支离破碎之嫌,"零碎采摘凑合而成"。在本章中,孔子对三代以来的美德善政做了高度概括,可以说是对《论语》全书中有关治国安邦平天下的思想加以总结,对后代产生了很大的影响力。

"尧曰""舜命"均从正反两面讲,既讲奖善,也谈惩恶,中心论点是"德义决定论"。接着,从反面讲,惩恶,"黎民""帝臣""朕躬"三者有罪一视同仁,"朕躬"罪重。"周有大赉",分封天下既奖善又惩恶。行政归心,民食丧祭皆是奖善惩恶之具体标准和措施。以上谈治理国家必须赏罚分明,奖善惩恶。程子曰:"治众之道,在于遏恶扬善而已。"最后则与以内容环环相扣,强调其为政者必须具备的心理素养和道德修养。

【原文】

子张问孔子曰:"何如斯可以从政矣?"子曰:"尊五美,屏①四恶,斯可以从政矣。"子张曰:"何谓五美?"子曰:"君子惠而不费,劳而不怨,欲而不贪②,泰而不骄,威而不猛。"子张曰:"何谓惠而不费?"子曰:"因民之所利而利之,斯不亦惠而不费乎? 择可劳而劳之，又谁怨？欲仁而得仁，又焉贪？君子无众寡，无大小，无敢慢，斯不亦泰而不骄乎？君子正其衣冠，尊其瞻视，俨然人望而畏之，斯不亦威而不猛乎？"子张曰："何谓四恶？"子曰："不教而杀谓之虐；不戒视成谓之暴；慢令致期谓之贼；犹之③与人也，出纳④之吝谓之有司⑤。"

【注释】

①屏：屏除。②欲而不贪：下文云："欲仁而得仁，又焉贪？"可见此"欲"字是指欲仁欲义而言，因之皇侃《义疏》云："欲仁义者为廉，欲财色者为贪。"译文本此。③犹之：王引之《释词》云："犹之与人，均之与人也。"④出纳：出和纳（入）是两个意义相反的词，这里虽然在一起连用，却只有"出"的意义，没有"纳"的意义。说本俞樾《群经平议》。⑤有司：古代管事者之称，职务卑微，这里意译为"小家子气"。

【名家点评】

尹氏曰："告问政者多矣，未有如此之备者也。故记之以继帝王之治，则夫子之为政可知也。"

【译文】

子张问孔子说："怎样才可以治理政事呢？"孔子说："尊重五种美德，排除四种恶政，这样就可以治理政事了。"子张问："五种美德是什么？"孔子说："君子要给百姓以恩惠而自己却无所耗费；使百姓劳作而不使他们怨恨；要追求仁德而不贪图财利；庄重而不傲慢；威严而不凶猛。"子张说："怎样叫要给百姓以恩惠而自己却无所耗费呢？"孔子说："让百姓们去做对他们有利的事，这不就是对百姓有利而不掏自己的腰包嘛！选择可以让百姓劳作的时间和事情让百姓去做。这又有谁会怨恨呢？自己要追求仁德便得到了仁，又还有什么可贪的呢？君子对人，无论多少，势力大小，都不怠慢他们，这不就是庄重而不傲慢吗？君子衣冠整齐，目不斜视，使人见了就让人生敬畏之心，这不也是威严而不凶猛吗？"子张问："什么叫四种恶政呢？"孔子说："不经教化便加以杀戮叫作虐；不加告诫便要求成功叫作暴；不加监督而突然限期叫作贼，同样是给人财物，却出手吝啬，叫作小气。"

子张问学

【阐释】

　　这是子张向孔子请教为官从政的要领。这里，孔子谈了自己的治国方略，具体说就是"尊五美，屏四恶"。

　　五美　"惠而不费"，是因势利导，因地制宜，顺乎自然，无为而治，"因民之所利而利之"。"劳而不怨"，则是因人制宜，因事制宜，因时制宜。荀子说：夏不宛喝（中暑），冬不冻寒，急不伤力，缓不后时。"使民以时"，"择可劳而劳之"。"欲而不贪"，可作两解，一是有欲望而却不贪婪，欲而有度，欲而适中。二是"我欲仁，斯仁至矣"。孔子使用的就是这个含义，"欲仁而得仁"。"仁"是各种美德的总和，也是最高尚品德，得到了这种美德，又何必贪求其他呢？"泰而不骄"是稳健庄重而不骄奢恣睢，轻慢"寡""小"以之为骄逸，轻慢"众""大"以之为刚直，"君子无众寡，无大小，无敢慢"。无论众寡小大均不敢轻慢，取其适度而已。"威而不猛"，威严而不凶猛。子夏说："君子望之俨然，即之也温，其言也厉。""惠而不费""劳而不怨"是为政者的管理策略。"欲而不贪"是为政者的道德修养，

"泰而不骄""威而不猛"是君子由内而外的礼仪形体修养。

四恶 为政者当以"君""亲""师"三者身份同时出现,便是一个好的为政者。"君"即君王,领导,上级,老板;"亲"即父母;"师"即师长。为政者当有"临之以庄""威而不猛""泰而不骄"的王者之风,同时又要有父母之爱子女,如春风风人,夏雨雨人般的温馨和蔼。"师者,所以传道授业解惑也。""举善而教不能。""教不能勿揩(急于求成)。""君""亲""师"三者集于一身,方是好领导。"不教而杀""不戒视成",是虐者,是暴者,谓之无师教之德,"慢令致期",是贼害,谓之无君王之风,"犹之与人也,出纳之吝",当赏则赏,当付出则付出,"把玩不舍",则无父母关爱施予之情,君亲师三德尽失,谓之五恶。

不相与谋

【原文】

孔子曰:"不知命,无以为君子也;不知礼,无以立也;不知言①,无以知人也。"

【注释】

①知言:这里"知言"的意义和《孟子·公孙丑上》的"我知言"的"知言"相同,善于分析别人的言语,辨其是非善恶的意思。

【名家点评】

程子曰:"知命者,知有命而信之也。人不知命,则见害必避,见利必趋,何以为君子?"

尹氏曰:"知斯三者,则君子之事备矣。弟子记此以终篇,得无意乎?学者少而读之。老而不知一言为可用,不几于侮圣言者乎?夫子之罪人也!可不念哉?"

【译文】

孔子说:"不懂得天命,就不能做君子;不知道礼仪,就不能立身处世;不善于分辨别人的话语,就不能真正了解他。"

【阐释】

本章是《论语》的最后一章。《论语》从"学而时习之"开始,到本章结束,整个过程是一个人境界提升的过程,是一个人的责任明确的过程,是一个人心灵充实和精神升华的过程,因而本章其实就是对全书精神的一个总结。在本章中,孔子提出了君子的"三知":知命、知礼、知言,这是君子立身处世需要特别注意的问题。

"命",就是天命,即上天赋予每个人的使命。作为大自然的产儿,人并不仅仅是以一个消费者的身份降生到这个世界上的,他有自己天赋的职责:为亲人家庭、为人类、为社会、为自然之母创造一个和谐的空间和美好的家园。因此,每一个有幸成为"人"的"天之骄子",都应意识到自己与生俱来的使命,都应为实行自己的使命付出应有的努力,那么,他就不枉到世上来走一趟,他就可以赢得堂堂正正的人的美称——君子。

能认识到自己的使命,就需要在生活中履行,这就需要具备履行使命的"资本":有一定的社会基础,它是你达成使命的环境要求——小自个人,大到国家,营造一个和谐发展的环境是很重要的。这个环境,既是你安身立命之本,也是你事业成功的土壤甚至是你事业成功的指归。而"礼",正是处理好一切社会关系必需的润滑剂。

此外，还要有自己的同道者。俗话说："一个篱笆三个桩，一个好汉三个帮。"要成就一项事业，必须有自己的同志者出谋划策，有同志者帮助扶持，这样，才能避免过程中的一些曲折，化解可能出现的种种困难和危机，孤军奋战是很难成功的。这时，同志者的选择就显得格外重要了：要知道"言"以定人的局限性，不被花言巧语所迷惑，找到能与你共挑重担、共创事业的适当人选。

《论语》一书，最后一章谈君子人格的内容，表明此书之侧重点，就在于塑造具有理想人格的君子，培养治国安邦平天下的志士仁人。

第七章　张居正讲评《论语》

学而第一

【原文】

子曰：学而时习之，不亦说乎？有朋自远方来，不亦乐乎？人不知而不愠，不亦君子乎？

【张居正讲评】

学，是仿效。凡致知力行，皆仿效圣贤之所为，以明善而复其初也。习，是温习。说，是喜悦。孔子说道："人之为学，常苦其难而不悦者，以其学之不熟，而未见意趣也。若既学矣，又能时时温习而不间断其功，则所学者熟，义理浃洽，中心喜好，而其进自不能已矣，所以说不亦说乎！"

朋，是朋友。乐，是欢乐。夫学既有得，人自信从，将见那同类的朋友皆自远方而来，以求吾之教诲。夫然则吾德不孤，斯道有传，得英才而教育之，自然情意宣畅可乐，莫大乎此也。所以说不亦乐乎！

愠，是含怒的意思。君子，是成德的人。夫以善及人，固为可乐，苟以人或不见知，而遂有不乐焉，则犹有近名之累，其德未完，未足以为君子也。是以虽

张居正

名誉不著而人不知我,亦惟处之泰然,略无一毫含怒之意。如此则其心纯乎为己,而不求人知,其学诚在于内,而不愿乎外,识趣广大,志向高明,盖粹然成德之人也。所以说不亦君子乎! 夫学,由说以进于乐,而至于能为君子,则希贤希圣,学之能事毕矣!

【原文】

有子曰:"其为人也孝弟,而好犯上者,鲜仁矣;不好犯上,而好作乱者,未之有也。君子务本,本立而道生。孝弟也者,其为人之本与!"

【张居正讲评】

有子,是孔子弟子,姓有,名若。善事父母,叫作孝;善事兄长,叫作弟。犯,是干犯。鲜,是少。作乱,是悖逆争斗的事。有子说:"天下的人莫不有父母兄长,则莫不有孝弟的良心。人惟不能孝弟,则其心不和不顺,小而犯上,大而作乱,无所不至矣。若使他平昔为人,于父母则能孝,尽得为子的道理,于兄长则能弟,尽得卑幼的道理,则心里常是和顺,而所为自然循礼,若说他敢去干犯那在上的人,这样事断然少矣。"夫犯上,是不顺之小者,且不肯为,却乃好为悖逆争斗大不顺的事,天下岂有是理哉! 夫人能孝弟而自不为非如此,可以见孝弟之当务矣。

务,是专力。本,是根本。为仁,是行仁。有子又说:"天下之事,有本有末,若徒务其末,则博而寡要,劳而无功。所以君子凡事只在根本,切要处专用其力。根本既立,则事事物物处之各当,道理自然发生,譬如树木一般。"根本牢固,则枝叶未有不茂盛者。本之当务如此。则吾所谓孝弟也者,乃是行仁之本与。盖仁具于心,只是恻怛慈爱的道理,施之爱亲敬长,固是此心推之仁民爱物,亦是此心,人能孝弟,则亲吾之亲,可以及人之亲,长吾之长,可以及人之长,至于抚安万民,养育万物,都从此充拓出来,而仁不可胜用矣! 然则行仁之本,岂有外于孝弟乎! 学者务此,则仁道自此而生矣!《孝经》孔子说:"爱敬尽于事亲,而德教加于百姓,刑于四海,此天子之孝也。"有若之言,其有得于孔子之训欤?

【原文】

子曰:"巧言令色,鲜仁矣。"

巧，是好。令，是善。鲜字，解作少字。仁，是心之德。孔子说："辞气容色，皆心之符，最可以观人。那有德的人，辞色自无不正。若乃善为甘美之辞，迁就是非，便佞阿谀，而使听之者喜，这便是巧言。务为卑谄之色，柔顺侧媚，迎合人意，而使见之者悦，这便是令色。这等的人，其仁必然少矣。"盖仁乃本心之德，心存，则仁孝也。今徒致饰于外，务以悦人，则心驰于外，而天理之所丧者多矣，岂不鲜仁矣乎！然孔子所谓鲜仁，特言其丧德于己耳。若究其害，则又足以丧人之德。盖人之常情，莫不喜于顺己，彼巧言令色之人，最能逢迎取悦，阿徇取容，人之听其言，见其貌者，未有不喜而近之者也。既喜之而不觉其奸，由是变乱是非，中伤善类，以至覆人之邦家者，往往有之矣！夫以尧舜至圣，尚畏夫巧言令色之孔壬。况其他乎！用人者不可不察也。

【原文】

曾子曰："吾日三省吾身。为人谋而不忠乎？与朋友交而不信乎？传不习乎？"

【张居正讲评】

曾子，是孔子弟子，名参。省，是省察。忠，是尽心的意思。信，是诚实。传，是传授。习，是习熟。曾子说："我于一日之间，常以三件事省察己身。三者维何？凡人自己谋事，未有不尽其心者，至于为他人谋，便苟且粗略，而不肯尽心，是不忠也。我尝自省，为人谋事，或亦有不尽其心者乎？交友之道，贵于信，若徒面交，而不以实心相与，是不信也。我尝自省，与朋友交，或亦有虚情假意，而不信于人者乎？受业于师，便当习熟于己，若徒面听，而不肯着实学习，是负师之教也。我尝自省，受之于师者，或亦有因循怠惰，而不加学习者乎？以此三者，自省察其身，有则改之，无则加勉，盖未尝敢以一日而少懈也。"盖曾子之学，随事精察而力行之，故其用功之密如此。然古之帝王，若尧之兢兢，舜之业业，成汤之日新又新，检身不及，亦此心也，此学也。故《大学》曰："自天子以至于庶人，壹是皆以修身为本。"从事于圣学者，可不知所务哉！

【原文】

子曰："道千乘之国，敬事而信，节用而爱人，使民以时。"

【张居正讲评】

道，是治。乘，是兵车。四马驾一车，叫作一乘。千乘之国，是地方百里，可出兵车千乘的大国。时，是农功间暇之时。孔子说："千乘的大国，事务繁难，人民众多，不易治也。"若欲治之，其要道有五件，其一要敬事。盖人君日有万几，一念不敬，或贻四海之忧，一时不敬，或致千百年之患。必须兢兢业业，事无大小，皆极其敬慎，不敢有怠忽之心，则所处皆当，而自无有于败事矣。其一要信。盖信者，人君之大宝，若赏罚不信，则人不服从，号令不信，则人难遵守。必须诚实不贰，凡一言一动都要内外相孚，始终一致，而足以取信于人，则人皆用情，而自不至于欺罔矣。其一要节用。盖天地生财止有此数，用若不节，岂能常盈。必须量入为出，加意撙节。凡奢侈的用度，冗滥的廪禄，不急的兴作，无名的赏赐都裁省了。只是用其所当用，则财常有余，而不至于匮乏矣。其一要爱人。盖君者，民之父母，不能爱人，何以使众。必须视之如伤，保之如子，凡鳏寡孤独、穷苦无依的，水旱灾伤、饥寒失所的，都加意周恤，使皆得遂其生，则人心爱戴，而仰上如父母矣。其一要使民以时。盖国家有造作营建，兴师动众的事，固不免于使民，然使之不以其时，则妨民之业，而竭民之力矣。必待那农事已毕之后，才役使他，不误他的耕种，不碍他的收成，则务本之民，皆得以尽力于田亩，而五谷不可胜食矣。这五者都是治国的要道，若能体而行之，则四海之广，兆民之众，治之无难，岂特千乘之国而已哉！为人君者，所当深念也。

【原文】

子曰："弟子入则孝，出则弟，谨而信，泛爱众，而亲仁，行有余力，则以学文。"

【张居正讲评】

弟子，是指凡为弟为子的说。谨，是行的有常。信，是言的有实。泛字，解作广字。众，是众人。亲，是亲近。仁，是仁厚有德的人。余力，是余剩的工夫。文，是《诗》《书》六艺之文。孔子教人说："但凡为人弟为人子的，入在家庭之内，要善事父母以尽其孝；出在宗族乡党之间，要善事兄长以尽其弟。凡行一件事，必慎始慎终，而行之有常。凡说一句话，必由中达外，而发之信实。于那寻常的众人都一体爱之，不要有憎嫌忌刻之心。于那有德的仁人却更加亲厚，务资其熏陶切磋之益。这六件，是身心切要的工夫。学者须要着实用力，而不可少有一时之懈。若六事之外，尚有余力，则学夫《诗》《书》六艺之文。"盖《诗》《书》所载，皆圣贤教人为人之道，而礼、乐、射、御、书、数亦日用之不可阙者。未有余力，固不暇为此，既有余工，则又不可不博求广览，以为修德之助也。先德行而后文艺，弟子之职，当如此矣。然孔子此言，虽泛为弟子者说，要之上下皆通。古之帝王，自为世子时，而问安视膳，入学让齿，以至前后左右，莫非正人，礼乐诗书，皆有正业，亦不过孝弟、谨信、爱众、亲仁与夫学文之事也。至其习性与成，而元良之德具，万邦之贞，由此出矣。孔子之言，岂非万世之明训哉！

【原文】

子夏曰："贤贤易色。事父母能竭其力，事君能致其身，与朋友交，言而有信，虽曰未学，吾必谓之学也。"

【张居正讲评】

子夏，是孔子弟子，姓卜名商，字子夏。上一个贤字解作好字，下一个贤字，是有德的贤人。易，是移易。竭，是尽。致其身，是委弃其身，不肯爱惜的意思。子夏说："人之为学，只在纲常伦理上见得明白，才是根本切要的工夫。如人之见贤，谁不知好，但不能着实去好他，若使贤人之贤，而能移易其好色之心，大贤则事之为师，次贤则亲之为友，真知笃信，就如好好色的一般，则好善极其诚矣。人于父母，谁无孝心，但未能着实去尽孝，若使委曲承顺，尽那为子的道理，凡力量到得的去处，都竭尽而无遗，则事亲极其诚矣。事君不可以不忠，但人都自爱其身，则其忠必不尽。若能实心任事，把自家的身子，委弃于君，虽烦剧也不辞，虽患难也不避，一心只是要忠君报国，而不肯求便其身图，则事君极其诚矣。交友不可以不信，但轻诺者多，全信者少，若能诚心相与，但与朋友说的都是着实的言语，内不欺己，外不欺人，虽久远而不至于失信，则交友极其诚矣。这四件都是人伦之大者，而行之皆尽其诚，这就是见道分明，践履笃实的去处，学问之道不过如此。人虽说他未曾为学，我必谓之已学矣。若使未尝学问，而但出于资性之聪明，则不过一事之偶合，一时之袭取而已，岂能事事尽美，而厚于人伦如是乎。此可见古人之为学，皆用力于根本切要之地，而不专在于言语文字之末也。"

【原文】

子曰:"君子不重则不威,学则不固。主忠信;毋友不如己者;过则勿惮改。"

【张居正讲评】

重,是厚重。威,是威严。固,是坚固。忠信,是诚实。无字、勿字都是禁止之辞。惮,是畏难的意思。孔子说:"君子为学必养成个深厚凝重的气质,然后外貌威严,而所学的道理自然坚固。若是轻浮浅露,不能厚重,则见于外者,无威之可畏,而其所学者亦不能实有诸己,虽得之,必失之矣。岂能以坚固乎!然立身固要厚重,而存心又在忠信。人不忠信,则事皆无实,何以为学。故又当以诚实不欺为主,而无有一毫之虚伪,然后可以进德也。所交的朋友必胜过我的人,方为有益。若是不如我的,或便佞善柔之类,这样的人,不但无益而且有损,切不可与之为友也。人不能无过,而贵于能改。过而惮改,则过将日甚矣。所以但遇有过,或闻人谏正,或自家知觉,便当急急改之,不可畏其难改,而苟且以自安也。以厚重为质,以忠信为主,又辅之以胜己之人,行之以改过之勇,则内外人己,交养互发,而自修之功全矣。学者可不勉哉!"

【原文】

曾子曰:"慎终追远,民德归厚矣。"

【张居正讲评】

慎,是谨慎。终,是亲之既殁。追,是追思。曾子说:"人伦以亲为重,人之事生,或有能孝者,至于送终,则以亲为既死也,而丧葬之事不能尽礼者,多矣。初丧之时,或有能思念者,至于岁时既远,则其心遂忘,而祭祀之礼,不能尽诚者多矣。此皆民心之薄,由在上之人无以倡之也。若为上者能致谨于亲终之时,不徒哀而已,而每事尽礼,不使少有后日之悔。又能追思于久远之后,不徒祭而已,而致其诚敬,不敢少有玩怠之心,则己之德厚矣。由是百姓,自然感化,皆兴仁孝之心。丧也,尽其礼;祭也,尽其诚,而其德亦归于厚矣。此可见孝者,人心之所同。君者,下民之表率。欲化民成俗者,可不知所以自尽也哉!"

【原文】

子禽问于子贡曰:"夫子至于是邦也,必闻其政,求之与,抑与之与?"子贡曰:"夫子温、良、恭、俭、让以得之。夫子之求之也,其诸异乎人之求之与?"

【张居正讲评】

子禽,姓陈名亢。子贡,姓端木名赐,都是孔子弟子。抑,是反语词。与,是疑词。子禽问于子贡说:"夫子周游四方,每到一国必然就知这一国的政事,果是夫子访求于人,然后得而闻之与? 或是各国的君自以其政事说与夫子而知之与?"子禽之问,盖亦不善观圣人者矣!

其诸,是语词。子贡答子禽说:"夫子所以得闻国政,不是夫子有心去求,也不是时君无故而与。盖夫子盛德充积于中,而光辉自发于外。故其容貌词气之间,但见其温而和厚,无一些粗暴;良而易直,无一些矫饰;恭而庄敬,无一些惰慢;俭而节制,无一些纵弛;让而谦逊,无一些骄傲。有这五者德容之盛,感动于人,所以各国的君,自然敬之而不忽,信之而不疑。都把他国中的政事,可因可革的,来访问于夫子,故夫子因而闻之耳。就汝所谓求者而论之,这等样求,岂不异于他人之求之者与。盖他人之求必待访问于人而后得。夫子之闻政,则以盛德感人而自致,岂可以一概论哉!"子贡之言,不惟足以破子禽之疑,而使万世之下,犹可以想见圣人之气象,此所以为善言德行也。

【原文】

子曰:"父在,观其志;父没,观其行;三年无改于父之道,可谓孝矣。"

【张居正讲评】

志,是志向。行,是行事。三年,是言其久。孔子说:"人子事亲,有承受而无专擅。有巽顺而无违拂,故当其父在之日,凡事都禀命而行,不敢自专,即欲知其人,亦但观其志向何如耳。其行事不可概见也。至于父殁之后,则分得以自专,然后其行事昭然可见,得就其行而观之焉。然父殁之后,虽凡事得以自专,而其所行,犹如父在之时,至于三年之久,亦不敢有所改易。斯则思亲之念,不渝于始终,顺亲之心,无间于存殁,如是而后可谓之为孝也。否则虽能致敬于亲在之时,而不能不变于亲终之后,岂所谓终身而慕者乎。"

抑孔子所谓无改于父之道，亦自其合于道而可以未改者言之耳。若于道有未合焉，则虽速改可也，何待三年！故善述其事孝也，克盖前愆亦孝也。观圣人之言者，不可以执一求之。

【原文】

有子曰："礼之用，和为贵；先王之道，斯为美，小大由之。有所不行，知和而和，不以礼节之，亦不可行也。"

【张居正讲评】

礼，是尊卑上下的礼节。和，是从容不迫的意思。斯字，解作此字，指和说。小大，是小事大事。由，是行。有子说："礼之在人，如尊卑上下，等级隆杀，一定而不可易，其体固是至严。然其为用，必和顺从容，无勉强乖戾之意，乃为可贵。如君尊臣卑，固有定分，然情意也要流通。父坐子立，固有常规。然欢爱也要浃洽，这才是顺乎天理，合乎人情，而为礼之所贵者也。古先圣王之制礼，惟其皆出于和，此所以尽善尽美，万事无弊。凡天下之事，小而动静食息之间，大而纲常伦理之际，都率而行之，无所阻滞，礼之贵于和如此。"

礼贵于和，则宜无不可行者。然也有行不得的，这是为何？盖所谓和者，是在品节限制之中，有从容自然之意，所以可行。若但知和之为贵而一于和，率意任情，侈然自肆，全不把那礼体来节制他，则是流荡忘返，而尊卑上下皆失其伦矣。如何可以行之哉？此可见礼之体虽严，而不至于拘迫，其用虽和，而亦不至于放纵。古之圣王，能以礼治身，而又能推之以治天下者，用此道也。

【原文】

有子曰："信近于义，言可复也。恭近于礼，远耻辱也。因不失其亲，亦可宗也。"

【张居正讲评】

信，是约信。义，是事理之宜。复，是践言。恭，是恭敬。礼，是礼节。因，是依倚人的意思。亲，是有道义可亲近的人。宗，是主。有子说："天下之事，必须谨之于初，而后可善其后。"如与人以言语相约，本是要践行其言，但其所言者，若不合于义理之宜，将来行不将去，则必至爽约失信矣！故起初与人相约之时，就要思量，必其所言者皆合乎天理之宜,而与义相近,则今日所言的,他日皆可见之于行,而自不至于失信矣。所以说言可复也。待人之礼,固当恭敬,然亦自有当然之节。若恭不中礼,则为足恭,而反以致人之轻贱矣。故凡施敬于人之时,就要斟酌,务合乎礼之节文,而不过其则。则内不失己,外不失人,自不至于卑贱而取羞辱矣,所以说远耻辱也。与人相依,本图交久,但所依的不是好人,则始虽暂合,终必乖离。故当其结交之初,就要审择,不可失了那有道义可亲近的人,则不但一时相依,自后亦倚靠得着,可以为宗而主之矣。所以说亦可宗也。此可见人之言行交际皆当谨之于始,而虑其所终。不然,则因循苟且之间,将有不胜其自失之悔者矣。

【原文】

子曰:"君子食无求饱,居无求安,敏于事而慎于言,就有道而正焉;可谓好学也已。"

【张居正讲评】

敏,是急速的意思。就,是亲近。有道,是有德的贤人。正,是考正。孔子说:"凡人之为学,厌怠者多,笃好者少,所以不能成就。惟君子之于学,专心致志,无一毫外慕之私。就是食以养生,也不去求饱,居以容身,也不去求安。盖志有所在而不暇及也。行事常患其不足,则勉力自强,汲汲然见之于行,不敢有一些怠缓。言语常患其有余,则谨慎收敛,讷讷然如不出口,不敢有一些放肆。这等样着实用功,必然有所得了。"然犹不敢自以为是,又必亲近那有道德的贤人,以考正吾之是非,凡一言一行都要讲究得道理明白,不至于差谬而后已焉。夫志向已是精专,功夫已是切实,而又加以谦抑之心,常存不足之虑,盖真见夫义理之无穷,学问之有趣,其心欣慕爱乐,有不能自已者,这才是好学的人,所以说可谓好学也已。学而至于能好,则聪明日开,闻见日广,进而为贤为圣,何难之有哉!《商书·说命篇》:"惟学逊志,务时敏。"《周颂》说:"学有缉熙于光明。"皆是此意,可见"好学"二字,不但学者之所当知,为人君者尤不可不加之意也。

【原文】

子贡曰:"贫而无谄,富而无骄,何如?"子曰:"可也,未若贫而乐,富而好礼者也。"

【张居正讲评】

谄,是卑屈。骄,是矜肆。可,是仅可而有所未尽之辞。乐,是安乐。好礼,是喜好礼节,自然循理的意思。子贡问于孔子说:"凡人贫者,易至于卑谄,富者易至于矜骄,此人情之常也。若能处贫而无卑屈之意,处富而无矜肆之心,这等的人其所得为何如?"孔子答说:"常人溺于贫富之中,多不能有以自守,故必有谄骄之病。今日无谄无骄,则能自守,而于学亦有得矣,是亦可也。然而非其至者。盖贫而无谄,虽不为贫所困,然犹知有贫也,不如那贫而乐的人,心广体胖,欣然自忘其贫,是身虽处于贫之中,而心已超于贫之外也。此岂无谄者之可及乎!富而无骄,虽不为富所溺,然犹知有富也。不如那富而好礼的人,乐善循理,初不自知其富,是身虽处于富之中,而心已超于富之外也。此岂无骄者之可及乎?"夫子答子贡之问如此,善许其所已能,而勉其所未至也。

【原文】

子贡曰:"《诗》云,'如切如磋!如琢如磨',其斯之谓与?"

【张居正讲评】

《诗》,是《卫风·淇澳》之篇。孔子既教子贡以贫而无谄者之不如贫而乐,富而无骄者之不如好礼。子贡闻言而悟,遂引《诗》以证之,说道:"《卫风·淇澳》之诗有言,君子之学,就如治骨角的,既切以刀锯,又磋以锦锡,是已精而益求其精也。又如治玉石的,既琢以椎凿,又磨以沙石,是已密而益求其密也。诗人之言如此。其即夫子所言之谓与。"盖贫而无谄,我固自以为至矣,岂知无谄之外,更有所谓乐乎。富而无骄,我亦自以为足矣,岂知无骄之外,更有所谓好礼乎!可见道理本无终穷,学问不可自足,必如治骨角玉石者,求到至精至密之地而后可,《诗》言圣教何以异乎!子贡因论学而知《诗》如此,真可谓善悟者矣。

【原文】

子曰:"赐也!始可与言《诗》已矣,告诸往而知来者。"

【张居正讲评】

赐,是子贡的名。往,是已曾说过的。来,是未曾言及的。孔子因子贡引《诗》证学,遂称许之说:"《诗》有三百篇之多,其言词委婉,意味深长,非有颖悟之资者,不足以语此也。如赐也才可与言诗也已矣。"盖处贫处富的道理,是我所已言的,切磋琢磨的意思,是我所未言的。今因我已言的道理,就知我未言的意思,这等样聪明的人,与之论诗,必能触类旁通,而不至于以词害意矣!岂不可与言《诗》矣乎。然子贡悟性虽高,而学力未至,犹不得闻性与天道之妙,此可见美质之难恃,而学问之当勉也。

【原文】

子曰:"不患人之不己知,患不知人也。"

【张居正讲评】

患,是忧患。孔子说:"君子之学,专务为己,而不求人知。"如上不见知于君,而爵位不显;下不见知于友,而名誉不彰。此务外好名者之所忧患也。君子则以为学问在己,知与不知在人,何患之有。惟是我不知人,则贤否混淆,是非颠倒。在上而用人,则不能辨其孰为可进,孰为可退。在下而交友,则不能辨其孰为有损,孰为有益。这是理有不明,心有所蔽,岂非人之所当深患者乎。然人才固未易知,知人最为难事,必居敬穷理,使此心至公至明,然后如镜之照物,好丑毕呈,如称之称物,低昂自定,欲知人者,尤当以清心为本也。

为政第二

【原文】

子曰:"为政以德,譬如北辰,居其所而众星共之。"

【张居正讲评】

政,是法令,所以正人之不正者。德,是躬行心得的道理。北辰,是天上的北极。共,是向。孔子说:"人君居万民之上,要使那不正的人都归于正,必有法制禁令以统治之。这叫作政。然使不务修德以为行政之本,则己身不正,安能正人,虽令而不从矣。所以人君为政,惟要躬行实践,以身先之。如纲常伦理,先自家体备于身,然后敷教以化导天下,纪纲法度,先自家持守于上,然后立法以整齐天下,这才是以德而为政。如此,则出治有本,感化有机。由是身不出于九重,而天下的百姓,自然心悦诚服,率从其教化。譬如北极,居天下之中,凝然不动,只见那天上许多星宿,四面旋绕,都拱向他。是人君修德于上,而恭己南面,就如北辰之居所一般,万民之观感于下,而倾心向化,就如那众星之拱极一般。"此古之帝王所以笃恭而天下平者,用此道也。图治者可不务修德以端,出治之本哉!

【原文】

子曰:"诗三百,一言以蔽之,曰思无邪。"

【张居正讲评】

诗,是《诗经》。蔽字,解作盖字。思,是心思。无邪,是心思之正。孔子说:"《诗》之为经,凡三百篇。一篇自为一事,一事自有一义,可谓多矣。然就中有一句言语足以尽盖其义而无余。《鲁颂·駉》篇之词有曰:思无邪。"是说人之思念皆出于天理之正,而无人欲之邪曲也。只这一言就足以尽盖三百篇之义。盖诗人之言有美有刺,善者美之,所以感发人之善心,恶者刺之,所以惩创人之恶念。只是要人为善去恶,得其性情之正而已。人之心若能念念皆正,而无邪曲之私,则其所为,自然有善而无恶,有可美而无可刺,而诗人之所为以劝以惩者,包括而无遗矣。然则思无邪之一言,岂不可以尽盖三百篇之义乎?此可见学者必务知要,而其功莫切于慎思也。

【原文】

子曰:"道之以政,齐之以刑,民免而无耻;道之以德,齐之以礼,有耻且格。"

【张居正讲评】

道,是率先引导的意思。政,是法制禁令。齐,是齐一。刑,是刑罚。孔子说:"人君之治天下,不过是要人为善,禁人为恶而已。"但出之有本,而致之有机。若不知本原所在,只把法制禁令去开导他。如事亲则禁约他不孝,事长则禁约他不弟,使之奉行遵守。其有不从教令的,便加之以刑罚,使一齐都归于孝弟,无有违犯,这等样治民,虽则能使民不敢为恶,然只是惧怕刑罚,苟免于一时,而其中不知羞耻,为恶的心依旧还在,岂能久而不犯乎! 所以说民免而无耻。

德,是行道而有得。礼,是制度品节。耻,是愧耻。格字,解作至字。孔子说,治以政刑,民固苟免而无耻矣。若使君之导民,不徒以其法也,而皆本于躬行之实。如欲民兴孝,必先自尽孝道以事亲,欲民兴弟,必先自尽弟道以事长。如此,则民既有所观感而兴起矣。而其间所得有浅深厚薄之不一者,则又有礼以齐之。亲疏上下,都有个节文。日用云为,都有个仪则。使贤者不得以太过,不肖者不得以不及,而皆协于一焉。这等样治民,将见那百姓每良心自然感发,不但知恶之可耻,而绝不肯为。又且知善之当为,而皆力行以至于善矣。岂特求免刑罚而已乎! 所以说,有耻且格,盖德礼政刑,固皆所以适于治之路,而出之有本末,获效有浅深,故孔子第而言之,欲为人君者,审其本末轻重之辨也。

【原文】

子曰:"吾十有五而志于学,三十而立;四十而不惑;五十而知天命;六十而耳顺;七十而从心所欲,不逾矩。"

【张居正讲评】

从字,解作随字。逾,是过。矩,是为方的器具。孔子自叙其从少至老,进学的次第,说道:"我从十五岁的时节,就有志于圣贤大学之道。凡致知力行之事,修己治人之方,都着实用功,至忘寝食,盖念念在此,而为之不厌矣。到三十的时节,学既有得,自家把捉得定,世间外物都动摇我不得,盖守之固,而无所事志矣。进而至于四十,则于事物当然之理,表里精粗,了然明白,无所疑惑。盖见之明,而无所事守矣。进而至于五十,则于天所赋的性命之理,有以充其精微,探其本原,而知乎所以然之故矣。又进而至于六十,则涵养愈久,而智能通微。闻人之言,方入于耳。而所言之理,即契于心,随感随悟,无有违逆而不通者矣。又进而至于七十,则工夫愈熟而行能人妙,凡有所为,随其心之所欲,不待检点,无所持循而自然不越于规矩法度之外,盖庶几乎浑化而无迹者矣。是吾自少至老,无一念而不在学,无一时而不在于学,故其所得与年而俱进,过此以往,未之或知矣。"夫圣人生知安行,本无积累之渐,犹自言其进德之序如此,然则希圣希天者,岂可少懈于日新之功哉!

【原文】

孟懿子问孝。子曰:"无违。"樊迟御,子告之曰:"孟孙问孝于我,我对曰:'无违。'"樊迟曰:"何谓也?"子曰:"生,事之以礼。死,葬之以礼,祭之以礼。"

【张居正讲评】

孟懿子,是鲁国的大夫。违,是违背。孟懿子尝问于孔子说:"人子事亲,如何才叫作孝?"孔子答说:"孝亲之道,只在无违而已。"孔子所谓无违,是说人子事亲,有个当然不易的道理,不可有一些违背,不是说从亲之令,便谓之孝也。只因懿子不能再问,故孔子未及明言其意耳。

樊迟,是孔子弟子。御,是御车。孟孙,即是懿子。孔子因懿子不能再问,怕他错认作从亲之令,便是无违。故因樊迟御车,乃告他说:"孟孙曾问孝于我,我对说孝在无违。"盖欲启樊迟之问,以发明所言之意也。

礼,是天理之节文。樊迟闻孔子之言,就问说,如何叫作无违?孔子答说:"所谓无违,只是不违乎礼而已。"盖人子事亲,心虽无穷,而分则有限,随其尊卑上下,各有一定的礼节。如父母在生之时,凡朝夕定省,左右奉养,都依着这礼。亲殁之时,凡殡葬之具,必诚必信,也都依着这礼。到祭祀之时,外则备物,内则尽志,又都依着这礼。自始至终,无一毫苟且之意,这才是无违,才叫作孝。若礼所当为而不肯为,则谓之简而不敬其亲。礼不当为而必欲为,则谓之僭,而陷亲于有过,是岂得谓之孝哉!当时鲁国大夫僭用君上之礼,故孔子以是警之。盖自天子以至于庶人,皆当以孝为本,以礼为节,不可有太过不及之弊也。

【原文】

孟武伯问孝。子曰:"父母唯其疾之忧。"

【张居正讲评】

孟武伯,是孟懿子之子,名彘。问于孔子说:"人子事亲,如何才是孝?"孔子说:"欲知人子事亲之理,当观父母爱子之心。凡人父母,未有不爱其子者,唯爱之也切,故忧之也深。常恐其有疾病,或起居之不时,或饮食之不节,或风寒暑湿之见侵,与夫少之未戒于色,壮之未戒于斗之类。凡足以致疾者,皆切切然以为忧。若为子者能体父母之心,慎起居,节饮食,戒色戒斗,兢兢焉不至于疾,以贻父母之忧,则自然身体康宁,而有以慰亲之心矣。岂不可谓之孝乎!"孔子之意,盖以武伯生于富贵之家,长于逸乐之地,易以致疾而忧其亲,故因问而警之如此。至若天子以一身而为天地神人之主,其所以培养寿命,而昌延国祚者,又当万倍于此矣。孔子之言,岂特为孟武伯告哉!

【原文】

子游问孝。子曰:"今之孝者,是谓能养。至于犬马,皆能有养。不敬,何以别乎?"

【张居正讲评】

子游,是孔子弟子,姓言名偃。养,是饮食供奉。别,是分别。子游问于孔子说:"人子事亲,如何叫作孝?"孔子答说:"子之事亲,固要饮食供奉,以养其口体。然必内有尊敬的诚心,外有恭敬的礼节,然后可以言孝。如今世俗之所谓孝者,只是说能以饮食供奉父母便了,殊不知饮食供奉,岂但父母为然,虽至于犬马之贱,一般与他饮食,都能有以养之。若事亲者,不能尽尊敬奉承的道理,而徒以饮食供奉为事,则与那养犬马的何所分别乎?"然则世俗之所谓孝者,不足以为孝也。夫子游圣门高弟,何至以犬马待其亲,而孔子犹告戒之如,此者,盖凡父母之于子,怜悯姑息之情常胜,故子之于父母狎恩恃爱之意常多,其始虽无轻慢之心,其后渐成骄傲之习,遂至于无所忌惮,不顾父母者有之。孔子之言,所以深究人情之偏,而预防其渐也。若推其极,则必如帝舜之以天下养而夔夔斋栗,文王之问安视膳,而翼翼小心,然后谓之能养能敬,而为天下之大孝也与!

【原文】

子夏问孝。子曰:"色难。有事,弟子服其劳;有酒食,先生馔,曾是以为孝乎?"

【张居正讲评】

色,是容。先生,是父兄之称。子夏问于孔子说:"人子事亲,如何才叫作孝?"孔子答说:"事亲之际,惟是有那愉悦和婉的容色,最为难能。盖人之色,生于心者也。子于父母,必有深爱笃孝之心根于中。而后有愉悦和婉之色著于外。是凡事皆可以勉强,而色不可以伪为,所以为最难,事亲有此而后可谓之真孝也。若夫父兄有事,为子弟的替他代劳,子弟有酒饭,将来与父兄饮馔,此则力之所可勉,而事之无难为者,曾是而可以为孝乎!"前章子游问孝,夫子教以敬亲。此章子夏问孝,夫子教以爱亲。盖子游、子夏都是圣门高弟,其于服劳供奉之礼,不患其不尽,但恐其敬爱之心未能真切恳挚耳,故皆言此以警之。使知事亲之道不在于文,而在于实,不当求之于外,而当求之于心也。凡为人子者,宜深思焉。

【原文】

子曰:"吾与回言,终日不违,如愚。退而省其私,亦足以发,回也不愚。"

【张居正讲评】

回,是孔子弟子颜回。不违,是意不相背。愚,是昏愚。退,是退去。省,是察。私,是私居。发,是发明。孔门弟子,惟颜回最能悟道。故孔子抑扬其词,以称之说:"世间有上等聪明的人,凡事无所疑惑,不须问难也。有昏愚的人,心里不会疑惑,不知问难。这两等人,其心虽异,其迹则同。今我与颜回,终日间讲论道理,不止一端。他只是默然听受,不曾有一些相背,也未尝有一语问难。看他气象,却似那昏愚无知的一般。及其退去之时,我省察他间居独处的去处。但见他一动一静、一语一默,都是我所言的道理,躬行实践,件件都发挥出来,乃知回之不违者,是其心领神会,见道分明,无所疑而不必问,非不能疑而不知问也。"然则回也岂真昏愚者哉!然颜子既是上智,又能好学,故其悟道之妙,至于如此。若未及颜子者,必须能疑而知问,然后可以讲明义理,开发聪明,而进于圣贤之域也。

【原文】

子曰:"视其所以,观其所由,察其所安,人焉廋哉?人焉廋哉?"

【张居正讲评】

以字,解作为字。由,是意所从来。安,是心所喜乐。廋,是藏匿。孔子说:"人不可以不知人,而知之甚难,然亦自有个法则。"盖人之所为,非善则恶,必须先看他所为的何如？为善的便是君子。若为恶，便是小人，其大略可知也。所以说视其所以。夫所为之不善者，固不必言，而所为善者，亦未知其出于诚实否也。故又当观其意之所从来者如何？果真心实意而为己者欤？抑饰貌伪言以欺人者欤？果出于心之真实则善矣，不然，则亦伪耳，岂得为君子哉！夫所由之不善者，固不足言，而所谓善者，亦未知其出于自然否也。故又当察其心之所乐者如何？果中心好之而无所矫强者欤？抑或畏威怀利而有不得不然者欤？果出于心之所乐，则善矣，不然则亦暂为之耳，岂能久而不变哉！夫自以而由，而安，在人者既从外而深探其内。自视，而观而察，在我者又因略而渐致其详。虽是人藏其心，不可测度，然能饰所以而逃吾之视，必不能饰所由而逃吾之观，能饰所由而逃吾之观，必不能饰所安而逃吾之察。人何得而藏匿之哉？人何得而藏匿之哉？重言之者，以见其必不能隐也。孔子观人之法如此。人君明此以观察臣下之行事心术，则凡为正为邪，为忠为佞皆莫逃于坐照之下矣。

【原文】

子曰："温故而知新，可以为师矣。"

【张居正讲评】

温，是温习。故，是旧所闻。新，是今所得。师，是师范。孔子说："天下之义理无穷，而人之闻见有限。若专靠记问，则胸中所得，能有几何？若能于旧日所闻的时时温习，如读过的《诗》《书》，听过的讲论，都要反复玩味，而不使遗忘，又能触类旁通，每有新得，就是未曾知道的，也都渐渐理会过来。将见义理日益贯通，学问日益充足。人有来问的，便能与之应答而不竭。有疑惑的，便能与之剖析而无遗矣。岂不可以为人之师矣乎？"此可见君子之学，不以记诵为工，而在于能明于理，不以闻见为博，而在于善反诸心，学者不可以不勉也。

【原文】

子曰："君子不器。"

【张居正讲评】

器，是器皿。孔子说："人有一材一艺的，非无可用，然或宜于小，不宜于大。能于此，不能于彼。譬如器皿一般，虽各有用处，终是不能相通，非全才也。惟是君子的人，识见高明，涵养深邃，其体既无所不具，故其用自无所不周。大之可以任经纶匡济之业，小之可以理钱谷甲兵之事，守常达变，无往不宜，岂若器之各适于用，而不能相通者哉！所以说君子不器。夫此不器之君子，是乃天下之全才。人君得之固当大任，至于一材一艺者，亦必因人而器使之，不可过于求备也。"

【原文】

子贡问君子。子曰："先行其言，而后从之。"

【张居正讲评】

子贡问于孔子说："君子是成德之人。学者如何用功才到得这个地位？"孔子答说："凡人言常有余，行常不足。若未行先言，则言行不相照顾，如何成得君子。惟君子的人，凡事务躬行实践。如子臣弟友之道，仁义礼智之德。凡是口所欲言的，——先见之于行，无一毫亏欠，然后举其所行者，从而言之，议论所发，件件都实有诸己，而不为空言也。是行常在于言前，言常在于行后，岂不为笃实之君子乎！"孔子因子贡多言，故警之以此，其实躬行君子常少，言不顾行者常多。学者之省身固当敏于行而慎于言，人君之用人，亦当听其言而观其行也。

【原文】

子曰："君子周而不比，小人比而不周。"

【张居正讲评】

周，是普遍。比，是偏党。孔子说："君子、小人，固皆有所亲厚，但其立心不同，故其所亲厚亦异。盖君子之心公，唯其公也，故能视天下犹一家，视众人犹一身，理所当爱的，皆有以爱之，而不必其附于己；恩所当施的，即有以施之，而不待其求于己。是其与人亲厚周遍广阔，而不为偏党之私，此所以为君子也。至于小人则不然，盖小人之心私，唯其私也，故唯有势者则附之，有利者则趋之，或喜其意见之偶同，而任情以为好，或乐其同恶之相济而交结以为援，是其与人亲厚偏党私暱而无有乎普遍之公，此所以为小人也。"夫周与比其迹相似，而其实不同，只在此心公私之间而已，欲辨君子、小人者，可不慎察于此哉!

【原文】

子曰:"学而不思则罔,思而不学则殆。"

【张居正讲评】

师趛鬲

罔,是昏而无得。殆,是危而不安。孔子教人说:"天下的道理,散在万事,而统会于吾心。唯其散于万事,故必加致知格物、躬行实践的工夫,而后能实有诸己,这叫作学。唯其会于一心,故必加沉潜反复,研究求索的工夫,而后能穷其精微,这叫作思。这两件缺一不可。若徒知务学,而不思索其义,则理不明于心,其所学者,不过鲁莽之粗迹,终于昏昧而已,所以说学而不思则罔。若徒知思索,而不用力于学,则功不究其实,其所思者不过想象之虚见,终于危殆而已,所以说思而不学则殆。"可见学必要思,学了又能思,则所学的方才透彻;思必要学,思了又能学,则所思的方才着实。二者偏废,则各有其弊矣。求道者可不知所务哉!

【原文】

子曰:"攻乎异端,斯害也已。"

【张居正讲评】

攻,是专治。非圣人之道而别为一端者,叫作异端。如杨氏、墨氏,及今道家、佛家之类,皆是害,是伤害。孔子说:"自古圣人继往开来,只是一个平正通达的道理,其伦则君臣、父子、夫妇、长幼、朋友,其德则仁、义、礼、智、信,其民则士、农、工、商,其事则礼、乐、刑、政。可以修己,可以治人。世道所以太平,人心所以归正,都由于此。合此之外,便是异端,便与圣人之道相悖。人若惑于其术,专治而欲精之,造出一种议论,要高过于人,别立一个教门,要大行于世,将见其心既已陷溺,其说必然偏邪,以之修己,便坏了自己的性情;以之治人,便坏了天下的风俗。世道必不太平,人心必不归正,其害有不可胜言者,所以说斯害也已。"当时杨墨之道,犹未盛行,然孔子深恶而预绝之如此。至于后世道家之说，全似杨朱；佛家之说，全似墨翟，尤足以眩惑人心，而伤害世道。深信而笃好，如宋徽宗、梁武帝者，不免丧身亡国，为后世之所非笑。则异端之为害，岂非万世之所当深戒哉！

【原文】

子曰："由，诲汝知之乎！知之为知之，不知为不知，是知也。"

【张居正讲评】

由，是孔子弟子仲由，字子路。诲，是教诲。子路好勇，凡事只要胜人，盖有强不知以为知者。故孔子呼其名而告之说："由也有志于知，我今教汝，以求知之道乎。盖人于天下之义理有所知，必有所不知。自家心里本是明白，有不可得而自昧者，若但以有所不知为耻，而遮护隐讳，不论知不知，都强以为知，这便是欺了自家的心，而知有所蔽矣。汝但于所知的，即认以为已知，于所不知的，即说是我尚未知。则虽不能尽知天下之理，而此心不敢自欺，于真知的本体，不曾昏昧，这就是知的道理了，何必无所不知而后谓之知乎！所以说是知也。"此可见天下之道理无穷，虽圣人亦有不能尽知者，但圣人之心，至虚至明，固不以不知者自强，亦不以已知者自是，故稽众从人，好问好察，此尧舜之知所以为大也。

【原文】

子张学干禄。子曰："多闻阙疑，慎言其余，则寡尤；多见阙殆，慎行其余，则寡悔。言寡尤，行寡悔，禄在其中矣。"

【张居正讲评】

子张，是孔子弟子，姓颛孙，名师。干，是求。昔子张从学于圣门，以干求俸禄为意。疑，是所未信者。尤，是罪过。殆，是所未安者。悔，是懊悔。凡言在其中者，皆不求而自至之辞。孔子教子张说道："君子学以为己，不可有干禄之心，且学自有得禄之理，亦不必容心以求之也。若能多闻天下之理，以为所言之资而于多闻之中有疑惑而未信的，姑阙之而不敢言。其余已信的，又慎言而不敢轻忽，则所言皆当，而人无厌恶，外来的罪过自然少了，岂不寡尤。多见天下之事，以为所行之资，而于多见之中，有危殆而未安的，姑阙之而不敢行。其余已安的，又慎行而不敢怠肆，则所行皆当，而己无愧怍，心里的懊悔自然少了，岂不寡悔。言能寡尤，行能寡悔，便是有德的贤人。名誉昭彰，必有举而用之者，虽不去干求那俸禄，而俸禄自在其中矣。又何必先有求之之心哉！"尝观古之学者，修其言行，而禄自从之，是以世多敬事后食之臣，后之学者，言行不修，而庸心干禄，是以世少先劳后禄之士，然则学术之所系，诚非细故矣。做民君师者，可不以正士习为先务乎！

【原文】

哀公问曰："何为则民服？"孔子对曰："举直错诸枉，则民服；举枉错诸直，则民不服。"

【张居正讲评】

哀公，是鲁国之君。举，是举用。直，是正直的君子。错，是舍置而不用。诸字，解作众字。枉，是邪枉的小人。鲁哀公问于孔子说："人君以一身而居于群臣百姓之上，不知何所作为，才能使众人每个都心服。"孔子对说："人君若要服民，不是严刑可以驱之，小惠可以结之者，只要顺民好恶之公心而已。大凡臣下有心术光明行事端慎的，便是正直君子，必然人人爱敬他，望他得位行道。有心地奸险行事乖张的，便是邪枉小人，必然人人憎恶他，怕他误国害民，这是好善恶恶的良心，人之所同有也。人君若能举用那正直的君子，授之以政，而凡邪枉的小人都舍置之，不使参于其间，则用舍各当，正合了人心好恶之公，百姓们自然欢欣爱戴，无一人之不服矣！若人君举用了邪枉的小人，使之在位，而凡正直的君子，却舍置之不能有所简拔，则用舍颠倒，便拂了人心好恶之公，百姓们必然心非口议，虽欲强其服从而不可得矣！"夫民之服与不服，只在用舍之公与不公，然则人君于用人之际，可不慎哉。

【原文】

季康子问："使民敬、忠以劝，如之何？"子曰："临之以庄，则敬；孝慈，则忠；举善而教不能，则劝。"

【张居正讲评】

季康子，是鲁国的大夫。敬，是恭敬。忠，是尽心不欺的意思。劝，是劝勉。季康子问于孔子说："为人上者要使百姓每敬事于我，而不敢漫，尽忠于我，而不敢欺，相劝于为善而不敢为恶,果何道以使之乎?"孔子答说:"为民上者,不可要诸在人,只当尽其在我。诚能于临民之时,容貌端庄,而无有惰慢,则有威可畏,有仪可象,民之得于瞻仰者,自然敬畏而不敢怠慢矣!孝以事亲,而无有悖违;慈以使众,而无有残刻。则其德既足以为民之表,而其恩又足以结民之心。民之得观感者,自能尽忠于我,而不敢欺悖矣。于那为善的,举而用之,使他得行其志。不能的,教诲他使之为善,不要轻弃绝之。如此,则善者益进于善,而不怠、不能者亦将勉强企及,而无有不劝者矣。"是则季康子之问,专求诸民。孔子之答,专求诸己。盖人同此理,吾能自尽其理,而人岂有不感化者哉!

【原文】

或谓孔子曰:"子奚不为政?"子曰:"《书》云:'孝乎惟孝,友于兄弟。'施于有政,是亦为政,奚其为为政?"

【张居正讲评】

奚字,解作何字。为政,是出仕而理国政。鲁定公初年,孔子不仕,或人问于孔子说:"夫子有这等抱负,正当乘时有为,何故不肯出仕而理国政乎?"盖当时季氏擅权,阳虎作乱,不能尊信孔子,故孔子不肯轻于求仕,而或人不知也。

《书》,是《周书·君陈》篇。友,相亲爱的意思。孔子不仕之意有难以告人者,故只托词以答之说。汝疑我之不肯为政,岂不闻《周书》所言之孝乎?他说"君陈"能孝顺父母,友爱兄弟。又能推此孝友之心,以为一家之政,使长幼尊卑都欢然和睦,肃然整齐,无有不归于正者。《书》之所言如此。这等看来,人处家庭之间,能帅人以正,就是为政了。何必居官任职,乃谓之为政乎!盖所谓政者,只是正人之不正而已,施之于国,使一国的人,服从教化,固是为政,修之于家,使一家之人,遵守礼法,也是为政。这虽是孔子托词,其实道理不过如此。所以《大学》说:"欲治其国者,先齐其家。"亦是此意。然则人君之为政,若能以孝友之德,修身正家,则治国平天下之道,岂外是哉!

【原文】

子曰:"人而无信,不知其可也。大车无輗,小车无軏,其何以行之哉?"

【张居正讲评】

信，是诚实。大车，是平地任载的车。輗，是辕前的横木，缚轭以驾牛者。小车，是田车、兵车、乘车。軏，是辕上的曲木，钩衡以驾马者。孔子说"立心诚实，乃万事的根本，人若无了信实，便事事都是虚妄，吾不知其如何而可也。何也，人必有信而后可行，譬如车必有輗軏，而后可行也。若大车无輗，则无以驾牛。小车，无軏，则无以驾马。轮辕虽具，一步也运动不得，其何以行之哉？若存心不诚，言语无实，则人皆贱恶之。在家则不可行于家，在国则不可行于国，盖无所往而不见阻矣。与车无輗軏者，何以异哉！"孔子此言，只是要人言行相顾，事事着实，不可少有虚妄的意思。然信之一字，尤为人君之大宝，是以为治者，必使政教号令之出，皆信如四时，无或朝更而夕改，然后民信从，而天下治也。孔子之言，岂非万世之明训哉！

【原文】

子张问："十世可知也？"子曰："殷因于夏礼，所损益可知也；周因于殷礼，所损益可知也。其或继周者，虽百世，可知也。"

【张居正讲评】

凡朝代更换，叫作一世。子张问于孔子说："有一代之兴，必有一代的事迹。但已往者易见，将来者难知，不知自今以后，朝代兴亡，至于十世之远，其事迹亦可得而前知否乎？"

因，是相袭而不改。礼，是君臣、父子、夫妇之三纲；仁义礼智信之五常，这其中都有节文，故叫作礼。损，是减损。益，是增益。孔子答子张说："后之视今，亦犹今之视昔。要知将来，但观既往便可知矣。比先夏有天下四百余年，而殷汤继之。殷家所行之礼，如修人纪以正万邦，都只是因袭夏家的，不曾改易。至于制度文为，有余不足的，则或损或益，稍有不同。如殷道尚质，殷正建丑之类，是其所因与所损益，可考而知也。殷有天下六百余年，而周文武继之。周家所行之礼，如建皇极以锡庶民，也只是依着殷家的，不曾变更。至于制度文为，太过不及的，则或损或益，也有不同。如周道尚文，周正建子之类，是其所因与所损益，亦可考而知也。此可见纲常伦理，是立国的根本，万世不可改易。制度文为，是为治的节目，随时可以变通，自今以后，或有继我周而王天下的，其所因与所损益，不过如此。虽百世之远，无不可知，岂但十世而已哉！"

【原文】

子曰："非其鬼而祭之；谄也。见义不为，无勇也。"

【张居正讲评】

非其鬼，是所不当祭的鬼神。谄，是求媚的意思。义，是事之宜，凡道理上所当行的便是。勇，是勇敢。孔子说："人之祭享鬼神，各有其分。如天子祭天地，诸侯祭山川，大夫祭五祀，庶人祭其先，是乃当然之分，祭之可也。若是不当祭的鬼神也去祭他，这便是谄媚鬼神以求福利，不是孝享的正礼，所以谓之谄也。人于道理上当为的事，便着实做将去，这才是有勇。若真见得这事是道理所当为的，却乃因循退缩，不能毅然为之，这是萎靡不振，无勇往直前之气，怯懦甚矣，所以谓之无勇也。"夫此二者，一则不当为而为，一则当为而不为。孔子并举而言之者，盖欲人不惑于鬼神之难知，而专用力于人道之所宜也。

八佾第三

【原文】

孔子谓季氏，"八佾舞于庭，是可忍，孰不可忍也！"

【张居正讲评】

季氏，是鲁国大夫。佾，是乐舞的行列。古者乐舞之数，天子用八行，每行八人，叫作八佾。诸侯六佾，大夫四佾。各有等差，不容僭越。当初成王以周公有大勋劳，特赐天子礼乐以祭周公之庙，其后世群公都因循僭用，已是失礼。季氏，是鲁桓公子孙，他在家庙中祭祖，也僭用八佾之舞于庭，故孔子非之说："礼莫严于名分，罪莫大于僭窃。夫祭用生者之爵禄，乃我王朝一定之礼。季氏本是大夫，只该用四佾之舞，而今乃用八佾之舞于家庙之庭，则是以大夫而僭天子礼，法之所不容诛，罚之所必及，人臣之罪孰有大于此者。

这等大罪也都容忍过了，不加纠正，则别样的小罪，孰不可忍乎！"盖鲁以相忍为国，凡事惟务姑息含忍，而其弊乃至于下凌其上，臣僭其君，礼法荡然，冠屦倒置如此。盖优柔姑息之过也，故孔子非之。其后孔子为司寇，摄相事，即堕三都以强公室，陈恒弑其君，则沐浴而朝，请兵讨之，此可以观圣人之志矣。而鲁终不能用。卒之三家共分公室，政在陪臣，而周公之祚遂衰矣。然则纪纲法度有国者其可一日而不振举之乎！

【原文】

三家者以《雍》彻。子曰："'相维辟公，天子穆穆'，奚取于三家之堂？"

【张居正讲评】

三家，是鲁国的大夫孟孙、叔孙、季孙之家。雍，是《周颂》篇名。彻，是撤馔。相，是助祭。辟公，是诸侯。穆穆，是深远的意思。"相维辟公，天子穆穆。"是《雍》诗中两句话。昔者周天子祭祀宗庙，祭毕之时，则歌《雍》诗以撤馔。及鲁大夫孟孙、叔孙、季孙祭其家庙，于收俎豆的时节，也歌雍诗，是僭用天子之礼矣。故孔子讥之，说道："《雍》诗中有云：'相维辟公，天子穆穆。'是说天子宗庙之中，助祭的是列国的诸侯，主祭者是天子，其敬德之容，则穆穆然幽深而玄远。盖本天子之事，故于撤馔歌之，道其实也。今三家之堂，助祭者不过陪臣，亦有辟公之相助乎？主祭者不过大夫，亦有天子之穆穆乎？既无此事，则何取于此义而歌之于堂乎？是不惟僭妄可恶，而其无谓亦甚矣。"盖礼所以辨上下之分，不可毫发僭差，人臣而敢僭用君上之礼，则妄心一生，何所不至。攘夺之祸，必由此起。孔子前一节非季氏之舞八佾，此一节讥三家之歌《雍》诗，皆所以立万世人臣之大防也。

【原文】

子曰："人而不仁，如礼何？人而不仁，如乐何？"

【张居正讲评】

仁，是心之德，敬而将之以仪文，叫作礼。和而达之于声容，叫作乐。如礼何？如乐何？譬如说没奈他何一般，是不相为用的意思。孔子说："仁之在人，乃本心之全德，人能全此心德，使心里常是恭敬，则行出来的仪文便都是礼。心里常是和平，则播之于声容，便都是乐。"是礼不虚行,必仁人而后可行也。人而不仁,则其心放逸而不能敬,礼之本先失了。那陈设的玉帛,升降的威仪,不过是虚文耳。礼岂为之用乎?所以说如礼何?乐不徒作,必仁人而后能作也。人而不仁,则其心乖戾而不和。乐之本先失了,那钟鼓之声,羽旄之舞不过是虚器耳,乐岂为之用乎?所以说如乐何?盖礼乐不可斯须而或去,人心不可顷刻而不存,欲用礼乐者,求之心焉可也。

【原文】

林放问礼之本。子曰:"大哉问!礼,与其奢也,宁俭。丧与其易也,宁戚。"

【张居正讲评】

林放,是鲁国人。易,是节文习熟。戚,是哀痛。鲁人有林放者,见世人行礼,繁文太盛,以为制礼之初意,恐不如此。故问礼之本于孔子。孔子以时俗方逐末,而放独究心于礼之本,可谓不为习俗所移,而有志于返本复古者矣。所以称美之说:"大哉汝之问也。夫礼之全体有质有文。譬如饮食之礼,起初只是太羹、玄酒,汙尊抔饮而已,这叫作本质。先王以为太简,始制为笾豆篮簋之器,揖让周旋之仪,这叫作文。又如居丧之礼,起初只是伤痛哭泣,思慕悲哀而已,这叫作本质。先王以为太直,始制为擗踊哭泣之节,衰麻服制之等,这叫作文。文质得中,乃礼之全体,到后来习俗日侈,却只在仪文节度上究心,而制礼之初意,荡然无存矣。然则今之礼者,与其趋尚繁华,而流为奢侈,宁可敦崇朴素,而失于俭啬。盖俭啬无文,虽未合于礼之中,而犹不失为淳古之风,是即本之所在也。所以说与其奢也,宁俭。居丧者与其习熟于仪节,而无惨怛之诚,宁可过于哀痛,而少品节之制。盖徒戚虽未合于礼之中,而犹自率其天性之真,是即本之所在也,所以说与其易也,宁戚。"夫曰宁俭,曰宁戚,皆孔子不得已而矫俗之意。盖天下事物,每自质而趋文。而世之将衰,必多文而灭质。故孔子他日赞易,又以用过乎俭,丧过乎哀为言,而其论礼乐,则曰吾从先进。皆厌周末文盛而欲矫之以合于中也。有维持世教之责者,尚鉴兹哉!

【原文】

子曰:"夷狄之有君,不如诸夏之亡也。"

【张居正讲评】

夷狄，是化外之地。东夷、西戎、南蛮、北狄，总叫作夷狄。诸夏，是中国。诸，是众。夏，是大，以其人民众而地方大，故称诸夏。亡字，与有无的无字同。当孔子时，季氏以大夫僭用八佾。三家以大夫僭歌《雍》诗。上下陵夷，不知有君臣之分。故孔子一日叹息说道："中国所以尊于夷狄者，以其名分定而上下不乱也。今夷狄之国，在上的统领其下，在下的顺从其上，尚且有个君长，倒不似我中夏之国，君弱臣强，以诸侯胁天子者有之，以陪臣专国政者有之，恣为僭窃，反无上下之分也。"夫以中国同于夷狄，犹且不可，况反不如乎，可慨也已。孔子此言，岂真轻中国而称夷狄哉！盖甚为之词，以见上下之分，不可一日不明于天下也。

【原文】

季氏旅于泰山，子谓冉有曰："女弗能救与？"对曰："不能。"子曰："呜呼！曾谓泰山不如林放乎？"

【张居正讲评】

旅，是祭告。泰山，是东岳泰山，在鲁地。冉有，是孔子弟子冉求。救，是救正。古者祭祀之礼，天子祭天地，诸侯祭山川。泰山在鲁国境内，惟鲁君当祭。季氏是鲁大夫，也要行祭告之礼于泰山之神，则其越礼犯分，僭上无君甚矣。孔子以冉求是他的家臣，有匡救之责。故问他说："季氏此一事，甚为非礼，汝为家臣，固宜尽言匡正。今乃坐视其失礼而不能救之与？"冉求对说："他的意思已定，吾力不能挽回之也。"孔子于是叹息说："季氏此举只要谄事鬼神，以求福佑，殊不知礼不可僭，神不可欺。且如林放，鲁人，也知问礼之本，不肯随俗。况泰山是五岳之尊，其神聪明正直，必然知礼，岂肯享季氏非礼之祭，而反不如林放之知礼乎？"是季氏之祭泰山，非唯分不当为，而且神必不享，则亦何益之有哉！孔子此言，一则要使季氏知其无益，犹可中止。一则要使冉求以不如林放为耻，而知所以自励也。

【原文】

子曰："君子无所争，必也射乎！揖让而升，下而饮，其争也君子。"

【张居正讲评】

争，是争竞。射，是大射之礼。升，是升堂。饮，是饮酒。孔子说："有德行的君子，他心平气和，与人恭逊，无有争竞。求他有争竞处，必也观之于行射礼之时乎！盖射有中者，有不中者，中有多者，有少者，胜负相形，似乎有所争也。然观其将射之初，则三揖三让而后升堂。既射之后，则与那同射的人，都下堂来，胜者却揖那不胜者使他升堂，自取爵盏，立饮罚酒。射礼之行如此。是虽有胜负之相较量，然自始至终，雍容揖逊，是其争也，乃君子之争，非若小人专以血气相尚，而为角力之争也。夫以射才有争而其争又如此，

【原文】

子夏问曰："'巧笑倩兮，美目盼兮，素以为绚兮。'何谓也？"子曰："绘事后素。"曰："礼后乎？"子曰："起予者商也，始可与言诗已矣。"

【张居正讲评】

"巧笑倩兮"这三句都是逸诗之词。倩，是好口辅。盼，是黑白分明。素，是粉地。绚，是彩色。逸诗上说："人于笑时，口辅端好，其眼目黑白分明，有此自然的美质，而又妆饰以华彩，就如素地上加以彩色的一般，愈为美好矣！"子夏未达素以为绚之旨，疑其反以素为饰。乃问于孔子说："逸诗有言：'巧笑倩兮，美目盼兮，素以为绚兮。'夫素则无文，绚乃华饰，今言素以为绚，其言果何谓也？"

绘，是绘画。孔子答子夏说："诗言素以为绚，不是说素即是绚，乃是说因素为绚耳。如今绘画之工，必先有了质素的粉地，然后加以各样彩色。是素在于先，绚在于后。犹人之相貌，必先生得自然美好，然后可加以华饰也。"

起予，是启发我之志意。商，是子夏的名。子夏一闻孔子之言，遂有悟于心，说道："观绘画之事，素地在先，彩色在后，可见素而非绘，固无以备其文采，绘而非素，则虽有彩色亦将安施？然则世之所谓礼文者，其犹在于后乎？必有为之先者矣。"盖礼也者，因人情而为之节文者也。如玉帛交错，揖让周旋，宾礼也。然必先有恭敬之实心，而后以是将之，是敬在于先，礼在于后矣。又如擗踊哭泣，衰麻服制，丧礼也。然必先有哀痛之本情，

而后以是节之。是哀在于先，礼在于后矣。故情实者素地也，礼文者彩色也，非礼，固无以为人情之节文。然苟情不至而徒求之于礼焉，是犹画者不先布素地，而欲施文采也，有是理乎？夫孔子以绘画明，素绚之意，不过只就书旨上发挥，而子夏礼后之言，则圣言之所未及者。可谓闻一知二，触类旁通者矣。故孔子喜而称之，说道："能起发我之志意者，是汝商也。"盖诗人之言，其旨甚微，而寓意深远。善说诗者，能求之于言语之外，而不拘泥于文字之末，乃为得之，似你这等聪明颖晤，才可与论诗也已，盖深喜之辞也。按此章之旨，与前章林放问礼之意，大略相同。林放求礼之本，而子夏以礼为后，皆有反本尚质，挽回世道之意。故孔子于林放则以大哉称之，于子夏则以起予许之，此又圣贤未发之旨也。学者宜致思焉。

【原文】

子曰："夏礼吾能言之，杞不足徵也；殷礼吾能言之，宋不足徵也。文献不足故也。足，则吾能徵之矣。"

【张居正讲评】

杞、宋是二国名。杞，是夏之后。宋，是殷之后。文，是书籍。献，是贤人。徵字，解作证字。孔子说："昔者禹有天下，其制度文章为有夏一代之礼者，我能言其大略，然必有证而后人信之。今夏之后代，虽有杞国尚存，然不足取以为证矣。汤有天下，其制度文章为有殷一代之礼者，我亦能言其大略，然亦必有证而后人信之。今殷之后代，虽有宋国尚存，然亦不足取以为证矣。盖礼非书籍不能记载，非贤人不能诵习。今夏殷二代，传世久远，杞宋两国世祚衰微，既无书籍可以考究，又无贤人可以咨访，将何所取以证吾之言耶！若使二国之书籍尚存，贤人未谢，则考究咨访皆有所据，而吾能取之以为证，人皆信之矣。惜乎！今之不能也。"盖孔子当时，欲斟酌三代之礼，以立万世常行之法，而夏殷不可考，故为是叹息之词如此。然三纲五常古今不易，所损所益，百世可知，则二代之礼又不以杞宋无徵而遂泯也。有仪礼制度之责者，宜究心焉。

【原文】

子曰："禘自既灌而往者，吾不欲观之矣。"

【张居正讲评】

禘，是祭祀之名。古者天子既祭其始祖，又推始祖所自出之帝，祭于太庙，而以始祖配之，这礼五年一举，叫作禘。成王以周公有大勋劳，赐鲁重祭，使鲁国以周公为始祖，以文王为所自出之帝，而以周公配之，故鲁国得禘祭其先。然以诸侯而僭行天子之祭，实为非礼也。灌，是奠酒于地以降神。往字，解作后字。孔子说："我鲁国君臣举行禘祭，我也曾在太庙中，观其行礼何如，但是他未曾降神之先，诚敬尚在，犹有可观。及到那灌地降神之后，君臣之间都懈怠了，虽有陈设的俎豆，升降的威仪，全是虚文，无一些恭敬诚恪的意思。到这时节，我之心不欲观之矣。"夫鲁国本是诸侯，僭用王者之大祭，已是失礼，及举祭之时，又不诚敬，是失礼之中又失礼焉。故孔子叹之如此。

【原文】

或问禘之说，子曰："不知也。知其说者之于天下也，其如示诸斯乎！"指其掌。

【张居正讲评】

示，与看视的视字同。斯字，解作此字。掌，是手掌。或人见鲁国尝行禘祭之礼，而不知当初制礼之意，故以禘之说问于孔子。孔子以禘乃国家之重典，先王所以振本追远之意，其妙固未易言。况又是王者之大祭，鲁国因循而僭用之，其失又所当讳。这意思有难以显言者，故只答他说："不知也。盖以禘之为祭，礼仪重大，意义深远，知之甚不易也。若有能知其说的，则理无不明，诚无不恪，识见自是广阔，精神自会运量，看得天下的道理，灿然都在目前，岂不如视诸斯之至易乎！"门人遂记说："夫子所谓视诸斯者，乃自指其手掌而言，以其明白易见，就如看自家的手掌一般；初无难事也。"此可见幽明只是一理，神人本无二道，幽而知所以事神，则明而治人，亦何难之有哉！然非先王不能作，亦非圣人不能知，如或人者，何足以语此，此孔子所以不轻告之也。

【原文】

祭如在，祭神如神在。子曰："吾不与祭，如不祭。"

【张居正讲评】

祭，是祭先祖。祭神，是祭外神。吾不与祭，如不祭，是孔子平日的言语。门人记说：

"祭以诚为主,而他人则不能。惟吾夫子,观其在家祭先祖的时节,则孝心纯笃,就如先祖在上的一般。其在官祭外神的时节,则敬心专一,就如神明在上的一般。夫鬼神无形与声,岂真有所见,乃心极其诚,故如有所见耳。"考其平日尝说:"吾于祭祀,必亲行之,乃慊于心。若或有故,不得已,而使人代之,则不得以伸吾之孝敬,故礼虽已行,而此心缺然,还似不曾祭的一般。即此言观之,则其祭祀必致如在之诚可知矣。"这是门人记孔子祭祀之诚敬如此。若天子一身,为天地宗庙百神之主,尤不可不致其诚。所以古之帝王,郊庙之祭,必躬必亲,致斋之日,或存或著,然后郊则天神恪,庙则人鬼享,而实受其福也。承大祭者,宜致谨焉。

【原文】

王孙贾问曰:"与其媚于奥,宁媚于灶,何谓也?"子曰:"不然。获罪于天,无所祷也。"

【张居正讲评】

王孙贾,是卫大夫。媚,是亲顺,奥,是室之西南隅。灶,是灶神。古者夏月祭灶,必先祭主于灶陉。然后迎尸入奥,而设馔以祭。是祭于奥则似尊崇,祭于灶则似卑亵。故当时俗语说:"奥虽有常尊,而非祭之主,灶虽卑贱,然日用饮食所司,当时用事,所以说媚奥不如媚灶。"盖奥以比君之势分崇高,难以自结;灶以比臣之专权用事,容易干求。时俗之见,浅陋如此。王孙贾乃问孔子说:"俗语有云:'与其求媚于奥,宁可求媚于灶。'夫奥本尊崇,灶甚卑亵,今乃言媚奥不如媚灶,其意果何谓也?"贾疑孔子在卫,有求仕之心,欲求附己以进用,故以此讽之耳。

获字,解作得字。祷,是祈祷。孔子答王孙贾说:"俗语所谓媚奥不如媚灶,我甚不以为然。盖天下之至尊而无对者,惟天而已。做善则降之以福,做不善则降之以祸,感应之理毫发不差。顺理而行,自然获福,若是立心行事,逆了天理,便是得罪于天矣。天之所祸,谁能逃之,岂祈祷于奥灶所能免乎!"此可见人当顺理以事天,非惟不当媚灶,亦不可媚于奥也。孔子此言,逊而不迫,正而不阿,世之欲以祷祀而求福者,视此可以为鉴矣!

【原文】

子曰:"周监于二代,郁郁乎文哉,吾从周。"

【张居正讲评】

监字,解作视字。二代,指夏商。郁郁,是文盛的模样。孔子说:"比先夏商之有天下,固皆有一代的典章法度,但其立法未能尽善尽美,而其流弊亦皆偏向失中。自我周之兴,有文武为之君,周公为之相,于是监视夏商之礼,或损其太过,或益其不足,是以制度仪章纤悉具备,凡行于朝廷,施于邦国,达于闺门间巷之间者,皆尽善尽美。郁郁乎文采之盛,殆非夏商所能及也。我也生周之世,为周之民,时王之制,固当遵承而不悖,况其礼文之盛又如此。然则吾之当从者,合周其何适哉?所以说吾从周。"尝观孔子之在当时,礼乐则从先进,梦寐不忘周公,与夫修鲁史而尊天王,此其从周之志,有未尝一日忘者,所谓圣人之为下不倍也。然则生今之世而欲反古之道者,岂不谬哉!

【原文】

子入太庙,每事问。或曰:"孰谓鄹人之子知礼乎?入太庙,每事问。"子闻之,曰:"是礼也。"

【张居正讲评】

太庙,是鲁周公之庙。鄹,是邑名。鄹人之子,指孔子说。孔子父叔梁纥,曾为鄹邑大夫。故当时叫孔子为鄹人之子。昔孔子仕鲁之时,尝陪祭于周公之庙,与执事焉。那庙中陈设的器数,如笾豆、玉帛之类,周旋的仪节,如灌献酬酢之类,每事都详细访问,却似不曾知道的一般,盖惟其敬之至,故其问之详如此。或人不知而疑之,说道:"鄹人之子孔丘,素以知礼见称于人,如今看来,谁说他知礼?"盖知者不待于问,问者必有不知。观他在太庙之中,事事都问过,则其不知礼也明矣。世固有无其实而有其名者乎!孔子闻而解之说道:"礼莫大于祭,祭莫先于敬。今太庙之中陈设的都是礼器,周旋的都是礼仪,若一毫知得不真,行得不当,便是轻忽放肆,而非所以为敬矣!今我每事访问者,正以对越奔走之际,当有恭敬严肃之心,固不敢强其所不知以为知,亦不敢恃其所已知而不问,是乃所以为礼也。或人之言,岂知我者哉!"此可见圣人之心极其敬慎,故祭祀之礼尤加谨严。圣人之心极其谦虚,故每事问人,不厌详细,其与尧之钦明、舜之问察,一而已矣。学圣人者,当于此求之。

【原文】

子曰："射不主皮，为力不同科，古之道也。"

【张居正讲评】

射，是射箭。皮，是皮革。射不主皮，这一句是《乡射礼》中的说话。科字，解作等字。孔子说："《乡射礼》有云：射以观德。但主于中的，不必穿透皮革，然后为能。所以然者，盖为人之气力，有强有弱，其等不同。若必主皮，则惟强者能之，而弱者必不能矣。此所以不主皮也。然这是古昔盛时，尚德而不尚力，其道如此。今世衰礼废，列国兵争，惟以强力为尚，虽礼射亦主于贯革，而尚德之风，不可复见矣。"可胜叹哉！孔子思古伤今之意如此。

【原文】

子贡欲去告朔之饩羊。子曰："赐也！尔爱其羊，我爱其礼。"

【张居正讲评】

告，是告庙。朔，是正朔。饩，是牲牢。古时天子以季冬颁来岁十二月之朔于诸侯。诸侯受而藏之祖庙。每遇月朔，则以特羊告庙，请而行之。鲁自文公以后，把这告朔之礼，废而不行了。而有司每月犹照常办备此羊。子贡以此礼今既不行，饩羊徒为靡费，故欲去之，以省费焉。是徒知一羊之可惜，而不知制礼之初意矣。

爱，是爱惜。孔子呼子贡之名而晓之说："赐也，尔之欲去乎饩羊者，岂以告朔之礼既废，饩羊之供无实。爱惜此羊而欲去之矣乎！自我观之，所爱尤有甚于羊者。盖正朔颁于天子，所以示天下之有君，告朔行于诸侯，所以示天下之有亲，最为礼之大者。今此礼虽废，而饩羊犹存，后之人，或有因羊以求礼，举而行之者，若将此羊一并去了，则告朔之礼，随羊以亡，自此天子不复颁朔，而人不知有君，诸侯不复视朔，而人不知有亲矣。是礼之亡不尤为可惜耶？"夫孔子之意在于存礼，而子贡之言，唯求省费，圣贤度量之广狭，用心之大小，区以别矣。

【原文】

子曰："事君尽礼，人以为谄也。"

【张居正讲评】

礼，是恭敬之见于仪文者，乃道理当然的去处。谄，是求媚。孔子说："臣之于君，既有尊卑上下的定分，便自有恭敬奉承的定礼。这礼，是先王所制，万世通行，不可违越者也。今我之事君，心里极其敬谨，不敢有一毫轻慢，故每事依着礼节，不敢有一些差失，这不过尽那礼之当然者而已，非有加于礼之外也。时人不知，乃以为求媚取悦而然，是岂知事君之礼者乎！"盖当时公室衰微，强臣僭窃，上下之际，多不循礼，惟孔子欲明礼法以挽回之。如过位则色勃，升堂则屏气，违众而拜堂下，闻命而不俟车，这等循礼，当时反以为谄，则礼法之不明于天下可知。故孔子之言如此。然尽礼与谄，其迹相似，而其心不同。君子之事君，其礼固无不尽，然却不肯阿谀顺从，如责难以为恭，陈善以为敬，一心只要成就君上的美名，干办国家的大事，这便真是尽礼。小人之事君，外面虽似尽礼，然心里未必忠实，如阿顺以为容，逢迎以为悦，一心只要干求君上的恩宠，保全自家的官爵，这便真是谄媚。君子尽礼，小人以为谄，小人谄媚，亦自以为尽礼。心术之邪正，迥然不同，人君不可不察也。

【原文】

定公问："君使臣，臣事君，如之何？"孔子对曰："君使臣以礼，臣事君以忠。"

【张居正讲评】

定公，是鲁国之君。礼，是有节文、不简慢的意思。忠，是竭尽己心，不欺罔的意思。定公一日问于孔子说："为人君的使令臣下，为人臣的侍奉君上，都有个道理，不知当如之何？"孔子对说："为人君者，以尊临卑，易至于简慢忽略，若简慢忽略，便失了为君的道理，是以人君之于臣下，使之须要以礼。如使之为大臣，则待之如股肱；使之居言责，则待之如耳目；使之为将帅，则有推毂命将之礼；使之为使臣，则有皇华遣使之礼，务加以礼貌，待以至诚，这乃是使臣的道理。为人臣者，以下事上，易至于欺罔隐蔽。若欺罔隐蔽，便失了为臣的道理。是以人臣之于君上，事之须要以忠。如居辅导赞襄之职，则尽心以启沃，而一毫无所隐；有官守言责之寄，则尽心以纳忠，而一事不敢欺。遇有难处之事，则虽劳瘁而不辞；遇有患难之日，则虽致命而不避。务内尽其心，外尽其力，这乃是事君的道理。"君尽君道,固非有私于臣,而所以劝下之忠者,亦在是矣。臣尽臣道,固非有要于君,而所以报上之礼者,亦在是矣! 上下交而德业成,天下其有不治者哉!

【原文】

子曰:"《关雎》,乐而不淫,哀而不伤。"

【张居正讲评】

《关雎》,是《国风》诗之首篇。孔子说:"凡乐音不和乐,则不足以畅意;不哀婉,则不能以感人。然又贵于得中。若乐之过,则有淫荡邪僻之声;哀之过,则有忧思燃杀之病,而失其性情之正矣。唯有《关雎》之诗,其发之咏歌,而被之管弦者,优柔平中,虽欣然和乐,而不至于淫荡,虽凄然哀婉,而不至于悲伤。听之使人欲心平、躁心释,而足以为养德之助,诚盛世之遗音也。"盖诗本性情,乐以彰德。《关

铸子叔黑簠

雎》之诗,咏后妃之德也。昔周文王之妃太姒,有圣德,不妒忌,忧在进贤,不淫于色,旁求淑女以配君子。求之未得,至于寤寐反侧而不能安。求之既得,则以钟鼓琴瑟乐之而致其喜,其德之盛如此。故其发为声诗,自然中正和平,而无过淫过伤之病,是乐音之和,本于后妃柔顺之德,后妃之德,又本之文王刑于之化。学者玩其辞,审其音,则所以基化闺门,而御于家邦者,必有得于言意之表矣。

【原文】

哀公问社于宰我,宰我对曰:"夏后氏以松,殷人以柏,周人以栗,曰:使民战栗。"子闻之,曰:"成事不说,遂事不谏,既往不咎。"

【张居正讲评】

哀公,是鲁君。社,是为坛以祭地。宰我,是孔子弟子。战栗,是恐惧的模样。哀公问于宰我说:"有国家者,必有社以祭地,不知其义何如?"宰我对说:"古之立社者,必栽树木。夏后氏立社,则以松树。殷人立社,则以柏树。周人立社,则以栗树。然所以用栗树

者,取于战栗之义。盖戮人必于社,欲使民见之而战栗恐惧也。"夫祭地以报其功,乃立社之本意,至于所栽的树木,则各因其土之所宜,而非有取义于其间也。宰我不知而对,谬妄甚矣。

遂事,是事虽未成,而势不能已者。谏,是谏正。咎,是罪责。孔子闻宰我使民战栗之言,以其所对,既非先王立社之本意,又启鲁君杀伐之心,因厉言以责之曰:"大凡事之未成者,犹可以言语说之,若事既成者,说之何益? 所以不说。事之未遂者,犹可以谏净止之。若事既遂者,谏之何益? 所以不谏。事之未往者,犹可咎而罪之,若事之既往,咎之何益? 所以不复追咎。今汝使民战栗之言,已出之于口,而告之于君,是事之已成、已遂、已往者也。吾又何以责汝乎!"孔子以为不足责者,正所以深责之,欲其知言之不可妄发,而致谨于将来耳。

【原文】

子曰:"管仲之器小哉!"或曰:"管仲俭乎?"曰:"管氏有三归,官事不摄,焉得俭?""然则管仲知礼乎?"曰:"邦君树塞门,管氏亦树塞门;邦君为两君之好有反坫,管氏亦有反坫。管氏而知礼,孰不知礼?"

【张居正讲评】

管仲,是齐大夫,名夷吾。器,指人之局量规模说。器小,譬如说小家样。管仲相齐桓公,九合诸侯,一匡天下。当时皆以为莫大之功,然出于权谋功利之私,而不本于圣贤大学之道。故孔子讥之说:"管仲虽有大功,然其为人,局量褊浅,规模狭隘,没有正大光明的气象,其器不亦小哉!"盖深责备之词也。

三归,是台名。摄字,解作兼字。孔子以管仲为器小,或人不知而疑之说:"吾闻俭约之人,凡事吝啬,却似器小的模样。夫子以管仲为器小,得非以其俭约而然乎?"孔子答说:"凡人俭约者,必能制节谨度。今管仲筑三归之台,以为游观之所,其兴作之靡费可知。又多设官属,使每人各治一事,不相兼摄,其廪禄之冗滥可知,观其行事如此,岂得谓之俭乎? 夫以俭为器小,失之远矣。"

邦君,是有国的诸侯。树,是门屏。塞,是遮蔽。好,是宴会。坫,是放酒杯的案。凡宾主献酬饮毕，必反置酒杯于此，故谓之反坫。孔子斥管仲为非俭。或人又不知而疑之，说道："吾闻知礼之人，凡事备具，不肯苟简，却似奢侈的模样，然则管仲之不俭，得非以知礼而然乎！"孔子答说："礼莫大于名分，分莫大于君臣，不可一毫僭差者也。且如有国的诸侯，才得设屏于门，以蔽内外。非大夫所宜有者。今管氏也设屏于门以蔽内外。与邦君一般，其僭礼一也。诸侯为两国的宴会，那时献酬，有反爵之坫。非大夫所宜用者，今管氏也有反爵之坫。与邦君一般，其僭礼二也。这等僭上，绝不是知礼的人。若说管氏知礼，则天下之人，谁是不知礼者乎？"盖人之器量大小，固不在于行事之广狭。大禹恶衣菲食，不害为圣。周公之富，不病其奢。或人既以器小为俭，又以不俭为知礼，其心愈惑，而失之愈远矣。然孔子竟亦未明言器小之意，岂或人之浅陋，不足以语此欤？

【原文】

子语鲁大师乐，曰："乐其可知也：始作，翕如也；从之，纯如也，皦如也，绎如也，以成。"

【张居正讲评】

语，是告语。鲁大师，是鲁国掌乐之官。翕，是合。从，是放。纯，是和。皦，是明白。绎，是相续不绝的意思。成，是乐之一终。当时鲁国衰微，音乐废阙。乐官多失其职者。故孔子告鲁大师以作乐之道说："汝为典乐之官，必知道乐之节奏，然后可以作乐，今先王之乐，犹未尽亡，其始终条理之妙，可得而知也。吾试为汝言之：盖乐有六律、五声、八音，有一不备，不足以言乐。故始作之时，必须声音律吕，件件都全，而翕然其合焉。然备而不和，亦不足以言乐，故乐之既放，必须清浊高下，皆中其节，而纯然其和焉。和，则易至于混乱，又必一音自为一音，而皦然其明白。皦，则易至于间断，又必众音相为起伏，而绎然其连续。夫翕合之后有纯和，纯和之中有明白，明白之中无间断。自始至终，曲尽条理节奏之妙，是乃乐之一成也。由此而至于九成，其道理不过如此，汝太师岂可以不知乎？"盖声音之道，与政相通，不但可以养人之性情，而亦可以移易天下之风俗，所系甚重。故孔子自卫反鲁，既汲汲于正乐，而其于太师，又谆谆以告诫之如此。

【原文】

仪封人请见，曰："君子之至于斯也，吾未尝不得见也。"从者见之。出曰："二三子何患于丧乎？天下之无道也久矣，天将以夫子为木铎。"

【张居正讲评】

仪，是卫邑名。封人，是掌封疆之官。见，是相见。从者，是随从，孔子的门人。丧，是失位去国。木铎，是古人施政教时，用以警众的器具。其器金口木舌，摇之则有声，即今之铃是也。昔孔子周游四方，到卫国之仪邑，有个掌封疆的官，来请见说："敬贤者，吾之素心。凡贤人君子来到这地方，我必求见，未尝拒我而不得见也。今夫子幸至于此，独不容我一见乎？"门人以其求见之诚，为之引见于孔子。封人既见孔子而出，乃对门人说："夫子之失位去国，固其一时之不遇，然二三子何必以此为忧乎？盖治乱相因，是乃必然之数，而易乱为治，必待非常之人。今世教陵夷，人心陷溺，天下之无道，亦已久矣。世无终乱之理，必当复治。吾观夫子之道德，正可以易乱而为治者。天生斯人，岂是偶然，必将使之得位行道，施政教于四方，以开生民之耳目，以觉天下之愚昧，就如那警众的木铎一般，岂终于不遇也哉！"夫圣人盛德感人，能使封人尊敬而笃信之如此。然当时列国之君，不能委国而授之以政。至于辙环天下，卒老于行，此春秋之时，所以终不能挽而为唐虞之世也欤！

【原文】

子谓《韶》："尽美矣，又尽善也。"谓《武》："尽美矣，未尽善也。"

【张居正讲评】

韶，是舜的乐名。武，是武王的乐名。尽美，是说声容到极盛的去处。尽善，是说盛美之中到极妙的去处。门人记说："自古帝王有成功盛德于天下，则必作乐以宣之，故观乐之情文，便可以知其功德，然其间自有不同。吾夫子尝说：帝舜之乐，叫作《大韶》，他作于绍尧致治之后，其声音舞蹈至于九成，固极其盛美而可观矣。然不但尽美，而美之中又极其善焉。盖舜以生知安行之圣人，雍容揖逊而有天下，故心和气和，而天地之和应之。至于格神人，舞鸟兽，其妙有不可形容者，所以说又尽善也。武王之乐，叫作《大武》。他作于伐暴救民之日，其节奏行列，至于六成，固极其盛美而可观矣。然就其美之中而求之，则有未极其善者焉。盖武王以反身修德之圣人，征诛杀戮而得天下，故虽顺成和动之内,未免有发扬蹈厉之情,比于韶乐,则微有所不足者,所以说未尽善也。"然孔子此言,虽评论古乐之不同,而二圣之优劣,亦司概见矣。

【原文】

子曰:"居上不宽,为礼不敬,临丧不哀,吾何以观之哉?"

【张居正讲评】

孔子说:"凡事有本,必得其本,而后其末有可观。且如宽宏简重,乃居上之体也。恭敬严肃,乃行礼之实也。伤痛悲哀,乃临丧之道也。这都是本之所在,有其本,则推之于行事者,自然可观。若使居上的,苛刻琐碎,而不知宽宏之大体;行礼的怠惰简慢,而无恭敬之实意;临丧的专事矫饰,而无哀痛之真情,则其本已先失了。虽其政教号令之施、进退周旋之节,缞麻擗踊之文,未必尽无可观。然大本既失,则末节无可言者,吾何以观之哉?"盖甚言其不足取也。盖当时王道不举,而苛政至于残民,古礼不复,而繁文至于灭质。故孔子矫时之敝如此。

里仁第四

【原文】

子曰:"里仁为美,择不处仁,焉得智!"

【张居正讲评】

二十五家为一里。仁,是仁厚的风俗。择,是拣择。处,是居处。孔子说:"人之居处甚有关系,不可不择。若使一里之中,人人都习于仁厚,在家庭,则父子相亲,兄弟相爱,在邻合,则出入相依,患难相恤,没有残忍浮薄的人,此乃俗之至美者也。这等的去处,不但相观而喜,可以养德,亦且各守其业,可以保家,但有见识的人,必然择居于此。"若卜居者,不能拣择仁厚之里而居处之,则不知美恶,不辨是非,其心昏昧而不明甚矣,岂得谓之智乎!夫择居不于仁,尚谓之不智,况夫存不仁之心,行不仁之事,则其为害有不可胜言者矣。又岂非不智之尤乎！此圣人立言之意也。

【原文】

子曰："不仁者不可以久处约，不可以长处乐。仁者安仁，知者利仁。"

【张居正讲评】

约，是穷困。乐，是安乐。安，是自然合理。利，是贪得的意思。孔子说："仁之在人，乃本心之天德，人能全此德，而后中心有主，不为外物所摇。若那不仁之人，私欲锢蔽，失其本心，中既无主，则外物得以移之。使处贫贱困穷之时，起初或能强制。久之，则愁苦无聊，凡苟且邪僻之事，无不为已，岂可以久处约乎？使处富贵安逸之地，暂时犹能矫饬，久之，则意得志满，凡骄淫奢纵之事，无不为已，岂可以长处乐乎？"唯仁者之人，纯乎天理，无一毫私欲，其于这仁道，不待勉强，而心与之相安。处约处乐皆相忘而不自知也。所以说仁者安仁。知者之人，中有定见，无一毫昏昧，其于这仁道，深知笃好，而求必欲得之，处乐、处约皆确然不易其所守也。所以说，知者利仁。仁、知之分量虽殊，而其能全乎仁则一，此所以久约而不滥，久乐而不淫也。

【原文】

子曰："唯仁者能好人，能恶人。"

【张居正讲评】

惟字，解作独字。仁者，是纯乎天理而无一毫私意的人。好，是喜好。恶，是憎恶。孔子说："好善恶恶，天下之同情也。人睟心有私系，是以好恶鲜有当于理者。独是那仁人，其心至公而无私，故有所好也。必其人之贤而可好者，而后好之。好，当于理而无私，这才是能好人。有所恶也，必其人之不肖而可恶者，而后恶之。恶，当于理而无私，这才是能恶人。"夫好人恶人唯仁者能之，可见人当以仁为务，克去己私而后可。至于人君之好恶，其于进退用舍关系匪细，尤不可不先纯其心于仁也。

【原文】

子曰："苟志于仁矣，无恶也。"

【张居正讲评】

苟字,解作诚字。志,是心所专向的意思。孔子说:"人性本善,而所为有不善者,皆不仁之念累之也。若其心能专向于仁,而欲以克去己私,复还天理,则一时察识虽未能精,践履虽未能熟,亦可保其必无为恶之事矣。"盖天理人欲,不容并立,心既专于天理,又岂有纵欲灭理之为乎?孔子勉人为仁之意如此。

【原文】

子曰:"富与贵,是人之所欲也,不以其道得之,不处也;贫与贱,是人之所恶也,不以其道得之,不去也。君子去仁,恶乎成名?君子无终食之间违仁,造次必于是,颠沛必于是。"

【张居正讲评】

道,是道理,当然。处,是居处。去,是避去。孔子说:"人之所遇,有顺有逆,然取合之间,贵于审择。且如富与贵这两件,是人人所愿欲,谁不要得而处之,然有义存焉。不可苟得,若是理上应得的,虽处之亦无不可,设使无功而受禄,无德而居位,不应得富贵而偶得之,这便是无故之获,有道者所深忧。君子见利思义,决然辞之而不处也,其能审富贵如此。贫与贱这两件,是人人所厌恶,谁不要避而去之,然有命存焉,不可苟免。若是理上该得的,其顺受固不待言,就是学成而人不见知,行修而人不我用,不应得贫贱而偶得之,这也是适然之数,于身心上无损,君子乐天知命,决然处之而不去也,其能安贫贱如此。"审富贵则可以处乐而不淫,安贫贱则可以处约而不滥,非修德体仁之君子,其孰能之。

孔子说:"审富贵,安贫贱,不徇欲恶之情,而惟要之于理,这是仁之道。而君子之所以为君子异乎人者,以其有此实也。若于富贵则贪之,于贫贱则厌之,但徇欲恶之私情,则合去此仁,而无君子之实矣。何以成其名叫作君子。仁之不可去也如此。"

终食之间,是一顿饭的时候。违,是违背。造次,是急遽苟且之时。颠沛,是倾覆流离之际。是字,解作此字,指仁而言。孔子说:"去仁不可以为君子。"所以君子之为仁,不但处富贵贫贱而不去也。自至静之中,以至应物之处,自一时之近,以至终身之远,其心常在于仁,未尝有一顿饭的时候,敢背而去之。虽造次之时,急遽苟且,当那等忙迫,他的心也只在这仁上。虽颠沛之际,倾覆流离,遭那等患难,他的心也只在这仁上。夫当造次颠沛而其心犹在于仁,则无一时而不仁矣!所以说君子无终食之间违仁。夫君子存养之功,其密如此,由是以处富贵贫贱,又岂有不得其道者哉!此君子之所以成其名也。

【原文】

子曰:"我未见好仁者,恶不仁者。好仁者,无以尚之;恶不仁者,其为仁矣,不使不仁者加乎其身。有能一日用其力于仁矣乎?我未见力不足者。盖有之矣,我未之见也。"

【张居正讲评】

尚字,解作加字。孔子说:"天下之道有二,只是仁与不仁而已。仁之当好,与不仁之当恶,谁不知之。然我看如今的人,都未见有好仁者,与那恶不仁者,何以言之?盖我所谓好仁者,非寻常喜好而已,必是真知仁之可好,而好之极其笃,凡天下可好之物,无一毫可以加之者,这才是真能好仁的人。我所谓恶不仁者,非泛然憎恶而已,必其为仁也,唯恐不仁之为害,而恶之极其深,务要私欲尽绝,不使一毫不仁之事加在他身上,这才是真能恶不仁的人。此皆成德之事,故难得而见之也。然为仁在我,欲之即至,有志于仁者,可不知所以用力哉!"

孔子说:"好仁,恶不仁,是成德之事,固难得而见之。然仁本各具于人,唯人不肯用力,故视之为难耳。若有人焉,当蔽痼之余,兴悔悟之念,一旦奋然用力于仁,凡仁之所在,务精以察之,而决以守之;凡不仁之所在,务精以察之,而决以去之。这等勇猛精进,则志之所至,气必至焉。自可驯致于成德之地,固未见有力量不足,做不将去的。然人之气禀不同,或者也有那昏弱之甚、力不足以副其心者。但人必求仁,而后能与不能者可见。当今之人都是因循怠惰,不肯求仁的人,则谓用力而力有不足者,果何从而见之哉?"孔子此言,所以责人之自弃者,词愈婉而意愈明矣!

【原文】

子曰:"人之过也,各于其党。观过,斯知仁矣。"

【张居正讲评】

过，是差失。党，是类。孔子说："凡人心术之邪正难知，而行事之差失易见。世之观人者，但知以无过为仁，岂知有过亦可以观仁乎？"盖人有君子、有小人。君子的人，存心宽厚，就有过失，只在那厚的一边，必不苛刻。小人的人，立心奸险，他的过失，只在那薄的一边，必不宽恕。其党类各自不同如此。人惟律之以正，而不察其心，固皆谓之过而已。若观人者，因其过而察之，则过于厚的，必是钟爱的君子，而其为仁可知矣！若过于薄的，便是残忍的小人，而其为不仁，又何疑哉！此可见取人者，固不可以无过而苛求，亦不可以有过而轻弃也。是道也，在人君尤所当知，盖人才识有短长，气质有纯驳。自非上圣大贤，孰能无过，顾其立心何如耳。小人回互隐优，有过却会弥缝。君子磊落光明，有过不肯遮饬。故小人常以欺诈而见容，君子或以直率而得罪，是不可不察也。且如汉之汲黯，面折武帝，是他狂戆之过，然其心本是爱君；矫诏发粟，是他专擅之过，然其心本是爱民。仁者之过，大概如此。人君若以此体察群臣，优容小过，则人人得尽其用，而天下无弃才矣！

【原文】

子曰："朝闻道，夕死可矣！"

【张居正讲评】

闻，是闻知。道，是事物当然之理。孔子说："道原于天而赋于人。人生下来，便有日用常行的道理。如为子便要孝，为臣便要忠，一毫亏欠不得。若不曾知得这道理明白，便是枉过了一生，虽死犹有所憾。若是平日间，着意去讲求，竭力去体认，一旦豁然贯通，无所疑惑，则凡性分之所固有，与夫职分之所当为，事事完全，无少亏欠，就是晚上没了，其心亦安，而可以无遗恨矣。"孔子此言盖甚言道之不可不闻，欲人知所以用力也。然人不学不知道，欲闻道者，可不以务学为急哉？

【原文】

子曰："士志于道，而耻恶衣恶食者，未足与议也！"

论语诠解

张居正讲评《论语》

【张居正讲评】

士，是为学之人。道，是事物当然之理，即学之所求者也。恶衣，是粗恶的衣服。恶食，是粗恶的饮食。议，是议论。孔子说："人之为学，有志于斯道者，必是识见高明，见得自己性分为重，外物为轻。凡富贵贫贱，都动他不得，而后于道为有得也。若夫士而为学其志将以求道也，却乃愧耻其衣服饮食之不美，则是羞贫贱，慕富贵，其识趣之卑陋甚矣。与之论道，必不能知其味而信之，何足与议哉！"大抵衣服饮食，不过奉身之具，于性分原无加损。故大舜在贫贱之时，饭糗茹草，若将终身，及其为天子，被袗衣鼓琴，若固有之。而禹之菲饮食，恶衣服，非徒以示俭，盖亦以口腹身体之欲，不足留意于此耳。孔子之所谓志于道者，岂专为为士者警哉！

【原文】

子曰："君子之于天下也，无适也，无莫也，义之与比。"

【张居正讲评】

适，是必行的意思。莫，是必不行的意思。义，是事之宜。比字，解作从字。孔子说："天下之事，都有至当不易的道理。但当随事顺应，不可先有意必之私。且如有一件事来，心里主于必行，这便是适。适，则凡事之不可行的，都看作可行了，其弊必至于轻率而妄为。心里主于必不行，这便是莫，莫则凡事之可行的，都看作不可行了。其弊必至于拘滞而不通。这两件都是私心，必然害事。君子之人，其处心公而虚，其见理明而悉，故于天下之事，未尝主于必行而失之适也。未尝主于必不行而失之莫。只看于道理如何，若道理上当行的，便行，无所顾忌。道理上不可行的，便不行，不敢轻易是非可否，一惟义之是从，而无容心于其间，此君子之所以泛应曲当，而无有败事也。然必平时讲究得精明，而后临事乃能审处，有一日万几之责者，可不慎哉！"

【原文】

子曰："君子怀德，小人怀土；君子怀刑，小人怀惠。"

【张居正讲评】

怀，是思念。德，是固有之善。土，是居处之所安者。刑，是刑法。惠，是货利。孔子说："君子小人，为人不同，而其所思念者亦异。君子之所思念者，在于固有之善，立心则欲其无私，行事则欲其合理，唯恐悖德而为不肖之人。若夫小人，则不知德之可好也。而所思念者在于土。凡居之所安适处，即依依于此。恋而不合，盖唯知适己自便，虽违德义而不恤矣。君子之所思念者，在于朝廷之法，循理而不敢放肆，奉上而不敢违越，唯恐犯法而为有罪之人。若夫小人，则不知法之可畏也，而所思念者在于惠。凡利之可歆羡者，即营营于此，求必得之。盖唯知贪得无厌，虽触刑法而不顾矣。"夫君子小人之所怀不同，如此观人者，但看其意思何如，便可以知其为人之实矣。

【原文】

子曰："放于利而行，多怨。"

【张居正讲评】

放，是依仿。孔子说："人能好义，则事皆公平，而人亦悦服。若其处心制行，只依着利的那边，物之有利者，必欲得于己，事之有利者，必欲专于己。这叫作放利而行。夫利既在己，害必归人，则不惟受其害者有所不堪，而不受害者，亦有所不平也。岂不多取怨于人乎！"夫放利而行，本欲为身谋、为家计也。至于多怨，又岂保身全家之道哉！故君子不以利为利，以义为利也。

【原文】

子曰："能以礼让为国乎，何有？不能以礼让为国，如礼何？"

【张居正讲评】

礼，是尊卑上下的礼节。让，是逊让，即礼之实处。何有，是不难的意思。如礼何，譬如说没奈他何。言礼不为之用也。孔子说："人君为国不可专倚着法制禁令，必须以礼让为先。盖礼以别尊卑、辨上下，固有许多仪文节目，然都是恭敬谦逊的真心生发出来。如君臣有朝廷之礼，然上不骄、下不僭，名分自然相安，这就是君臣间的礼让。父子有家庭之礼，然父慈子孝，情意自然相洽，这就是父子间的礼让，是让，乃行礼之实也。若是为人君的，能以礼让为国，或修之威仪言动之间，以示之标准，或严于名器等威之辨，以防其僭逾。凡所行的礼，都出于恭敬谦逊之实，则礼教既足以训俗，诚意又足以感人，那百官万姓们，自然都安分循理，相率而归于礼让，纪纲可正，而风俗可淳，其于治国何难之有？若不能以礼让为国，都只在外面粉饰，没有恭敬谦逊的真心，则出之无本，行之无实，虽有许多仪文节目，都不是制礼的初意，虽欲用礼，亦无如之何矣！礼且不可行，而欲其治国，岂不难哉！此可见为国以礼，行礼以让，先王化民成俗之道，莫要于此。"

【原文】

子曰："不患无位，患所以立。不患莫己知，求为可知也。"

【张居正讲评】

患，是忧患。位，是爵位。所以立，是所以居位之具。可知，是可以见知之实。孔子说："天下之事，有系于人者，不必忧。有在于己者，所当忧也。如爵位之不得，人常忧之，君子则以人不我用，其责在人，于我无预，何忧之有。惟所以立乎其位者，乃吾职分之所当为也。苟上不能致君，下不能泽民，而吾之职分有亏，即幸而居位，亦不免尸位之诮矣！故必以为忧焉。名誉之不著，人常忧之，君子则以人不我知，其失在人，于我无预，何忧之有。惟可以见知之实，乃吾性分之所固有也。苟知未至于高明，行未至于光大，而吾之性分有亏，即幸而得名，亦不免名胜之耻矣。故必以为求焉。"夫患所以立，非修此以觊得其位，求为可知，非务此以求知于人，盖君子为己之学如此也。不然，有为而为，则亦小人儒耳。奚足贵哉！

【原文】

子曰："参乎！吾道一以贯之。"曾子曰："唯。"子出，门人问曰："何谓也?"曾子曰："孔子之道，忠恕而已矣！"

【张居正讲评】

参，是曾子的名。贯，是通。唯，是应之速。曾子一日三省其身，其于斯道之用，固已随事精察而力行之矣。但于体用一原的去处，尚未能确然有见。故孔子呼其名而告之说："参乎，汝亦知吾之道乎？盖天下事有万变，物有万殊，其实总是一个道理。若在事物上一一去讲求，则头绪多而用力难，非根本切要之学也。我于天下的事物，只是一个道理贯通将去，随他千变万化，都能应之而不穷，处之而各当。譬如川水一般，虽千条万脉，只是一个泉源流行出来。譬如树木一般,虽千枝万叶,只是一个根本生发出来。散之则甚博,而操之则甚约,这便是我的道理。"曾子一闻孔子之言,豁然有悟,就答应说:"唯。"盖其工夫至到,识见高明,故不复有所疑问,而直应之如此。此圣人传授心法,惟曾子独得其宗也。

门人,是孔子弟子。实心自尽,叫作忠,推己之心以及人,叫作恕。孔子一贯之旨,惟曾子为能默契,其余门人,都不能知。及孔子既出,门人私问于曾子说:"夫子所谓一以贯之者,其说谓何?"曾子答说:"夫子之道无他,只是忠恕而已矣。"盖一人的心,就是千万人的心,我心里要尽的去处,就是人心所欲得的去处。若真实自尽,念念都出于忠,便能推以及人,事事都出于恕,可见千万人的心,只是这一个心,便都通得,所谓一以贯之者,其意不过如此,岂复有他说哉!

【原文】

子曰:"君子喻于义,小人喻于利。"

【张居正讲评】

喻字,解作晓得。义,是天理之所宜。利,是人情之所欲。孔子说:"天下之道二,义与利而已,而君子小人,实于此辨焉。"君子循天理,有好义之心,又有精义之学。故其立身行己,只在义上见得分明,义当进则进,不然则退,义当受则受,不然则辞。虽有时不避形迹,而涉于为利者,亦不过委曲以成其义耳。是君子之心,唯知有义,而义之外,皆非所知矣。小人徇人欲,有怀利之心,又有谋利之巧,故其立身行己,只在利上见得分明,有利则趋,无利则避,利于己则为,利于人则否。虽有时假托形迹,似乎为义者,亦不过借此以图其利耳。是小人之心,唯知有利,而利之外,皆非所知矣。夫君子小人所喻不同如此。然喻义则君子固自成其君子,而天下之事亦因以济。喻利则小人固终陷于小人,而天下之事亦因以坏。修己用人者,可不慎择而深辨之哉!

【原文】

子曰:"见贤思齐焉,见不贤而内自省也。"

【张居正讲评】

贤，是有德的人。齐，是齐一。不贤，是无德的人。省，是省察。孔子说："人之自修者，砥砺之功，固当尽于己，观感之益，亦有资乎人。如见个有德的贤人，心必羡之，然不可徒羡之，又必自家思想说：'善本吾性，事在人为，他有这等贤德，我何为独不能？'必勉力奋发，定要与他一般才罢，这是见贤思齐焉。如见个无德不贤的人，心必恶之，然不可徒恶之，又必自家省察说：'为恶甚易，自知甚难，他干的这等样事，莫不我身上也有？'一或有之，必当速改以复于善才罢，这是见不贤而内自省也。"夫见贤思齐，则日进于高明，见不贤内省，则不流于污下，此君子之所以成其德也。然是道也，通乎上下者也，人君若能以古之圣哲自期，而务踵其芳规，以古之狂愚为鉴，而毋蹈其覆辙，则为圣君不难矣。

【原文】

子曰："事父母几谏，见志不从，又敬不违，劳而不怨。"

【张居正讲评】

几，是微。违，是违拂。劳，是劳苦。孔子说："人子之事父母，固以承顺为孝。然遇着父母有过失，也当谏诤。但有个进谏的道理，不可直言面诤，以伤父母之心。必须和颜悦色，下气柔声，微微的谏他，或待其间晦而谕之以理，或乘其喜悦而动之以情，务使父母乐从而后已。若见父母的志意未肯听从，必当愈加敬谨。不可因父母不从，就发露于声色，而有违拂之意。就是父母嗔怪，或加以怒责劳苦之事，亦当从容顺受，不可因父母折挫，遂怀怨恨之心，唯积诚以感动之，委曲而开导之，久之则父母亦以幡然悔悟而改图矣。所谓几谏者如此。"昔大舜父顽母嚚，常欲杀舜。舜祗载见瞽瞍，夔夔斋慄，瞽瞍亦允若。夫以瞽瞍之恶，而大舜犹能以孝感之，况未至为瞽瞍者乎！然则孔子所谓几谏，唯大舜能之也。

【原文】

子曰："父母在，不远游，游必有方。"

【张居正讲评】

方，是方向。孔子说："父母爱子无所不至，为人子者，必能体父母之心而后可也。若是有父母在堂，不可出外远游。盖凡为人子之礼，冬温而夏清，昏定而晨省，若出外则定省旷而音问疏，不但己之思亲，亦恐亲之念己不忘也，所以不可远游。若或不得已而出游，亦必告父母以一定的方向，如往东则不更从西行，往南则不更从北行，使父母知我定在某处，可以无忧。若有呼唤，便可应期即至而无失也。"夫人子事亲，一出游而不敢轻易如此。又岂可纵肆逸乐，不惜其身，以贻父母之忧乎！所以古之孝子，不登高，不临深，出必告，反必面，无非欲安父母之心而已，为人子者不可不知。

【原文】

子曰："父母之年，不可不知也。一则以喜，一则以惧。"

【张居正讲评】

年，是年岁。孔子说："父母的年岁，为人子者，须常记念在心，不可以不知也。盖寿数之长短，皆系于天而不可必。今父母寿考康宁，使人子得以承欢于膝下，这是难得之事，岂不可喜。然父母年纪衰迈，来日无多，安能保其长存。这又有不测之忧，岂不可惧。"若知道这一件可喜，又有这一件可惧，时常记念在心，则爱日之诚，自不能已。而所以奉事之者，不敢有一毫之不尽矣！所以说父母之年，不可不知也。

【原文】

子曰："古者言之不出，耻躬之不逮也。"

【张居正讲评】

出，是发言。逮字，解作及字。孔子说："人之言行，须要相顾，如今人说得行不得的甚多。若古之学者，沉静简默，不肯轻易出言，这是为何？盖其学务为己，志在躬行，言忠便要尽忠，言孝便要尽孝，句句言语都有下落，心里才安。若只是信口说了，都不能躬行，这便是行不及言，而为夸诞无实之人矣！古之人深以为耻，而不肯为。此其所以慎于言而不轻出也。"古之人唯其尚行，故笃实之风行，今之人只是空言，故浮华之习胜，学术既异，而世道人心亦迥然不同，孔子之言，盖伤之也。

【原文】

子曰："以约失之者鲜矣。"

【张居正讲评】

约，是收敛不放肆的意思。鲜，是少。孔子说："凡人立身行己，但是心里放肆，则其所行必有过差。若能收敛省约，件件都守着规矩，岂有差失。如在身心上省约，不为逸乐，非礼之事便不至于丧志而败德；如在用度上省约，不为奢侈无益之费，便不至于伤财而害民，过失断然少矣。"这约之一字最宜详玩。盖人情才放肆，则日就旷荡；自检束，则日就规矩。故成汤制事制心，只是一个懋敬；太甲败度败礼，只是一个纵欲。圣哲狂愚之判，实系于此，可不慎哉！

【原文】

子曰："君子欲讷于言，而敏于行。"

【张居正讲评】

讷，是迟钝的意思。敏，是急速的意思。孔子说："放言甚易，力行甚难。故言常失之有余，行常失之不足。惟是成德之君子，一心只要做笃实的工夫，其于言语则务欲其讷，非惟不当言的不敢言，就是当言的，亦必谨慎收敛。讷讷然却似迟钝的一般，不敢信口便说，以取失言之悔也。于行事则务欲其敏，除是有所不知则已，若知道当行的事，便奋发勇往，急急然唯恐失了的一般，不敢少有怠缓，以致废时而失事也。"欲讷于言，则言必能顾行，欲敏于行，则行必能顾言，岂非慥慥笃实之君子乎！

【原文】

子曰："德不孤，必有邻。"

【张居正讲评】

孤，是独立。邻，是邻合。孔子说："德乃人心之所固有，亦人情之所同好。人而无德，则人皆贱恶，固有独立而无与者。若是有德的人，则岂有孤立之理乎！必然同声相应，同气相求，见其德者，固愈加亲近，闻其风者，亦翕然信从，就似居处之有邻家一般，有不招而自来者矣！"故人君修德于上，则万姓归心，四夷向化，而天下为一家，不然，则众叛亲离，不免于孤立而已。可不慎哉！

【原文】

子游曰："事君数，斯辱矣；朋友数，斯疏矣。"

【张居正讲评】

子游，是孔子弟子言偃，字子游。数，是烦数。辱，是羞辱。疏，是疏远。子游说："人臣以匡救为忠，朋友以切磋为义，固皆理之当然，然于言语之际，也要见几。且如君有过而谏诤，使其听焉，固可以尽吾心矣。若不肯听，便当去。苟或不识进退，而专务戆直，至于烦数而无已，则君必厌闻，不以为忠，而反以为谤，未免加之以斥辱矣！事君者可不戒哉！朋友有过而相规，使其听焉，固可以尽吾心矣。若不肯听，便当止，苟或不度可否，而徒好尽言，至于烦数而不止，则彼必厌听，不以为德而反以为怨，必将日至于疏远矣。交友者可不戒哉！"然子游之说，特为进言者发耳。若夫为君为友者，又当思良药苦口利于病，忠言逆耳利于行，优容褒奖，以求乐告之诚，虚心受善，以求切磋之益，庶德日进而过日寡，与圣贤同归矣！若一有厌恶之心，而加之以疏辱之罪，则在彼固以言为讳，而不肯再言。他人亦以彼为戒而无复直言，上下隔绝，彼此蒙蔽，其害有不可胜言者矣！听言者，又可不戒哉！

公冶长第五

【原文】

子谓公冶长："可妻也。虽在缧绁之中，非其罪也。"以其子妻之。

【张居正讲评】

公冶长是孔子弟子。女嫁与人为妻，叫作妻。缧，是黑索。绁，是拘禁犯罪的人，以黑索拘系之于狱中，叫作缧绁。子，是所生的女，古人男女皆谓之子。门人记孔子曾说："人伦莫重于婚姻，匹配莫先于择德。吾门弟子，若公冶长者，可以女配之而为妻也。他平日素有德行，虽曾为事拘系于狱中，乃是被人连累，而非其自致之罪，既非其罪，则固无害其为贤矣!"于是以所生之女而为之妻焉。此可见圣人之于婚嫁,不论门族,而唯其人;不拘形迹,而唯其行。非独谨于婚姻,亦可谓明于知人者矣!

【原文】

子谓南容:"邦有道,不废;邦无道,免于刑戮。"以其兄之子妻之。

公冶长

【张居正讲评】

南容,是孔子弟子南宫绍,字子容。废,是弃而不用。戮,是杀戮。门人又记,孔子曾说:"吾门有南容者,尝三复白圭之诗,平日素能谨言慎行,是个有德的君子。若遇着国家有道,君子进用之时,他有这等抱负,必然人人荐举他,使之得位而行道,必不至于废弃而不用也。遇着国家无道,小人得志之日,他既言语谨慎,不致取怨于人,亦可以全身而远害,必不陷于刑戮之祸也。处治处乱,无所不宜,则其贤可知矣!"于是以其兄之女配之而为妻焉。前章以己女妻公冶长,此章以兄女妻南容,皆择贤而配,圣人致谨于婚配之礼如此。

【原文】

子谓子贱:"君子哉若人,鲁无君子者,斯焉取斯。"

【张居正讲评】

子贱,是孔子弟子宓不齐,字子贱。斯字,解做此字,上一个斯字是说此人。下一个斯字,是说此德。门人记孔子曾说:"人之为学,都要学做君子。然君子之德,未易成也。吾门若宓子贱者,他的学力已达到成德的地位,君子哉!其若人乎!然子贱所以能为君子,虽是他自家向上,有志进修,亦由我鲁国多君子,人才众盛,故得以尊师取友而成其德耳。若使鲁没有许多君子,则虽要尊师,而无师之可尊;虽要取友,而无友之可取。斯人也,亦不免孤陋寡闻而已,将何所取以成此德乎!"此可见自修之功固不可废,而师友之益,又不可无也。然师友之益,不但学者为然,古之圣帝明王屈己下贤,虚心访道,尊崇师保,而资其启沃,慎择左右,而责之箴规,无非欲严惮切磋,养成君德而已。古语说:"师臣者帝,宾臣者王。"然则人君欲成其德者,当以好学亲贤为急。

【原文】

子贡问曰:"赐也何如?"子曰:"女,器也。"曰:"何器也?"曰:"瑚琏也。"

【张居正讲评】

赐,是子贡的名。器,是器皿。瑚琏,是宗庙中盛黍稷的器,以玉为之,夏时叫作瑚,商时叫作琏。子贡平日好比方人物,因见孔子以君子许子贱,故以己为问,说道:"赐也学于夫子,亦尝有志于进修,但造诣之浅深,自家不能知道。夫子试说赐之为人何如?"孔子答说:"人之为学,以致用为贵,如世间器皿,以适用为宜,汝能告往知来,料事多中,既达于政事,又长于言语,是个有用的成材,就如器之适用一般,汝其已成之器乎。"子贡又问说:"器有贵贱之不同,夫子以赐为器,不知是何等样器?"孔子答说:"器中有瑚琏者,陈之于宗庙,而饰之以玉,最是贵重而华美的。以汝之才,试之于用,必然事功可就,文采可观,而足以为邦家之光,岂非器中之瑚琏矣乎。"然则子贡虽未能如君子之不器,其亦器之贵者矣。

【原文】

或曰:"雍也仁而不佞。"子曰:"焉用佞?御人以口给,屡憎于人。不知其仁,焉用佞?"

【张居正讲评】

雍,是孔子弟子冉雍。仁,是有德。佞,是口才。春秋之时,人皆以口才便利为尚。而冉雍为人,重厚简默,与时俗不同。故或人谓孔子说:"夫子之弟子有冉雍者,论其为人,可谓仁而有德者矣。但惜其素性简默,无有口才,而不能为佞也。"或人之言,非唯不知仁,亦不知冉雍者矣。

御字,解作挡字。譬如说,抵挡人一般。给,是取办。屡,是多的意思。憎,是恶。孔子答或人说:"汝以冉雍为不佞,是必以佞为贤矣。自我言之,人之立身行己,亦何用于佞乎?盖佞人所以应答搪抵人者,只是以口舌便利,取办一时。那甜言巧语,高谈阔论,外面虽似有才,其中都没有真实的意思,被人看破,却是个邪佞的小人,不足以取重,而徒多为人所憎恶耳,亦何益之有哉。今汝以雍为仁,我固不知他仁与不仁。但说他不佞,正是好处。要那口才何用乎!然则汝之所惜者,正吾之所取也。"由孔子之言观之,可见学者当用力于仁,而不可不深戒夫佞矣。然佞人不只可憎,为害甚大,盖其言足以变乱黑白,颠倒是非,或逞其私智,以纷更旧章。或巧为谗言,以中伤善类,人君若不知而误听之,未有不败坏国家者。故大舜疾谗说之殄行,孔子恶利口之覆邦,皆所以垂戒于万世也。用人者可不以远佞于九德之行。周文武克知灼见于三宅之心,这正是得知人之可信而后用之,所以能收得人之功。可见出仕者,固不可不自审其所长,而用人者尤不可不深考其所蕴也。

【原文】

子曰:"道不行,乘桴浮于海,从我者,其由与!"子路闻之喜。子曰:"由也好勇过我,无所取材。"

【张居正讲评】

桴,是木筏。由,是子路的名。材与裁字同,是量度的意思。昔春秋之时,上无贤君,不能信用孔子,故孔子有感而叹说:"吾之周游四方,本欲得位行道,以致君而泽民。今人不见知,世不我用,吾道已不行于天下矣!虽居在中国,亦何为乎!不如乘着木筏,浮于海中,可以绝人而逃世。吾门弟子中求其可以从我远去者,其惟仲由欤?"盖仲由勇于为义,是个临难不避的人,故孔子许其从己。然这说话也只是孔子自伤其不遇而假设之词,非真有浮海之意也。子路闻之,以为夫子不许他人而独许己,遂信以为实然,心中喜悦。盖过于信人为急务哉!

【原文】

子使漆雕开仕。对曰:"吾斯之未能信。"子说。

【张居正讲评】

漆雕开,是孔子弟子,姓漆雕,名开。仕,是出仕做官。斯,指此理说。信,是知之真的意思。说,是喜悦。门人记,孔子使其弟子漆雕开者,出仕而为政,必是知其才足以用世矣！漆雕开对说："人之为学，须是于这道理，实得于心，知得十分透彻，深信不疑。然后出而居其位，行其志，才能事事停当。今我于这道理尚未能真知其如此，而无毫发之疑，是自己心里还有信不过处，正该力学以充之，岂可便出而治之乎！"观开此言足徵他所见者大、所期者远，其一念求道之心必欲至于精微之极，而不以小成自安。故孔子闻而喜悦，盖深嘉其笃志于学，而将来成就有不可量也。求之于古，如伊尹乐道畎亩，便自任以天下之重。傅说身居版筑，便一出为王者之师，这正是他信得过处，所以能成辅相之业。夏禹迪知忧恂师，而暗于事理者矣！故孔子教之说："凡人懦弱者，多惮于涉险，由也不以浮海为惧，而以得从为喜，这等好勇岂不胜过于我乎！然海岂可居之处，吾岂人海之人，不过伤时之意云尔，而由也遽以为信然，是徒知勇往直行，而不能裁度事理以适于宜矣。由也可不思所以进于是哉！"孔子教子路之言如此，此可见圣人虽有伤时之意，而终无忘世之心，但当时之君，不能用其言而行其道耳。以孔子之圣而不能用此，春秋之所以终于乱也。

【原文】

孟武伯问："子路仁乎？"子曰："不知也。"又问。子曰："由也，千乘之国，可使治其赋也，不知其仁也。""求也何如？"子曰："求也，千室之邑，百乘之家，可使为之宰也，不知其仁也。""赤也何如？"子曰："赤也，束带立于朝，可使与宾客言也，不知其仁也。"

【张居正讲评】

孟武伯，是鲁大夫仲孙彘。仁，是本心之全德。孟武伯问于孔子说："夫子之门人如子路者，果能全其心德而为仁人矣乎？"孔子以仁道至大，不可轻许，故答他说"仁具于各人之心，难以必其有无，仲由之仁与未仁，我所不知也。"

千乘之国，是诸侯大国，其地可出兵车千乘的。赋，是兵。古者军马都出于田赋中，故叫作赋。孟武伯以知弟子者莫若师。子路之仁，夫子岂有不知的，故又以为问。孔子答说："由也好勇而果断，便是千乘的大国，若用他管理那兵赋的重事，必能训练倡率，不但使军旅强盛而有勇，抑且使亲上死长而知方，其才之可见者如此。若其心之仁与不仁，吾不得而知也。"

求,是孔子弟子冉求。室,是家。邑,是县邑。百乘,是卿大夫之家。有采地十里,可出兵车百乘的。邑长家臣,通叫作宰。孟武伯又问夫子之门人若冉求者何如,抑能全其心德而为仁人矣乎?孔子答说:"求也多才。虽是千家的大邑,百乘的大家,若用他做邑长,必能修政于其邑,而使人民无不安。用他做家臣,必能修职于其家,而使庶务无不举,其才之可见者如此。若其心之仁与不仁,吾不得而知也。"

赤,是孔子弟子公西赤。束带,是着礼服而束带于其上。宾客,是四方来聘的使臣。孟武伯又问:"夫子之门人若公西赤者何如,抑能全其心德而为仁人矣乎?"孔子答说:"赤也知礼。若使他束带立于朝廷之上,应对那四方来聘的宾客,必能通两国之情,达宾主之意,而不至于失礼。其才之可见者如此。若其心之仁与不仁,吾不得而知也。"盖仁之为言,必纯乎天理,而无一私之杂,始终唯一,而无一息之间,才叫作仁。其心之纯与不纯,有非行事所可见,他人所能识者。故夫子于三子皆许其才,而未信其仁。盖以发于外者易见,而蕴于心者难知也。有志于求仁者,当省察于吾心独知之地而后可。

【原文】

子谓子贡曰:"汝与回也孰愈?"对曰:"赐也何敢望回,回也闻一以知十,赐也闻一以知二。"子曰:"弗如也,吾与汝弗如也。"

【张居正讲评】

愈字,解作胜字。昔孔子因子贡好比较他人的短长,而或暗于自知,故问之说:"你与颜回同游吾门,你自家说,比他所学,孰为胜乎?"

子贡对说:"人之资质有高下,悟道有深浅。赐也何敢指望到得颜回。盖回也是生知之亚,资禀既高,工夫又到,其于天下的义理,听得一件,就晓得十件。从头彻尾,无不默识心通,盖闻一以知十者也。赐也学而知之,资禀既庸,工夫又浅,其于天下的义理,听得一件,只晓得两件,比类思索,因此识彼,不过闻一以知二而已。"即此观之,回胜于赐远矣!赐也果何敢望回乎!

与,是许。孔子因子贡之言,遂激励引进之说道:"汝自谓不如颜回,此言非虚,汝委实不及他。但人莫难于自知,而亦莫难于自屈。今汝自以为弗如,则是自知之明,而又不难于自屈矣。夫能自知,则必不安于所已知,能自屈则必益勉其所未至,今日之不如,安知他日之终不如乎? 我诚取汝这弗如之说也。"其后子贡终闻性与天道,不止于闻一知二而已。岂非夫子激励造就之欤! 然这弗如之一念不但是学者上进的机栝,若使为人君者能以古之帝王为法,而自视以为不如,必欲仰慕思齐而后已,则其进于圣帝明王也不难矣!

【原文】

宰予昼寝。子曰:"朽木不可雕也,粪土之墙不可杇也。于予与何诛!"子曰:"始吾于人也,听其言而信其行。今吾于人也,听其言而观其行。于予与改是!"

【张居正讲评】

宰予,是孔子弟子,姓宰名予。昼寝是当昼而睡。朽木,是腐坏的木头。雕,是刻。墙壁上盖着泥粉,叫作杇。诛,是责。何诛,是说不足怪责。昔孔门设教,只是要人好学。盖能好学,则志气精明,工夫勤密,然后可人道。宰予学于孔子之门。一日当昼而寝,这便是昏昧怠惰,不肯好学的人。故孔子责之说:"凡木之坚者,然后可雕。若朽腐之木,虽欲雕刻成文,必然坏烂,岂可得而雕乎? 凡墙之固者,然后可杇。若粪土之墙,虽欲饰以泥粉,必然剥落,岂可得而杇乎! 譬如人必有志向学,然后可教,今予之昏惰如此,就似那朽腐之木、粪土之墙一般,虽欲教之,而无受教之地矣! 然则我之于予,又何用于责备乎!"言不足责乃所以深责之也。夫宰予以一昼寝之失,而孔子责之严切如此,可见人当以勤励不息自强,以怠惰荒宁为戒。故禹惜寸阴,成汤昧爽丕显,文王日昃不遑息,孔子发愤忘食,此皆生知之圣人,其勤如是。况未及圣人者乎! 学者不可不深省也。

宰予平日每自言其能学,今乃当昼而寝,志气昏惰,则行不及言甚矣! 故孔子又警之说:"听言甚易,知人甚难。我始初与人相处,只道会说的便会行。故听人之言,就信其行,而不复疑其素履之何如。如今看来,凡人能言者多,躬行者少。若闻言便信,未免为人所欺,故自今以往,听人之言,必观其行,而不敢遽信其言,行之相顾也。夫既听其言,又观其行,则虽善为词说者,无所用其欺,而可免于轻信之失矣。然我所以能改此失者,只为宰予能言而行不逮。我起初曾信其行,而今日始觉其非,故以此为戒,而改我之失耳。"孔子此言,所以深警宰予,使之惕然而悔悟也。夫师弟子之间,朝夕相与,其为人贤否易见,而孔子犹谓以言取人,失之宰予。盖人之难知如此,况人君之于臣下,尊卑之分悬殊,接见之时甚少,欲尽知其心术之微,得其行事之实,岂不难哉!盖敷奏必以言,而明试必以功,此即听言观行之法,用人者所当加意也。

【原文】

子曰:"吾未见刚者。"或对曰:"申枨。"子曰:"枨也欲,焉得刚?"

【张居正讲评】

刚,是坚强不屈的意思。申枨,是孔子弟子。姓申名枨。欲,是贪欲。孔子说:"凡人立身于天地间,须是有刚强之德,乃为可贵。然我看如今的人,都未见有刚强者。"孔子之所谓刚,不但是血气强勇而已,是说人得天地之正气,而又有理义以养成之,其中磊落光明,深沉果毅,凡富贵贫贱,祸福死生,件件都动他不得。然后能剖决大疑,而无所眩惑,担当大事,而不可屈挠,此乃大丈夫之所能,而非人之所易及者,故孔子叹其难见耳。或人不知其义,止见申枨血气强勇,就以为刚。乃对孔子说:"夫子之门人如申枨者,其为人岂不刚乎?"孔子答说:"凡刚强的人,必不屈于物欲。枨也多欲,不能以理义为主,则凡世间可欲之事,皆足以动其心。其心一动,则意见必为之眩惑,志气为之屈挠矣,焉得谓之刚乎!"观孔子此言,可见有欲则无刚,惟刚则能制欲,凡学为圣贤者,不可以不勉也。然先儒有言,君德以刚为主。盖人君若无刚德,则见声色必喜,闻谀佞必悦,虽知其为小人,或姑息而不能去,虽知其为弊政,或因循而不能革,至于优游不断,威福下移,其害有不可胜言者,欲求致治,岂可得哉!然则寡欲养气之功,在人君当知所务矣。

【原文】

子贡曰:"我不欲人之加诸我也,吾亦欲无加诸人。"子曰:"赐也,非尔所及也。"

【张居正讲评】

子贡自言其志于夫子说道:"天下之人,皆同此心。大凡非礼之事,我心固所不欲。度量他人的心,也是不欲的。若以己所不欲者而加之于人,是知有己,而不知有人者之所为也。赐则视人犹己,视己犹人。凡我不欲人加于我之事,我亦不以此而加之于人。"夫观子贡此言，固是他志量高处，然此乃仁者之事，子贡之学尚未能到此地位。夫子恐其自许太过，而行不逮言也，故呼其名而抑之，说道："最难克者己私，未易全者仁德。如汝所言，凡己之所不欲者，即不以加之于人，则是视天下为一人，而略无形骸之间，以万物为一体，而溥其兼利之仁，这非是心德纯全，而己私克尽者不能。汝之所学，岂能遽及于此乎？所以说非尔所及也。"然孔子此言，不是言难以阻人之进，盖欲子贡知其难而加勉也。

【原文】

子贡曰："夫子之文章，可得而闻也；夫子之言性与天道，不可得而闻也。"

【张居正讲评】

文章，是德之见乎外者，指威仪文词说。性，是人所受于天之理。天道，是天理自然之本体。子贡说："凡人学力有浅深，故其闻道有难易。吾夫子平日，凡动作威仪都有法度，言词议论都有条理，这是德之著，见乎外的，所谓文章也。夫子固常以教人，无所隐秘，故不待深造者而后闻之。凡浅学之士，从游门墙者，皆可得而闻也。若夫仁义礼智，禀于有生之初的，叫作性。元亨利贞，运于於穆之中的，叫作天道。夫子亦尝言之矣。但道理极其微妙，言语难以形容，若不是学力既深，可与上达的人，决不轻告。故不但浅学之士，不得而闻，虽久于门墙者，亦不可得而闻也。"盖子贡晚年进德，乃始得闻性与天道，故叹之如此。然圣门教人，循序渐进，于此亦可见矣。

【原文】

子路有闻，未之能行，唯恐有闻。

【张居正讲评】

这是门人记子路之勇于为善，说道："人固贵于闻善，然闻而不行，与不闻同。行而不力，与不行同。唯子路之为人，有兼人之才，负刚果之气，每闻一善言，必即时行之而后已，若或未之能行，则此心惕然不宁，唯恐复有所闻，而前闻者，或壅滞而不得行焉。"曰唯恐有闻者，非不欲后闻之至也，乃其惟日不足之心，欲急行其所已闻，而预待其所未闻耳。观未行而唯恐有闻，则既行而唯恐不闻可知矣！子路之勇于体道如此。

【原文】

子贡问曰:"孔文子何以谓之文也?"子曰:"敏而好学,不耻下问,是以谓之文也。"

【张居正讲评】

孔文子,是卫国的大夫,姓孔名圉,谥文子。敏,是聪敏。下问,是问于在下的人。古时生有爵位者,没必有谥。人有贤否,则其谥有美恶。孔圉得谥为文,是个美谥。子贡疑其为人不足以当之。乃问于孔子说:"卫大夫孔文子者,不知何以得谥为文也?"孔子答说:"凡人资性明敏的,便恃着他的聪明,不肯向学。孔圉虽有明敏之资,他却不敢自是。凡礼乐名物,古今事变,一一讲习讨论,而无有厌心,其勤学如此。爵位尊显的,便看得自己过高,耻于下问。孔圉虽居大夫之位,他却不敢自亢,凡事有未知的,一一访问于人,虽下僚之卑,小民之贱,也虚己问之,而不以为耻,其好问如此。盖谥法中有云:勤学好问曰'文'。今孔圉之行,正与之相合,此其所以得谥为'文'也。"然勤学好问,不但是卿大夫之美行,虽古帝王之盛节亦不外此。盖人君有聪明睿智之资,尤易于自用;居崇高富贵之位,尤难于自谦。然不学,则义理无由而明;不问,则闻见无由而广。故虞舜好问好察,所以为圣。高宗逊志典学,所以为贤,真万世人君所当法也。

【原文】

子谓子产。有君子之道四焉。其行己也恭,其事上也敬,其养民也惠,其使民也义。

【张居正讲评】

子产,是郑大夫公孙侨,字子产。恭,是谦逊。敬,是谨恪。惠,是恩惠。义,是裁制经画,事事都有条理的意思。昔孔子尝称说:"郑大夫子产之为人,有君子之道四件,何以见之。彼恭以持己,君子之道也。子产之行己也,则有善不矜,有劳不伐。推贤让能,退然恭逊以自居,是有君子之道一也。敬以事君,君子之道也。子产之事上也,则内修国政,外睦诸侯,小心尽职,始终敬谨而无怠,是有君子之道二也。仁以育民,君子之道也。子产之养民也,则利必为之兴,害必为之去,件件都替百姓留心,而有厚下之深思,是有君子之道三也。义以正民,君子之道也。子产之使民也,则辨上下之等,均彼此之利。事事都有个限制,而无姑息之弊政,是有君子之道四也。"子产备这四美于上下人己之间,是以能尊主庇民,而郑国赖之,岂非春秋之贤大夫欤! 然郑以区区小国,能用子产,故虽介于晋楚二强国之间,而竟能杜其侵陵之患,若人君以天下之大,任用得人,则其长治久安之效,又当何如哉! 此用人者所当加意也。

【原文】

子曰:"晏平仲善与人交,久而敬之。"

【张居正讲评】

晏平仲,是齐大夫。姓晏名婴,字平仲。善与人交,是说能尽交友之道。孔子说:"朋友五伦之一,人所必有者也。但交友者多,善交者少,惟晏平仲则善与人交,而能得其道焉。何也,人之交友,起初皆知相敬,至于既久,则习狎而怠忽矣! 怠忽则必生嫌隙,嫌隙既生,交不能全矣。平仲之与人交也,始固相敬,至于久而亦然,不以其习狎而生怠忽之心,故交好之义,始终无替,此平仲之所以为善与人交也。"

【原文】

子曰:"臧文仲居蔡,山节藻棁,何如其知也!"

【张居正讲评】

臧文仲,是鲁大夫,姓臧名辰,谥为文仲。素以智名者也。居,是藏。蔡,是大龟,用以为卜者。以其获之于蔡地,遂名为蔡。节,是柱头斗拱。藻,是水草。棁,是梁上短柱。孔子说:"人都以臧文仲为智,然明智之人必然见理不惑,试举他一事言之。且鲁之有大龟,虽所以为占卜之用,然不过以决疑示兆而已,非能司其祸福之柄也。文仲乃为屋室以居之,又将那柱头斗拱上,都刻为山形,梁上的短柱,都画上水草,真若大龟居处于其中,而能降福于人者,斯不亦大惑矣乎。"盖人有人之理,神有神之理。人之理所当尽,而神之理,则幽昧而不可知。惟尽其所当务,而不取必于其所难知,斯可谓智矣。今文仲不务民义,而谄渎鬼神如此,则是不达幽明之理,而惑于祸福之说,其心之不明亦甚矣。何如谓之智乎? 夫文仲之智,人皆称之。夫子独据实而断其不然,这正是众好之必察焉者。所以为人物之权衡也,观人者宜取以为法。

【原文】

子张问曰:"令尹子文三仕为令尹,无喜色;三已之,无愠色。旧令尹之政,必以告新令尹。何如?"子曰:"忠矣。"曰:"仁矣乎?"曰:"未知。焉得仁?""崔子弑齐君,陈文子有马十乘,弃而违之,至于他邦,则曰:'犹吾大夫崔子也。'违之。之一邦,则又曰:'犹吾大夫崔子也。'违之,何如?"子曰:"清矣。"曰:"仁矣乎?"曰:"未知,焉得仁?"

【张居正讲评】

令尹,是楚国执政的官。子文,是楚人。仕,是进用。已,是罢官。愠,是怒意。子张问于孔子说:"楚国之令尹,有子文者,曾三次进用而为令尹,人都羡他尊荣,他却无喜悦之色。及至三次罢官,人都替他称屈,他也无愠怒之色。其喜怒不形如此。他既罢了令尹,又把旧日所行的政事,——告与新任的令尹。略无猜嫌妒忌之心。其物我无间如此,这等为人,夫子以为何如?"孔子答说:"凡人患得患失,妒贤嫉能者,都是只顾自己,不为国家,此乃不忠者之所为也。子文这等行事,是不贪恋朝廷的名爵,只要干济国家的政事,是个实心为国的人,可以为忠矣。"子张又问说:"制行如此,人所难能,亦可谓之仁人矣乎?"孔子答说:"仁在于心,不在于事。子文之行虽忠,然未知他心里如何,若有一毫修名为人之意,便是私心,而非纯乎天理之公者矣!焉得便信其为仁矣乎!故不敢以轻许之也。"

崔子,是崔杼。陈文子,是陈须无。都是齐国的大夫。马四匹为一乘,十乘是四十匹。违,是去。犹,是相似。子张又问说:"当初齐大夫崔子弑了齐君,那时也有同恶相济的,也有隐忍不去的。独有陈文子者,恶其为逆,不肯与之同列,虽以大夫之官,有马十乘之富,飘然弃而去之。略无贪恋顾惜之意,及到他国,见其臣皆不忠,便说道:'这就与吾国大夫崔子一般,不可与之共事,遂违而去之。'又到一国,见其臣亦不忠,又说道:'这也与吾国大夫崔子一般,亦不可与之共事。'又违而去之,其审于去就如此。夫子以为何如?"孔子答说:"凡人与恶人居,便要污坏了自己的名节,清者不为也。今陈文子不恋十乘之富,不居危乱之邦,是个洁白不污的人,可以为清矣。"子张又问说:"制行如此,人所难能,亦可谓之仁人矣乎?"孔子答说:"仁在于心,不在于事。文子之行虽清,未知他心里如何？若有一毫愤俗自高之意，而后来不免于怨悔，这也是私心，而非纯乎天理之公者矣！焉得遽信其为仁矣乎！故亦不敢轻许之也。"大抵人之行事易见，而心术难知。其念虑之纯与不纯，存主之实与不实，有非他人所能尽察者，故虽以文子之忠、文子之清，而夫子犹未肯以仁许之。观此，则仁之所以为仁，其义可知，而人之有志于仁者，当知所务矣。

【原文】

季文子三思而后行。子闻之，曰："再，斯可矣！"

【张居正讲评】

季文子，是鲁大夫，名行父，谥为文子。三思，是思了又思，展转无已的意思。再，是两次思量。昔鲁大夫季文子者，是个用心周密的人，每事必反复计虑，思了又思，展转数次，然后施行。孔子闻之说道："人之处事，固不可以不思，而亦不可以过思。故凡事到面前，造次未可轻动，从而仔细思量一番，及思之已得，犹恐见不的确，又平心易气，再加斟酌一番。如此，则事理之可否从违，裁度已审，行出来自然停当，斯亦可矣！何必三思为哉！"盖天下之事，虽万变不齐，而其当然之理，则一定不易，唯在义理上体察，则再思而已精，若用私意去揣摩，则多思而反惑。中庸教人以慎思者，意正如此。善应天下之事者，惟当以穷理为主，而济之以果断焉，则无所处而不当矣！

【原文】

子曰："宁武子，邦有道则知，邦无道则愚，其知可及也，其愚不可及也。"

【张居正讲评】

宁武子，是卫大夫宁俞，谥武子。知，是明知。愚，是昏愚。盖世有明知之人，有昏愚之人。又有一等明知之深，韬光养晦，权以济变，反似昏愚的，则所谓大智若愚者也。宁武子能然，故孔子称之说："宁武子之为卫大夫也，当国家有道，治平无事之时，则明目张胆，知无不为，直道而行，无少委曲，他的才能智识，都昭然可见，真是个明智的人。乃至国家无道，危急存亡之日，则韬晦隐默，不露形迹，而卒以济艰难之业，成国家之事。他的才能智识都黯然内用，却似个昏愚的人。夫观人者，但据其迹而未窥其深，则必以愚不如智矣。自我而言，治平之世，公道昭明，君子可以行其志，但有才能的都会干济，有见识的都会主张,武子之智犹或可得而及也。至于昏乱之朝,则国势倾危,人心疑忌,忠君为国之深意,既难以自明,扶危定乱之微权,又难于先泄,最人之所难处者。武子之愚,乃能上济其君,下保其身,正是他善藏其用的妙处,非天性忠义,而才足以运之者,不能如此,人岂可得而及哉?"盖处常易,处变难,用其智以立功者易,藏其智而成功者难。所以说其智可及也,其愚不可及也。夫自人之分量而言,知固不如愚,然时乎无道,乃使君子不敢用知而用愚,则岂国家之幸哉!

【原文】

子在陈曰:"归与!归与!吾党之小子狂简,斐然成章,不知所以裁之。"

【张居正讲评】

陈,是陈国。党,是乡党。小子,指门人之在鲁者说。狂简,是志大而略于事的意思。斐,是有文采。裁,是裁正。昔孔子周游四方,至于陈国淹留既久,知道之终不能行,乃发叹说道:"吾之初心本欲行其道于天下,今周流至此,而竟不一遇,是世终无用我者矣。我其归于鲁国欤?我其归于鲁国欤?然我之道虽不行于当时,犹当传于后世。今吾乡党后生中,尽有识见高明,志趣远大,不拘于小节的人,看他规模体段,已是斐然有文理之可观。但其志愿太高,学力未至,不知以中正之道自裁,而时出于规矩之外耳。若就其才性之所近者,因而抑其过,矫其偏,以归于中,则皆可以任斯道之重,而寄吾欲行之心,又何必栖栖遑遑以求用于世哉!此吾之所以欲归也。"是可见圣人为当时计,固欲其道之行,为后世计,又欲其道之传,其心真有视天下为一家,通古今为一息者。此所以继往圣开来学,而教万世无穷也欤!

【原文】

子曰:"伯夷、叔齐,不念旧恶,怨是用希。"

【张居正讲评】

伯夷、叔齐,是孤竹君之二子。长曰伯夷,幼曰叔齐。念,是追念。怨,是恨。希字,解作少字。孔子说:"伯夷、叔齐,古之至清介者也。大凡清介的人,疾恶太甚,其中多褊狭而不能容物,故人亦多有怨之者。惟伯夷、叔齐,持身虽介,处心甚平,人有不善,固尝恶而绝之矣。然只是恶其为恶,而非有心以绝其人也。若其人能改而从善,则止见其善,而不复追念其旧日之恶,其好恶之公,度量之广如此,所以人皆尊敬而悦服之,就是见恶的人,亦乐其后来之能恕,而谅其前日之无他。怨恨之心,自然少矣。"此可见疾恶固不可以不严,而取善尤不可以不恕。古圣贤处己待人之道,莫善于此。若人君以此待下,尤为盛德。盖凡中材之人,孰能无过,惟事出故为,怙终不悛者,虽摈斥之,亦不足惜,然或一事偶失,而大节无亏,初时有过,而终能迁改,以至迹虽可议,而情有可原,皆当舍短取长,优容爱惜,则人人乐于效用,而天下无弃才矣。虞舜宥过无大,成汤与人不求备,皆此道也。此可以为万世人君之法。

【原文】

子曰:"孰谓微生高直? 或乞醯焉,乞诸其邻而与之。"

【张居正讲评】

鲁人有微生高者,素以直见称于时。人但慕其名而不察其实,故孔子举一事以断之说:"人皆以微生高为直,如今看来,谁说他是直人。盖所谓直者,必诚心直道,有便说有,无便说无。无一毫矫饰,而后谓之直。今微生高者,人曾问他求醋,其家本是没有,却不肯直说,乃转问邻家求来与他,这是曲意徇物,掠人之美以市己之恩矣。即此一事推之,则其心之私曲,行之虚伪可知,焉得谓之直乎?"夫微生高之直,人皆信其行,而孔子独断其非,所谓众好之必察焉者如此。然当时似是而非,虚名无实者,不止一事,利口之人乱信,乡愿之人乱德,孔子皆深恶而痛绝之。盖欲人致谨于名实之辨也,然则用人者岂可徒采虚名而不考其实行哉!

【原文】

子曰:"巧言令色足恭,左丘明耻之,丘亦耻之。匿怨而友其人,左丘明耻之,丘亦耻之。"

【张居正讲评】

巧言,是言词工巧。令色,是颜色和柔。足恭,是过于恭敬而不中礼者。左丘明,是当时贤人。耻,是羞愧。丘,是孔子的名。匿,是藏。怨,是恨。孔子说:"人莫善于诚心直道,莫不善于谄媚奸险。盖人之相接,辞色体貌,本自有个正礼。若乃巧好其言,务以悦人之听,令善其色,务以悦人之观,足过其恭,务以悦人之意,是谄媚之人也。左丘明为人方正,尝耻之而不为,我亦耻之而不为焉。人之相交,恩怨亲疏自有个真心,若心里本是怨恨其人,却深藏不露外面,佯与交好,是奸险之人也。左丘明存心诚笃,尝耻之而不为,我亦耻之而不为焉。"夫观此二者为圣贤之所共耻,学者可不省察乎此,而立心以直哉!然此等人不止可耻,尤有害于国家。盖谄媚之人,阿谀逢迎,非道取悦,人情易为其所惑。奸险之人,内怀狡诈,外示恭谨,人情易为其所欺。若不识而误用之,则其流祸有不可胜言者,所以古之圣王,远佞防奸,如畏鸩毒而避蛇虺。盖为此也。

【原文】

颜渊、季路侍。子曰:"盍各言尔志?"子路曰:"愿车马、衣轻裘,与朋友共,敝之而无憾。"颜渊曰:"愿无伐善,无施劳。"子路曰:"愿闻子之志!"子曰:"老者安之,朋友信之,少者怀之。"

【张居正讲评】

盍,是何不。志,是心之所向。昔颜渊、季路尝侍于孔子之侧。孔子向他们说道:"二子学于吾门,都各有个志向,何不各言尔之志于我乎!"

衣,是着衣。裘,是皮服。敝,是坏。憾,是恨。子路因孔子问其志,遂对说道:"人不可以自私,且如乘的车马、着的轻裘,虽是我之所有,然天下之物当为天下用之,不得专之以为己私也。我若有此车马轻裘,则愿与朋友共之,虽至敝坏亦无所恨焉。"盖子路勇于为义,识见高明,不屑为鄙吝之事,故其言如此。

伐,是矜夸。善,是有德。施,是张大的意思。劳,是有功。颜渊因孔子问其志,遂对说道:"人不可以自足,且如人能修德,虽有善可称,然亦不过复吾性分之所固有而已。我若有善,不欲矜夸于人,而自以为善焉。人能立功,虽有劳可表,然不过尽吾职,分之所当为而已。我若有劳,不欲张大于人,而自以为劳焉。"盖颜子几于无我,气象浑厚,无一毫满假之心,故其言如此。

安,是安逸。怀,是抚恤的意思。子路问于孔子说:"吾二人之志,已各言于夫子矣。

但不知夫子之志何如？愿有闻焉。"孔子答说："吾之志无他，只愿天下之人各得其所而已。盖天下之人不同，有老者焉，有朋友焉，有少者焉。老者当安，吾愿养之以安，而使之各享其逸。朋友当信，吾愿与之以信，而使之各全其交。少者当怀，吾愿抚血之以恩，而使之各适其性。随其心之所欲得，而与之以理之所本然。此则吾之志也。"合而观之，子路公其物于人，而有难于兼济。颜子忘其善于己，而犹出于有心。惟夫子之志兼利万物而不知其功，仁覆天下而不见其迹，真与天地之量一般，又岂二子之所能及哉！使得君师之位，以行其政教，则时雍风动之化，当与尧舜比隆，惜乎不得其位，徒有志而未遂也。

【原文】

子曰："已矣乎！吾未见能见其过，而内自讼者也。"

【张居正讲评】

已矣乎，是绝望之辞。内自讼，是心里自家悔责。孔子说："人不能以无过，而能改则可为君子。然必自知其过，而内自讼责，则即其悔悟深切，而能改可必矣。我尝以此望于天下之人，自今看来，凡人有过，不是饰非以自文，便是萎靡以自安，并未见有自家知所行的不是，而内自悔责者也。然则欲求其能改过，岂可得乎！昔之所望于人者，今则已矣。"这是孔子欲人悔过迁善，故为是绝望之辞，以激励天下人的意思。大抵悔之一字，乃为善之机。《易》曰："震无咎者存乎悔。"太甲悔过，自怨自艾，故终为有商之令主。然能居敬穷理以预养此心，则自然邪念不萌，动无过举。圣人所以能立无过之地者，其要在此。若待其有过而后悔之，不亦晚乎？孔子之言，盖为中人以下者发也。

【原文】

子曰："十室之邑，必有忠信如丘者焉，不如丘之好学也。"

【张居正讲评】

十室之邑，是十家的小邑。忠信，是资质纯实，可进于道者。丘，是孔子的名。孔子说："人之造道，固在于天资，而尤须乎学力。我之得闻斯道，非徒以资质之美而已，实由好学以成之也。若但以资质言之，则岂必天下之广，就是那十家的小邑，也必有纯朴笃实，可进于道如我者焉。则天下之如我者，可胜言乎！但人皆恃其美质，不如我之勤敏好学以扩充其资,所以不能闻道,而有成者鲜也。"夫人乃不咎其学之不至,而徒诿于资之不美,岂不过哉!盖美质易得,至道难闻,故君如尧舜,必孳孳于精一,圣如孔子,犹汲汲于敏求,况其他乎!欲法尧舜孔子者当知所以自勉也。

雍也第六

【原文】

子曰:"雍也可使南面。"

【张居正讲评】

雍,是孔子弟子冉雍。南面,是人君之位。冉雍素以德行著名,故孔子称许他说:"吾门弟子如冉雍者,其器宇识量,恢恢乎有人君之度,就使之居南面之位,以总理众务,统驭庶民,亦无不可者。"盖仲弓为人宽洪简重,惟宽洪则不失之苛刻,而有容物之量,惟简重则不失之琐碎,而得临下之体,故孔子称之。昔皋陶称帝舜临下以简,御众以宽,文王罔兼知于庶狱庶慎,亦是此意,读者合而观之,可以知君德矣!

【原文】

仲弓问子桑伯子。子曰:"可也,简。"仲弓曰:"居敬而行简,以临其民,不亦可乎?居简而行简,无乃大简乎?"子曰:"雍之言然。"

【张居正讲评】

仲弓,是冉雍的字。子桑伯子,是鲁人。简,是不烦琐的意思。仲弓知孔子许己南面之意,盖因其器度之简重而取之,而疑子桑伯子之为人,亦有与己近似者。故问说:"子桑伯子之为人如何?"孔子答说:"凡人立身行事,多有过于琐碎,自为烦扰者。伯子为人,简易不烦,盖亦有可取者焉。"按《家语》记伯子不衣冠而处,是乃率意任情,轻世傲物之徒。而孔子以为可者,毋亦以其真率简略,独超于流俗而取之欤?斯仲弓之所以致疑也。

仲弓因孔子许子桑伯子之简,而不能无疑于心,乃遂评论之说:"居上临下之道,固贵乎简,然有简当简,有苟简之简,不可不辨也。若能自处以敬,兢兢业业,无一怠惰放肆之心,则中有主而自治严矣。如是而行简以临其民,凡事只举大纲,存大体,不至于琐屑纷更,则事有要而不烦,民相安而不扰,这才是简当之简,岂不为可贵乎!若先自处以简,恣意任情,无矜持收敛之意,则中无主而自治疏矣。而所行又概从简略,不分缓急,不论重轻,一味只是纵弛,则事无可据之规,民无可守之法,是则苟简之简而已,岂不失之过甚而为太简乎!"仲弓此言,盖以伯子为太简,而疑孔子之过许也。

冉雍

然字,解作是字。当时孔子许子桑伯子之简,特就其所可取者而许之,盖亦未暇深论。而仲弓之言则精确至当,诚居上临下不易之定论,故孔子深许之说:"雍也以居敬之简为可,以居简之简为过,其言岂不诚然乎!"

此可见仲弓平日盖能居敬而行简者,孔子许其可居南面,其意正在于此。为人君者,若能详味仲弓之言,而知敬简之义,则所谓笃恭而天下平者,亦不外是矣。

【原文】

哀公问:"弟子孰为好学?"孔子对曰:"有颜回者好学,不迁怒,不贰过,不幸短命死矣。今也则亡,未闻好学者也。"

【张居正讲评】

迁,是移,本怒此人,而又移于他人,叫作迁怒。贰,是重复,已先差失了,后来重复差失,叫作贰过。昔鲁哀公问于孔子说:"夫子之门人弟子甚众,不知谁是好学的人?"孔子答说:"人之为学,必是潜心克己,深造有得,然后谓之能好。吾门弟子中,独有颜回者,是个好学的人。何以见得他好学?夫人意有所拂,孰能无怒,但血气用事的,一有触发,便不能禁制,固有怒于此而移于彼者。颜回也有怒时,但心里养得和平,容易消释,不曾为着一人，连他人都嗔怪了，何迁怒之有乎！夫人气质有偏，不能无过。但私欲锢蔽的，虽有过差，不知悔改，固有过于前而复于后者。颜回也有过失，但心里养得虚明，随即省悟，不曾惮于更改，致后来重复差失，何贰过之有乎！回之潜心克己如此，岂不是真能好学的人，惜其寿数有限，不幸短命而死。如今弟子中，已无此人，求其着实好学如颜回者，吾未之闻矣。岂不深可惜哉！"夫颜回之在圣门，未尝以辩博多闻称，而孔子乃独称之为好学，其所谓学者，又独举其不迁怒、不贰过言之。是可见圣贤之学不在辞章记诵之末，而在身心性情之间矣！然是道也，在人君尤宜深省。盖人君之怒，譬如雷霆之震，谁不畏惧，若少有迁怒，岂不滥及于无辜。人君之过譬如日月之食，谁不瞻睹，若惮于改过，岂不亏损乎大德，故惩忿窒欲之功，有不可一日而不谨者。惟能居敬穷理涵养此心，使方寸之内，如秤常平，自然轻重不差，如镜常明，自然尘垢不深，何有迁怒贰过之失哉！所以说，圣学以正心为要。

【原文】

子华使于齐，冉子为其母请粟。子曰："与之釜。"请益。曰："与之庾。"冉子与之粟五秉。子曰："赤之适齐也，乘肥马，衣轻裘。吾闻之也：君子周急不济富。"

【张居正讲评】

这一章是门人记圣人用财的道理。子华，是公西赤，字子华。冉子，是冉有。粟，粟谷。釜，是六斗四升。庾，是十六斗。秉，是十六斛。门人记说：夫子用财，惟视义之可否。如子华为夫子出使于齐国，时有母在，冉有恐其缺于养赡，乃为之请粟于夫子。夫子说："与他一釜。"与之甚少者，所以示不当与也。冉有未达，又请增益。夫子说："与他一庾。"益亦不多者，所以示不当益也。冉有犹未达，而终以为少，遂自以其粟与之五秉。一秉十六斛，五秉共为八十斛，则与之过多而伤惠矣！

适，是往。裘，是皮服。周，是周济。急，是贫穷窘急。继，是续。夫子因冉有之过与，乃教之说："我非吝于财而不与之也。盖赤之往齐国也，所乘者肥壮之马，所衣者轻暖之裘，则其家之富足可知。吾尝闻之，君子但周济那贫难窘急之人，不继续那富足的人。今以赤之富足，而汝乃为之请粟，又多与之，是继富非周急也，夫岂用财之道哉！"这是不当与而与者,夫子教之以义如此。

【原文】

原思为之宰,与之粟九百,辞。子曰:"毋,以与尔邻里乡党乎!"

【张居正讲评】

原思,是原宪,字子思。宰,是邑长。粟,是宰的俸禄。门人又记说:"夫子为鲁司寇时,弟子原思为属邑之宰。夫子与之粟九百,乃其常禄所当得者也,原思却乃辞而不受焉。"盖其素性狷介,故虽常禄亦辞而不受,则过于廉而非理之中矣。

毋,是禁止之词。五家为邻,廿五家为里,万二千五百家为乡,五百家为党。夫子因原思之辞禄,乃教之说:"尔毋辞也,盖官有常禄,乃国家之定制,安得以私意辞之。若俸禄有余,则尔之邻里乡党有贫乏者,推以与之,不亦可乎!"而何以辞为也,这是不当辞而辞者,夫子教之以义如此。大抵人之取与辞受,都有个当然的道理。当与而不与,固失之吝;不当与而与,则失之滥;当辞而不辞,固失之贪;不当辞而辞,则失之矫。夫惟圣人,一酌之于义理之中,而自不致有四者之失,视世之私恩小惠,小廉曲谨者,只见其陋而已。善用财者,当一以圣人为准可也。

【原文】

子谓仲弓,曰:"犁牛之子骍且角。虽欲勿用,山川棒舍诸?"

【张居正讲评】

仲弓,是孔子弟子冉雍,字仲弓。犁,是杂色。骍,是赤色。角,是头角周正。周人尚赤,故牛之赤色而又头角周正者,乃用于祭祀,若杂色之牛,则贱之而不用也。山川,是山川之神。昔者仲弓之父贱而行恶,仲弓却为圣门高弟,以德行著名,当时有以其父病之者,故孔子取譬之说道:"牛之杂色者,固不可用为祭祀之牺牲,若其所生之子,纯然赤色,而又头角周正,则正祭祀之所须者。人虽以其为犁牛所生,要不用它,然那山川之神,岂能舍此而他享乎。今雍父之恶就如犁牛一般,雍之贤就如牛之骍且角的一般,人虽以其父恶而欲勿用,然有如此之德,自当见用于世,又岂能终废之哉!"是可见圣贤之生,不系乎世类,用人者但当取其才德,而不必问其世类之何如。古之帝王,立贤无方,盖为此也。

【原文】

子曰："回也其心三月不违仁，其余则日月至焉而已矣。"

【张居正讲评】

回，是孔子弟子颜回。离此至彼，叫作违，从彼来此叫作至。孔子说："仁乃吾心之全德，必纯乎天理而无私欲之累者，乃足以为仁。若有一私之杂，一息之间，皆非仁也。吾门弟子有志于仁者多矣，其中独有颜回，天资既高，学力又到，真能克去己私，复还天理，至于三月之久，而其心之所存所发未尝有一毫私欲之间杂，盖庶几乎中心安仁者焉。其余众弟子，一般也去求仁，也有到得仁的时候，但已得而复失，暂明而复蔽。或一日之内能至于仁，不能日日如此。或一月之内能至于仁，不能月月如此，欲如回之三月不违，岂可得乎！"观孔子此言，不唯知圣门弟子之优劣，亦可以见仁道之难成矣！然孔子他日又言，我欲仁，斯仁至矣。则亦岂言难以沮人之进者哉！盖仁具于心，故欲之而即至，心惟易放，故舍之而即失，欲求仁者先收放心可也。

【原文】

季康子问："仲由可使从政也与？"子曰："由也果，于从政乎何有？"曰："赐也可使从政也与？"曰："财也达，于从政乎何有？"曰："求也可使从政也与？"曰："求也艺，于从政乎何有？"

【张居正讲评】

季康子，是鲁大夫。从政，是为大夫而从事于政治。果，是有决断。达，是通事理。艺，是多才能。何有，是说不难的意思。季康子问于孔子说："夫子之门人若仲由者，可使为大夫而从政也与？"孔子答说："凡人优柔不断者，不足以从政。由也，勇于为义，是刚强果毅的人，使为大夫，必能决大疑，定大计，当断即断，有振作而无废弛矣！其于从政，何难之有。"季康子又问说："如端木赐者，可使为大夫而从政也与？"孔子答说："凡人执滞不通者，不足以从政，赐也闻一知二，是明敏通达的人，使为大夫，必能审事机，通物理，斟酌处置，有变通而无窒碍矣！其于从政，何难之有？"季康子又问说："如冉求者，可使为大夫而从政也与？"孔子答说："凡人才力空疏者，不足以从政，求也长于政事，是多才多艺的人,使为大夫,必能理繁治剧,区画周详,随事泛应,绰乎其有余裕矣!其于从政,何难之有?"夫三子之才,各有所长而皆适于用如此。使季康子能劝鲁君尊信孔子,委任群贤,则何东周之治不可复哉!惜乎其不能用也。

【原文】

季氏使闵子骞为费宰,闵子骞曰:"善为我辞焉!如有复我者,则吾必在汶上矣。"

【张居正讲评】

季氏,是鲁大夫。闵子骞,是孔子弟子闵损,字子骞。费,是季氏的属邑。辞,是言词。复是再来。汶,是水名,在鲁之北境上。昔季氏为鲁大夫,专执国政。一日使人召闵子骞,着他做费邑之宰,闵子骞是个有德行的人,心恶季氏,不肯入于其党,而又不敢显言,乃对使者说:"大夫虽欲用我,然我之心,不愿仕进,汝其为我从容委曲,善为说词,以达吾不仕之心,而止其用我之意,必不可再来召我也。若不肯见信,而再来召我,则吾当逃避于汶水之上,而不复居于鲁国矣。大夫岂能强我之必仕乎!"夫闵子隐而不仕,既不失身于权臣,其言逊而不阿,又能免祸于乱世,真可以为贤矣!然以闵子之贤,鲁君不能用之以匡公室,而使季氏欲引之以为私人,此鲁之所以微而不振也。

【原文】

伯牛有疾,子问之,自牖执其手,曰:"亡之,命矣夫,斯人也而有斯疾也!斯人也而有斯疾也!"

【张居正讲评】

伯牛,是孔子弟子冉耕,字伯牛。牖,是窗。古之病者,卧于北窗下,若人君来视,则暂时移在南窗下,使人君得以南面视己,所以尊君也。亡,是丧亡。命,是天命。昔者伯牛有疾,孔子往问之,伯牛乃迁于南牖下,使孔子南面视己。盖以尊君之礼尊之也。孔子不敢当,故不入其室,但自牖中执其手,而与之诀曰:"病势危笃如此,其丧亡必矣,然此乃天之所命,非由于人者也。"何则?人而无德,或不能谨疾,或有以召灾,固不足言矣。今以如此之贤人,而何乃有如此之恶疾也。以如此之贤人,而何乃有如此之恶疾也。岂非莫之致而至者耶!信乎其为命也已!盖夫子痛惜之深,故重言以叹之如此!

【原文】

子曰："贤哉回也！一箪食，一瓢饮，在陋巷，人不堪其忧，回也不改其乐。贤哉回也。"

【张居正讲评】

贤，是有德之称。箪，是竹器。食，是饭。不堪，是受不得的意思。孔子称许颜回说："凡人学道者多，得道者少。我看颜回是个有德的贤人。如何见得？盖人莫难于处贫，而回则贫之至者。他的饮食不过是一箪之饭、一瓢之饮，又居处于荒陋的巷中，其困穷一至于此。若使他人处之，有不胜其愁苦者。然颜回之心自有乐处。但见其优游自得，不以身之困穷而遂改其乐也。这是所见者大，故中心自无不足，所得者深，故外物自不能移，非贤而有德者能如是乎？所以说贤哉回也！"大抵处富贵而佚乐，居贫贱而忧戚，乃人情之常。圣贤之所乐，盖有超于贫富之外者，舜禹有天下而不与，孔子饭蔬饮水，乐在其中；颜子箪瓢陋巷，不改其乐：其心一也。善学者当自得之。

【原文】

冉求曰："非不说子之道，力不足也。"子曰："力不足者，中道而废，今汝画。"

【张居正讲评】

说，是喜悦。中道，是半途。废，是止。画，是自家限量的意思。冉求自言于孔子说道："夫子之道高矣美矣，我非不欣慕而求以至之，但资禀昏弱，心虽欲进，而力有所不足，故不能至耳！"孔子教之说："所谓力不足者，非不用其力也，乃是心诚向道尽其力以求之，至于中道，气力竭了，莫能前进，而不得不废，这才叫作力之不足。今汝本安于怠惰，不肯用力向前，譬如画地以自限的一般，乃能进而不欲，非欲进而不能者也，奚可自诿于力之不足哉！"大抵人之勇往力行，生于真知笃好，盖志之所至，气必至焉。若冉有者，还是不曾真知道中之味而悦之。使其果悦之深，则必如颜子之欲罢不能矣，而岂以力不足为患哉！学者不可不勉也。

【原文】

子谓子夏曰："女为君子儒，无为小人儒。"

【张居正讲评】

儒，是学者之称。孔子尝教门人卜子夏说："如今为学的人，都谓之儒，不知儒者亦有分辨。有一样君子之儒，有一样小人之儒。所谓君子儒者，其学道固犹夫人也，但其心则专务为己，不求人知，理有未明，便着实去讲求，德有未修，便着实去体验，都只在自己身心上用力，而略无干禄为名之心，此君子之儒也。所谓小人儒者，其学道亦犹夫人也，但其心专是为人，不肯务实，知得一理，便要人称之以为知，行得一事便要人誉之以为能，都只在外面矫饰而无近里着己之学，此小人之儒也。汝今但学那君子之儒，而专务为己，不可学那小人之儒，而专务为人。能审乎此，则趋向正而心术端，自然日进于高明，而不流于污下矣，可不谨哉！"这君子、小人之儒，不但学术所关，亦世道之所系。人君若得君子之儒而用之，则必能守正奉公，实心为国，而社稷苍生皆受其赐，若用了小人之儒，则背公营私，附下罔上，而蠹国殃民之祸，有不可胜言者。故用人者，既观其行事，而又察其心术，斯得之矣。

【原文】

子游为武城宰。子曰："女得人焉尔乎？"曰："有澹台灭明者，行不由径，非公事，未尝至于偃之室也。"

【张居正讲评】

子游，是孔子弟子，姓言，名偃，字子游。武城，是鲁国的邑名。宰，是邑长。人，指贤人。澹台，是姓。灭明，是名。径，是小路。公事，是官府中公举的事，如乡饮、乡射、读法之类。昔者子游为武城宰。孔子问说："为政以人才为先。武城一邑之中，必有德行道谊可以表正风俗者。汝今为宰，亦曾得这样人与之相处否乎？"子游对说："有个澹台灭明者，乃武城之贤人也。其存心正直，制行端严，寻常行路，必由坦然之正途，而捷径之小路则不肯由。岁时谒见，必是为邑中的公事，而非公事，则未尝轻至于偃之室。夫行不由径，则动必以正，而无欲速见小之心可知。非公事不见邑宰，则有以自守而无枉己徇人之私可见。此灭明之所以为贤，而偃之所知者，唯斯人而已。"夫子游以一邑宰，其取人犹若是，等而上之，宰相为天子择百僚，人主为天下择宰相，必以此类观焉，则刚方正大之士进,而奔竞谄谀之风息矣!

【原文】

子曰:"孟之反不伐,奔而殿,将入门,策其马,曰:非敢后也,马不进也。"

【张居正讲评】

孟之反,是鲁大夫。伐,是矜夸。奔,是败走。殿,是居后。策,是鞭。孔子说:"凡人但有功劳未有不矜夸自足者。我看鲁大夫孟之反,是个谦退不伐的人。大凡进军,则以当先者为勇;军退,则以殿后者为功。当时齐与鲁战,鲁师败绩。众人都往前奔走,孟之反独在后面堵截敌人,保全士卒,可谓有功矣!他却不自以为功,及将入国门之时,正众人瞩目之地,乃鞭策其所乘之马,向众人说:'我不是敢于拒敌,故意在后,只为马疲乏不能前进耳。'盖归罪于马,正所以自掩其功,非有功而不伐者乎!此可以为贤大夫矣。大抵不伐二字最为美德,盖谦虚乃能受益,盈满必然招损。颜渊无伐善、无施劳,故孔子许之。大禹不矜不伐,故帝舜称之。读者所宜深玩也。

【原文】

子曰:"不有祝鮀之佞,而有宋朝之美,难乎免于今之世矣。"

【张居正讲评】

祝鮀,是卫大夫。佞,是有口才。宋朝,是宋国的公子名朝。美,是容色之美。难免,是说不免为人所恶。孔子说:"方今世道不古,人情偷薄,不好直而好诀,不悦德而悦色。故必言词便佞如祝鮀,容色美好如宋朝,然后可以取人之悦。若不有祝鮀之佞口、宋朝之美色,则无以投时俗之好,人将厌而弃之,求免于今世之憎恶,亦难矣。"夫巧言令色本尧舜之世所深恶者,而春秋之时,乃以为好,则习俗之浇漓可知,圣人所以伤叹之也。有世道之责者,可不谨其所好尚哉!

【原文】

子曰:"谁能出不由户,何莫由斯道也?"

【张居正讲评】

户,是门户。道,是人伦事物日用之理。人所当共由者也。何莫,是怪叹之辞。孔子说："事必有道，譬如室必有户一般。人若能出不由户，则其行不由道可也。然天下之人，其谁有能出不由户者乎？何故乃不由此道也。"盖为人之道，各在当人之身，既非有所禁而不得由，又非有所难而不能由，则夫人独何为而不由乎？是诚可怪也已。圣人警人之意莫切于此，人能反而求之，道岂远乎哉！

【原文】

子曰："质胜文则野，文胜质则史。文质彬彬，然后君子。"

【张居正讲评】

质，是质实。文，是文采。野，是村鄙的人。掌管文书的，叫作史。彬彬，是匀称的意思。孔子说："凡人固要质实，也要文采。二者可以相有，而不可以相胜。若专尚质实，胜过乎文，则诚朴有余，而华采不足，就似那村野的人一般，一味是粗鄙简略而已，岂君子之所贵乎！若专尚文采，胜过乎质，则外虽可观，而中无实意，就似那掌管文书的一般，不过是虚浮粉饰而已，亦岂君子之所贵乎？"惟是内有忠信诚恪之心，外有威仪文辞之饰，彬彬然文质相兼，本末相称，而无一毫太过不及之偏，这才是成德之君子。德至于君子，则岂有野与史之弊乎？盖周末文胜古道尽亡，孔子欲矫其偏而归之正，故其言如此。但当时之君，安于弊政，而不能变更，公卿大夫习于流俗，而不知救正，此周道之所以日衰也。有挽回世道之责者，其念之哉！

【原文】

子曰："人之生也直，罔之生也幸而免。"

【张居正讲评】

直，是真实公正的意思。罔，是虚罔不直。幸，是侥幸。孔子说："人得天地之正理以生，其是是非非、善善恶恶存之于中，发之于外者，都有个本然的公心，当然的正理，所谓直也。人能全此道理，则生于天地之间乃为无愧。若使存心虚妄，行事私邪，或作伪以沽名，或昧心而徇物，则是矫罔不直，而失其有生之理矣！生理既失，便不可以为人，就是生在世间，不过侥幸而得免于死耳！岂不深可愧哉！"譬之草木，或夭或乔，畅茂条达者，乃其生理也。今乃矫揉造作，或扭直以为曲，或移此以接彼，则戕其有生之理，其不死者幸耳。人之不直,何以异于是哉!孔子深恶不直之人如此。故圣王在上,举用正直之士,斥远憸邪之徒,则举措当而人心服矣。

【原文】

子曰:知之者不如好之者,好之者不如乐之者。

【张居正讲评】

知之,是知此道。好之,是好此道。乐之,是乐此道。孔子说:"人之造道,有浅深之不同,然必到那至极的去处,乃为有得。彼不知道者,固不足言,若能识其为当然不易之理,而不可以不求,是固胜于不知者矣!然这只是心里晓得,未能实用其力也,不如好之者,悦其义理而爱慕之深,玩其旨趣,而求为之力,然后可以进于道也。岂徒知者之可比乎?所以说知之者不如好之者。夫好固胜于知,然这才是用力进修,未能实有诸己也。不如乐之者融会于心,而充然自得,全体于身,而浩然自适,然后乃为学之成也。岂徒好者之可比乎!所以说好之者不如乐之者。"夫是三者以地位言,则知不如好,好不如乐。以工夫言,则乐原于好,好原于知。盖非知则见道不明,非好则求道不切,非乐则体道不深。其节次亦有不可紊者。学者诚能逐渐用功,而又深造不已,则斯道之极,可驯至矣!此圣人勉人之意也。

【原文】

子曰:中人以上,可以语上也。中人以下,不可以语上也。

【张居正讲评】

中人,是中等的人。语,是告语。上,是上等精微的道理。孔子说:"凡人资质有高下,学问有深浅。教人者,要看他力量如何?若是中等以上的人,其资禀既不凡,功夫又精熟,已是有上达之机了。然后告以精微的道理,则言者适当其可,而听者不苦其难,就似登山的一般,将到高处,才说与高处的景象,便理会得,所以说可以语上也。若是中等以下的人,资质既是寻常,功夫又未积累,但当就其力之所及而引进之。若遽告以精微的道理,不惟强其所不能,亦终茫然而无得,就似行路的一般,才在近处,便说与远处的路途,如何知道,所以说不可以语上也。"然则君子之教,但当因人而施,岂可躐等而进乎!

然此为施教者言耳。若学者之学，又当自加勉励，盖奋发勇往，则下学皆可以上达。因循怠惰，则中人亦流于下愚，是在人立志何如耳。孔子他日告鲁君说，果能此道矣，虽愚必明，虽柔必强，此又进学者所当加意也。

【原文】

樊迟问知，子曰："务民之义，敬鬼神而远之，可谓知矣。"问仁，曰："仁者先难而后获，可谓仁矣。"

【张居正讲评】

樊迟，是孔子弟子。务，是专用其力的意思。民义，是人所当为的道理。难，是切己难尽的工夫。获字，解作得字。樊迟问于孔子说："如何叫作智？"孔子答说："所谓智者，见理之明而已。盖人生日用，自有当为的道理。若鬼神之福善祸淫，虽与人事相为感通，然其事则幽昧而难知者也。不可知而诌事以求之，惑之甚矣。今惟用力于人道之所宜，凡伦理所当尽，职分所当为者，一一着实去做。至于鬼神，则惟敬以事之而已，却不去亵近，而诌渎祷祀以求福也。这是他心有定见，故祸福之说不足以动其念，幽远之事不足以眩其明，岂不可谓之智乎？"樊迟又问："如何叫作仁。"孔子答说："所谓仁者，存心之公而已。盖为人之道，本是难尽，若为之而有所得，虽功效相因，理之自然，然不可有心以预期之也。有心以期之，则涉于私矣。今惟先其事之所难，凡身心之所切，性分之所关者，只管上紧去做。至于后来的效验，则惟俟其自至而已，却不去计较，而有意以期必之也。这是他心有定守，故能纯乎正谊明道之公，而绝无计功谋利之念，岂不可谓之仁乎。"按夫子此言，虽是分言仁智，其实只是一理，盖媚神之念，即是望效之心。先难之功，即是务民之义，人能用力于人道之所难，而祸福得失，皆置之于不计，则仁智之道，兼体而不遗矣。此又学者之所当知。

【原文】

子曰："智者乐水，仁者乐山。智者动，仁者静。智者乐，仁者寿。"

【张居正讲评】

知者，是明理的人。乐，是喜好。仁者，是全德的人。孔子说："天下有明智之人，有仁德之人。人品不同,则其性情亦异。大凡知者之所喜好,常在于水,仁者之所喜好,常在于山。盖知者于天下之理,见得明白,其圆融活泼,无一些凝滞,就似水之流动一般,此其所以乐水也。仁者于吾心之德养得纯粹,其端凝厚重,不可摇夺,就似山之镇静一般,此其所以乐山也。夫人唯心有拘系,所以多忧。知者既流动不拘,则胸次宽弘,遇事便能摆脱。凡世间可忧之事,皆不足以累之矣!岂不乐乎!人惟嗜欲无节,所以损寿。仁者既安静寡欲,则精神完固,足以养寿命之源。凡伐性丧生之事,皆不足以挠之矣!岂不寿乎?"夫人情莫不欲乐,亦莫不欲寿,而唯有知仁之德者,为能得之,则反身修德之功,人当知所以自勉矣!

【原文】

子曰:"齐一变,至于鲁;鲁一变,至于道。"

【张居正讲评】

齐、鲁是二国名。变,是变易而作新之。道,是先王文武之治道。孔子说:"我周初有天下,封太公于齐,封周公于鲁。二国皆被圣人之治,其政教风俗固纯然文武之盛也。至于今日,则齐、鲁皆与旧时不同,然齐经桓公霸政之后,其习俗相传,遂急功利,喜夸诈,而太公之治已荡然无存。鲁则无所变更,至今犹知重礼教,崇信义,而周公之遗风尚在,但人亡政息,不能无废坠耳。若齐之君臣,能变其政而作新之,则仅可如今日之鲁,盖功利既革,方可望于礼教,夸作既去,方可望于信义,而文武之盛,固难以遽复也。若鲁之君臣能变其政而作新之,则便可至于先王之道。盖礼教信义莫非先王之旧,但修举其废坠则纪纲制度焕然维新,而文武之盛可复见于今日矣!所以说齐一变至于鲁,鲁一变至于道耶!"此可见夫子经纶的次第,使二国能用之,则虽至道有难易,而一变再变之余,治功无不成者,惜乎其不能也。

【原文】

子曰:"觚不觚,觚哉!觚哉!"

【张居正讲评】

觚,是木简。古时未有纸札,唯削木为数方,书字其上。用以记事,以其器有棱角,故谓之觚。觚哉！觚哉！言不得为觚也。孔子发叹说道："天下的事物有其实，乃可以称其名，如器之所以名为觚者，本内其有棱角故名为觚也。若为觚而去其棱角，则失其觚之本制矣！既失其制，则名虽存而实已废，尚得谓之觚哉！尚得谓之觚哉！"然圣人之意，非为一觚，盖见世之有名无实者多因感于觚而发叹也。故君尽君道，而后可以为君，臣尽臣道，而后可以为臣，不然亦皆觚而不觚者也。若其所关系则又岂特一器之小而已哉！

【原文】

宰我问曰："仁者，虽告之曰：'井有仁焉'，其从之也？"子曰："何为其然也？君子可逝也，不可陷也；可欺也，不可罔也。"

【张居正讲评】

宰我，是孔子弟子宰予。井有仁的仁字，当作人物的人字。从，是随。逝，是往救。陷，是陷溺。欺，是欺诳。罔，是诬罔。宰我有志于仁，而不知为仁之道，乃问于孔子说："仁者既以爱人为心，则闻人有难便当往救，虽是人告他说，有人溺于井中，亦当随之入井而救之乎？不救，则无恻隐之心；救之，则有沉溺之患。然则为仁岂不难哉！"孔子答说："仁者虽切于救人，然必己身得生而后可以救人之死，若从人入井，则无益于彼，而先丧其身，愚亦甚矣！仁者何为而若此乎？大凡仁人君子闻人有难，便有恻然哀冷之心，使之奔走而往救则可，若使之人井而自陷其身则不可。盖凡事自有个道理须要斟酌，若是理之所有的，人虽欺诳他，也要信了。若是理所必无的，人虽欲诬罔而使之轻信，岂可得乎？然则井中有人，理之所有也，故可使之往救；入井救人，理所必无也，故不可使之陷溺。子欲为仁，亦详审于轻重缓急之间而已。"盖利济兼爱者，仁之心也。揆度事理者，智之事也。有智以行仁，而后仁为无蔽，宰我忧为仁之陷害，其不智可知，故孔子晓之如此。

【原文】

子曰："君子博学于文，约之以礼，亦可以弗畔矣夫。"

【张居正讲评】

博，是广。文，是《诗》《书》六艺之文。约字，解作要字，是敛束的意思。礼，是天理之节文。畔字，解作背字。孔子说："君子之学，将以求道也。然道散于万变，而文则所以载之，使非博之以文，则闻见浅陋，而不能旁通。道本于身心，而礼则所以检之。若徒博而不能约之以礼，则工夫汗漫而无所归宿，便与这道理相背了。所以君子之学，务要旁搜远览，凡天地民物之理，《诗》《书》六艺之文，——去讲习讨论，以广吾之闻见，这是博学于文。然又不徒务博而已，必收敛约束，举凡视听言动之间，都守着天理之节文，不敢少有放肆，这是约之以礼。夫博学于文，则闻见日多，既不病于孤陋；约之以礼，则身心有据，又不涉于支离。如此用工，虽未必便能与道为一，然由此进之，则亦可以至于道矣！何相背之有乎？"圣人示人为学之方莫切于此。若就君道上说，则凡亲贤纳谏，读书穷理，即是博文的工夫，以其所闻所见者，而检束其身心，体验于政事，即是约礼的工夫。人主务此，则二帝三王之治可几而至矣！

【原文】

子见南子，子路不说。夫子矢之曰："予所否者，无厌之！天厌之！"

【张居正讲评】

南子，是卫灵公的夫人。矢字，解作誓字。否，是不合道理。厌，是弃绝。昔孔子曾到卫国，卫君之夫人有南子者，素知尊敬孔子之道德，要与相见。孔子辞谢不得已而见之。盖古人仕于其国，有见小君之礼。南子据礼以求见，故孔子不轻绝之，圣人所为，无一而非礼之所在也。子路不知此义，只说南子是个淫乱的人，不该见他，心里不悦。孔子也不明言其意，但出誓言以告之说："凡人立身行事，须是依着道理，不愧于天，则天必佑之。若使我之所为不合于礼，不由于道，有一毫得罪于天，天必将弃绝我矣！天必将弃绝我矣！"重言之者，欲使子路笃信乎此，而深思以得之也。盖孔子道大德宏，不为自已甚，故其待南子者如此。至于灵公问陈，则明日遂行。孔子岂屈己以徇人者哉！合而观之，可以知圣人之心矣！

【原文】

子曰："中庸之为德也，其至矣乎！民鲜久矣。"

【张居正讲评】

中，是无过不及。庸，是平常。人所同得的道理，叫作德。至，是极致。鲜，是少。孔子说:"天下之事但有一毫太过,便可减损。有一毫不及,便可增益,都不是至善的道理。惟是中庸之为德,本于天命人心之正,而不离乎民生日用之常。既不偏于太过,亦不偏于不及,而其理经久可行,乃是至精至粹,尽善尽美的道理,岂非极致而无以加者乎!然这道理是人人之所同得,亦人人之所当行。自古圣贤所以治世修身都不外此。但如今的人,或拘于气禀之偏,或安于习俗之敝,贤智的,则失之太过,而不能裁抑以合乎中。愚不肖的,则终于不及,而不能黾勉以求其至,少有此德者,亦已久矣。"孔子深有感于世道之衰,故叹之如此。

【原文】

子贡曰:"如有博施于民而能济众,何如?可谓仁乎?"子曰:"何事于仁?必也圣乎!尧舜其犹病诸。夫仁者,己欲立而立人,己欲达而达人。能近取譬,可谓仁之方也已。"

【张居正讲评】

博,是广施,是施恩于人。济众,是济度众人,使各得其所。何事,是说不止如此。病,是心力不足的意思。子贡未得为仁之方,而徒志于高远,乃问于孔子说:"吾闻无所不爱之谓仁。如有人焉,广施恩惠于天下之民,能使万民之众,各得其所,而无有不济,这等为人,夫子以为何如,亦可以谓之仁矣乎?"孔子答说:"仁者之心无穷,而分量亦有限。如必博施而济众则岂止于仁而已。必是圣人全体仁道而造其极者,然后能之乎。然圣如尧、舜可谓至矣!而尧、舜之治天下,犹有下民其咨之

牺尊

叹,黎民阻饥之忧,其心歉然常若有所不足也。况他人乎!"夫圣人且以为难,而子以是求仁,失之远矣!

立,是成立。达,是通达。孔子告子贡说:"汝以博施济众为仁。只为未识仁体故耳。夫所谓仁者,只是纯乎天理之公,而无私欲之间,看得天下的人,就如自己一般,疾痛痛痹,都有相关的意思。如自己要成立,便不忍他人之颠危,必思以扶持调护,使之同归于

成立而后已。自己要通达，便不忍他人之穷困，必思以开导引掖，使之同归于通达而后已。"这等立心就是天下一家，万物一体的气象，虽不必遍物而爱之，而本体已具，则功用在其中矣。此乃所以为仁，而非博施济众之谓也。

譬字，解作喻字，是比方较量的意思。方，是术。承上文说："仁之本体，只是一个公心，则为仁者，亦不必求之于远矣！若能近取诸身，将自己的心，比方他人的心。如自己欲立便知人之欲立与我一般，即推之以立人；自己欲达便知人之欲达与我一般，即推之以达人。这就是为仁的方法，所谓纯乎天理之公，而无私欲之间者，不过如此。岂复有他术哉！"盖子贡之说，是在功用上求仁，故其效愈难而愈远。孔子之论，只在心体上求仁，故其术至简而至易。况能知为仁之方，则虽尧、舜之所以为圣，亦不外此。盖尧舜之圣岂能遍物而爱之，只是其心常在安民而已。人君若能以安民为心，而推之以治天下，则仁圣之事，一以贯之，而何尧舜之不可及哉！

述而第七

【原文】

子曰："述而不作，信而好古，窃比于我老彭。"

【张居正讲评】

述是传旧。作是创始。窃字解作私字。比是仿效。老彭是商时的贤大夫。昔孔子删诗书，定礼乐，赞周易，修春秋，传先王之道，以教万世。然犹不敢以作者之圣自居，乃谦逊说道："大凡天下之事，有前人已为，而后人传之者，谓之述；有前人未为，而自我创始者，谓之作。作非圣人不能，而述则贤者可及也。我今虽有所修为，只是传述先王之旧，或考之方册，而重加发明；或闻之故老而更为裁定，实未尝重新创造而有所作也。盖天地间的道理，哪一件不是古人说过的？就中讲求，自有无穷的妙处。我则深信而笃好之，唯日孜孜，不能自已，故但见其可述，而无容于复作也。然此岂我之独见哉？比先商时贤大夫有老彭者,他能信古而传述,我尝慕其为人,今我所为不过私自仿效我老彭耳!"夫孔子于古之贤人,犹不敢显然自附如此! 其德愈盛而心愈下,盖可见矣!

【原文】

子曰:"默而识之,学而不厌,诲人不倦,何有于我哉?"

【张居正讲评】

默是不言,识是记。诲人是教人。孔子说:"人之求道,如徒务口语而不能存之于心,则闻见虽多,终非实得。必须沉静简默,只在心上去理会。凡所闻所见的都不费辞说,而自无所遗忘,然后能深造而自得也。人之为学,若只是始初奋发,到后来便厌烦了,则工夫间断,岂能有成? 必须深信义理之无穷,而实用其力,自始至终都只是这等勤学,无一毫厌怠之意,然后谓之好学也。人之设教,若不能尽心开导,到费力去处,便都倦了。则私意未忘,岂能成物? 必须真知物我之无闻,而有教无隐,随人问难,都因材而造就之,无一毫倦怠之心,然后谓之善教也。这三件都是成德之事,而我之尝所致力者。然反而求之,何者能有于我哉?"夫圣人会道全体而曲成不遗,乃犹自以为不能,其谦己诲人之意至深切矣!

【原文】

子曰:"德之不修,学之不讲,闻义不能徙,不善不能改,是吾忧也。"

【张居正讲评】

义是理之所当为者。徙字解作迁字。孔子说:"德必修而后成,学必讲而后明。闻义能徙而后善可积,不善能改而后恶可去。这四件是切实紧要的功夫。凡欲为圣贤者皆当用力于此也。今我之于德,未能省察克治,以涵养其本源;我之于学,未能讲习讨论而研究其精奥;义有当为的,未能闻斯行之而迁徙以从其新;不善当改的,未能务于决去而惩创以革其旧。则是德有不成,学有不明,善不能积,恶不能去,将日流于污下,而不可进于高明矣。岂非吾之深忧者乎?"夫孔夫子之圣,非真有所不能也,亦非自知其能而故为是言也。盖其好学无已之心,自视常若有不能耳! 然此四者,在人君尤为切要。古之帝王或懋敬厥德,终始典学,或取人为善,改过不吝皆是道也。欲法古帝王者,宜三复孔子之言。

【原文】

子之燕居,申申如也;夭夭如也。

【张居正讲评】

燕居是闲居无事之时。申申是舒畅的意思。夭夭是和悦的意思。门人记说:凡人在闲暇之时,有怠惰放肆的,便自亵其威仪;有矜持矫饰的,或反过于严厉,皆非盛德之气象也。惟吾夫子在闲居无事之日,以四体则从容舒展,而略无拘迫,何其申申如也!以颜色则融和润泽而自然愉悦,何其夭夭如也!盖德性极其纯粹,故容貌合于中和者如此!门人此言可谓善形容有道气象者矣。

【原文】

子曰:"甚矣吾衰也!久矣吾不复梦见周公。"

【张居正讲评】

衰是血气既衰。孔子发叹说:"凡人年有老少,则血气有盛衰,甚矣,我血气之衰也。如何见得?盖我当强壮之年,常常梦见周公,恍然若与之相遇。到如今来,许久不复梦见周公矣,则吾之衰岂不集乎?"盖孔子生于周时,一心要做周公的事业。方其精力壮盛,寤寐不忘,故常形之于梦。及其既老,则自谅其力不能为,无复是心,而亦无复是梦矣,故其发叹如此。可见贤才之生于世,其可以有为者,每在其强壮之时。而人君之用贤,亦当趁其强壮而任之。若精力既衰,则事功所就,已不能副其初心矣,况于终不用乎?然则孔子之自叹其衰,固为可惜,而当时之君不能及时用之,以再见周公之化,而使之卒老于下位,则尤为可惜也。

【原文】

子曰:"志于道,据于德,依于仁,游于艺。"

【张居正讲评】

这一章是孔子示人为学之全功。志是心之所向。据是执守。依是依止。游是游衍玩习的意思。孔子说:"学莫先于立志,而道乃人化事物当然之理。志不于是,则趋向差矣! 故必以道为终身之准的,而专心致志以求之。则所适者正,而无他歧之惑矣。行此道而有得于心,叫作德。德而不据,则持守之功不继,能保得者之不失乎? 必拳拳服膺,务使此德常有诸己,而日积月累,不至于若存若亡而后可;体此道而心德纯全,叫作仁。仁而不依,则私欲有时复萌,能保全者之不亏乎? 必念兹在兹,务使此仁存养愈熟而周流贯彻,无一毫间断错杂而后可。夫志道、据德、依仁,是本之在内者,无不尽矣。至于礼、乐、射、御、书、数之事,虽艺文之末,非德行之本,然亦至理所寓,而日用之不可缺者,亦必游息于藏修之余,从容而玩味其理,用以收敛身心,调养性情,而成其道德焉。则本末兼该,内外交养,而忽不自知,其入于圣贤之域矣。"学之全功,何以加此? 然此章之旨,不但是学者所当知,在人君尤为切要。盖道、德、仁,乃人君修身治天下之本,必当深造其极,方可无歉,而凡游心于艺文者,又须务求实用,始为有益。古之帝王所以学古有获,道积厥躬,德修罔觉者,正是如此! 善学者当以圣言为法程可也。

【原文】

子曰:"自行束脩以上,吾未尝无诲焉。"

【张居正讲评】

脩是脯,乃干肉也,十艇为一束。古人初相见,必执贽以为礼。一束之脩乃其至薄者。自行束修以上,言随其厚薄之不同也。诲是教诲。孔子说:"无不善者,人之性;而无不欲其人于善者,吾之心。但人不知来学,吾固无往教之理。苟知求教,自行束脩以上之礼而来者,即是可与为学之人,吾则未尝不教诲之焉。"盖天生圣人,非徒使自圣而已,正欲其先知觉后知,以先觉觉后觉,而为时人之耳目也。所以圣人教人之心,倦倦无已如此。使其得君师之位,则必能大行其政教,使人人皆为君子而后已。惜乎不得其位,但能成就后学,以传道于来世也。

【原文】

子曰:"不愤不启,不悱不发,举一隅不以三隅反,则不复也。"

【张居正讲评】

愤是心求通而未得的意思。启是开其意。悱是口欲言而未能的模样。发是达其词。隅是四方转角处。反是反复问难。复是再告。孔子说："君子之教人，固当尽言而无隐，然必其人有受教之地，而后可以施吾造就之方。且如人之求道，有用心思索而未能即通者，谓之愤。愤则有可通之机，吾因而为之开其意，彼将豁然而无疑矣！若未至于愤，则在彼本无求通之心，我何从而开之乎？此所以不启也。有心知其意而口未能言者，谓之悱。悱则有可达之势，吾因而为之达其词，彼将沛然而莫御矣。若未至于悱，则在彼本无欲言之心，我何从而达之乎？此所以不发也。至于我之所启发者，又看他了悟如何。若能于我所言，触类旁通，因此识破，我举其一隅，而彼即能以三隅反。譬如提起东方一角的事，他就并西、南、北方的道理都晓得了，提起西方一角的事，他就并东、南、北方的道理都晓得了，一一回答将来，相与质证。这等的人是其机圆而不滞，其心通而无碍，然后详以告之，则彼此相契，而其言易入矣。若示之以一隅，而不能以三隅反复问难，则是资禀庸下，而不能推测，意见凝滞而未能旁通，虽谆谆而语之，亦终茫然而无得耳。我何为而强聒乎？此吾所以不复告也。"夫以孔子之诲人不倦，犹必因人而施如此！然则学者可不勉于用力，以为受教之地哉？

【原文】

子食于有丧者之侧，未尝饱也。子于是日哭，则不歌。

【张居正讲评】

侧是边傍。哭是吊丧而哭。歌是咏歌。盖古人以歌咏养性情，遇心有所乐则歌也。门人记说："夫子哀死之心真切而不能自已。如人有死丧之事，而夫子食于其侧，则未尝饱。"盖临丧哀，故食之而不能甘也。又如夫子于是日吊丧而哭，则其一日之间不复咏歌。盖余哀未忘，而自不能为乐也。然此乃是不忍之心，古之帝王见百姓之饥寒困苦流离死亡，则必为之减膳、撤乐，急急救恤，即是此心。有天下者能推此心以仁民，则无一夫不得其所，而仁覆天下矣。

【原文】

子谓颜渊曰："用之则行，舍之则藏。唯我与尔有是夫！"子路曰："子行三军，则谁与？"子曰："暴虎冯河，死而无悔者，吾不与也。必也临事而惧，好谋而成者也！"

【张居正讲评】

行是出而行道。舍是不用。藏是隐而不出。昔颜子深潜纯粹，学已几于圣人。故孔子称许他说："吾人出处进退，只看时之所遇何如？或以仕为通，而至于枉己徇人，固不可；或以隐为高，而务于绝人逃世，亦不可。惟是人能用我，时可以有为，则出而行道，以图济世之功；人舍我而不用，时不可以有为，则隐而不出，以全高尚之志。或出或处，无一毫意必于其间，这才是随时处中的道理。此唯我与尔为能有之，在他人则不敢以轻许也。"盖孔子为时中之圣，自然合乎仕止久速之宜。颜子具圣人之体，能不失乎出处进退之正。观孔子有东周之志，而疏食饮水，乐在其中。颜子有为邦之向，而箪瓢陋巷，不改其乐，盖可见矣。然以大圣大贤，而皆不过于春秋之世，则岂非世道之不幸哉！

一万二千五百人叫作一军。大国则有三军。暴虎是不用兵器而徒手搏虎。冯河是不用舟楫而徒步涉河。子路见孔子独美颜子，乃就问说："用舍行藏，夫子固与颜回共之矣。设使夫子统领三军，而行战伐之事，则将与谁共事乎？"盖自负其勇，意夫子行军必与己同也。孔子答说："君子之所贵者，在于义理之勇，而不在于血气之刚。若是徒手搏虎，徒步涉河，甘心必死而无怨悔，这是轻举妄动、有勇无谋的人。使之用兵，必然取败，吾不与之行三军也。必是平昔为人不敢轻忽以误事，亦不敢苟且以成事，但事到面前常有兢兢业业、凛然危惧的意思。又好用计谋，预先斟酌停当，然后果决以成之，这才是持重详审、智勇兼备的人。使之用兵，必能全胜，吾方与之行三军耳！亦何取于徒勇哉？"子路好勇而无所取材，故孔子以是抑而教之。其实行军之道，亦不外此。故赵括好谈兵而致长平之败；充国善持重而收金城之功。任将者当知所择矣。

【原文】

子曰："富而可求也，虽执鞭之士，吾亦为之；如不可求，从吾所好。"

【张居正讲评】

这是孔子设词以警人的说话。执鞭是贱者之事。孔子说："人之所以役役焉以求富者，意以富为可求也。若使富而可以人力求之，则虽执鞭之事，吾亦为之。盖执鞭虽贱者之役，而苟足以致富，则亦无不可为者。但人之富贵贫贱，莫不有命存焉，决非人力所能强求者。如其不可强求，则在我自有义理可好。吾惟从吾所好，而安于命耳？何必终日营营，为是无益之求，以徒取辱哉？"夫孔子之圣，非真屑为执鞭之士也，特见当世之人，多自决其礼义之防，而甘心于苟贱之羞，故甚言以警人之妄求耳！所以他日又曰："不义而富且贵，于我如浮云。"观此，则自修者固不当愿乎其外，而取人者尤必先观其所守可也。

【原文】

子之所慎：齐、战、疾。

【张居正讲评】

齐是将祭时斋戒。战是统兵而行战阵之事。疾是疾病。门人记说："夫子之所最谨慎者有三件事，其一曰斋，盖斋以交神，苟有不慎则志意涣散，神必不享。所以夫子之于斋也，内秉寅恭，外敦俨恪，务致其精诚，而后承祭以交于神焉。其一曰战，盖战者众之死生，国之存亡系焉。苟有不慎，则机宜不审，何以能胜？所以夫子之于战也，临事而惧，好谋而成，务出于万全，而不敢轻率以取败焉。其一曰疾，盖疾乃吾身之所以死生存亡者，苟有不慎，能无伤乎？所以夫子于无疾之时，则薄滋味，寡嗜欲，时节其起居，而不敢宴游无度；和平其性气，而不敢喜怒过当。不幸有疾，则加意调养，审择医药，而不敢有一毫之忽略焉。"盖圣人无所不慎，而此三者关系尤大，故谨之又谨如此。

【原文】

子在齐闻《韶》，三月不知肉味，曰："不图为乐之至于斯也。"

【张居正讲评】

《韶》是舜乐名。不图是不意。古者圣王作乐以象德，帝舜以至圣之德，当极治之时，故所作《韶》乐最为美盛。舜之后封于陈，犹传其乐，至陈敬仲奔齐，而《韶乐》遂在齐矣。

夫子周流至齐,得闻其音,乃从而学之,至于三月之久,一心只在乐上,虽当食之时,有不知肉味之为甘者。盖不特习其声容节奏之末,而其契合之深,就如亲见虞舜之圣,身在雍熙之时者矣。遂不觉发叹说道:"吾向也但知《韶》乐之美,犹未能得于亲闻;今也始得闻而学之,不意其所作之乐至于如此之美也。"盖夫子中和之蕴本自与舜合德。故一闻《韶》乐而叹息之深如此!他日又称其尽善尽美,而颜渊问为邦,则以韶乐告之,其上嘉于虞舜者至矣。

【原文】

冉有曰:"夫子为卫君乎?"子贡曰:"诺,吾将问之。"入,曰:"伯夷、叔齐何人也?"曰:"古之贤人也。"曰:"怨乎?"曰:"求仁而得仁,又何怨。"出,曰:"夫子不为也。"

【张居正讲评】

为字,解作助字。卫君名辄,是灵公之孙、世子蒯聩之子。诺是应答之词。昔卫灵公时,世子蒯聩得罪出奔,灵公薨,国人遂立蒯聩之子辄。及晋人送蒯聩归国,辄拒之不受。当时卫国之人都说道:"蒯聩得罪于父,于义当绝。辄以嫡孙嗣立,于礼为宜。未有明言拒父争国之非者。"那时孔子在卫,冉有疑孔子亦以为宜,乃私问子贡说:"卫君之立,国人固皆助之矣,不知夫子亦以为当然而助之否乎?"子贡即诺而应之说:"吾将人见夫子而问之。"盖未能深谅孔子之心,而不敢遽答冉有之问也。

伯夷、叔齐是孤竹君之二子,长子叫作伯夷,第三子叫作叔齐。孤竹君曾有遗命,要立叔齐为君。及卒,叔齐又逊伯夷而不肯立。伯夷说父命不可违;叔齐说伦序不可乱,两人互相推让,都逃去了,这是兄弟逊国的事,正与卫君父子争国的相反。子贡不敢直斥卫君,乃人而问孔子说:"伯夷、叔齐是何等人也?"子贡之问是要看孔子之取舍何如。若以争国为是,则必以让国为非。若以让国为当然,则必以争国为不可矣。孔子答说:"二子逊国而逃,制行高洁,是乃古之贤人也。"子贡又问说:"二子固是贤人,不知让国之后,其心亦有所怨悔否乎?"子贡之意,盖以让国之事人所难能,若贤如二子者,尤出于一时之矫激,而未免于他日之怨悔。则不可概责之他人,而卫君犹或可恕也。孔子答说:"凡人有所求而不得则怨,今伯夷以父命为尊,叔齐以天伦为重。只要合乎天理之正,即乎人心之安,所以求尽乎人也。今既不违父命,不悖天伦,是求仁而得仁矣。求之而得,则其心已遂,又何怨悔之有乎?"夫孔子之于夷、齐,既许其贤而又谅其心如此,则让国之事乃孔子之所深取也。以让国为是,则必以争国为非,而其不为卫君之意不问可知矣!故子贡出而谓冉有说:夫子不助卫君也。盖睢孔子为能谅夷、齐之心,惟子贡为能谅孔子之心。一问答之间,而父子兄弟之伦,昭然于天下矣。为国者可不以正名为先乎?

【原文】

子曰:"饭疏食饮水,曲肱而枕之,乐亦在其中矣。不义而富且贵,于我如浮云。"

【张居正讲评】

饭是吃,疏食是粗饭,肱是手臂。孔子自叙其安贫乐道之事说道:"人生日用之间,无不欲饮食充足,居处安逸者。我所食的不过是粗饭,所饮的不过是水,其奉养之菲薄如此!夜卧无枕,但曲其肱而枕之,其寝处之荒凉如此!贫困可谓极矣!只是我心中的真乐,初不因是而有所损,亦自在其中焉。若彼不义而富且贵,苟且侥幸以得之,虽胜于疏食饮水,以我视之,漠然如浮云之无有,何尝以此而动其心耶!"盖圣人之心,浑然天理,故不以贫贱而有慕乎外,不以富贵而有动于中如此!

【原文】

子曰:"加我数年,五十以学《易》,可以无大过矣。"

【张居正讲评】

加字,当作假字。五十字,当作卒字。假是借,卒是终。《易》即是如今《易经》所载的道理。孔子说:"《易》之为书,广大悉备。凡天道之吉凶消长,人事之进退存亡,都具载于其中,学者所当深察而玩味也。但其理深奥精微,我尝欲学之而尽其妙,然今则老矣。天若假借我数年,使我得终其学《易》之功,或观其象而玩其辞;或观其变而玩其占。凡道理精微的去处——都讲究得明白,则吉凶消长之理,进退存亡之道,我皆能融会于一心。由是见诸行事,必能审动静之时,得趋避之正。虽未必全然无过,而亦可以无大过矣。"夫圣人全体易道,行不逾矩,岂待假以数年而学《易》,亦岂待学《易》而后能免过?正谓易理无穷,欲人当及时以勉学耳。欲寡过者当以讲学穷理为先。

【原文】

子所雅言,《诗》《书》、执礼,皆雅言也。

【张居正讲评】

雅字,解作常字。执是执持。人能事事循礼,才有执持,所以叫作执礼。门人记说:"夫子之设教,固必因人而施。然平日所常言者,则有三件:一是《诗》,盖《诗》之为言有美有刺,美者可以劝人为善,刺者可以戒人为恶。吾人所以养性隋者莫切于此。一是《书》,盖书之所载有治有乱,与治同道则无有不兴;与乱同事则无有不亡,吾人所以考政事者莫切于此。一是执礼。盖礼主恭敬而有节文,既可以防闲其心志,又可检饬其威仪。吾人欲养其德性,使有所执持者莫切于此。这三件都是切实的道理,紧要的功夫。故夫子常以为言,欲人念念在此而不忘,时时用力而不懈也。"夫以孔子之圣犹汲汲于学易,而于诗、书、执礼则雅言之。可见圣人之道具在六经,学者必讨论讲习,乃可以明理。人君必体验推行乃可以致治,读者宜致思焉。

【原文】

叶公问孔子于子路,子路不对。子曰:"女奚不曰:'其为人也,发愤忘食,乐以忘忧,不知老之将至云尔。'"

【张居正讲评】

叶公是叶县的令尹,僭称公。奚字,解作何字。愤是急于求通之意。昔者叶公问孔子之为人于子路,子路不对。盖圣人之德未易名言,故子路不敢轻对也。孔子闻而教之说:"叶公之问盖欲知我也,而汝之不对,何也?汝何不说:'其为人也,惟知好学而已。方其理之未得,则发愤以求之。虽终日不食,有不知者。愤而至于忘食,是其愤至极也。及其既得,则欣然自乐,虽事之可忧有不知者。乐而至于忘忧,是其乐之至也。然天下之义理无穷,未得而求之以至于得,则愤者又未尝不乐也。有得而尚有所未得,则乐者又未尝不愤也。二者循还,日有孜孜,而无所止息,虽老年将至,有不自知焉者,是乃我之为人也。'汝何不以告叶公乎?"这是孔子自言其好学之笃如此!然其全体至极,纯一不已之心,于此亦可见矣。欲学圣人者,其可不以勤励不息自勉哉?

【原文】

子曰:"我非生而知之者,好古,敏以求之者也。"

【张居正讲评】

古是古人的典籍。敏是急速的意思。孔子说:"天地间的道理,凡精粗小大,哪一件不是吾人之所当知。但人之气禀不同,有天生上智,自然知此道理者;有必待学习然后能知此道理者。我今虽有所知,岂是聪明睿智,生来自然能知而不待学习者乎?只是见得这个道理,都具于古人之典籍,若非心里喜好,则志向不专,非上紧讲求,则功夫有间,所以笃信好古,汲汲焉勉力以求之。将古人的言语,字字去体认;将古人的行事,件件去思索,就似饥之求食,渴之求饮一般,唯日孜孜,不敢有一毫之懈怠。是以学力至到,义理固然贯通,而能有所知耳,岂真生而知之者哉!"此虽孔子自谦之辞,其实学问之功,虽圣人亦不能废。故尧、舜合己从人,大禹不自满假,成汤之得师,武王之访道,皆不敢自恃其聪明,而必从事于学问也。傅说说学以古训,逊志务时敏,正与好古敏求之言相合,为人君者不可不知。

【原文】

子不语:怪、力、乱、神。

【张居正讲评】

语是言语。怪是怪异。力是勇力。乱是悖乱。神是鬼神。门人记说:"夫子教人,固无所隐,然亦有所不语者,怪、力、乱、神是也。"夫怪者诡异无据,虚诞不经,最能骇人之听闻,惑人之心志者也。力者以强凌弱,以众暴寡,专用血气而不顾义理者也。乱者臣子叛君父,妻妾弃其夫,乃人伦之大变,天理所不容者也。鬼神者视之而弗见,听之而弗闻,其感应之理幽远而难测者也。前三件非理之正,后一件非理之常。言之,则有以启人好奇不道之心,渺昧荒唐之想,故夫子绝不以为言。其所雅言者不过》《执礼,其所立教者不过文、行、忠、信而已。

【原文】

子曰:"三人行,必有我师焉。择其善者而从之,其不善者而改之。"

【张居正讲评】

师是师范。孔子说："学无常师,随在有益。人能存心于为己,斯无往而非进德之地,便是三人同行,亦必有我之师范存焉。盖人的所为非善则恶,而师也者,所以引人为善,教人去恶者也。今三人虽寡,而观其所行,岂无合于义理而为善者乎?亦岂无悖于义理而为不善者乎?善者我则景仰欣慕,取法其善而从之,不善者我则反观内省,恐己亦有是恶而改之。夫择善而从,则足以长吾之善,是善固我之师也。见不善而改,则足以救我之失。是不善亦我之师也。所以说三人行必有我师焉。"三人且如此,则天下之人无往而非师矣!人能随处而自考,触类以求益,进善岂有穷乎?即此推之,可见人君之学,尤须广求博采,凡臣下之忠言嘉谟,古今之治乱得失,盖无非身心治理之助者,诚能以圣哲为芳规而思与之齐,狂愚为覆辙而深用为戒,是谓能自得师,而德修于罔觉矣。

【原文】

子曰:"天生德于予,桓魋其如予何?"

【张居正讲评】

桓魋是宋之司马。如予何,是说没奈我何,言不能害己也。昔孔子周游四方,行到宋国,那时宋国的司马有桓魋者,忌孔子而欲杀之,门人都惧其不免。孔子晓之说:"人之死生祸福皆系于天。若天无意于我,必不生我以如是之德。既生我以如是之德,则我之命,天实主之,必将佑我于冥冥之中矣。桓魋亦人耳,其将奈我何哉?盖必不能违天而害我也。"然孔子虽知天意之有在,而犹必微服过宋以避之,则可见天命固不可以不安,而人事亦不可以不尽。故知祸而避,则为保身之哲,以义安命,则为乐天之仁。观圣人者于此求之可也。

【原文】

子曰:"二三子以我为隐乎?吾无隐乎尔。吾无行而不与二三子者,是丘也。"

【张居正讲评】

二三子指众弟子说。隐是隐讳而不言。与字,解作示字。昔孔门弟子专以言语求圣人，以为夫子之道本自高深，而其教人则甚平易，必有秘而不传者。故以有隐为疑。孔子乃教之说："二三子之学于吾门久矣，其将以我为吝教，有所隐讳而不言乎？不知吾之于尔初未尝有所隐也。盖道理在人，本自明白简易，固不待言而显，亦不可执一而求。我今一动一静、一语一默，凡身之所行都依着道理，这是二三子所共见共闻的。则是以身立教，无一事不以昭示于二三子者，此乃丘之为人也，何尝有隐于尔哉？二三子不能随处体认，而徒以言语求之，非惟不知我，抑亦不善学矣。"然孔子之道，不但晓然昭示于门人，而亦灿然大明于万世。善学圣人者若能反之身心之间，而不徒泥于言语之末，则何圣道之不可及哉？

【原文】

子以四教：文、行、忠、信。

【张居正讲评】

文是《诗》《书》六艺之文。行是体道于身。尽己之心叫作忠。待物以实叫作信。门人记说：夫子以成就后学为心，其为教虽无所隐，然大要不过四件。四者何？文、行、忠、信是也。盖天下之义理无穷，皆载于《诗》《书》六艺之文，使不有以讲明之，则无以为闻见之资，而广聪明之益，故夫子每教人以学文也。然道本于身，使徒讲明，而不——见之于躬行，则所学者不过口耳之虚，而非践履之实，故夫子每教人以修行也。然道原于心，使发乎己者有不忠，应乎物者有不信，则所知所行皆为虚伪，而卒无所得矣。故夫子每教人以忠，使其发于心者肫肫恳至，而无一念之欺；教人以信，使其应乎物者，慥慥笃实，而无一事之诈。苟能此四者，则知行并尽，表里如一，而德无不成矣。为学之道，岂有加于此哉？此夫子所以为善教也。

【原文】

子曰："圣人吾不得而见之矣！得见君子者，斯可矣。"子曰："善人吾不得而见之矣！得见有恒者，斯可矣。亡而为有，虚而为盈，约而为泰，难乎有恒矣。"

【张居正讲评】

圣人是神明不测之号。君子是才德出众之名。善人是志仁无恶的人。有恒是存心有常的人。亡字即是有无的无字。虚是空虚。盈是充满。约是寡少。泰是侈泰。孔子说："天下之人品等第，每有不同，而随其才器造诣，皆可上进。彼神明不测，大而化之的圣人，乃人之至者，吾不得而见之矣，得见才德出众而为君子者，斯亦可矣。然君子去圣人不远，岂易得哉？不惟君子不可得而见，至于天资粹美、志仁无恶的善人，吾亦不得而见之矣，得见存心之有常者，斯亦可矣。夫有恒者之与圣人，高下固为悬绝，而实为人德之门，然谓之有恒，不过质实无伪耳。盖天下之事，必有其实，乃能常久，若是存心虚伪，本无也，却做个有的模样；本空虚也，却做出个盈满的模样；本寡少也，却做个侈泰的模样，似这等虚夸无实，虽一时伪为以欺人，而本之则无自将不继于后，欲其终始如一，守常而不变，岂可得乎？所以说难乎有恒矣。夫无恒者如此，则所谓有恒者可知。人若能纯实无伪而充之以学，则固可由善人而为君子，由君子而为圣人，不止于有恒而已，此吾所以思见其人也。"然《中庸》言达道达德，九经而归本于一诚。先儒说：诚者圣人之本。孔子此言，岂徒以引进学者哉？要其极则参赞位育之化，亦不过自有恒之实心以充之耳。欲学二帝三王者，宜体验于此。

【原文】

子钓而不纲，弋不射宿。

【张居正讲评】

钓是钓鱼。以大绳系纲，截水取鱼叫作纲。弋是以丝系矢而射。宿是鸟之栖者。门人记说："吾夫子在贫贱时，为奉养、祭祀亦尝取鱼、鸟以为用矣。但常人都有贪得之念，而夫子每存好生之心。其取鱼也只用钓饵以钓之而已，不曾以大绳系纲拦截水中而尽取之也；其射鸟也，只以丝系矢，射其飞者而已，如鸟之宿者，则未尝出其不意而射取之也。"盖于取物之中，而寓爱物之意，圣人之仁如此！古之圣王网罟之目，必以四寸，田猎之法，止于三驱，皆以养其不忍之心，而使万物各得其所。人君能举斯心以加诸民，则人人各遂其生而天下治矣。

【原文】

子曰："盖有不知而作之者，我无是也。多闻，择其善者而从之，多见而识之，知之次也。"

【张居正讲评】

不知而作是不知其理而妄有作为。识字,解作记字。孔子说:"天下之事,莫不有理,必先知得此理明白,然后处事停当而无有过差。今天下之人,盖有不知其理而妄有所作为者,若我则无是也。然吾所以无不知而作者,岂是生来便晓得许多道理? 盖我以天下之义理无穷,非闻见广博,则无以开聪明而扩智虑。于是多闻天下之理,择其善者而体之于身,务使有得而不敢不勉;又多见天下之事,不论善恶皆记之于心,以备参考而不敢遗忘。夫闻见既多,而又有所抉择参考,则得于人者无穷,而裁于己者有据,虽是闻见之知与生而知之者不同,然自此进之,则智虑日广,义理日明,亦可次于知之者矣。知之既明,则处之自当,又何妄作之有哉?"夫圣人本生知安行,而其自谦之词如此。则知学为圣人者,必先造其理,而后可以履其事。此讲学穷理之功,不可一日而不勉也。

【原文】

互乡难与言,童子见,门人惑。子曰:"与其进也,不与其退也,唯何甚? 人洁己以进,与其洁也,不保其往也。"

【张居正讲评】

互乡是地名。昔孔子时,有地名互乡者,其人都习于不善,难于言善。那时有道之君子皆恶而绝之。一日有个童子,慕孔子而求见,孔子许其进见,不加拒绝。门人都疑惑说道:"君子持身贵正,疾恶贵严。今互乡童子乃不善之人,夫子何为见之?"此所以疑而未解也。

与字,解作取字。洁是合旧从新的意思。往是前日。孔子因门人之惑而晓之说道:"君子之处己固当谨严,至于待人也要宽恕。今互乡虽不善之俗,而童子之求见,是乃向善之心,我今特取其进而求见耳,非取其退而为不善也。若因其习俗而峻拒之,则太甚矣。我何为而绝人于已甚乎? 盖凡天下之人,不患其旧习之污染,而患其终身之迷惑。若能幡然悔悟,合旧从新,而洁己以求进,这就是改过迁善可与入道的人,但取其能自洁耳,不能保其前日所为之善恶也。盖来者不拒,往者不追,君子待人之道,固当如此。今互乡童子正洁己以进者,我又何为而拒之?二三子亦可以无疑矣。"当时,教化陵夷,风俗颓败,孔子欲化导天下之人,以挽回天下之风俗,故其不轻绝人,不为已甚如此!惜乎有志未遂,非惟时君莫能用,而门人亦莫能尽知也。

【原文】

子'曰:"仁远乎哉?我欲仁,斯仁至矣。"

【张居正讲评】

仁是本心之全德。孔子因人不肯用力于求仁,故言此以勉之说道:"世之惮于求仁者,盖将以仁为远于人也,自我观之,仁之为德也,果远人乎哉?不远也,何以见其不远?盖凡物之远者,求之或未必得,得之或未必速。若夫仁者乃心之德,有此人即有此心,有此心即具此仁,本非在外之物也。人但迷于私欲而不知反求,故遂流于不仁,而视以为远耳。我若欲仁,反而自思曰:仁在吾心,不可失也,而求以得之,则一念方动,本体具见,仁固即此而在矣,何远之有?"夫以仁本不远如此,则人而不仁者,岂非自离其仁也哉?然仁具于心,至之虽甚易,而失之亦不难,必须于既至之后常加操存之功,则心德渐以纯全,而可造于中心安仁之地矣。此又求仁者所当知。

【原文】

陈司败问:"昭公知礼乎?"孔子曰:"知礼。"孔子退,揖巫马期而进之曰:"吾闻君子不党,君子亦党乎?君取于吴,为同姓,谓之吴孟子。君而知礼,孰不知礼?"巫马期以告。子曰:"丘也幸,苟有过,人必知之。"

【张居正讲评】

陈是国名,司败是官名,即司寇也。昭公是鲁君。昔者鲁昭公习于威仪之节,当时以为知礼。陈司败以昭公娶同姓为夫人是失礼之大者,而乃负知礼之名,有所不足于心。故问于孔子说:"人皆以鲁君为知礼,果知礼乎?"孔子答说:"知礼。"盖人臣与君,称美不称恶,而陈司败亦未显言所以不知礼之事,故夫子直以知礼答之。

巫马期是孔子弟子,姓巫马,名施,字子期。党是庇护的意思。孟是长,子是宋国的姓。陈司败因孔子以昭公为知礼,心中不以为然。及孔子既退,适遇其弟子巫马期在前,乃迎揖而进之，与他说道："吾闻君子之为人，平心直道而公其是非贤否于人，不私其人而为之党也。由今观之，君子亦阿党于人乎？何以言之？盖周家礼制，同姓不得为婚姻。吴，泰伯之后，鲁，周公之后，同是姬姓，而鲁君乃娶吴国之女为夫人，正犯此礼。却乃假辞遮饰，不称之曰吴孟姬，而称之曰吴孟子，夫子是宋姓也，娶吴国之女而冒宋国之姓，其能掩乎？是其任情越礼，明知故为，鲁君之不知礼甚矣！若君而可谓之知礼，则人人皆可谓之知礼矣，谁为不知礼者乎？"夫君不知礼，而夫子以知礼与之，是私之而为掩其过也，非党而何？司败品评昭公，固为确论。但疑孔子为党，则圣人用意之忠厚，彼盖有所不知也。

巫马期

巫马期述司败之言，以告孔子。孔子既不可自谓讳君之恶，又不可以娶同姓为知礼，乃自引以为己之过失说道："这委实是我说差了。然凡人有过不得闻，则过无由改，此不幸之大者也。丘也可谓幸矣，苟有过失，人必知之。既知于人，则得闻于己，而可以改图于后日矣，岂非幸乎？"夫善则称君，过则归己，本理之当然。然孔子既自任以为过，则昭公之不知礼亦自有不可讳者。一则不昧天下是非之公，一则不失臣子忠厚之至。圣人一问答之间，真可以为万世法矣。

【原文】

子与人歌而善，必使反之，而后和之。

【张居正讲评】

歌是歌咏。善是歌得好。反是反复再歌。自歌以应人之歌叫作和。门人记说："夫子好善之心无穷，不惟取人之善，而又以助人之善。如与人同歌，而其人之所歌，或辞意相协，音律相和，是歌之善者也。此时夫子之心，与之契合，要与之相和而歌，然不遽和也。必使之反复再歌，凡其辞意音律所以为善处，皆审察而详味之。既得其善矣，然后自歌以和之，使彼此迭奏，而同声相应焉。盖不但取彼之善为我之善，而又以我之善助彼之善矣。"夫孔子一咏歌之间，而气象从容，诚意恳至如此。其心与舜之取人为善，汤之用人惟己一般。此其所以为至圣也。

【原文】

子曰："文，莫吾犹人也。躬行君子，则吾未之有得。"

【张居正讲评】

言语成章叫作文。莫是疑词。犹人是说犹可以及人。孔子说："人之所以为君子者，不在于言，而在于行。世间有能言的人，或讲论道理，或敷陈政事，焕然有文采之可观，这不过在言语上求工而已。我虽未能过人，而犹或可以及人也。惟是身体力行，事事都实有诸己，而不为空言，这乃是成德之君子。我反而求之，则全未有得，虽欲勉焉以求至，而力有所不及矣。"观孔子此言，可见言易而行难，文在所缓，而行在所急。进德者固当先行而后言，用人者尤当听言而观行也。

【原文】

子曰："若圣与仁，则吾岂敢？抑为之不厌，诲人不倦，则可谓云尔已矣。"公西华曰："正唯弟子不能学也。"

【张居正讲评】

大而化之叫作圣，心德浑全叫作仁。抑是反语辞。公西华是孔子弟子。昔孔子至圣至仁，当时必有以是称之者。故孔子谦说："人各有能，有不能。若是那道德浑化的圣人与那心德纯全的仁人，则吾岂敢当乎？只是以仁圣之道而为之于己，则孜孜焉以求之，未尝以少有所得而遂生厌足之心；以仁圣之道而教诲于人，则谆谆焉以语之，未尝以劳于开导而或萌倦怠之意，这便是我之所能，不过如此而已矣。若圣与仁则吾岂敢乎？"门人中有公西华者，闻夫子之言，乃仰而叹之说："夫子辞仁圣之名，而自任夫不厌不倦者，岂以不厌不倦为易能乎？殊不知这正是弟子不能学处。"盖为之可能也，使非全体仁圣，而至诚无息者，孰能无厌乎？诲人可能也，使非全体仁圣，而善与人同者，孰能无倦乎？然则夫子虽欲辞仁圣之名，而其实自有不容掩者矣。昔祗德如大禹，而不自满假；缉熙如文王，而望道未见。孔子之心即禹、文之心也。圣人且然，况其他乎？欲学为圣人者，诚不可以自足矣。

【原文】

子疾病，子路请祷。子曰："有诸？"子路对曰："有之。《诔》曰：'祷尔于上下神祇。'"子曰："丘之祷久矣。"

【张居正讲评】

祷是祈祷。诔是哀词。上下神祇是天神地祇。昔孔子曾有疾病，门弟子都以为忧。于是子路请命于孔子，欲祷祀鬼神以祈福佑。盖疾病行祷虽弟子事师迫切之至情，然不达于人鬼之理，而溺于祸福之说，惑亦甚矣。孔子不直斥其非，乃先问说："疾病行祷，果有此理否乎？"子路对说："于理有之，吾闻诔词中有云：'祷尔于上下神祇。是说人有疾时曾祷告于天地神祇，欲以转祸而为福，则是古人有行之者矣。'今以病请祷，于理何妨？"于是孔子晓之说："夫所谓祷者，是说平日所为不善，如今告于鬼神，忏悔前非，以求解灾降福耳。若我平生，一言一动不敢得罪于鬼神，有善则迁，有过即改。则我之祷于鬼神者，盖已久矣。其在今日，又何以祷为哉？"盖圣人德于天合，虽鬼神不能违，岂待于祷？至于死生修短，则有命存焉，虽圣人亦惟安之而已，祷祀亦奚益乎？观孔子晓子路之言，可见当修德以事天，不必祷祀以求福。当用力于人道之所当务，不必诌渎于鬼神之不可知矣。

【原文】

子曰：奢则不孙，俭则固；与其不孙也，宁固。

【张居正讲评】

奢是奢侈。孙字与逊顺的"逊"字同。不孙是僭越不循理的意思。俭是省约。固是鄙陋。孔子说："先王制礼自有个中道，不可加损。若专尚侈靡而过乎中者，谓之奢。奢则意志骄盈，纵肆无节。虽理之所不当为者，亦将僭越而为之，其弊至于不孙。若专务省约，而不及乎中者，谓之俭。俭则悭吝鄙啬，规模狭小，虽理之所当为者，亦将惜费而不为。其弊必至于固。这不孙与固，皆不免于失中。但就这两样较来，则与其为不孙也，宁可为固。"盖奢而不孙,则越礼犯分,将至于乱国家之纪纲,坏天下之风俗,为害甚大。若俭而固,则不过鄙陋朴野而已。原其意犹有尚质之风,究其弊亦无僭越之罪,不犹愈于不孙者乎?盖周末文胜,孔子欲救时之弊,故其言如此!然俭,乃德之共,奢,乃恶之大,二者之相去岂特过与不及之间而已哉?帝尧茅茨土阶、大禹恶衣菲食而万世称圣,汉之文帝、宋之仁宗皆以恭俭化民,号为贤主。至如骄奢纵欲,横征暴敛,以败坏国家者,往往有之。然则去奢崇俭乃帝王为治之先务,有国家者所当深念也。

【原文】

子曰:君子坦荡荡,小人常戚戚。

【张居正讲评】

坦是平坦,荡荡是宽广貌。戚戚是忧愁不宁的意思。孔子说:"欲知君子、小人之分,但观其心术气象自然不同。盖君子心循乎天理,素位而行,不愿乎外。故仰焉不愧于天,俯焉不怍于人。利害不能为之惊,毁誉不能为之惑,但见其坦然荡荡,无适而不宽舒自得也。小人心役于物欲,行险侥幸,惟日不足,故非切切以谋利禄,则汲汲以干名誉。其未得也,患得之;其既得也,患失之。但见其长是戚戚,无时而不忧虑愁苦也。"夫坦荡荡者,作德心逸日休也;长戚戚者,作伪心劳日拙也。一念既差,而人品遂顿殊矣。可不慎辨之哉!

【原文】

子温而厉,威而不猛,恭而安。

【张居正讲评】

温是和厚。厉是严肃。威是有威可畏。猛是暴戾。恭是庄敬。安是安舒。门人记说:容貌乃德之符。人惟气质各有所偏,故其见于容貌者亦偏。惟夫子则容貌随时不同,而无有不出于中和者。如人之温者难于厉也,夫子和厚可亲是固温矣。然和厚之中自有严肃者在,可亲也,而不可犯也,又何其厉乎?温而厉,是温之得其中也。人之威者易于猛也。夫子尊严可畏,是固威矣,然尊严之内自无暴戾者存,可畏也亦可近也,何至于猛乎?威而不猛,是威之得其中也。人之恭者难于安也。夫子庄敬自恃,是固恭矣,然舒泰而不拘迫，自然而非勉强，盖周旋中礼而有忘其恭者焉，又何其安乎？恭而安，是恭之得其中也。盖圣人全体浑然，阴阳合德，故其中和之气见于容貌之间者如此！欲取法其盛德之容者，当先涵养其中和之蕴可也。

泰伯第八

【原文】

子曰："泰伯，其可谓至德也已矣。三以天下让，民无得而称焉。"

【张居正讲评】

泰伯是周太王之子。昔周太王古公生三子。长的即泰伯，次的是仲雍，少的是季历。季历生子昌，乃文王也。太王因见昌有盛德，欲传位季历以及昌。泰伯知之，遂与其弟仲雍，托名采药，逃去于荆、蛮地方，断发文身，自毁其形，从夷之俗以示不可用。于是太王乃立季历，传国至文、武而有天下焉。三让是固让。孔子追原周家王业之所由起，因见泰伯之事历世久远，几于泯灭，故特表而出之说道："人但知我周太王肇基王迹，王季勤劳王家，至于文、武，遂成王业，都是周家贤圣之君。不知太王之长子泰伯者，其德可谓极至而无以复加也已矣。何以言之？周家王业之兴，实始于太王，而泰伯嫡长当立，则后来的天下乃泰伯之所宜有者也。泰伯因见太王意在贤子圣孙，即与仲雍逃去不返。因此，王季、文王承其统绪，遂开八百年之周。是名虽让国，实以天下固让其弟侄而不居也。然却托为采药，毁体自废，其让隐微泯然，无迹可见，故人莫得以窥其心事而称颂之焉。夫以天下让，其让大矣。三以天下让，其让诚矣。而又隐晦其迹，使民无得而称，是能曲全于父子兄弟之间，而绝无一毫为名之累，其德岂非至极而不可加者乎？"然要之太王之欲立贤子圣孙，为其道足以济天下，非有爱憎利欲之私也，是以泰伯去之不为狷，王季受之不为贪。亲终不赴，毁伤肢体不为不孝。盖处君臣父子之变，而不失乎中庸，此所以为至德也。夫子叹息而赞美之，宜哉。

【原文】

子曰:"恭而无礼则劳,慎而无礼则葸,勇而无礼则乱,直而无礼则绞。君子笃于亲,则民兴于仁,故旧不遗,则民不偷。"

【张居正讲评】

礼是节文。劳是烦劳。葸是畏惧的模样。乱是悖乱。直是径直。绞是急切的意思。孔子说:"人之立身行事,必合乎天理之节文,而后可以无太过不及之弊。如待人固以恭敬为贵,然亦有中正之准则,若恭敬而无礼以为限制,则仪节烦多,奉承过当而不免于劳矣。处事固以谨慎为贵,然亦有事理之当然,若谨慎而无礼以为裁度,则逡逡畏缩,小心太过,而不免于葸矣。勇敢而不可屈挠,固是美德,然不能以礼自守,则不顾名分,而逞其血气之刚,必将至于悖乱矣。径直而无所私曲,固是善行,然不能以礼自防,则任情喜怒,而略无含容之意,必将至于急切矣。"夫恭、慎、勇、直,四者皆人之所难,而无礼则各有其弊如此! 可见君子当动必以礼,而不可须臾离也。

君子是在上位的人。笃是厚。兴是起。故旧是平日相与或有功劳的旧人。遗,是弃。偷字解作薄字。孔子说:"在上位的君子,凡有举动,百姓每都瞻仰而仿效之,不可不慎也。若能孝顺父母,友爱兄弟,和睦宗族,笃厚于一家之亲,则自己能尽乎仁矣。将见百姓们都感发兴起,而各亲其亲,自然伦理正而恩义笃,岂不兴于仁矣乎? 若能信用老成,遵礼耆旧,凡平时相与的旧人,皆不以其迹之疏远,年之衰迈而遗弃之,则自己能处于厚矣。将见百姓们都欢欣联属,而各厚于故旧,自然教化行而风俗美,又岂有偷薄者乎?"夫一处亲故之间,而上行下效,其应如响如此! 为人君者可不正心修身,以为化导斯民之本哉!

【原文】

曾子有疾,召门弟子曰:"启予足! 启予手! 诗云:'战战兢兢,如临深渊,如履薄冰。'而今而后,吾知免夫,小子!"

【张居正讲评】

召是呼喊。门弟子是曾子的门人。启是开。《诗》是《诗经·小旻》之篇。小子就指门弟子说。曾子在圣门素以孝称,平日所以守身事亲者,不但正心修德为圣贤之学,以求显亲扬名,虽至于身体发肤之微,亦以其受之父母加以谨守,不敢毁伤。至于有疾将终,追思平生守身之道,至此可以无愧。故呼其在门弟子而教之说:"父母全而生之,子全而归之,不亏体、不辱亲才叫作孝。汝辈试开衣衾而视吾之足,视吾之手,曾有一之伤毁不全者乎?然所以得全此身者,亦非容易!盖我平日所以保守之者,就是《诗经》上所谓战战然恐惧,兢兢然戒谨,如临在深渊之上,常恐坠下去一般;如行于薄冰之上,常恐陷下去的一般。我惟是这等谨慎,所以得保其全也。夫使吾生尚存,则犹未敢必他日之何如?今则已矣,自今以后,吾始知其得终免于污玷,而可以无恐矣!汝小子其念之哉?"语毕而又呼小子者,盖所以致丁宁之意,亦欲其如己之戒谨恐惧,一举足而不敢忘亲也。夫以曾子之保身如此!则凡纵欲以伤其本,亏行以辱其亲者,固在所必无矣。为人子者,宜以曾子为法,庶可以体亲心而尽子道也。

【原文】

曾子有疾,孟敬子问之。曾子言曰:"鸟之将死,其鸣也哀;人之将死,其言也善。君子所贵乎道者三:动容貌,斯远暴慢矣;正颜色,斯近信矣;出辞气,斯远鄙倍矣。笾豆之事,则有司存。"

【张居正讲评】

孟敬子是鲁大夫仲孙捷。昔曾子有疾,孟敬子往问其疾。曾子将有言以告之,恐其忽略而不加之意。故先发言说道:"大凡鸟之将死,恐惧迫切,故其鸣叫必哀。人之将死,本然之良心发见,故其言语必善。今我即将死矣,有言则善言也,子其听而念之哉!"

贵是贵重。道是道理。暴是粗厉。慢是放肆。信是信实。辞是言词。气是声气。鄙是凡陋。倍字与违背的"背"字同。笾是竹器,豆是木器,都是祭祀所用的。有司是执事之人。曾子因孟敬子平日好琐屑于细务,而忽略了大体。故告之说:"道虽无所不在,然有紧要的,有可缓的,不可以泛求也。吾观君子于日用之间所贵重的道理,只有三件。三者何?盖人之容貌彰于一身,易至于粗暴放肆,此所以多失容也,惟君子不动容貌则已,才动容貌便雅饬恭谨,而远于暴慢。人之颜色形于面,对人多勉为端正,而中心不然,此所以多失色也。惟君子不正颜色则已，才正颜色便表里如一，而近于信实。辞气宣于口，易至于凡陋悖理，此所以多失言也。惟君子不出辞气则已，才出辞气便成章顺理，而远鄙背。此三者乃修身之要、为政之本，所当操存省察，而不可顷刻违者，故君子所重在此而已。若夫用笾豆以供祭祀之事，如此类者，不过器数仪文之末，则自有执事者司之，君子亦何用屑屑留心于此哉？"盖人之为学，贵识其大，大行既无不善，而小节亦无所遗，固为全德。若合其大而务其小，则大本既失，小者亦不足观矣。况于帝王之学，又与士庶人不同，则凡正心修身以立天下之极者，又岂在于仪文度数之末哉？有志于圣贤者，当知所务矣。

【原文】

曾子曰："以能问于不能，以多问于寡，有若无，实若虚；犯而为校——昔者吾友尝从事于斯矣。"

【张居正讲评】

犯是触犯。校是计较。吾友指颜渊说。从事是用功。昔颜子既殁，曾子追思其贤而称之说道："凡人志意盈满的少有所得，便说自己有余，他人不足，谁肯下问？度量狭小的，遇有触犯，便说自己的是，他人的不是，谁肯容忍？若是自己学力至到，本是能的，乃问于不能的人；自己学问充足，本是多的，乃问于寡少的人，其心歉然自视，虽有也，却似无的一般，虽充实也，却似空虚的一般，略无一毫自满之意，其谦虚如此！人有触犯于我，我则以情恕人，以理自遣。初未尝发露于颜色，藏蓄于胸中，而有（当作无）一毫计较之心，其宽恕如此！这等的人不可多见，惟旧日我友颜渊，乃尝用力于此，盖其真知义理之无穷，而有善不伐，不见物我之有间，而有怒不迁，其所以潜心好学拳拳服膺者，唯此而已。今也则亡，岂不重可惜哉！"夫孔门传授心法，颜子独得其宗，而其平日用功，不过如此！盖谦虚以受人，则闻见多而学问日广，宽恕以容物，则私意泯而德性益纯。凡为贤为圣，皆不出此二者。盖学者当致力于斯。

【原文】

曾子说："可以托六尺之孤，可以寄百里之命，临大节而不可夺也。君子人与？君子人也。"

【张居正讲评】

托是付托。六尺之孤是幼君。寄也是付托的意思。百里是侯国，命是政令。大节是大关系处。与是疑词，也是决词。曾子说："天下之言成德者，期于君子。然才者德之用，节者德之守。二者兼备，而后为德之成也。若有人于此，不但可辅长君而已，虽亲受顾命，把六尺幼冲之君付托与他，亦可以承受而辅佐之。既能保卫其国家，而又能养成其令德，不但可共国政而已。虽侯国无君，把一国之政令委寄与他，亦可以担当而总摄之。既能安定其社稷，而又能抚辑其人民，其才之过人如此！至于事变之来，国势仓皇，人心摇动，其从违趋避，乃大节之所关也。其人临此时，而所以辅幼君、摄国政者，卓乎见理之精明，确乎持志之坚定，唯以义所当然为主，虽议论纷沓，终不能摇；虽死生在前，亦不能夺。其节之过人又如此。若此人者，果可谓之君子人乎？"吾知既有其才，又有其节，信非君子不能也。然是人也，自学者言，则为君子；自国家言，则所谓社稷之臣者也。盖有才无节，则平居虽有干济之能，而一遇有事，将诡随而不能振；有节无才，则虽有所执持，而识见不远，经济无方，亦何益于国家之事哉？所以人君用人，于有才而未必有节者，则止用之以理繁治剧；于有节而未必有才者，则止用之以安常守法。至于重大艰难之任，则非才、节兼备之君子，不可以轻授也。

【原文】

曾子曰："士不可以不弘毅，任重而道远。仁以为己任，不亦重乎！死而后已，不亦远乎！"

【张居正讲评】

弘是宽广。毅是强忍。任是责任。道字，解作路字。曾子说："士立身于天地间，要为圣为贤，必须有大涵养，方才做得。故规模广大，心不安于自足，叫作弘，不弘则隘矣。执守坚定，事必期于有终，叫作毅，不毅则馁矣。士岂可以隘焉而不弘，馁焉而不毅哉？所以然者为何？盖以士所负之任甚重，而其所行之路又甚远也。唯其任之重，必弘而后能胜其重；唯其道之远，必毅而后能致其远，此所以不可不弘毅也。然果何以见其任之重而道之远？盖仁者，人心之全德，兼众理，备万善者也。士乃以之为己任，必欲身体而力行之，则是举天下之善，尽万物之理，皆在于我之一身，其任不亦重乎？且其任是仁也，直至没身而后已，若一息尚存，此志亦有不容少懈者，则是向前策励再无可驻足之时，其道不亦远乎？"夫其任重而道远如此，此士之所以贵弘毅也。大抵孔门为学，莫要于求仁。而仁之为道，则非全体不息者，不足以当之。唯其全体也，则无一理之不该，所以不可不弘；唯其不息也，则无一念之间断，所以不可不毅。这正是曾子平生所学得力处，故其示人亲切如此。

【原文】

子曰："兴于诗，立于礼，成于乐。"

【张居正讲评】

兴是兴起。立是卓立。成是成就。昔孔子删诗书，定礼乐，以教学者。正欲其实体于身而有所得，故特举以示人说道："君子立教，不过要人为善去恶而已。然所以兴起其好善恶恶之良心者，每得之于《诗》。盖《诗》本性情，有邪有正，其言词明白易知，而吟咏之间，抑扬反复，其感人又易入。于此学之，则其好善恶恶之心，有油然感发而不能自已者，所以说兴于《诗》。此可见《诗》之当学也；善念既兴，又必卓然有以自立。然后善在所必为，恶在所必去。而其立也，则得之于《礼》。盖《礼》以恭敬辞让为本，而有节文度数之详，可以敛束人之身心，坚定人之德性。于此学之，则自能卓立持守，而不为外物之所摇夺。所以说立于《礼》，此可见《礼》之当学也；既能自立，又必达到那纯粹至善的地位，乃为成就，而其成也，则得之于乐。盖乐以和为主，其声容节奏可以养人之性情，而荡涤其邪秽，消融其渣滓。于此学之，则自然义精仁熟，而和顺于道德矣，所以说成于乐，此可见乐之当学也。"然古人《诗》《礼》、乐之教，皆发于性情之正，本于中和之德，故能成就人才如此，若后世以吟咏声韵为诗，而无关于性情，以虚饰仪文为礼，而不本于恭敬，以嬉戏淫哇为乐，而反乖于中和，则于《诗》《礼》、乐之本然者失之远矣，亦何足务哉？善学者辨之。

【原文】

子曰：民可使由之，不可使知之。

【张居正讲评】

民是凡民,由是身行其事,知是心悟其理。孔子说:"道理在天地间,件件都是人所当知的。然为人上者之于凡民,但可使之由于是理之当然,而不能使之知其所以然。"盖所当然者,如父当慈、子当孝之类,皆民生日用之事,就是寻常庸众的人也都行得,故能使由之。若其所以当然之故,则皆出于天命人心之本然,其理精微奥妙,必须资质高明,学力至到者,乃能脱然有悟。其在凡民,如何便会晓得? 所以不能使之知也,然知之之理,亦不外于所由之中。圣人在上以先知觉后知,以先觉觉后觉,至于渐摩既久,天下自然化成矣,亦何不可知之有哉!

【原文】

子曰:"好勇疾贫,乱也。人而不仁,疾之已甚,乱也。"

【张居正讲评】

勇是勇敢。两个疾字都是疾恶的意思。乱是悖乱。已甚是过甚。孔子说:"柔懦之人,虽恶贫无能为也;安贫之人虽好勇,固无害人。惟是那好勇尚气的人,身处穷困,乃疾恶其贫,而不肯安分守己,则必以血气之强而济其苟得之念,虽为盗贼从悖逆皆不顾矣,岂不至于为乱乎? 至若不仁的人,本心已失,如其恶未著,尚可容恕,则化之以善可也。若其罪当诛,而吾又得以诛之,则遂诛之可也。不然而徒疾恶过甚,使之无所容其身,则事穷势迫,必将求泄其愤恨,而逞凶肆暴,无所不至矣,岂不足以致乱乎?"夫好勇疾贫者,是身自为乱,固为天下之首恶,至于恶不仁者,本为正理,特以处之不善,乃亦足以致乱,而徒为祸阶。则君子之待小人,岂可以轻发而不审处哉!

【原文】

子曰:如有周公之才之美,使骄且吝,其余不足观也矣!

【张居正讲评】

骄是以人皆不能,而夸己独能的意思。吝是但欲己有是能,而不欲人之皆能的意思。孔子说:"人之处世,固贵于有才,而不可自恃其才。自古言才能技艺之美者,莫如周公。

如或真有周公之才之美,固是难及,然须持之以谦虚可也。设使以已有是才也,而怵然自骄,谓人皆不如己,又忌人有是才也,而执吝自私,不欲善于人同,则无其德而大本失矣,其余才艺之美,亦何足观哉?"夫有周公之才之美,而一涉骄吝,尚不足观,况无周公之才而骄吝者乎? 人当常加自省而存抑畏之心可也。故圣如帝舜,而合己从人,功如大禹,而不自满假。诚知谦虚之受益,而骄吝之丧德也。然则孔子之言,岂徒在下位者所当知哉?

【原文】

子曰:"三年学,不至于谷,不易得也。"

【张居正讲评】

至字当作心志的志字。谷是俸禄。孔子说:"古人之学将以明善诚身,求尽其为人之理而已。然学既成矣,则君必见用,而养之以禄。此乃理之自然,而其本心则不为此也。后世人心不古,见学之可以得禄,乃遂有为干禄而后学者。亦有学问之功始加,而利禄之念随之者。此不惟失学之本意,而心逐于利,其学亦无所得,乃天下之通患也。若有人焉专精为学至于三年之久,而其心不志于谷禄,则是谋道而不谋食,为己而不为人,志高识大,超出乎时俗之表者也,这等的人岂易得哉?"所以人君用人,于那有实学的必录用而尊显之,使得以展尽底蕴。若夫假学以沽名干进者,则摈抑而不用。庶乎贪位慕禄之徒,不至于滥窃名器,而无补于国家也。

【原文】

子曰:"笃信好学,守死善道。危邦不入,乱邦不居。天下有道则现,无道则隐。邦有道,贫且贱焉,耻也。邦无道,富且贵焉,耻也。"

【张居正讲评】

笃是深厚牢固的意思。孔子说:"君子之修身处世,必须学问、操守,兼造其极,乃为尽善,甚不可苟也。若有人焉于道理的确有见,则信之极其诚笃,虽议论纷纭,一毫都动移他不得,其志向之专如此,而又能孜孜务学,格物穷理,以求其是非之真,而尽其精微之奥,则讲究明而辨别审,所信者一出于正矣。遇事心里主定在此,则守之极其坚固,虽死生利害,一切都摇夺他不得,其执持之果如此,而又能事必由理,行必合义。初未尝劝匹夫之小信,而乖中庸之大道,则关天常而扶人纪,所守者允得其当矣。夫笃信好学是有学也,守死善道是有守也。为君子而有学有守,则知之必明,行之必勇,出处去就,焉往而不善哉?故其遇危邦也,则避之而不入,其在乱邦也,则去之而不居。当天下之有道也,则显身而仕;天下无道也,则退藏而隐。"此其去就之义洁,出处之分明,非有学有守者,何足以与此?然这样人,不但可以善一己之行藏而已,使人君得而用之,则有大涵养,自有大设施。平时必能尊主庇民,建功立业。有事必能砥砺名节,匡扶世运,所补殆非浅浅矣!学问、操守之系于人也,大矣哉!

耻是愧耻。孔子说:"士之处世,既贵有可用之才,又贵有能守之节。若乃邦国有道,有明君以出治于上,有贤臣以辅治于下,贤者必使之在位,能者必使之在职,正君子向用之时也。当此时而乃为世所弃,困处于贫贱之中,则其无善可称,无才可录可知矣。岂不可愧耻乎?至若邦国无道,上无明君,下无贤臣,非贿赂不可得官,非谄佞不能固宠,正小人向用之时也。当此时而乃与世相合,致身于富贵之地,则其贪位慕禄,卑污苟贱可知矣,岂不可愧耻乎?"盖唯其不能笃信好学,守死善道,故世治而无可行之道,世乱而无能守之节,乃碌碌庸人而已,何足取哉?士之不可以无养也如是夫!

【原文】

子曰:"不在其位,不谋其政。"

【张居正讲评】

谋是图议,政是政事。孔子说:"凡人有是职位,则有是责任,则有是谋为,如任公卿大夫之职,则当谋公卿大夫之政。若不在其位,则其政事本与我无与者,而乃商度其可否之宜,条陈其利害之故,是为思出其位,犯非其分矣,奚可乎?故凡不在其位,则当介然自守,虽知识见得到,才力干得来,亦不可图谋其政事。"盖所以安本然之分,而远侵越之嫌,人之自处当如是也。然士人之学期于用世,则匹夫而怀天下之忧,穷居而抱当世之虑,亦有所不容已者。要之,潜心讲究,则为豫养非分干涉,则为出位。豫养者待用于不穷,出位者轻冒以取咎,此又不可不辨也。

【原文】

子曰:"师挚之始,《关雎》之乱,洋洋乎盈耳哉!"

【张居正讲评】

师是太师,掌乐之官。挚是太师之名。《关雎》是《诗经·国风》首篇。乱是乐之卒章。洋洋是美盛的意思。盈是满。孔子说:"昔吾自卫反鲁之时,既曾正乐,适遇师挚在官之始,又能审音,故其时乐之残缺者已为之补,失次者已为之序。但见大乐之作,自其始奏之时,直至于《关雎》之卒章,一皆清浊相济,高下相宜,洋洋乎极其美盛,满耳而可听也,惜乎今也不得而复闻矣。"盖以孔子之圣而正乐,以师挚之贤而掌乐,故一时音节美盛如此。自师挚适齐,继者皆不能及,圣人所以追思而叹美之也。

【原文】

子曰:"狂而不直,侗而不愿,悾悾而不信,吾不知之矣。"

【张居正讲评】

狂是疏狂。侗是昏昧无知的模样。愿是谨厚。悾悾是愚拙无能的模样。信是诚实。吾不知之者是甚绝之之词。孔子说:"赋性疏狂的人,宜乎行事直率方好。今却只好高夸大,及至到那有利害处,自家要讨便宜,外面却以道理责人,这等样奸狡不直。赋性昏昧的人,凡事既不知道,宜乎谨厚方好。今却轻举妄动,又不谨慎重厚。赋性愚拙的人,凡事既不能干办,宜乎诚实方好,今却诡谲虚诈,又不诚信笃实。这三样人,我也不知道他是何等的人。"盖狂而直,侗而愿,悾悾而信,虽是气质有偏,然犹不失其本然之真,尚可以陶镕。若不直、不愿、不信,则本真已失,而习染愈蔽,终不可以化诲者也,故孔子绝之。

【原文】

子曰:"学如不及,犹恐失之。"

【张居正讲评】

如不及,是如有所追而不能及的意思。孔子说:"人之为学将以致知力行,而求进乎圣人之道也。然使无勤敏之功,则其心徒劳而无益。使无警醒之心,则其功终怠而不前。所以,君子之为学也,研究以求进其知,体验以求进其行,孜孜汲汲,惟日不足,常如有所追而不能及的一般。其用功之勤如此,而其心犹不敢有一时之或惰,当日进之时,怀日退之惧,唯恐失其所学,而过有所不及也。"夫以君子之学,其勤励警惕有如此者,此所以能成其学也,不然,则心不在焉,或作或辍,终亦岂能有成也哉?

【原文】

子曰:"巍巍乎,舜禹之有天下也而不私有焉!"

【张居正讲评】

巍巍是高大的模样。不与是不相关的意思。孔子说:"圣人之识见度量迥与常人不同。常人之情即有一命一爵之荣,未免自视侈然,志得意满,何其卑小也!若乃巍巍乎识量高大而不可及者,其惟舜、禹乎?盖舜、禹二圣人,本以匹夫之微,一旦有天下为天子,其崇高富贵可谓极矣,乃舜、禹则视之漠然,不以为乐,全似与己不相干涉的一般。此其心直超乎万物之上,而众人以为可欲而不可得者,举无一足以动其中,其胸襟气象视寻常真不啻万倍矣,是何其巍巍矣乎?"盖舜、禹之心只知天位之难居,虑四海之不治,日惟兢业万机,忧劳百姓而已。若夫有天下之可乐,奚暇计哉?此万世颂圣明者,必归之也。后世人君,诚能以其不与天下之心,而尽其忧勤天下之实,则二圣人之巍巍不难及矣!

【原文】

子曰:"大哉尧之为君也!巍巍乎,唯天为大,唯尧则之。荡荡乎,民无能名焉。巍巍乎其有成功也,焕乎其有文章!"

【张居正讲评】

则字,解作准字。荡荡是广远之称。名是名状。成功指勋业说。焕是光明。文章是礼乐法度之类。孔子说:"自古帝王多矣,然莫有过于尧者。大矣哉,尧之为君乎,何以见其大?盖巍巍乎极其高大而无不覆冒者,唯天而已。谁能并之?独有帝尧之德高不可及,大而无外,能与之准,其包涵遍覆,就与天一般,故其德之广远,荡荡无涯,而形迹俱泯。当时之民一皆涵咏盛德而不识其功;鼓舞神化而莫测其妙,无有能指而名之者。其与天之不可以言语形容,又何异哉?唯其不可名,此所以为天也。然亦岂无可见者乎?就其治功之成就处观之,则黎民吾见其时雍,万邦吾见其协和。巍巍乎功业之隆盛,有莫可得而尚者焉,又就其治功之有文采处观之,以礼乐则极其明备,以法度则极其修明,焕乎文章之光显有不可得而掩者焉，尧之所可见者如此！若其德之不显者，则终不可名也。大哉尧之为君，非冠古今而独盛者乎？"

【原文】

舜有臣五人而天下治。武王曰："予有乱臣十人。"孔子曰："才难，不其然乎？唐虞之际，于斯为盛，有妇人焉，九人而已。三分天下有其二，以服事殷。周之德，其可谓至德也已矣。"

【张居正讲评】

乱字，解作治字。际是交会之时。妇人指武王之妃邑姜。昔门人将述孔子评论人才之言，先记说：自昔君天下者治莫胜于虞舜。其时有圣哲之臣五人，如禹平水土、稷播百谷、契敷五教、皋陶明刑、益掌山泽。凡虞舜所欲为的，五人都代为之，故能使四方风动从欲以治焉。是虞舜得人之盛如此！继夏、商而王者，治莫胜于周武王。武王尝自言曰：予有致治之臣十人。在外有周公旦、召公奭、太公望、毕公、荣公、太颠、闳天、散宜生、南公适为之辅理，在内有贤妃邑姜为之赞助，故能使四海永清，垂拱而治焉，是有周得人之盛如此！孔子有感而叹之说道："吾闻古语说，人才之生，最为难得，以今观之，岂不信然矣乎？盖自古圣圣相承，如唐虞交会之际，其时气运方隆，人才辈出，固极盛而无以加矣，自此以后，则唯我周为盛焉。唐虞固有五人，以赞成风动之功。我周亦有十人，以夹辅永清之烈，是我周真与唐虞比隆，而非夏商之所能及也。然数止十人，已为少矣，而中间有妇人焉，其实奔走御侮之臣，不过九人而已。以我周之盛而贤臣止于九人，岂不为难得哉？"然则，才难之一言，信乎其不诬矣。大抵得人固难，而知人与用人尤难，虞舜、武王唯其知之明而用之当，故能成天下之治如此。若知有未真，则取舍犹有所眩惑，用之未尽，则底蕴无由以展布，何以收得人之效乎？故知人善任，尤人君治天下之本，不可不慎也。

服侍是臣服敬事。孔子说："人臣事君，固有一定之分，然使国家全盛，君德休明而为之臣者，能敬顺守职乃是常事，不足称也。惟殷纣暴虐无道，国祚日益衰微，文王发政施仁，人心日益归向，以天下大势计之，三分之内，二分都归于文王，盖有天下之大半矣。当是时以仁伐暴，以周代殷，特一反掌之间耳，乃文王则坚守臣节，以服事殷纣，初不以盛衰强弱二其心。则是时可为而不为，势可取而不取，非盛德之极，能如是乎？然则我周文王之德，其可谓至极而无以加者矣。"夫孔子之称至德者二，于泰伯则以其让天下，于文王则以其服侍殷，皆所以明君臣之义，立万世之防，而惧乱臣贼子之心也，读者宜致思焉。

【原文】

子曰："禹，吾无间然矣。菲饮食而致孝乎鬼神，恶衣服而致美乎黻冕；卑宫室而尽力乎沟洫。禹，吾无间然矣。"

【张居正讲评】

间是有罅隙可非议处。菲是薄。鬼神是天神、地祇、人鬼。恶字，解作粗字。沟洫是田间水道，旱时蓄水，涝时泄水，以便百姓们耕种的。孔子说："帝王之治天下，事无大小，莫不各有至当不易的道理。少有未合，人即得指其罅隙而议之。我观大禹所行的事，件件合宜，无一些罅隙可以非议。如饮食，所以养生。禹之时，九州作贡，王食非不足也，乃却珍馐而进粗粝，其自用之淡薄如此！至于奉祀郊庙鬼神，则牺牲粢盛，务极丰洁，又致其诚孝而无敢简焉。衣服所以蔽体，禹之时，玉帛万国，文绣非不足也，乃合华绮而衣粗恶，其被服之朴素如此！至于临朝承祭所尚的黻冕，则服物采章务求尽制，又极其华美而无所吝惜焉。宫室所以居身，禹之时四海为家，非不可备壮丽之观也，乃安卑隘而戒峻宇，其自处之简陋如此。至于百姓每备水旱的沟洫，则又胼手胝足以经理之，而竭尽其力，不以为劳焉。夫礼，有所当丰，事有所宜俭。当丰而俭则过于陋，当俭而丰则失之奢。皆未免于可议也。今观大禹，他自己身上一些不肯享，用至于事神勤民，却又这等周悉。丰所当丰，而不可谓之奢；俭所当俭，而不可谓之陋。虽欲议之，曾何罅隙之可窥哉？"所以又说："禹，吾无间然矣！"盖深赞其美，以示万世为君之法也。然孔子之称赞大禹，固以其丰、俭适宜，其实还重在俭德上。盖人之常情，奉身之念每厚于事神为民。而人君富有四海，其势又得以自遂其欲。故致孝鬼神可能也，菲饮食不可能也；致美黻冕可能也，恶衣服不可能也；尽力沟洫可能也，卑宫室不可能也。书称禹克勤于邦，克俭于家，盖必俭而后能勤。若一有奉身之念，则虽以天下奉一人而犹恐不足，又焉能勤民而致力于神哉？欲法大禹者，尤当师其俭德可也。

子罕第九

【原文】

子罕言利与命与仁。

【张居正讲评】

罕是少。利是人情之所欲。命是气运之流行,如死生祸福之类,幽远而难必者。仁是心之德。门人记说:夫子平日教人,虽言无不尽,然亦有所少言者,则有三件:利与命与仁是已。盖利与义相反,学者而谋利则廉耻之道乖;有国家者而好利则争夺之祸起,其端甚微,其害甚大。故夫子罕言之,欲人知所戒也。天命靡常,其生死祸福寿夭穷通之理窈冥而难知,幽远而难必,人惟宜尽人道之所当为者,而默以听之。若语人以命,则人将一一取必于天,而怨尤之心生矣,故夫子亦罕言,欲人之自修也。仁具于心,乃四端万善之统体,其道至大而难尽,若强以示人,则未免有躐等之患矣。故夫子亦罕言之,欲

兽面纹龙流盉

人之渐进也。夫观圣人之所罕言,则吾人之所当务者可知矣。

【原文】

达巷党人曰:“大哉孔子!博学而无所成名。”子闻之,谓门弟子曰:“吾何执?执御乎?执射乎?吾执御矣。”

【张居正讲评】

五百家叫作一党,达巷是党名。孔子道全德备,其学无所不通,当时无有知之者。有个达巷党人曾私议说:“凡人知识有限,常患于狭小,今观孔子大矣哉,其学之博乎!大而

道德陞命之奥,细而礼乐名物之微,靡不究其旨归,析其条理。今虽欲指其一事而名之,但见其无所不通,无所不能。诚不可以一善之成名者目之也,何其大矣哉!"夫党人以大哉称孔子,盖庶几乎知言,而其所以为大者,乃徒以博学称之,则亦非深知圣人者矣。

执是专执。御是御车。孔子闻党人之言,乃对门弟子谦逊说道:"党人称我之博学,以吾之多能鄙事也。其谓我无所成名是欲我专执一艺以自见也。然则吾将何所执乎?夫六艺之中有所谓御与射者,守着一件,皆足以成名。我将执御者之事乎?抑将执射者之事乎?就这两样较来,则御乃卑贱之役,执守尤易。然则,我将执御以成名矣。"盖闻人誉己,承之以谦也。夫孔子之圣,生而知之,其道以一贯之。固不待于博学,而亦非有意于求名者,惜乎党人不足以语此!若夫观人之法,则不可以概求,或全德之士可以大受,或偏长之士可以小知。随才善用,此又为治者之先务也。

【原文】

子曰:"麻冕,礼也;今也纯,俭,吾从众。拜下,礼也;今拜乎上,泰也。虽违众,吾从下。"

【张居正讲评】

古时布皆用麻。麻冕是用麻布染作缁色以为冠者也。纯是丝。俭是省约。泰是骄慢。孔子说:"大凡事之无害于义者,或可以随俗;若有害于义者,断不可以苟从。如古者之冕,以细麻缉成的缁布为之礼也。今也以其细密难成而改用丝为之。用丝比之用麻较为省约,是之谓俭。俭虽非礼,然不过制度节文之小,无害于义,犹可以随时者也,故吾亦从众,不必于立异焉。若夫臣之拜君而必于堂下者,亦古制之礼也。而今也则皆拜于堂上,是流于骄慢而为泰矣。泰则有亏于君臣之义,乃纲常伦理所关,非细故也,故虽违背众人之所行,吾宁从下而不顾焉。"此可见圣人之处世,不论流俗之好尚,而唯以义理为权衡,或从或违,唯其是而已。此所以为万世礼义之中正也。

【原文】

子绝四:毋意,毋必,毋固,毋我。

【张居正讲评】

绝是绝无。四个"毋"字都与有无的无字同。意是私意。必是期必。固是执滞。我是私己。门人记说：吾夫子应事接物，其所绝无者有四件。四者为何？意、必、固、我是已。盖人心本自虚明，只为物欲牵引，便不能随事顺应。如事之未来，先有个臆度的心，这叫作意。又有个专主的心，这叫作必。事已过去，却留滞于胸中不能摆脱，这叫作固。只要自己便利，不顾天下之公理，这叫作我。此四者，人情之所不能无也，若我夫子，则廓然大公，物来顺应，未事之先，无有私意，亦无有期必，既事之后，未尝固执，亦未尝私己。其心如镜之常明，略无一些蔽障。如称之常平，略无一毫偏着，所谓绝四者如此！然是四者，非圣人不能尽无。若人能随事省察，克人欲而存天理，则亦可由寡以至于无，而人于圣人之域矣。先儒说：忘私则明，观理则顺。此学圣人者所当知。

【原文】

子畏于匡，曰："文王既没，文不在兹乎？天之将丧斯文也，后死者不得与于斯文也；天之未丧斯文也，匡人其如予何？"

【张居正讲评】

遇难而有戒心叫作畏。匡是地名。文是道之显然者。后死者是孔子自称之词。昔鲁有乱臣，阳虎曾为暴虐于匡，匡人恨之。孔子一日适陈，经过其地，匡人见夫子貌似阳虎，遂误认而举兵围之。夫子因此有戒心于匡，而弟子之从者皆惧。故夫子解之说："道每因文而显，亦必得人而传。昔也文王未殁，则前乎群圣人之文，传在文王。今也文王既殁，则斯文独不在我乎？夫斯文之兴丧皆天也。若使天将丧斯文也，则所以赋于我者，必有所靳，而我为后死者，且将道无所见，学失其宗，自不得与于斯文矣。今天之所以与我者如此。而我既得与于斯文，则是天未欲丧斯文也。天既未欲丧斯文，则我命在天，匡人其能违天而害我乎？吾于此盖有以自信，而二三子亦不必忧患矣。"夫圣人当不测之变，而处之泰然如此。真所谓卒然临之而不惊，无故加之而不慑者。学者观此，不唯可征其见理之明、任道之勇、而亦足为养心不动气之法矣。

【原文】

太宰问于子贡曰:"夫子圣者与? 何其多能也?"子贡曰:"固天纵之将圣,又多能也。"子闻之,曰:"太宰知我乎? 吾少也贱,故多能鄙事。君子多乎哉? 不多也。"

【张居正讲评】

太宰是官名。当时有个太宰,曾问于子贡说:"吾闻无所不通之谓圣。今观夫子其殆所谓圣者与? 不然何其多才多艺,而无所不能也?"夫以多能为圣,则其知圣人亦浅矣。

纵字与肆字一般,是无所限量的意思。将字解作使字。又是兼而有之。子贡答太宰说:"汝以多能为圣乎? 不知圣之所以为圣者,固在德而不在多能也。且如天生圣贤都各有个分量,独吾夫子则德配天地,道冠古今,自生民以来未有如其盛者。是乃天纵之而使圣,未尝有所限量。"德既造于至圣,则其才自无所不通,所以又兼乎多能耳。然则多能乃圣之余事,而岂足以尽夫子之圣哉? 子贡之言,盖智,足以知圣人者也。

孔子闻太宰、子贡问答之言,固不敢以圣自居,又恐人遂以多能为圣,乃自明其意说:"太宰谓我多能,其知我所以多能之故乎? 盖我少时贫贱,既无官守,又无言责,故得以从容游艺,于凡礼、乐、射、御、钓弋、猎较之类,一一皆习而通之,遂多能此鄙细之事耳! 非以圣而无不通也。且君子之道其果贵于多能乎哉? 夫世间有大学问,有大事业,君子惟于其大者求之,必不以此多能为贵也。君子既不贵于多能,又何以是为圣哉? 然则以我为圣,固不敢当,而以圣在多能,尤失之远矣!"

【原文】

牢曰:"子云:'吾不试,故艺。'"

【张居正讲评】

牢是孔子弟子琴牢,字子张。试是用。艺即是多能。门人因记琴牢之言说道:"夫子平日尝云,我少时人不见知,未尝试用于当时,故得以习于艺而通之。夫子此言,其即吾少也贱,故多能鄙事之谓也。然则多能非君子之所贵,而夫子之所以为圣,诚不在于多能矣,太宰恶足以知之?"按此章太宰之言与达巷党人之言相似。孔子一则以执御自居,一则以多能为鄙,固皆自谦之词。其实圣学之要,不在于此。盖修己有大本大原,治天下有大经大法,自尧舜以至于孔子皆然,不以博学多能为急也。学圣人者宜详味乎斯言。

【原文】

子曰:"吾有知乎哉?无知也。有鄙夫问于我,空空如也,我叩其两端而竭焉。"

【张居正讲评】

鄙是凡陋。空空是无能的模样。叩是发动。两端譬如说两头,言备举其理也。竭是尽。孔子之圣无所不知,当时必有以是称之者。孔子闻而辞之说:"人固谓我为有知,我果有知乎哉?实无所知也。但我平日告人,不敢不尽,固不待贤者问之而后告也。就是个鄙陋之夫来问于我,在他虽然空空然其无能也,我却不敢以其愚而忽之,务必罄我所知,发动其两端以告之,始终本末、上下精粗,无有不尽者焉。夫以我之告人,必尽其诚如此。所以时人遂以我为有知,而我实则无所知也。"此乃圣人之谦辞,然谓之叩两端而竭,则其无所不知,与夫诲人不倦,皆可见矣。

【原文】

子曰:"凤鸟不至,河不出图,吾已矣夫!"

【张居正讲评】

凤鸟、河图都是盛世的祥瑞。昔虞舜时凤凰来仪于庭,文王时凤凰鸣于岐山,伏羲时河中有龙马负图而出,其数自一至十,伏羲则之以画八卦。盖圣王在上,则和气充溢于天地之间,故其祥瑞之应如此!已矣夫是绝望之词。春秋之时,圣王不作,孔子之道不行,故有感而叹说,吾闻圣王之世,凤鸟感德而至,河图应期而出,今凤鸟不至,则非虞舜、文王之时矣。河不出图,则非伏羲之时矣,时无圣王,谁能知我而用之?则吾之道其终已矣夫,不复望其能行矣。此可见圣人之进退,关世运之盛衰,以春秋之世,有孔子生于其间,而终莫能用,此衰周之所以不复振也。

【原文】

子见齐衰者、冕衣裳者与瞽者,见之,虽少,必作;过之,必趋。

【张居正讲评】

齐衰是丧服。冕是冠冕。冕衣裳是贵者之命服也。虽少二字当在冕衣裳者之下,盖简编之误也。瞽是无目之人。作是起。趋是急行。门人记说：吾夫子平日但见有丧而服齐衰的人、有爵位而冕衣裳的人，便肃然起敬，蘷然改容。其人虽年少，或瞽而无目，如遇见之，亦必为之起立。如过其前，则必急趋而行。盖有丧的人方抱悲痛之意，于情可哀，有爵的人既受朝廷之命，于礼当尊。夫子但见其可哀可尊，即为之改容致敬，却不因其少与瞽而遂忽之也。然有爵之当尊，有丧之可矜，人皆知之。惟少者人之所易忽，瞽者人之所易欺，而夫子哀敬之容不为之少异。此所以为圣德之至也。

【原文】

颜渊喟然叹曰："仰之弥高，钻之弥坚，瞻之在前，忽焉在后。夫子循循然善诱人，博我以文，约我以礼，欲罢不能。即竭吾才，如有所立卓尔。虽欲从之，末由也已。"

【张居正讲评】

喟然是叹声。弥是愈甚的意思。昔颜渊游于圣门，学既有得，乃喟叹说道："甚矣，夫子之道无穷尽无方体也。始吾见其甚高也，固尝仰之以为庶几其可及也，然但觉进得一级又有一级，仰之而愈见其高焉；始吾见其深也，固尝钻之，以为庶几其可入也，然但觉透得一层，又有一层，钻之而愈见其坚焉。吾又尝瞻之，见圣人之道若在吾前，我固不及。待去勇猛赶上，则恍惚之间却又在后，而我反过之。"其流动不拘，变化莫测，有不可以为象者焉，夫子之道高妙一至于是，回将何所从事乎？其始之难如此。

循循是有次序。诱是引进。博是广博。文是载道之具。约是约束。礼是天理之节文。颜渊说："夫子之道高妙如此，使不有善教之施，则学者亦何由而入哉？幸而夫子则循循有序，而善于引入之进焉，以这道理散见于天地间的叫作文，文有不博，则无以见道之万殊而得真，乃博我以文，使我通古今达事变，把天下的道理都渐次去贯通融会，而聪明日开，不病于寡陋矣。以道理散殊中，各有个天理自然的节文，叫作礼。礼有不约，则无以会道之一本而体其实，又约我以礼，使我尊所闻，行所知，把天下的道理都逐渐去操持敛束，而依据有地，不苦于泛漫矣。博以开约之始，既非径约者之无得，约以收博之功，又非徒博者之无归。"夫子之循循善诱如此，回之得知所从事者，不有赖于此乎？

卓尔是卓然有见的模样。末字解作无字。颜子又说："回既领夫子博约之教，乃知所向往,实下功夫。博文约礼,交进互发,遂日见得这道理趣味本无终穷。工夫不容间断,虽欲住歇,自不能已。而尽心尽力,既竭吾才以求之。至于用力之久,一旦豁然贯通,向之高坚前后,无处捉摸者,今皆有以识其本原,见其定体,分明的确,若有象焉,卓然立在我面前。只是就要跟上,与之为一,却又无由便到得。盖圣人之道圆活周流,从心不逾,神无方而易无体,一切出于自然,有非思勉所可为,智力所可到者。当此之时,惟尝勿忘勿助,以俟其白化而已,又安能容心着力,以强其速化哉?"回于此盖深感圣教之为功,而益信圣道之为妙矣。这篇中博文约礼,正是圣学切实下手处,盖学不外于知行二者。尧舜以来,所谓惟精以察之,即是博文的工夫,唯一以守之,即是约礼的工夫。此孔子得统于尧舜,而颜子为善发圣人之蕴者也。学者真能从事于此,而加竭才之功焉,则何帝王之不可为,圣贤之不可及哉?

【原文】

子疾病,子路使门人为臣。病间,曰:"久矣哉,由之行诈也。无臣而为有臣。吾谁欺?欺天乎?且予与其死于臣之手也,无宁死于二三子之手乎?且予纵不得大葬,予死于道路乎?"

【张居正讲评】

病是疾甚。门人是子路的弟子。臣是家臣。昔孔子有疾,其势甚危,子路虑及身后之事。以为夫子是道高德厚的圣人,倘有不测,其礼自当尊异,乃使其门弟子为孔子之家臣。盖古时为大夫者皆有家臣治其家事,死则为之治丧,如以臣事君之礼,故子路以此尊孔子。然孔子时以去位,实不当有家臣,是未知所以尊之之道也。

病间是病少可。诈是不实。子路使门人为孔子家臣,孔子时方病笃,不知其事。及病少可,乃知而责之说:"久矣哉,由之行事诈而不实也。昔我为大夫时,曾有家臣。今既去位,则不当有家臣矣。人皆知我之无家臣而我乃为此不情之事,偃然自以为有家臣,则我将谁欺,无乃欲欺天乎?人而欺天,莫大之罪。况天不可欺,徒自为虚诈而已。"孔子归罪于己,乃所以深责子路也。

二三子指门人说。孔子又晓子路说道:"汝之欲用家臣,岂欲以是而尊我乎?不知君子当爱人以德，处人以礼。且如我今日，与其死于家臣之手，而以非礼自处。岂如死于二三子之手，而以情义相与之为安矣。就是我无家臣，不得举行大葬之礼，岂至死于道路终弃而不葬乎？"一般是死，一般是葬，乃不待我以师弟之情，而欲强为君臣之礼，以至于行诈而欺天，亦独何心哉？由之此举盖非惟不当为，且亦不必为矣。夫圣人于疾病危迫之中，而事天之诚，守礼之正，一毫不苟如此！此所以为万世法也。

【原文】

子贡曰："有美玉于斯，韫椟而藏诸？求善贾而沽诸？"子曰："沽之哉，沽之哉！我待贾者也。"

【张居正讲评】

韫是藏。椟是柜。两个贾字，即是价值的价字。沽是卖。昔子贡以孔子怀才抱德不出而求仕，故设言以问之说："天下有重宝，则必有重用，且如物之贵重者莫如玉，而美玉则尤贵者。今有美好之玉于此，果只自家爱惜，韫之于柜而藏之欤？抑将出售与人，求价值之相当者卖之欤？"子贡之意盖以美玉比夫子，而以藏沽喻行藏也。孔子答说："玉本有用之物，使不沽之，是使有用为无用也。吾其沽之哉，吾其沽之哉！盖天下之宝，当与天下共之，何可以自私也？然玉本至贵之物，使自沽之，则人将轻视而不以为宝，是使贵为贱也。吾必待夫以善价来求者而后与焉。"盖天下之宝，当为天下惜之，尤不可以自轻也。知玉之当沽，则知夫子之当仕。知玉之待价，则知夫子之待礼。如无礼而自往者，是衒玉而求售也，圣人岂为之乎？此可见士之出处，待则为自守之正，求则为奔竞之私，诚不可不慎辨矣。若夫人主之于贤才，又当精其选于未用之先，不使匪人得枉道以求合。专其任于既用之后，不使贤者合所学而从我。然后为真好贤之明君也。

【原文】

子欲居九夷。或曰："陋，如之何？"子曰："君子居之，何陋之有？"

【张居正讲评】

九夷是东方九种夷人。陋是鄙陋。昔孔子周游四方，本欲行道于天下。然当时上无贤君，不能信用，孔子知其道终不行，乃欲远去中国，而居九夷之地。是虽伤时愤世，有所激而云然。然孔子大圣,自能用夏以变夷,则虽夷狄,亦无不可居者。或人不知,乃问孔子说:"九夷之地言语不通,嗜欲不同,其俗鄙陋,如之何其可居也?"孔子答说:"天下无不可变之俗,亦无不可化之人。九夷虽是鄙陋,若使有道德的君子居于其间,则必有诗、书、礼、乐以养其身心,有冠裳文物以新其耳目,自将化鄙陋而为文雅,与中国一般,又何陋之有哉?"此可见圣人道大德宏,存神过化,如帝舜耕于历山,而田者让畔。泰伯、端委以化荆蛮,感应之妙,有不约而同者,使孔子得邦家而治之,则绥来动和之化,其功效岂小补哉?惜乎春秋之不能用也。

【原文】

子曰:"吾自卫反鲁,然后乐正,《雅》《颂》各得其所。"

【张居正讲评】

《雅》是《大雅》《小雅》。《颂》是《周颂》《鲁颂》《商颂》。都是《诗经》的篇名。其中的诗词就是乐章。孔子说:"周之礼乐尽在我鲁国,音乐诗词本是全备的,但历年久远,那诗乐的篇章节奏都错乱了。我尝周游四方,参互考订,始知其说,故自卫归鲁,特为正之。残缺者悉为之补,失次者悉为之序,然后乐之始终条理皆得其正。而二《雅》三《颂》之诗被诸弦歌者,或用诸宗庙,或用诸朝廷,亦各得其所,而无有紊乱者矣。"这是孔子自叙其正乐之事如此。

【原文】

子曰:"出则事公卿,入则事父兄,丧事不敢不勉,不为酒困,何有于我哉。"

【张居正讲评】

孔子说:"人于日用伦理之间,起居饮食之际,每每视为近易。若必一一求尽其道,盖亦甚难。且如出而在邦国,则善事公卿,而上交有道,不失其尊贵之礼;入而在家庭,则善事父兄,而孝敬恳挚,克修其弟子之仪。遇有丧事则不敢不勉,不特三年之丧,然后竭诚尽慎,就是期功缌麻,亦必缘分敦礼。至于晏享饮酒,则不为所困,虽有时而饮,用以成礼合欢,却未尝多饮,至于昏神乱气。这四件虽不过是寻常的事,然前三件是能于天理之当为者,各尽其道;后一件是能于人情之易动者,不逾其则。亦非德盛礼恭、涵养绝粹者不能为也,反之于己,果何有于我哉?"夫此四者,皆人伦日用庸德之行,而我犹有所未能。况君子之学更有大于此者乎? 此吾之进修所以惕然而不宁,汲汲然而匪懈也,此圣人谦己诲人之词,然其至诚无息之心,躬行实践之学,于此亦可见矣。

【原文】

子在川上曰:"逝者如斯夫,不舍昼夜。"

【张居正讲评】

川是水之流处。逝字解作往字。不舍是不息。天地之间,气化流行,亘古今彻日夜,而无一息之停,乃道体之本然也。但其机隐微难识,惟是水之流动最为易见。故孔子偶在川上有感而发叹说:"吾观此水,往者既过,来者复续,混混涛涛,曾无止息。盖天地之化推迁往来,相续而无穷有如是夫。昼固如是,夜亦如是,未尝有顷刻之暂停也。"夫天地之间无物非道,即水流之不息,可以验化机之不滞。即化机之不滞,可以知道体之常存,观物者于此而察之,则自强不息以尽道体之功者,不可有须臾之或间矣!

【原文】

子曰:"吾未见好德如好色者也。"

【张居正讲评】

孔子叹息说道:"常人之情但见有美色,则未有不知好者。至若天所赋予的正理叫作德,德乃人之所本有,亦人之所当好也。然今天下之人,或气禀昏愚,不见其为美而莫之好,或物欲牵引,知其为美而不能好,或自己修德虽尝用力,而无勇往精进之功,或见人有德,虽尝羡慕而无尊贤敬士之实,吾未见有好德如好色之真诚者也。"人若能以好色之心好德,则如《大学》所谓自慊而无自欺。推之以正心、修身、齐家、治国、平天下又何难哉? 孔子此言,其勉人之意深矣。

【原文】

子曰:"譬如为山,未成一篑,止,吾止也! 譬如平地,虽覆一篑,进,吾往也!"

【张居正讲评】

篑是盛土的筐。覆是加。孔子说:"人之为学不日进,则日退。然其进止之机皆系于己，非由于人。以言其止也，不但方进而遽已者才为无成。便是平日已用了九分的工夫，乃一旦止而不为也，就把前面的功夫都废弃了。譬如筑土为山，已是垒得高了，所少者仅一筐之土耳，于此成山岂不甚易，他却忽然中止，不肯加工，则向者所筑皆置之无用而山终不可成矣。然其止也，岂是有人阻挡他来？只是自家心生懈怠，自弃其垂成之功耳，学者可不以是为戒哉？其进也，不但垂成而不已者，才为有益。便是平日未曾下一些工夫，一旦奋发起来，则将来为圣为贤，也限量他不得。譬如在平地上要筑一座高山，所加者才一筐之土耳，指望成山岂不甚难。他却锐然奋进，不肯暂停，则日积月累，功深力到，山亦有时而成矣。然其进也，岂是有人撺掇他来？只是自家勇往向上，不肯安于卑近耳，学者可不以是加勉哉？"大抵人之为学，莫先于立志，所谓止吾止者，其志隳也。志一隳，则何功不废？进吾往者，其志笃也，志一笃，则何功不成？故汤圣人也，而仲虺犹以志自满为戒，高宗令主也，而傅说犹以逊志时敏为言，武王之学可谓成矣，召公犹防其玩物丧志，而譬之于为山九仞，功亏一篑，夫子之言盖防于此。有事于帝王之学者，可不坚持其志哉？

【原文】

子曰："语之而不惰者，其回也与！"

【张居正讲评】

语是告语。惰是怠惰。孔子说："吾之教人，虽言无不尽，然受教者多，能体而行之者甚少。若我以道理告之，而彼即能心解力行，无怠惰之意者，其惟颜回也欤。盖回以睿智之资，务深潜之学，但有所闻，便能融会而贯通，其有所行，又能笃信而专确，如告以克己复礼，则请事斯语，告以博文约礼，则欲罢不能，无一言一动不是发明我所言的道理，何尝有一毫怠惰之心？我所见者，唯此人耳，其他弟子皆不能及也。大抵不惰二字，最为学者之所难，以冉求之多艺，犹画而不进，以子贡之多识，犹倦而请息，况他人乎？"观孔子以不惰称回，以不厌自处，可见圣贤造诣，都自勤学中来，读者所当深玩也。

【原文】

子谓颜渊曰："惜乎！吾见其进也，未见其止也。"

【张居正讲评】

昔颜渊既殁,孔子追思而叹息说道:"惜乎颜氏之子! 吾但见其进也,未见其止也。"盖人或资禀有限,则欲进而不能,或立志不专,则进锐而退速。故能进为难,进而不止者为尤难。惟回之为学,真能勇往直前,惟日不足,必欲造乎精微纯粹之域而后已,吾未见其有止息也。夫进而不已,则其进未可量,虽至于圣人不难,而今不幸死矣! 岂不深可惜乎? 孔子深惜颜回,亦勉励门弟子之深意义也。

【原文】

子曰:"苗而不秀者有矣夫;秀而不实者有矣夫!"

【张居正讲评】

谷之始生叫作苗。吐花叫作秀。结粒叫作实。孔子说:"人之由始学而发达,由发达而成就,譬如谷之由苗而秀,由秀而实一般。然五谷虽为美种,苟培植灌溉之不至,则或但生苗而不开花秀发者有之矣,或虽开花秀发而不结实者有之矣。人有颖悟之资,从事于学而不能精进以发达其聪明,是亦苗而不秀者也。聪明虽已发达,而不能深造以至于成就,是亦秀而不实者也,岂不均可惜哉!"诚能戒始勤终怠之失,为功深力到之图,则进退不已,未有不底于成者,是在自勉而已矣!

【原文】

子曰:"后生可畏,焉知来者之不如今也? 四十五十而无闻焉,斯亦不足畏也已!"

【张居正讲评】

后生是少年的人。畏是敬畏。闻是以善闻于人。孔子说:"后生的人,其势可畏。盖其年纪富盛,而为学有余日,精力强壮,而为学有余功。若能进而不止,则为圣为贤,皆未可量,安知其将来不如我之今日乎? 此所以可畏也。然其可畏者,正以其他日之有进耳,若学力不加,蹉跎岁月,直到四十、五十之年,而尚不以善闻于人,则亦不足畏也已。"盖四十、五十乃君子道明德立,学有成效之时,于此而犹无可称,则终不免为庸人之归而已,又何足畏之有? 可见人之进德修业,当在少壮之时,若少不加勉,则英锐之年,不可常保,迟暮之期,转晒而至。虽欲勉强向学,而年力已衰,非复向时之有得矣,悔之亦何及哉? 古语说,少壮不努力,老大徒伤悲。是以大禹惜寸阴,高宗务时敏,欲为圣帝明王者尤所当汲汲也。

【原文】

子曰:"法语之言,能无从乎? 改之为贵。巽与之言,能无说乎? 绎之为贵。说而不绎,从而不改,吾末如之何也已矣。"

【张居正讲评】

法语之言是直言规谏。改是改正。巽与之言是委曲开导。绎是寻思。末字解作无字。孔子说:"进言者固当因人而施,听言者必当虚己而受,且如我见人有过,将直切的言语明白规正他,叫作法语之言。这样言语说得道理既明快、利害又激切,人之听之,必且肃然起敬,能不畏而从我乎? 然不贵于徒从而已,必须因我之言,一一反求,有不是处,随即改正,不肯畏难苟安,这才是能受直言的人,所以可贵也。见人有过,将道理的言语委曲开导他,叫作巽与之言。这样的言语说得情意既婉转,词气又和平,人之听之,必且恍然有寤,能不说而受我乎? 然不贵于徒说而已,必须因我之言细细寻思,想我的微意所在,时常体贴玩味,这才是乐闻善言的人,所以可贵也。若一时喜说,而不能绎思其理,外面顺从而不能自改其过,则虽正直规谏之论,日陈于前,委曲开导之语,日接于耳,终不足以开其昏迷,救其过失。我亦将奈之何哉?"盖人有不闻善言的,犹望其闻而能悟。今既顺从喜说,有挽回开导之机了,却依旧不能改绎,与不曾闻的一般,则虽言亦何益乎? 所以说吾末如之何也已矣,亦深绝之词也。按孔子此言,乃人君听言之法。盖人臣进言最难,若过于切直,则危言激论,徒以干不测之威,若过于和缓,则微文隐语,无以动君上之听。是以圣帝明王,虚怀求谏,和颜色而受之。视法言则如良药,虽苦口而利于病,视巽言则如五谷,虽冲淡而味无穷,岂有不能改绎者乎? 人主能如舜之好察迩言,如成汤之从谏弗睬,则盛德日新,而万世称圣矣。

【原文】

子曰:"三军可夺帅也,匹夫不可夺志也。"

【张居正讲评】

万二千五百人为军。大国则有三军。帅是主将。匹夫是一匹之夫,言其微也。孔子说:"人莫贵于立志,志苟能定,则主宰在我,天下莫之能夺,且以势之难夺者言之,今以三军之众,拥护一主将,若有不可犯者,然三军虽众,其勇在人。在人则势有时而不合,心有时而不齐。故能以智胜者,可以伐其谋,能以力胜者,可以挫其气。谋败气摧,则主将可擒矣,是至难夺者尚有可夺也。若乃一匹之夫,自持其志,势孤力独,似无难夺者。然匹夫虽微,其志在己,我自家所守要如此,虽千万人无所用其力,故欲困之以危辱,则不过屈其身耳,而心固不可回。欲临之以威武,则不过戕其生耳,而意固不可转,有终不得而夺之者矣。"夫以匹夫之志胜于三军之帅如此,则志之于人岂不大哉?所以为学而有志于圣贤,则便可以为圣贤,为君而有志于帝王,则便可以为帝王。盖其机在我,夫孰得而御之?是以君子贵立志也。

【原文】

子曰:"衣敝缊袍,与衣狐貉者立而不耻者,其由也与?'不忮不求,何用不臧?'"子路终身诵之。子曰:"是道也,何足以臧?"

【张居正讲评】

衣是著衣。敝是坏。缊袍是絮麻的衣服,服之贱者。狐貉是二兽名,其皮可以为裘,乃服之贵者。由,是孔子弟子仲由。孔子说:"凡人不戚戚于处贫,则汲汲于求富。故贫富相形之际未有不动心者,若是身上穿着敝坏的缊袍与那穿着狐貉贵服的人并立,而其心恬然不以为耻,其惟仲由之为人也与?"盖仲由识见已进于高明,志趣不安于卑陋。故能有以自重,而不动心于贫富之间如此。

忮是妒忌的意思。求是贪求。臧字解作善字。孔子称许仲由,又引诗词证之说道:"卫风之诗有云:人之处世,若能于人无所忮忌,于物无所贪求,则其心无累,而人已咸得矣。将何所用而不善乎?若此诗者,仲由足以当之矣。"盖贫与富相形,强者必忮,弱者必求。今由也能不耻己之无,不慕人之有,则其无忮求之心可知,斯可以为善也已。然孔子以是许子路者,盖欲因是而益求其所未至也,乃子路则遂将这两句诗词常常讽咏,终身诵之,是自喜其能,而不复求进于道矣。故孔子又勉励之说:"道不容以易求,学不可以自足,这不忮不求,固是道理所在,然亦不过自守之一端耳。若论终身学问,自有广大高明、精微纯粹的道理,这诗人所言何足为善乎? 汝当勉力进修,以求至于尽善之地可也。"昔子贡以无谄无骄为至,而夫子益之以乐而好礼,子路以不忮不求自足,而夫子抑之以何足以臧,皆取其所已能,而勉其所未至也。

【原文】

子曰:"岁寒,然后知松柏之后凋也。"

【张居正讲评】

岁寒是岁暮之时,天气寒冷。凋是凋零。孔子有感于当时风俗颓靡,思见特立之君子,故比喻发叹以励学者,说道:"春夏和暖之时,万物长养,草木无不畅茂,松柏也不过如此,未见其刚坚有操也。惟当隆冬岁暮之时,寒风凛冽,生意憔悴,草木无不萎死零落者。而松柏乃独挺然苍秀,不改其常。到这时候,然后知其有孤特之节,不与众草而俱凋也。"盖治平之世,人皆相安于无事,小人或与君子无异,至于遇事变、临利害,则或因祸患而屈身,或因困穷而改节,于是偷生背义,尽丧其生平者多矣。独君子挺然自持,不变其旧。威武不能挫其志,死生不能动其心,就是那后凋的松柏一般。所以说士穷见节义,世乱识忠臣,必至此而后知也。知松柏之后凋,则虽春夏之时,亦不可等松柏于他物。知君子之有守,则虽治平之世,亦不可视君子如常人。如必待有事,然后思得君子而用之,岂不晚哉?

【原文】

子曰:"智者不惑,仁者不忧,勇者不惧。"

【张居正讲评】

惑是疑惑。忧是忧患。惧是恐惧。孔子说:"人之不免有疑惑者,凡以见理不明故也。惟夫智者,平日把天下的道理都讲究研穷,明白透彻于心。故事物之来,其是非可否、隐微曲折,无不洞达分晓,便是疑难的事情、巧诈的言语也一毫眩乱他不得,何惑之有? 人之不能无忧患者,凡以私心为累故也。惟夫仁者克己复礼,涵养纯熟,浑然天理之公,绝无私欲之累,故能顺理安行,心广体胖,外慕之念不萌,忧戚之心自泯,便是贫贱、夷狄、患难,一切拂意之事临于吾前,也安然素位而行,无入而不自得,何忧之有? 人之不免于恐惧者,凡以正气不充,不足以配道义故也。惟夫勇者,直养此气,至大至刚,浩然塞于天地之间。故能执守坚定,不可屈挠。遇事奋发果敢,当行便行,当断便断,有始有终,略无逡巡畏缩之意。便是利害切身,毁誉乱真,也一毫摧沮他不得,何惧之有?"盖智、仁、勇三者,乃天下之达德,学者之修己,帝王之治天下国家,皆本于此,故智至于不惑,然后足以照临四海;仁至于不忧,然后足以并包九有;勇至于不惧,然后足以裁决万机。欲学为帝王者,可不勉哉?

【原文】

子曰:"可与共学,未可与适道;可与适道,未可与立;可与立,未可与权。"

【张居正讲评】

可与,是说可与同为此事。适字解作往字。适道是向道而行。立,是有执持的意思。权是秤锤,所以称物之轻重者。学至乎圣人,则能随时应变,而不胶于一定,就如秤锤之称物一般,所以谓之权。孔子说:"人之造诣各有高下,君子亦当随其高下而与之,不可诬其所未至也。如人能有志向上,而不安于自弃,斯固可与共学矣,然学必以道为准的,为学而不知求道,则亦徒学而已。那初学的人识见未定,能必其一心向道,而不为他歧之所惑乎? 故可与共学者未可遽与之适道也。若能向道而行,不为他歧所惑,斯固可与适道矣。然学以践履为实地,必须躬行有得,才能有所执持,那适道的人,执德未固,能必其卓然自守,而不为外诱之所夺乎? 故可与适道者,未可遽与之立也,若能卓然自守,不为外诱所夺,斯固可与立矣。然应事接物,都各有当然的道理,惟圣人一理浑然,泛应曲当,各适其轻重之宜。那能立的人,守而未化,能必其圆活变通,而适时措之宜乎? 故可与立者未可遽与之权也。"夫道以通权为极,学者固不容以躐等而进。而学必至于能权,然后可以裁制万变而为学之成也。况人君一日万机,要使裁决区处各得其当,尤不可不知权。然必平素讲求,时常体认,使义理明白,识见融通,乃可以称量事物之轻重,而无有差失。然则学问之功,岂可忽哉?

【原文】

"唐棣之华，偏其反而。岂不尔思，室是远而。"子曰："未之思也，夫何远之有？"

【张居正讲评】

唐棣即今之郁李。偏字当作翩翩然的翩字。反字当作翻字，都是摇动的模样。这四句诗不在三百篇中。盖孔子删诗时已去此一章，故谓之逸诗也。昔诗人托物起兴说道："我观唐棣之花，翩翩然摇动于春风煦和之时，因此感触，睹物怀人，岂不唯尔之思念乎？"但所居之室相去隔远，不可得而见耳！夫诗人之所思者，固未知其所指何在？孔子遂借其词而反之说道："天下之事不患其难致，而患其不求。今诗之所言，既云思之，而复以室远为患者，是殆未之思耳。若果有心以思之，则求之而即得，欲之而即至，夫何远之有哉？如诚心以思贤，则虽在千古之前，万里之远，而

漆绘木俑

精神之所感乎，自有潜通而冥会者，何病于时势之相隔乎？如诚心以思道，则其理虽极其精微，至为玄远，而吾之心力既到，自有豁然而贯通者，何病于扞格之难入乎？"这是孔子借诗词以勉人之意。然人心至灵，思在于善则为善固不难，思在于恶则为恶亦甚易。故先儒言，哲人知几，诚之于思，学者又不可不审察于念虑之萌也。

乡党第十

【原文】

孔子于乡党，恂恂如也，似不能言者。其在宗庙、朝廷，便便言，唯谨尔。

【张居正讲评】

乡党一篇都是记孔子容貌威仪，起居动静之详。虽圣人之小德细行，然亦可见其盛

德积中,有动容周旋,自然中礼之妙矣。这一章是记孔子处乡党在朝廷之容。恂恂是信实的模样。便便是详辩。门人记说:吾夫子居乡党之间,其容貌则恭敬诚恪,略无文饰,但见其恂恂然信实而已,且谦卑逊顺,不欲以贤智先人,却似不会说话的一般。盖乡党乃父兄宗族之所在,与尊长相处,故礼恭而辞简如此。至于与祭而在宗庙,居官而在朝廷,则便便然与人议论,或仪节有该讲究的,则问之必审,或事体有该商榷的,则辩之必明,但言所当言,常谨慎而不放肆尔。盖宗庙乃礼法之所在,在朝廷乃政事之所出,又与处乡党之时不同,故言之不容不尽,而辩之不容不明如此。此圣人盛德之至,故随所处而皆合乎礼之中也。

【原文】

朝,与下大夫言,侃侃如也;与上大夫言,訚訚如也。君在,踧踖如也,与与如也。

【张居正讲评】

这一章是记孔子在朝之容。侃侃是刚直。訚訚是和悦中有持正的意思。门人记说:吾夫子在朝之时与众大夫相接,每视其位之尊卑,以为礼之隆杀。如与下大夫言,其势分犹卑,言或可以直遂,则当言即言,无所隐讳,但见其侃侃如也。若与上大夫言,其体貌尊重,言不可以径情,虽理之所在,持正不阿,然每出之以从容,导之以和悦,但见其訚訚如也。盖朝廷之上,以爵为序,故虽直道而行,亦必因人而施如此。

君在,是君上临朝之时。踧踖,是恭敬不安的模样。与与,是从容自在的意思。夫子遇君上临朝之时,其心敬谨,不敢一毫怠忽。看他进退周旋,却似踧踖不安的模样。但常人过于矜持,未免失之拘迫。夫子则从容和缓,自然有威仪之可观,但见其与与然中适也。盖不惟可以见盛德之仪容,亦可以知其事君之尽礼矣。

【原文】

君召使摈,色勃如也;足躩如也。揖所与立,左右手,衣前后,襜如也。趋进,翼如也。宾退,必复命曰:"宾不顾矣。"

【张居正讲评】

这一章是记孔子为君摈相之容。古者列国诸侯,朝聘往来,其相见之时,都选平日礼仪习熟的人为之摈相。主谓之摈，言其接待宾客也。客谓之相，言其辅相行礼也。色勃如，是颜色变动，足躩如，是步履盘旋。门人记说：吾夫子当君命有召，使之为摈迎接宾客，此乃两君交好，大礼所系。故夫子一闻君命，敬慎之至，顿改常容，观其颜色则勃然变动，不比平时之安和自如；观其步履则盘旋退避，有似欲前进而不能的模样。这是承命之初，其敬有如此者。

推手向前叫作揖。所与立是同为摈的人。襜是整齐的模样。凡摈用三人，有上摈，有次摈，有末摈。摈主有命，则递传以相达。夫子此时适为次摈，则末摈、上摈居乎身之左右矣。故揖所与同为摈者。或揖左人，传命而出，则以手向左；或揖右人，传命而入，则以手向右。然手虽有左右，而身则端正自如，未尝随之而动。但见其衣之前后，襜如其整齐也。

趋是疾走。宾主相见之后，主君延宾而入，则为摈者当入而有事。夫子当疾趋而进之时，张拱端好，如鸟之展舒两翼然。这二节是行礼之时，其敬有如此者。

行礼既毕，主君送宾以出。宾方退出之际，主君之敬未解。夫子必复命于君说道："宾已去，不复回头矣，所以纾君之敬也。"这是礼毕之后，其敬有如此者。夫以为摈之事，自始至终动容周旋，无不中礼。非盛德之至，其孰能之哉？

【原文】

入公门，鞠躬如也，如不容。立不中门，行不履阈。过位，色勃如也，足躩如也，其言似不足者。摄齐升堂，鞠躬如也，屏气似不息者。出，降一等，逞颜色，怡怡如也。没阶，趋进，翼如也。复其位，踧踖如也。

【张居正讲评】

这一章是记孔子在朝之容。公门是朝门。中门是当门而立。履是践。阈是门限。门人记说：吾夫子趋朝之时，一入公门，便肃然起敬，但见其曲身而行，虽公门高大，却似容不得他的模样，何其敬之至也！其站立的去处，必不敢当门之正中，盖恐当尊而失之僭也；其行过的去处，必不敢践着门限，盖恐违礼而失之肆也。此时尚未面君，而敬谨之心已无所不至矣。

位是人君所坐的虚位。不足，是不敢出声。夫子既入内朝，行过君之虚位就如君在上面的一般。其颜色则勃然而变动，其行步则躩然而盘旋，其言语则讷讷然谨慎收敛，如不能出声者。盖去君渐近，故其敬渐加，与入门之初不同矣。

摄齐是两手抠衣。屏字解作藏字。息是鼻息。夫子既已面君而行朝礼，乃两手抠衣，使之离地，以防倾跌之患。历阶升堂，曲身而行，不敢仰视，其鼻息出入亦屏藏收敛，恰似没有鼻息的一般。盖愈近君则愈敬慎，其视过位之时又不同矣。

等是阶级。逞是舒放。怡怡是和悦。没阶是下尽阶级。进字是多了的。复位是复班。夫子升堂见君，行礼已毕，出了降阶一等，则渐远于君矣，此时颜色才稍稍舒放，有怡怡然和悦之意。然其敬君之心有终不能忘者，但见其下堵而趋，则端拱如翼，而手容之恭如故也；复班之后犹踧踖不宁，而身容之肃如故也。岂以既远于君，而遂有怠忽之心乎？夫臣子见君，未有不敬畏者，至于未见君之先而敬已至，既见君之后而敬不忘。此所以为事君尽礼，而非常人之所能及也。

【原文】

执圭，鞠躬如也，如不胜。上如揖，下如授。勃如战色，足蹜蹜，如有循。享礼，有容色。私觌，愉愉如也。

【张居正讲评】

这一章是记孔子为君聘于邻国之容。圭是诸侯的命圭，所受于天子者也，聘问邻国则使大夫执以通信。不胜是力不能举。授是以物予人。战色是战惧之色。蹜蹜是行步促狭。循是缘物。门人记说："夫子为鲁大夫时，承君命以聘问邻国，其行礼之时，执着国君的命圭，曲身而行，如其力有不能举者。有时举手向上，则如与人相揖者然，而不失之太高；有时俯手向下，则如以物与人者然，而不失之太卑。其见于面者，则勃然变动，而有战惧之色；其见于步履者，则举足促狭，曳地而行，譬如缘物一般。"盖君之命圭乃国之大宝，圣人之心极其敬慎，故见于容色者如此。

凡聘问之后，复陈圭币舆马之类以献其君，谓之享礼。公享之后，使臣又有私礼以见其君，谓之私觌。夫子既聘而行享献之礼，此正展尽情意之时，故有至和之容色。既享而用私礼以见于君,所以将己之诚,又与公礼不同,故益愉愉然其和悦焉。夫一聘礼之行也,方执圭将事,则致其敬而敬焉者,所以尽聘问之礼。及享与私觌,则致其和而和焉者,所以通聘问之情。和敬兼至,各当其可,非圣人其孰能之?

【原文】

君子不以绀緅饰,红紫不以为亵服。当暑,袗絺绤,必表而出之。缁衣,羔裘;素衣,麑裘;黄衣,狐裘。亵裘长,短右袂。必有寝衣,长一身有半。狐貉之厚以居。去丧,无所不佩。非帷裳,必杀之。羔裘玄冠不以吊。吉月,必朝服而朝。

【张居正讲评】

这一章是记孔子的衣服之制。君子就指孔子说。绀是深青带赤色,即今之闪色也。緅是青赤色。饰是领缘。红是浅红色。亵服是私居之服。门人记说:"吾夫子之衣服各有定制,如常服,则不用绀緅二色以为领缘,盖绀乃斋服之饰,緅乃练服之饰,用之则恐与丧服无别也。私居之服不用红紫二色,盖正色有五,红紫皆间色不正,用之,则恐以似而乱真也。"其致谨于服色之辨如此。

袗字解作单字。絺、绤都是葛布。精者为絺,粗者为绤,表是外见。缁是黑色。羔是黑羊皮。麑是白色的小鹿。夫子当暑月则衣葛,或精而为絺,粗而为绤,皆单服之。然必先着里衣,表絺绤而出之于外,盖不欲其见体,而近于亵也。当冬月则衣裘,裘必有衣以裼之于外。如黑色之衣,则以裼夫黑羊之裘,白色之衣则以裼夫白麑之裘。黄色之衣,则以裼夫黄狐之裘。盖取其色之相称也。其致详于裘葛之制如此。

亵裘是私居之裘。袂是袖。寝衣是卧时所着之衣。夫子私居之裘,其制则长,取其温暖。然必短其右边之袖。盖做事常用右手,取其便于举动也。至于斋戒之时,既不可解衣而寝,又不可着明衣而寝,故必别有寝衣,其制则周身之外,仍长有一半,使其可以覆足也。其长短各适于用如此。

狐貉是二兽名,其皮可以为裘。居是私居。佩是佩玉。朝祭之服,其下裳皆用正幅,如帷幔一般,叫作帷裳。杀是斜裁的衣缝。夫子私居之裘,则用狐貉为之,以其毛深温厚,可以御寒而适体也。居丧不用佩。若既除丧,则凡当所佩者皆佩之。盖古人凡用物皆佩之于身,如玉与刀觿之类。夫子居丧则解佩以示变,除丧乃佩之也。朝祭之服,其下裳则用正幅如帷,腰有衣褶而旁无杀缝。若非朝祭之服,不用帷裳,则斜裁其幅,而有杀缝。其制上窄下宽,取其省约而不妄费也。其丰佘各有所宜如此。

玄是黑色。吉月是每月朔日。夫子见人有丧则变服以往吊。若羔裘玄冠乃是吉服,必不用之以吊丧,所以致其哀也。夫子当致仕之时,虽已不在其位,至于每月朔日,犹必衣朝服以朝见鲁君,所以致其敬也。其谨于吉凶之礼又如此。

【原文】

斋,必有明衣,布。斋,必变食,居必迁坐。

【张居正讲评】

这一章是记孔子谨斋之事。明衣是洁净的衣服。变食是变其常日之食。迁坐是移其常处之地。门人记说:“夫子将祭祀而斋戒,沐浴既毕,必更明衣,而衣以布为之。不但内志之精明,而且外体之纯洁也。至于斋之所食,必变其常,不饮酒茹荤,盖淡泊以致其诚也。其居止宿歇,必别有斋居,不在平日常处之处,盖洁净以致其敬也。”圣人祭神如在,故其谨于斋戒如此。

【原文】

食不厌精,脍不厌细。食饐而餲,鱼馁而肉败,不食。色恶,不食。臭恶,不食。失饪,不食。不时,不食,割不正,不食。不得其酱,不食。肉虽多,不使胜食气。唯酒无量,不及乱。沽酒市脯,不食。不撤姜食,不多食。

【张居正讲评】

这一章是记孔子饮食之节。食是饭。米,舂的熟叫精。脍是鱼肉之细切者。门人记说:“吾夫子日用饮食,虽未尝必求精美,然于饭则不厌其精,于脍则不厌其细。”盖食精脍细皆足以养人,故不嫌于过也。

饭伤于热湿叫作饐。餲是味变。馁是烂。败是腐。色恶、臭恶是颜色气味变动者。饪是烹调生熟之节。不时是五谷果实不该成熟之时。夫子与饭,若伤于热湿而味变者,鱼馁烂而肉腐败者,则不食。物虽未败而颜色已变者亦不食。气味已变者亦不食。失其烹调生熟之节者不食。五谷果实之类尚未成熟，气味不全者不食。盖以上数者，食之皆足以伤生，故夫子谨之。

割是切肉。量是限量。乱是醉乱。夫子食肉必须方正。若割切不方正者，则不食之。凡食物用酱各有所宜，若不得其酱者，则不食之。至于肉虽多，然不使之胜乎食气，盖食以谷为主，以肉为辅，若肉胜食气，则滋味太厚，反失养生之道，故必节之而不多也。有事而饮酒，则不为限量，但取其浃洽而已，而不至于醉乱。盖酒虽为人合欢，若饮之太多，则既能昏性而丧德，又能致疾而伤生，故必节之而不过也。

沽、市都是买。脯是干肉。门人又记："夫子于沽来之酒、市买之脯恐不精洁，或至伤人，故皆不食。惟姜能通神明，去秽恶，故每食常设，未尝撤去，然适可而止，亦未尝多食也。"

【原文】

祭于公，不宿肉，祭肉不出三日。出三日，不食之矣。

【张居正讲评】

夫子当助祭于公廷，所得的胙肉，即以颁赐，不待经宿。盖重神惠，而尊君赐，故不敢迟。至于家之祭肉，虽可以少缓，未能当日分赐，然亦不过三日，皆以颁之于人。若过三日，则肉败而人不食之。是亵神之余矣，故亦不久留矣。

【原文】

食不言，寝不语。虽疏食菜羹，瓜祭，必齐如也。

【张居正讲评】

语是答述。言是自言。疏是粗。祭是当食之时，每品各出少许，置之豆间之地，以祭先代始为饮食之人，盖古礼也。斋如，是严敬的模样。夫子当食之时，不与人语。盖人喉中有食、气二管。食管以纳饮食，气管以出声音。当食而语，则气管为食所碍，或致哽咽之患，故慎之也。当寝之时，不自发言，盖人脏腑虚悬，然后声气之发，出而无窒。当寝而言，或致损气，故亦慎之也。其食也，虽是粗饭菜汤，亦必每种各出少许，以祭先代始为饮食之人。其祭虽小，亦必斋如其严敬，有若神明在上者焉。这都是圣人饮食之节，无不中礼者如此,盖不止于养身,而亦所以养德。学者能随事而体察焉,固莫非道之所在也。

【原文】

席不正,不坐。

【张居正讲评】

席是座席。古人皆席地而坐。门人记说:"夫子心存至正,事事都整齐严肃,如设席也要端正。若少有不正,则不肯就座也。"观其一坐之不苟,而其出入起居之无不正可知矣。

【原文】

乡人饮酒,杖者出,斯出矣。

【张居正讲评】

这一章是记孔子居乡之事。杖者是年老的人。古人六十岁以上,则用杖以出入,以其血气既衰,必用扶持故也。门人记说:夫子居乡之时,或与乡人宴会饮酒,其中有年老的人,必加尊敬。宴毕之后,老者既出,夫子即随之而出,未出故不敢先,既出亦不敢后也。盖乡党尚齿,长幼有序,故夫子之恭谨如此。

【原文】

乡人傩,朝服而立于阼阶。

【张居正讲评】

傩是古时逐疫之礼。周礼方相氏,主索疫鬼而驱除之。季冬之月,则命有司大傩以驱除鬼祟,而迎纳吉祥也。阼阶是主阶。夫子家居遇乡人行大傩之礼,此时乡俗皆欲驱除鬼邪,恐家中先祖五祀之神或致惊动,乃致其诚敬,穿着朝服,立于主阶之上,使之依己而安也。

【原文】

问人于他邦,再拜而送之。康子馈药,拜而受之。曰:"丘未达,不敢尝。"

【张居正讲评】

这一章是记孔子与人交之诚意。康子是鲁大夫季康子。达是通晓。门人记说：夫子交人，一出于至诚而不欺。如所交的人在于他邦，遣使去问候他，使者临行，则必从后再拜而送之。如亲见其人一般，不以其在远而废敬也。季康子曾馈之以药，夫子因尊者有赐，则拜而受之，又对来使说：丘未晓此药所用何品，所疗何病，不敢尝也。盖药有未达，自不可尝。然受而不饮，则又虚人之赐，故直以不敢尝告之。圣人交人，无往而非诚意之流通如此。

【原文】

厩焚，子退朝，曰："伤人乎？"不问马。

【张居正讲评】

厩是马房，焚是烧。门人记说：夫子养马之厩为火所焚。夫子退朝，闻之，即问说："火得无伤人矣乎？"不复问马，是非不爱马也，心切于爱人，故不暇问马耳。盖贵人贱畜，理当如此，而仓卒之际，尤见圣人用爱之真心也。

【原文】

君赐食，必正席先尝之。君赐腥，必熟而荐之。君赐生，必畜之。侍食于君，君祭，先饭。

【张居正讲评】

这一章是记孔子事君之礼。腥是生肉。荐是献于祖考。畜是养。门人记说：夫子为大夫时，鲁君或赐之以食，则俨然如对君上，必正席致敬而先尝之，然后颁之于人，所以尊君之赐也。君或赐之以生肉，则必烹调使熟而荐之于祖考，不敢私以为食，所以荣君之赐也。君或赐之以生物，如羊豕之类，则必畜之于家，无故不敢轻杀，所以仁君之赐也。其受赐之尽礼如此。

侍食是赐食于君侧。饭即是食。夫子或侍君侧而赐之以食，则其心尤加敬慎。君若已祭而置品物于豆间，则己不待君食而先食，恰似为君尝食的一般。盖每食必祭者，礼之常,然食于君前,则不敢以客礼自处。况君已先祭,自当统于所尊,此夫子所以不祭也。为君尝食者膳夫之职,然敬君之至,则不嫌以膳夫自居,此夫子所以先饭也,其侍食之尽礼如此。

【原文】

疾,君视之,东首,加朝服,拖绅。

【张居正讲评】

东首是首在东。拖字解作引字。绅是大带。夫子时或寝疾,鲁君临视之于家,则首必居东以受生气。此时卧病不能着衣束带,则必加朝服于其身,又引大带于其上,盖不敢以亵服见君也,其敬君之至,不以疾而废礼如此。

【原文】

君命召,不俟驾行矣。

【张居正讲评】

俟是待。驾是以马驾车。夫子为大夫时,或君有命召之,则其心急于趋命,即时徒步而往,不待既驾而后行也,其敬君之命不敢以劳而废礼如此。盖春秋之世,君臣之义不明,至于仪节简略,名分倒置,反以尽礼为谄,孔子伤之。故虽纤悉委曲,无所不用其诚敬,非独明事君之义,亦以维衰世之风也。

【原文】

朋友死,无所归,曰:"于我殡。"朋友之馈,虽车马,非祭肉,不拜。

【张居正讲评】

这一章是记孔子交朋友之义。门人记说:朋友五伦之一,遇死丧而能收之,人情所难也。夫子于朋友不幸而死,别无亲属可以依归者,即自任说,当于我而殡殓之,盖不忍其暴露而转于沟壑也。至若朋友有通财之义,常情鲜有不以物为轻重者。夫子于朋友所馈之物,虽是车马之重,若非祭祀的胙肉,则以直受而不拜。盖必祭肉,然后拜者,敬其祖考同于己亲,非车马所得比也。此可见圣人之交朋友,一于道义。义所当殡而殡,不以凶为嫌,义所不当拜而不拜,不以财为重也。

【原文】

寝不尸,居不客。

【张居正讲评】

这一章是记孔子容貌变于平时之事。尸是偃卧如尸。居是私居。容是容仪。门人记说:夫子心存庄敬,无一毫隋慢之气。虽寝处之时,亦自收敛,未尝偃卧如尸也,承祭见宾,乃修容仪。如私居之时,则申申天天,安舒自在,而不为容仪也。盖寝而尸,则过于肆,居而容则过于拘。夫子不然,所以为有道之气象也。

【原文】

见齐衰者,虽狎,必变。见冕者与瞽者,虽亵,必以貌。凶服者式之。式负版者。有盛馔,必变色而作。迅雷风烈必变。

【张居正讲评】

狎是平素亲近的人。变是变色。亵是私见。貌是礼貌。夫子见有丧而服齐衰的人,虽素所亲狎,必变色以待之。见冠冕有爵的人与无目的人,虽私居燕见,必加之以礼貌。盖有丧之人,所当哀怜;有爵之人,所当尊敬。无目之人,人每因其不见而忽之,不加礼貌,而圣人待之各中其节如此。

凶服是丧服。古人乘车时,遇有所敬,则俯而凭于车前之横木,这叫作式。版是户口人民的版籍,如今之黄册一般。夫子或在车中,见有穿着凶服的,便恻然不宁而为之式,亦所以哀有丧也,见有负着版籍的,便肃然起敬而为之式,盖所以重民数也。

盛馔是看馔丰盛。作是起。迅是疾。烈是猛。夫子当宴享之时,见主人看馔丰盛,则必变色而起,以致其敬。盖馔为己设,所以答其礼也。遇有疾雷猛风,则必变色改容,惕然恐惧,盖畏天之威,不敢逸豫也。夫圣人一动容之间,皆各攸当如此。至如负版必式,则知邦本之当重;风雷必变则知天威之当畏。尤治道君德所关,读者不可以为细事而忽之也。

【原文】

升车，必正立，执绥。车中，不内顾，不疾言，不亲指。

【张居正讲评】

这一章是记孔子升车之容。绥是六辔之总索。内顾是回看。疾是急遽。亲指是以手指物。门人记说：升车者必立而执绥，但人情容易忽略，或至偏倚。若夫子之升车，亦必庄敬严肃，正立执绥，而无所偏倚焉。其在车中，则瞻视有常，不回头观看。言语必慎，不急遽发言。手容必恭，不以手指物。盖三者不但失己之容仪，且足以惑人之视听。故夫子谨之如此。

【原文】

色斯举矣，翔而后集。曰："山梁雌雉，时哉时哉！"子路共之，三嗅而作。

【张居正讲评】

举是飞起。翔是回翔。集是栖止。山梁是山脊。雉是野鸡。时是饮啄得时。共是向，嗅字古代戛字，雉鸣之声。门人记说：鸟之为物，但见人颜色不善，将欲取之，则飞而远去，必回翔审视，择可止之地，而后集焉。盖虽蠢然无知之物，而犹能见几知止如此。昔夫子偶见山脊上有个雌雉，因叹说："这山梁之雌雉，时哉时哉！"言其时饮而饮，时啄而啄，能适其性之自然也。此时子路在侧，共而向之，若有取之之意，雉乃三鸣而起焉。此正色斯举矣之一证也。故人必见几而作，如鸟之见人而举；审择所处，如鸟之翔而后集，则去就不失其正，而有合于时中之道矣。不然，可以人而不如鸟乎？此记者之深意也。

先进第十一

【原文】

子曰："先进于礼乐，野人也；后进于礼乐，君子也。如用之，则吾从先进。"

【张居正讲评】

先进、后进,譬如说前辈、后辈。礼乐不专是仪节声容,凡人之言、动、交际,与施之政治者,但敬处都是礼,和处都是乐。野人,是村野的人,言其朴陋也。君子,是贤士大夫之美称。用之,是用礼乐。孔子说:"礼乐贵于得中。"但世道既殊,而人之习尚亦异。由今日观之,前辈之于礼乐,专尚简质,不事浮华,恂恂然却似郊外野人的模样,何其朴也。后辈之于礼乐,威仪习熟,文采可观,彬彬然却似贤人君子的气象,何其美也。今时之人,固皆愿为君子,而不屑为野人矣,若我之用礼乐则不然。盖前辈的人,存心淳厚,行事质实,与浮薄虚夸的不同。我今但欲反薄归厚,敛华就实,一一依着前辈的规模,虽冒野人之名,有所不恤也。"盖周末文胜,古道寝薄,孔子伤今思古,欲损过以就中,故其言如此。其后汉儒董仲舒,劝武帝损周之文,用夏之忠,亦是此意。故人君之治天下,若能因时救敝,返朴还淳,行政,则敦本实而不为虚文;用人,则重老成而不取浮薄,庶几先进之风可追,而先王之治可复矣。

【原文】

子曰:"从我于陈、蔡者,皆不及门也。"

【张居正讲评】

从,是随从。陈、蔡,是二国名。昔楚昭王聘孔子欲委之以国政,孔子往应其聘。行到陈、蔡二国之间,那时二国大夫谋说:"楚用孔子,必然强大,不利于我小国,不如阻绝了他。"乃发兵围困孔子,至有绝粮之厄。其后孔子还归鲁国,追思前事,因发叹说:"我当初厄于陈、蔡之间,弟子多从我者。至于今日,或散之四方,或出仕他国,不但有隐显之异,亦且有存殁之殊,皆不在吾门矣。"盖以其相从于患难之中,故念之而不忘也。

【原文】

德行:颜渊、闵子骞、冉伯牛、仲弓。言语:宰我、子贡。政事:冉有、季路。文学:子游、子夏。

【张居正讲评】

颜渊以下十人,都是孔子弟子。门人因孔子追思陈蔡诸贤,遂详记之说道:"当时从夫子于陈蔡者，都是师门高弟，各有所长。有践履笃实，长于德行的，是颜渊、闵子骞、冉伯牛、仲弓；有应对明敏，长于言语的，是宰我、子贡；有才识疏通，长于政事的，是冉有、季路；有闻见博洽，长于文学的，是子游、子夏。此皆平时受教于门墙，相从于患难者也。然观此四科之目，则夫子之因材造就，亦可见矣，使得邦家而治之，则随才授任，必有可观，惜乎其终不遇也。"

【原文】

子曰："回也非助我者也，于吾言无所不说。"

【张居正讲评】

助我，是有益于我，譬如帮助的一般。说，是喜悦。孔子说："门弟子于问辩之际，常有发吾之所未发者，是有助于我矣。若颜回，则非助我者也。何也？人必疑而后有所问，问而后有所发。回也，于凡吾之所言，无不契合于心，欣然领受而无疑。夫既无所疑，自无所问，又安得有助于我哉？"盖颜子于圣人之言，默识心融，有非群弟子所可及者，夫子盖深喜之，故抑扬其词以称之如此。

【原文】

子曰："孝哉闵子骞！人不间于其父母昆弟之言。"

【张居正讲评】

闵子骞，是孔子弟子闵损，字子骞。昆弟，是兄弟。孔子说："百行莫大于孝。然而能尽孝道者鲜矣。以今观之，孝哉其闵子骞乎？"盖凡人之孝，见称于父母兄弟者有矣，然或溺于爱、蔽于私，而外人未必以为然也。今闵子骞之孝，不独父母兄弟称之，而外人亦皆称之，初无异于其父母兄弟之言，使非孝友之实，积于中而著于外，何以得此乎？此闵子骞所以为纯孝也。

【原文】

南容三复白圭，孔子以其兄之子妻之。

【张居正讲评】

南容，是孔子弟子。三复，是再三反复，佩服不忘之意。白圭，是《诗经》篇中的说话。

其诗说："白圭若玷缺了，尚可磨得；若言语差了，则不可追悔矣。"乃是要谨言的意思。子，是女子。妻，是为之妻。门人记说：南容之为人，常再三反复佩服白圭之诗而不忘，盖深有意于谨言也。夫惟君子为能谨言，南容之欲谨言如此，可谓君子矣。故孔子以兄之女而为之妻，盖择配而取其贤也。

【原文】

颜渊死，颜路请子之车以为之椁。子曰："才不才，亦各言其子也。鲤也死，有棺而无椁。吾不徒行以为之椁。以吾从大夫之后，不可徒行也。"

【张居正讲评】

颜路，是颜渊之父。椁，是外棺。鲤，是孔子之子孔鲤。徒行，是步行。孔子尝为大夫，与闻国政，其曰"从大夫之后"，是谦词。昔颜渊死，其父颜路以贫不能具葬，乃请孔子所乘之车，欲卖之以买椁。孔子答说："人之生子，虽有贤愚不等，然以其父视之，都谓之子，其恩爱之情，初未尝异也。孔鲤固不及颜渊之才，然亦吾之子耳。当初死时，也只有棺而无椁。吾未尝徒步而行，为之卖车买椁。岂吾爱子之情，独异于汝乎？盖以吾尝受命鲁君，从大夫之后，体统有在，不当舍车而徒行故也。昔吾既不为孔鲤而舍车，今岂得为颜渊而舍车乎？"夫颜渊死，孔子至有丧子之叹，岂吝一车而不以周之乎？盖义有所不可故耳，此可以观圣人之用情矣。

【原文】

颜渊死，子曰："噫！天丧予！天丧予！"

【张居正讲评】

噫，是伤痛声。昔者颜渊死，夫子伤痛叹息说道："吾之道，实赖颜回以传。今颜回死，则吾身虽存，而道已无传，就如丧子的一般，是天之丧予也！是天之丧予也！"重言以发叹，盖深惜之也。

【原文】

颜渊死，子哭之恸。从者曰："子恸矣。"曰："有恸乎？非夫人之为恸而谁为？"

【张居正讲评】

恸，是哀之过。夫人，是说此人，即指颜渊也。昔颜渊死，夫子哭之而过于哀，门人之从夫子者说："夫子之哭恸矣。"欲其节哀也。是时夫子哀伤之至，殊不自知，乃问说："果有恸乎？即有恸也，乃亦理所宜然者。吾非为此人恸，而更为谁人恸乎？"明其哭颜渊非他人比也。

【原文】

颜渊死，门人欲厚葬之，子曰："不可。"门人厚葬之。子曰："回也视予犹父也，予不得视犹子也。非我也，夫二三子也。"

【张居正讲评】

门人，是孔门弟子，二三子即指门人说。昔颜渊既殁，其家甚贫，不能具葬事，于是孔门弟子以朋友之义，欲相与厚葬之。孔子止之说："不可。"盖丧具，称家之有无。若贫而厚葬，则无财而强以为晚，非礼之当然也。门人不听孔子之言，竟厚葬之。孔子责之说："颜回虽我之门人，然平日与我恩义兼尽，视我如父一般。我今日乃不得视之如子一般。盖鲤也死，衣衾棺椁，事事合理，于心无有不安。今回之葬，则不合于礼，不安于心矣。是吾不得以视鲤者而视回也。然此非我之所为，乃二三子自为之耳。其以非礼处回，而使之不安于地下者，是谁之过欤？"盖以深责门人也。

【原文】

季路问事鬼神。子曰："未能事人，焉能事鬼？"曰："敢问死？"曰："未知生，焉知死？"

【张居正讲评】

季路，即是子路。事鬼神，是所以奉祭祀之道。季路问说："鬼神者，人之所当事，不知事之之道何如？"孔子答说："明则为人，幽则为鬼。若未能事人，而得父兄长上之欢心，又安能事鬼，而使之来格来享乎？汝当先求尽其所以事人者可也。"季路又问说："死者，人之所必有，不知其道何如？"孔子答说："人必有生而后有死，若未能原始而知所以生，又安能反终而知所以死乎？汝当先求知其所以生者可也。"然事人之道，即是事鬼之道，不过一诚之感通而已。生之理，即是死之理，不过一气之聚散而已。果能明所以事人之道，则事神者可以兼举。果能尽所以有生之理，则全归者可以无愧。是夫子虽不明言以告子路，实所以深告之也。

【原文】

闵子侍侧，訚訚如也；子路，行行如也；冉有、子贡，侃侃如也。子乐。"若由也，不得其死然。"

【张居正讲评】

侍侧，是侍立于旁。訚訚，是和悦而又正直的模样。行行，是强勇的模样。侃侃，是刚直的模样。不得其死，是不得正命而死。门人记说：昔闵子骞侍立于夫子之旁，其气象则外和内刚，德器深厚，但见其訚訚如也。子路的气象，则多强勇而少含蓄，但见其行行如也。冉有、子贡的气象，则和顺不足，而刚直有余，但见其侃侃如也。四子气象虽不同，然皆禀刚明正直之资，而绝无阴邪柔暗之病。这等的人，熏陶造就，将来皆可以副传道之寄，而入于圣贤之域者。故夫子见之欣然而乐，盖喜其得英才而教育之也。然四子之中，唯子路过于刚强，有取祸之理。夫子亦尝警之说道："我看仲由的气象，却似不得正命而死的一般。若能克其气质之偏，则庶乎可以免祸矣。"其后子路死于孔悝之难，果如孔子之言，此可以见圣人知人之哲矣。

【原文】

鲁人为长府。闵子骞曰："仍旧贯，如之何？何必改作？"子曰："夫人不言，言必有中。"

【张居正讲评】

为，是兴造。长府，是藏货财的府库。仍，是因。贯，是事。夫人，指闵子骞说。中，是当于理。昔鲁国有藏货财的长府，鲁人要将旧制拆毁，重新改造一番。闵子骞见其事在得已，乃婉词以劝之说道："这长府之设，相沿已久，未至大坏。且只因其旧制，稍加修整，以藏货财，似亦无不可者。何必创新改造，而为此劳费之事乎？"闵子之言，其意甚善，故孔子闻而喜之，乃称美说道："此人不言则已，言则必当于理。"盖治国以节用爱人为要，而土木之工，乃劳民伤财之大者，苟非甚不得已，不可兴也。长府之作，本事之可已者，使鲁之君臣因其言而止之，一可以省费，二可以恤民，三可以昭恭俭之德，其为益也不亦大乎？所以说，夫人不言，言必有中。夫子之称闵子者，所以警鲁人也。夫府库，乃国家规制之当备者，在圣贤犹以为可省，况为寝宫、瑶台、芳林、别苑而纵游佚之欲者乎？有国家者，可以深长思矣。

【原文】

子曰："由之瑟，奚为于丘之门？"门人不敬子路。子曰："由也升堂矣，未入于室也。"

【张居正讲评】

瑟，是乐器，古之为士者，无故不去琴瑟，所以养性情也。奚字，解作何字。堂，是厅堂。室，是房室。昔子路好勇，故其鼓瑟常有北鄙杀伐之声。孔子闻而徵之说："吾之教人，以变化气质、涵养德性为要，而乐之为道，审声可以知人。今听由之瑟声如此，则其气质未变，德性未纯可知。何为而鼓瑟于我之门乎？"孔子此言，盖欲子路深自警省，以克其刚勇之偏，非遽绝之也。门人闻孔子之言，乃遂不敬子路。孔子晓之说："汝等岂以仲由为不足敬

仲枏父簋

耶？凡人之学识，其正大高明的去处，譬如厅堂一般；其精微深邃的去处，譬如房屋一般。今由之学识，已造于高明之域，而未入于精微之奥，就似人已升到厅堂，但未入于房室耳。使能勉力进修，所至固不可量，安可以是而遽轻忽之哉？"然观孔门入室之徒，自颜、曾之外，盖亦无几，以是知圣学精微之奥，诚未易窥，而人既知所趋向，又不可不勉其所未至也。

【原文】

子贡问："师与商也孰贤？"子曰："师也过，商也不及。"曰："然则师愈与？"子曰："过犹不及。"

【张居正讲评】

师，是颛孙师。商，是卜商，都是孔子弟子。愈字，解作胜字。子贡问于孔子说："门弟子中，若颛孙师、卜商者，二人所造，果谁为贤？"孔子答说："师也才高意广，而好为苟难，其学每至于太过；商也笃信谨守，而规模狭隘，其学每失之不及，是二人之所造也。"子贡不达过与不及之义，乃问说："师既是过，商既是不及，然则师固胜于商欤？"孔子答说："不然。道以中庸为至，不及的固不是中道，那太过的也不是中道，是太过也与不及的一般。若能各矫其偏，固皆可至于中，不然，则其失均耳。吾未见师之胜于商也。"

【原文】

季氏富于周公，而求也为之聚敛而附益之。子曰："非吾徒也。小子鸣鼓而攻之，可也。"

【张居正讲评】

聚敛，是多方征敛，以取民财。附益，是增加的意思。非吾徒，是说不是我的门人，绝之之词也。小子，指门人说。鸣鼓而攻之，是齐声攻击其过失。古之圣人有周公者，亲则成王之叔父，尊则天子之冢宰，又有安定社稷之功，食禄最多，赏赉最厚，其富乃分所当然也。季氏以鲁国之卿，而其富乃过于周公，则必有攘夺公家、刻剥小民之事。为家臣者，从而匡救其恶可也。冉求为季氏家臣，不唯不能匡救，又为之设法征求，多方聚敛，以增益其富，其党恶害民甚矣。故孔子绝之说道："若冉求者，非我之门人也。盖我以仁义道德为教，则凡为吾徒者，皆当以直道事人，而不为阿谀以惠政养民，而不为掊克。今求乃党恶害民，得罪于名教，则岂吾之门人乎？汝等小子与之同学，有过失相规之义，须明正其罪，齐声以攻击之，使知省改可也。"夫人之为恶，若党与不众，则其为害犹小，惟夫身据权要，而人又从而附丽之，则其虐焰滋甚，不可扑灭。故圣人于党恶之人，拒绝之严如此。

【原文】

柴也愚，参也鲁，师也辟，由也喭。

【张居正讲评】

柴，是高柴。参，是曾参。师，是颛孙师。由，是仲由，都是孔子弟子。愚，是明智不足。鲁，是迟钝。辟，是务外少诚。喭，是粗俗。昔圣门教人，专以变化气质为先，故孔子各举四子气质之偏而教之说："高柴为人，谨厚有余，而明智不足，是其愚也。曾参迟钝而少警敏，是其鲁也。颛孙师务为容止，而少至诚恻怛之意，是其辟也。仲由粗鄙凡陋而少温润文雅之美，是其喭也。"愚与鲁者，必须充之以学问。辟者，必须本之以忠信。喭者，必须文之以礼乐，然后可进于圣人之道。不然，亦卒偏而不得其中矣，可不知所自励哉。

【原文】

子曰："回也其庶乎，屡空。赐不受命，而货殖焉，亿则屡中。"

【张居正讲评】

庶，是相近的意思。屡，是数。空，是匮乏。不受命，是不安于天命。货殖，是生聚货财。亿，是度。中，是得其理。孔子说："士志于道，而以贫乏累其心，则立志不高。信道不笃，其去道也远矣。惟颜回以明睿之资，务深潜之学其于道，盖庶几相近矣乎。盖常人在贫困之中，有不堪其忧者，而回则处之泰然。其家数至匮乏，一无所有，初不改其所性之乐焉。是其所见者大，所得者深，骎骎乎与道为一矣。若端木赐之为人则不然。贫富自有定命，不容强求者也。彼则不肯安受天命，而务欲生财以致富，其不如回之安贫乐道多矣。然才识明敏，其亿度事情每每切中，如其所料，则亦有过人者，使由此而充之，亦可以进于道矣。此二子之优劣也。"夫颜渊亚圣而孔子特称其屡空，子贡高才，而孔子犹讥其货殖，则洁廉自守之士，与嗜利无耻之人，岂可同日而语哉！用人者当知所辨矣。

【原文】

子张问善人之道，子曰："不践迹，亦不入于室。"

【张居正讲评】

践，是践履，亦是圣贤之成法。入室，是造乎精微之域，譬如入于室内一般。子张问于孔子说："世有一等自然有善而无恶的人，其所行何如？"孔子答说："善人者，质美而未学者也。唯其质美，故生来暗与道合，虽不必循途守辙以践圣贤之成法，而自不至于为恶。唯其未学，故亦不能涵养扩充，以造乎精微之域，而入圣人之室也。"夫其不践迹而自不为恶，此善人之所以为善人。不践迹而亦不能入室，此善人之所以止于善人也。然则夫人岂可徒恃其生质之美,而不加学问之功哉!

【原文】

子曰:"论笃是与,君子者乎?色庄者乎?"

【张居正讲评】

论,如论官论才之论。笃,是笃实。与,是许可的意思。君子,是有德的人。色庄,是内无实德,矜饰外貌的小人。孔子说:"忠信之人,可以学道。故器质之敦笃而不虚华,朴实而无文饰者,乃君子之所与也。然人藏其心,情伪难测,外貌未足以尽人也。若不加深察,只论人于容貌词气之间,见以为笃实而遽许之,则斯人也,其果表里相符,而为有德之君子乎?抑亦矫饰外貌,假做个老实的模样,而为色庄者乎?使其为君子之人,则与之诚是也,若是个色庄之人,而亦与之,不几于失人乎?然知人实难。以帝尧之圣,而犹见欺于象恭之共工,况其他乎?"夫子之言,盖有所感也。

【原文】

子路问:"闻斯行诸?"子曰:"有父兄在,如之何其闻斯行之?"冉有问:"闻斯行诸?"子曰:"闻斯行之。"公西华曰:"由也问闻斯行诸,子曰,'有父兄在';求也问闻斯行诸,子曰,'闻斯行之'。赤也惑,敢问。"子曰:"求也退,故进之;由也兼人,故退之。"

【张居正讲评】

诸,是语词。求也退,这退字,是怯弱的意思。故退之,这退字是裁抑的意思。兼人,是胜过于人。昔子路问于孔子说:"由尝闻道而患于未之能行也,自今一有所闻,即断然行之可乎?"孔子答说:"闻义固当勇为,然父兄在上,有不得以自专者,若不禀命而行,则反伤于义矣。如何可以闻斯行之乎?"冉有问说:"求尝悦道而患于力之不足也,自今但有所闻,即勉而行之可乎?"孔子答说:"学莫贵于力行。若见义不为,是无勇矣。汝其闻斯行之乎。"公西华疑而问说:"由也问'闻斯行诸'?夫子告他说,有父兄在,则既以禀命为恭。及求也问'闻斯行诸'?夫子又告他说'闻斯行之',则又以必行为是。由、求之问本同,而夫子之答迥异如此,赤也不能无惑,敢问其说如何?"孔子答说:"人之材质不同,教人者,当因材而造就之,不可执一也。冉求是个怯弱的人,凡事每逡巡畏缩不肯前进,故我告以闻斯行之，使知勇往力行，以变其柔懦之习，所以引其不及而归之中也。仲由是个刚强的人，凡事都径情直遂，只要胜过乎人。故我告以有父兄在，使知安分循理，不流于妄动之失，所以抑其太过而归之中也。其问同而答异者以此，汝何疑之有哉？"按《洪范》有云："沉潜刚克，高明柔克。"沉潜而治之以刚，即所谓退而进之者也。高明而治之以柔，即所谓兼人而退之者也。可见圣人立教，与帝王出治，其斟酌化裁，操纵阖辟，皆不出此二者，所以能甄陶一世，而尽君师治教之责也。

【原文】

子畏于匡，颜渊后。子曰："吾以女为死矣。"曰："子在，回何敢死？"

【张居正讲评】

畏，是恐惧。后，是相失在后。昔孔子被围于匡而有畏心，一时仓卒。遇难之际，颜渊偶相失在后。方其相失之时，夫子惧其为匡人所害，心正悬虑，及其至也，不胜其喜幸之意，乃迎而谓之说："吾只以汝为死矣。今乃幸而无恙乎？"颜渊对说："回于夫子，分则师生，恩犹父子，生死患难，相与共之者也。若夫子不幸而遇难，回必不爱其生，捐躯以赴之矣。今夫子既喜得以保全，回亦何敢轻于赴斗，以犯匡人之锋而死乎？"于此不独见其师生相与，恩谊甚深，抑且死生在前，审处不苟。盖由平日涵养纯粹，见理分明故耳。所谓笃信、好学、守死、善道，若颜渊者，真其人矣。

【原文】

季子然问："仲由、冉求可谓大臣与？"子曰："吾以子为异之问，曾由与求之间。所谓大臣者，以道事君，不可则止。今由与求也，可谓具臣矣。"曰："然则从之者与？"子曰："弑父与君，亦不从也。"

【张居正讲评】

季子然，是季孙意如之子。异，是非常。不可，是君不信从。止，是去位。具臣，是备数为臣，无可称述的意思。昔仲由、冉求为季氏家臣，故季子然问于孔子说："臣一也，然有大臣，有小臣，职任既有崇卑，则其称之亦有难易。夫子之门人，若仲由、冉求者，其德器才识，可以谓之大臣与？"盖夸二子之贤，以见季氏之得人也。然季氏乃僭窃之臣，由、求既不能谏，又不能去，正孔子之所深恶者，故答之说："汝之问我，我以为必有非常之事与非常之人。乃今以由、求二子为问，则汝之问亦卑矣。且汝以由、求为大臣，是岂知大臣之道乎？盖所谓大臣者，乃君德成败之所关，国家安危之所系，其责任隆重，与群臣不同。若只是阿意曲从，不顾道理，与夫贪位慕禄，不识进退，则何以成就君德，表率百僚？必须学术纯明，忠诚恳至，凡事都以道理辅佐其君。如君之所行有合道理的，便为之赞助于中，为之宣布于外，以成其美。如君之所行有不合道理的，便为之正言匡救，为之尽力扶持，以补其阙，必欲引其君于当道而已。若使君不向道，而吾之言或不从，谏或不听，则虽居官食禄亦是尸位素餐，便当引过自归，奉身而退，必不可枉道以辱其身也。盖大臣以正君为职，故志在必行；以旷职为耻，故身在必退，其道固当如此。今由、求之为家臣，既不能直道事人，以尽责难陈善之忠；又不能安分知止，以全难进易退之节，是乃备数为臣者耳，何足道哉！"夫子之轻由、求，所以抑季然也。

季子然又问说："由、求既不可以为大臣，则凡事只听命于所事，唯唯诺诺，而无所是非者与？"孔子答说："由、求虽不知大臣之道，然君臣之义，明白易见者，彼亦晓然知之。至于弑父与君，大逆无道之事，必不肯党恶以从人也。"盖季氏素有不臣之心，欲借二子以为羽翼，故孔子阴析其心如此。此可见天下有大臣、有具臣、有乱臣，若人君能尊德乐道，则大臣得以尽其忠；能随材器使，则具臣得以勉其职；能防微杜渐，则乱臣无所容其奸，此又明主所当加意也。

【原文】

子路使子羔为费宰。子曰："贼夫人之子。"子路曰："有民人焉，有社稷焉，何必读书，然后为学？"子曰："是故恶夫佞者。"

【张居正讲评】

子羔，是高柴的字。宰，是邑宰。贼，是害。夫人之子，就指子羔说。佞，是强辩饰非。昔子路为季氏宰，因欲举子羔为费邑之宰，孔子责之说："凡人学优斯可以登仕，明体乃足以适用。今子羔资质虽美，而所学尚浅。若遽使为宰，则内有妨于修己，而学问无由以成；外有妨于治人，而功业必不能就。这不是爱他，实所以害之也，如之何其可乎？"子路因夫子之责,乃不自以为过,又强词以应之说道:"费邑之中,有民人焉,所当治也。有社稷焉,所当事也。若于民人而求所以治民之理,于社稷而尽所以事神之道,这便是学了,何必读书,拘拘于章句之末,然后谓之学耶?夫治民事神,固学者事,要必学之已成,然后可仕以行其学。若初未尝学,而使之即仕以为学,则道理不明,施为欠当,其不至于漫神而虐民者几稀矣。"子路此言,非其本意,但不肯自认己错,而取辩于口给以御人耳。夫子乃直言以责之说:"我平日所以恶那佞口的人,正谓其不论理之是非,而惟逞口辩以求胜耳。由也自今可不戒哉!"夫漆雕开必已信而后仕,则夫子喜之。子路于未学而使仕,则夫子责之。可见出治有本,务学为先,凡有天下国家之责者,其职任愈大,则其学当愈充,其关系愈重,则其学当愈勤,诚不可一时而少闲也。

【原文】

子路、曾皙、冉有、公西华侍坐。子曰:"以吾一日长乎尔,毋吾以也。居则曰:'不吾知也!'如或知尔,则何以哉?"子路率尔而对曰:"千乘之国,摄乎大国之间,加之以师旅,因之以饥馑,由也为之,比及三年,可使有勇,且知方也。"夫子哂之。"求,尔何如?"对曰:"方六七十,如五六十,求也为之,比及三年,可使足民。如其礼乐,以俟君子。""赤,尔何如?"对曰:"非曰能之,愿学焉。宗庙之事,如会同,端章甫,愿为小相焉。""点,尔何如?"鼓瑟希,铿尔,舍瑟而作,对曰:"异乎三子者之撰。"子曰:"何伤乎?亦各言其志也。"曰:"莫春者,春服既成,冠者五六人,童子六七人,浴乎沂,风乎舞雩,咏而归。"夫子喟然叹曰:"吾与点也!"三子者出,曾皙后。曾皙曰:"夫三子者之言何如?"子曰:"亦各言其志也已矣。"曰:"夫子何哂由也?"曰:"为国以礼。其言不让,是故哂之。""唯求则非邦也与?""安见方六七十如五六十而非邦也者?""唯赤则非邦也与?""宗庙会同,非诸侯而何?赤也为之小,孰能为之大?"

【张居正讲评】

曾皙,名点,是曾参之父。门人记子路、曾皙、冉有、公西华,一日侍坐于夫子之侧,夫子欲使尽言以观其志,乃先开诱之说:"人情若拘于少长之分,则心生严畏意不展舒,虽欲知其心之所存,不可得矣。今我之年齿,虽有一日少长于汝辈,而为汝等之师,然汝勿以我长而难于尽言,务当有怀必吐,有言必尽,可也。盖汝辈方平居之时,固皆自负说:'吾之才,本足以为世用,但人莫能知我耳。'如或有人知汝,举而用之,则汝将何所设施,以展其生平之蕴哉?试为我言其所以待用之具何如?"夫子此问,盖欲考见四子自知之明,而因以施其裁成之教也。

率尔,是轻遽的模样。千乘之国,是地方百里,可出兵车千乘的侯国。摄,是管束。二千五百人为师,五百人为旅,加以师旅,是说有兵战之事。因,是频仍。谷不熟叫作饥,菜不熟叫作馑。勇,是强勇。方,是向,知方,是知向于义。哂,是微笑。子路一承夫子之问,更不逊让,便轻遽而对说:"今有千乘之国,两边都是大国管束于其间;又加之以师旅,而调发不宁,常有兵战之事;又因之以饥馑,而荒歉频仍,每有匮乏之忧,时势之难为也如此。若使由也为之,外当事变之冲,内修政教之实;务农积谷于其先,简阅训练于其后;果锐以作其气,忠信以结其心。将及三年之久,可使民皆强勇,而敌忾御侮之争先;又且皆知向义,而亲上死长之无二。是则由之志也。"于是夫子微笑。盖笑其言词轻率,非谓其所志之不大也。

孔子既闻子路之志,遂以次问于冉求说:"尔之志何如?"冉求对说:"千乘大国,非求所堪也。但方六七十里,或五六十里的小国,若使求也为之,制田里,教树畜,以开其源;薄赋敛,敦节俭,以导其流。将及三年之久,可使民皆富足,不惟仰事俯育之有资,亦且水旱凶荒之有备,求之志,如斯而已。若夫礼以节民性,乐以和民心,使化行而俗美,则必俟夫才全德备之君子,然后能行之,非求之所敢当也。"盖冉有之资,本自谦退,又因子路见哂,故其词益逊如此。

宗庙之事,是祭祀祖考。诸侯时见叫作会,众俯叫作同。端,是玄端,礼服。章甫,是礼冠。相,是赞礼者。谓之小者,谦词。夫子又呼公西赤而问说:"尔之志何如?"公西赤对说:"礼乐之事,非敢说我便能之,诚愿即其事而学焉。彼宗庙之中,有祭祀之事,至如诸侯修好,则有会同之事,皆礼乐之所在也。赤当斯时,若得周旋供事于其间,服玄端之服,冠章甫之冠,愿为赞礼之小相焉。序其仪节,使君不失礼于神明;审其应对,使君不失礼于邻国。赤之志,如斯而已矣。"盖礼乐本公西华之所优为,其曰愿学,曰小相,亦因问而承之以谦也。

希，是间歇。铿尔，是瑟之余音。作，是起。撰，是具。莫春，是三月的时候。春服，是单夹之衣。风，是乘凉。沂，是水名。舞雩，是祭天祷雨。有坛墠树木的去处，都在鲁城之南。咏，是歌咏。喟然，是叹息之声。与，是许。方三子言志之时，曾点正在鼓瑟。三子言志既毕，夫子乃呼曾点问说："尔之志何如？"点承夫子之问，鼓瑟之声方才间歇，余音尚铿然可听，乃合瑟而起，从容对说："点之志，与三子之所具者不同，有难言者。"夫子开导之说："汝但言之，庸何伤乎？人各有志，亦惟各言其志而已，不必同也。"曾点乃对说："点之志，非有他也，亦以性分之中，自有真乐，随寓而在，无事旁求。就如今暮春之时，天气和煦，景物固足以畅怀；冬衣已解，单夹之服既成，又足以适体，因而偕那同志之徒，冠而成人者五六人，年少的童子六七人，少长有序，气类相投，油油然往游于鲁城南之胜处。沂水有温泉，其洁可濯也，则相与洗浴乎沂水之滨；舞雩有坛墠树木，其阴可庇也，则相与乘凉于舞雩之下；兴寄有时而可止也，则相与歌咏而归。唱和交适，舒卷自如，是亦足以自乐矣，而他尚何慕焉？点之志，所以异乎三子者如此。"夫子一闻曾点之言，有契于心，乃喟然叹息说道："吾与点也，其深嘉乐，予之意，溢于言表矣。"盖君子所性，万物皆备，人唯见道不明，未免有慕于外，始以得失为欣戚耳。若是反身而诚，无所愧怍，此心泰然，纯是天理，则无往而不得其乐矣。故蔬食水饮，箪瓢陋巷，此乐也。用于国而安富尊荣，达之天下而老安少怀，施诸后世而亲贤乐利，亦此乐也。大行不加，穷居不损，用行舍藏，唯其所遇，而我无心焉。盖圣门学术如此，曾点知之，故为夫子所深许也。

礼，是天理之节文。让，是谦逊。昔诸子言志已毕，曾皙以夫子独与己之志，而于子路则哂之，于冉有、公西华则无言，不能无疑，乃俟三子皆出，独留身在后，问于夫子说："适间三子所言之志，其是非得失何如？"夫子说："也只是各言其志而已，无他说也。"曾皙又问说："夫子何为独笑仲由也？"夫子说："凡为国者，必以礼让为先，则上下雍睦，示民不争，而后国可治也。今由也，言辞急遽，自负有才，直任之而不让，则失乎恭敬辞逊之道，而有悖于礼矣，将何以为国哉？此吾所以笑之也。"

曾皙又问说："冉求之志，虽在足民，而其所治，不过六七十、五六十之小，其无乃非为邦也欤？"夫子说："先王之建万国，亲诸侯，虽有百里、七十里、五十里之不同，而分封之典则一也。百里固为大邦矣，安见方六七十，与五六十之小，而遂非邦也者？盖土地虽云狭小，然一般有封疆社稷，一般有人民政事，岂可谓之非邦乎？是求之所任，固为邦之事也，汝何疑哉？"曾皙又问说："公西赤之志，虽在于礼乐，而其所愿，不过为小相耳，其无乃非为邦也欤？"夫子说："自诸侯享亲，然后有宗庙；睦邻，然后有会同。赤既志于宗庙会同矣，谓非诸侯之事而何？且赤本素具礼乐之才，而顾愿为小相，特其谦退之意耳。若以赤为不足于大，而仅可以为其小，则谁有能优于礼乐，出乎其右，而为之大者乎？是赤之所任，亦为邦之事也，汝又何疑哉？"合而观之，三子言志，固亦夫子之所取者，乃独许曾点，何也？盖君子藏器于身，待时而动，穷不失意，达不离道，乃出处之大节也。若负其才能，汲汲然欲以自见于世，则出处之际，必有不能以义命自安，而苟于所就者。子路仕卫辄冉有从季氏，病皆在此，故夫子独与曾点，以其所见超于三子也。

颜渊第十二

【原文】

颜渊问仁。子曰："克己复礼为仁。一日克己复礼，天下归仁焉。为仁由己，而由人乎哉？"颜渊曰："请问其目？"子曰："非礼勿视，非礼勿听，非礼勿言，非礼勿动。"颜渊曰："回虽不敏，请事斯语矣。"

【张居正讲评】

仁，是本心之全德。克，是胜。己，是人心之私欲。礼，是天理之节文。归字，解作与字。昔孔门之学，以求仁为要，故颜渊问于孔子说："如何可以为仁？"孔子教之说："仁，心德也。心德在人，本无不具，就中件件都有个天理当然之则。所谓礼也，人惟累于己私，不能自克，把这礼丧失了，故流于不仁耳。为仁者，必须从心上做工夫，但有一些己私，便都着力克去，务使一私不存，而念念事事，依旧复还乎天理当然之则，则本心之德全，而仁不外是矣。然这个道理，乃天下人心所同具的，果能于一日之间，己无不克，礼无不复，而先得乎人心之所同然，则天下莫不翕然称许其仁。盖秉彝好德，其理固有然者，其效之甚速而至大也如此。然事之由己者易,由人者难。今己,是自家的私欲,礼,是自家的天理,其克其复,皆由于我,亦为之而已,而岂由人乎哉?其机之在我而无难也如此。"孔子以是告颜渊,所以勉之者至矣。然要之尧舜相传心法,亦不过如此。盖所谓人心惟危,即是己也;所谓道心惟微,即是礼也;所谓精一执中,即是克复为仁之功,初无二理也。然则欲纯全乎尧舜之仁者,可不服膺于孔子之训哉!

目,是条件。勿,是禁止之词。敏,是明敏。请事,是奉行的意思。斯语,指非礼勿视四句说。颜渊闻孔子克己复礼之训,其于天理人欲之际,已判然矣,故不复有疑而直请问说:"克己复礼,用功的条目何如?"孔子告之说:"人生而静天之性也,感物而动,则不能不发见于视听言动之间。然视听言动,皆有个自然的天则,是即所谓礼也。才涉非礼,便是己私,故必谨于萌动之初,制于未发之始。视必以礼,而一毫非礼,即禁止之于心而勿视;听必以礼,而一毫非礼,即禁止之于心而勿听;言必以礼,而一毫非礼,即禁止之于心而勿言;动必以礼,而一毫非礼,即禁止之于心而勿动。夫非礼皆己也,于此而禁之,皆克己也。己克,则礼复,而仁在是矣。所谓克己复礼为仁者如此。"颜渊一闻孔子之教,便直任之说道:"人必才质明敏,方能造道。回虽不敏,然夫子之教可循也。请从事此言,务克去其视、听、言、动之私,以复于天理节文之内,使本心之德,复全于我而后已,岂敢自诿于质之不敏,以负夫子之教哉!"盖颜子自量其力之可至,故直任之而不辞如此。

【原文】

仲弓问仁。子曰:"出门如见大宾,使民如承大祭;己所不欲,勿施于人;在邦无怨,在家无怨。"仲弓曰:"雍虽不敏,请事斯语矣。"

【张居正讲评】

仲弓,是孔子弟子冉雍的字。大宾,是有德位的宾客。大祭,如郊祭、庙祭之类。仲弓问于孔子说:"如何可以为仁?"孔子教之说:"为仁之道,不外于存心;存心之要,唯在于敬恕而已。夫人见大宾无不起敬者,若于出门易忽之时,也俨然如见大宾的一般,则无一时之敢忽可知;承大祭无不致敬者,若于使民易慢之际,也肃然如承大祭的一般,则无一事之敢慢可知,是之谓敬也。人以非礼之事加我,我不欲也,若我以此加人,人亦不欲也。

必推已之心,度人之心;不欲人之加诸我者,亦不以之加诸人焉,是之谓恕也。夫能敬,则私意无所容,而仁之体以立;能恕,则私意无所杂,而仁之用以行。由是外而在邦,上下莫不相安,何怨之有?内而在家,宗族莫不相悦,何怨之有?主敬行恕,而至邦家无怨,则心存理得而仁在是矣。"仲弓闻夫子之教,遂直任之说道:"人须是才质明敏者,方能体道。雍虽不敏,然夫子之教切至如此,敢不以敬恕之功自尽,以无怨之效自考,而期无负于夫子之明训哉!"盖仲弓自量其力之可至,故勇于自任如此。

【原文】

司马牛问仁。子曰:"仁者,其言也讱。"曰:"其言也讱,斯谓之仁已乎?"子曰:"为之难,言之得无讱乎?"

【张居正讲评】

司马牛,是孔子的弟子,名犁。讱,是坚忍不轻发的意思。司马牛问说:"如何可以为仁?"孔子教之说:"子欲知所以为仁,当自言不妄发始。盖人唯心有不存,故言语每有伤,易伤烦之病。唯仁者涵养深沉,措词简默,其于言语,若有所忍而不敢以轻发焉者。子欲为仁,亦惟致谨于斯可矣。"司马牛又问说:"仁道至大,只这言不轻发,便可以为仁矣乎?"孔子又告之说:"这讱言,不是容易的事。盖人唯其心之放也,故率意而妄为;唯其为之妄也,故肆言而无忌。若夫仁者,则心存而不放,故于临事之际,必熟思审处,其难其慎,不肯以苟且为之。是以言必虑其所终,行唯恐其不掩,出诸口者,自然不敢轻易,又安得而不讱乎?是其言之讱者,由于为之难;为之难者,本于心之存。心存则理得,而仁不外是矣,岂可以为易而少之哉?"夫子以牛心放而言躁,故反复晓告如此,盖约之使求仁于心也。

【原文】

司马牛问君子。子曰:"君子不忧不惧。"曰:"不忧不惧,斯谓之君子已乎?"子曰:"内省不疚,夫何忧何惧?"

【张居正讲评】

君子,是成德之人。忧,是忧愁。惧,是恐惧。内省,是自家省察于心。疚,是病。司马牛问于孔子说："学也者,所以学为君子也,不知君子之人何如?"孔子告之说:"成德之人,心常舒泰,绝无忧愁恐惧之私,人能如是,斯可以为君子矣。"司马牛说:"君子之道大矣,只这不忧不惧,便可谓之君子矣乎?"夫子又教之说:"不忧不惧,未易能也。盖凡人涵养未纯,识见未定,祸福利害皆足以动其心。所以未事则多疑虑,临事则多畏缩,此忧惧之所由生也。惟君子平日为人,光明正大,无一事不可对人言,无一念不可与天知,内而省察于心,无有一毫疚病。故其理足以胜私,气足以配道义,纵有意外之患,亦惟安于命而已,夫何忧何惧之有? 此非自修之功,已造于成德之地者不能。汝何疑其不足以尽君子乎?"按司马牛因其兄桓魋作乱常怀忧惧,故孔子开慰之如此。然内省不疚,实自常存敬畏中来,非徒悍然不顾而已。况人君居艰难重大之任,自非忧勤庶政,治民只惧,其何以永贻四海之安,长享天下之乐哉? 故兢兢业业,人主不可不加内省之功也。

【原文】

司马牛忧曰:"人皆有兄弟,我独亡。"子夏曰:"商闻之矣:死生有命,富贵在天。君子敬而无失,与人恭而有礼,四海之内,皆兄弟也。君子何患乎无兄弟也?"

【张居正讲评】

商,是子夏的名。无失,是无间断。有礼,是有节文。昔司马牛之兄桓魋,为乱于宋,而其弟子顷、子车,亦与之同恶。司马牛虑其得祸,故忧愁说道:"兄弟无故,乃天伦之真乐也。今人皆有兄弟,相安相乐,于无事之天;而我之兄弟,独不得以相保,岂不大可忧乎?"子夏闻其言而宽解之说道:"商也尝闻诸夫子矣,人之或死或生,是从命里生定的,非今之所能移;人之或富或贵,是皆天所付与的,非我之所能必,但当顺受之而已。若夫兄弟之有无,固天也、命也,忧之亦无益也。君子亦唯以天命自安,而修其在我所当自尽者耳。诚能持己以敬,而内外动静,无间其功;接人以恭,而亲疏贵贱,皆合乎礼,则盛德所感,人人皆知爱敬,四海之内相亲相保,就似同胞的一般,何所往而非兄弟也。然则君子患不能自修耳,又何患乎无兄弟耶?"子夏欲以宽司马牛之忧,故为是不得已之词。然要之至理,亦不外此。

【原文】

子张问明。子曰:"浸润之谮,肤受之愬,不行焉,可谓明也已矣。浸润之谮,肤受之愬,不行焉,可谓远也已矣。"

【张居正讲评】

明,是心中明白,无所蔽惑。浸润,谓如水之浸灌滋润,是形容毁人者,入之以渐,使听者不觉得意思。谮,是毁人之短。肤受,谓肌肤上受害,是形容祸患切身的意思。诉,是诉己之冤。不行,是不听信。远,是明之至而不蔽于浅近。子张问说:"人情微暧而难知,物态纷纭而莫辨,苟非至明,何以察识?请问如何方可谓之明?"孔子告之说:"凡见人之所易见者,未足以谓之明;惟察人之所难察者,乃可谓之明耳。如谗谮人者,若直将那人的不是处说将来,则情犹易窥也。惟夫谮而浸润焉者,或乘我喜怒,而暗为中伤,或即其近似,而巧为诬诋,微言冷语,积之以渐而不露形迹,譬如水之浸物的一般,则听者不觉其人而信之深矣。又如假诉冤者,若使其词少缓,则情犹可见也。惟夫诉而肤受焉者,或言人之害我,苦在至极,或言我之受祸,就在目前,情状危急,事势迫切,譬如就加到身上的一般,则听者不及致详而发之暴矣。夫是二者,设心甚狡,用机至深,皆人所难察者也。若能察其为伪而不行焉,则是确然有见,洞烛群情之隐,而人不得以售其奸矣,岂不谓之明乎?然不但可谓之明也,若能于浸润之谮、肤受之诉而不行焉,则是超然远识,明见万里之外,而非浅近之知可比矣,岂不谓之远乎?盖于难察者而能察焉,则凡人之所易见者,皆无足言也。其谓之明且远也,不亦宜哉!"按此章之旨,在人君尤为切要。盖人君以一人之耳目,照临乎天下,使非明而且远,则憸邪之情状难明,谗谮之游言易人。苟听信或差,其关系治乱,非小小矣。故必居敬穷理,使心有主持,而情伪毕照,然后人莫能欺,足称明且远也。明君宜三致意焉。

【原文】

子贡问政。子曰:"足食,足兵,民信之矣。"子贡曰:"必不得已而去,于斯三者何先?"曰:"去兵。"子贡曰:"必不得已而去,于期二者何先?"曰:"去食。自古皆有死,民无信不立。"

【张居正讲评】

子贡一日问政于孔子。孔子告之说:"为政之要,惟视民生之最切者以为之所而已。

食者,民所赖以为养。食有不足,则民生不遂,不可也。必须为之制田里,薄税敛,使闾阎有乃积乃仓之富,国家有九年六年之蓄,这等样足食才好。兵者,民所赖以为卫。兵有不足,则民生不安,不可也。必须为之比什伍,时简阅,使伍两卒旅之无缺,车马器械之咸备,这等样足兵才好。然米粟虽多,兵革虽利,苟信有未孚,则民心日离,又岂可乎?必须施教化,明礼义,使为吾之赤子者,皆有尊君亲上之心,无欺诈离叛之意,这方叫作民信之矣。夫食足,则导之而生养遂;兵足,则治之而争夺息;民信,则教之而伦理明。虽帝王之治,不过如此。兼是三者,政其有不举者乎?"

子贡又问说:"三者兼全,固为善政。若事势穷蹙,难以兼得,必不得已,于三者之中,姑去其一,则以何为先?"孔子说:"若不得已,宁可去兵。"盖食足而信孚,则民亲其上,死其长,虽无兵而守固矣。此兵之所以可去也。

子贡又问说:"三者去兵,已是权宜,若事势愈蹙,虽食与信,亦有难兼者,必不得已,于二者之中又当去一,则以何为先?"孔子说:"又不得已宁可去食。"盖民无食必死,然自古及今,人皆有死,是死者,人所必不能免。若夫信者乃本心之德,人之所以为人者也。民无信,则相欺相诈,无所不至,形虽人而质不异于禽兽,无以自立于天地之间,不若死之为安。故为政者,宁死而不可失信于民,则民亦宁死而不失信于我矣,此食所以可去,而信必不可无也。即此观之,可见国保于民,民保于信。是以古之王者,不欺四海,善为国者,不欺其民。盖必有爱民之真心,而后有教养之实政,自然国富兵强,民心团结而不可解矣,此信所以为人君之大宝也。

【原文】

棘子成曰:"君子质而已矣,何以文为?"子贡曰:"惜乎夫子之说君子也!驷不及舌。文犹质也,质犹文也,虎豹之鞟犹犬羊之鞟。"

【张居正讲评】

棘子成,是卫大夫。质,是质朴。文,是文采。驷,是四马。皮去毛的叫作鞟。昔棘子成厌周末文盛,人皆习于利巧,而无忠信之意,故立论说:"君子之行已应务,惟当存其本质,不失了原来真意就是了,何必缘饰文采,以眩观美,反使实意之不存乎?"子贡闻而正之说："今时方逐末，人皆不知有质。吾子之说，意在崇本抑末，乃君子之道也。惜乎发言太易，不无矫枉过正之失，既已出于舌，虽四马不能追及之矣。盖人之为道，无质不立，无文不行，是文也与质一般，质也与文一般，可相有而不可相无。君子小人之所以辨者，正在此也。若尽去其文，徒存其质，则君子小人混而无辨，就如虎豹之鞟和那犬羊之鞟，都是一般，看不出好歹了。盖虎豹之皮，所以异于犬羊者在于毛；君子之人，所以异于小人者在于文，然则文岂可以遂废哉？"夫棘子成矫当时之弊，固失之过，而子贡矫子成之弊，又无本末轻重之差，胥失之矣。若求其尽善而无弊，则必如孔子所谓文质彬彬，乃为定论也。

【原文】

哀公问于有若曰："年饥，用不足，如之何？"有若对曰："盍彻乎？"曰："二，吾犹不足，如之何其彻也？"对曰："百姓足，君孰与不足？百姓不足，君孰与足？"

【张居正讲评】

盍，是何不。彻字，解作通字，是周家什一取民之制。周行井田之法，取通同均匀之意，故叫作彻。鲁哀公问于有若说："如今年岁饥荒，国用不足，将如之何？"有若对说："国家财赋，必取于民者有制，用于上者有经，然后岁之丰凶不足为患。君欲足用，何不复行我周彻法十一取民之旧乎？"哀公说："我鲁自宣公税亩以来，已是十分取二了。今吾之用度尚然不

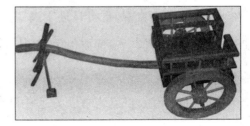

战车

足，如之何更行彻法，岂不愈加匮乏耶？"有若对说："君民一体，休戚相关。如今朝廷上的费用，哪一件不是小民出办？若能轻徭薄赋，一毫不过取于民，使之丰衣足食，家家殷实，是百姓足矣。将见民之生计既饶，则钱粮易于措办，凡军国服御之需，莫不乐于输纳，自然仓廪实，府库充，人君百凡用度，取之沛然而有余矣，其孰与不足乎？若是井地不均，赋敛无度，使百姓们衣食不给，家家贫困，是百姓不足矣。将见小民生计既窘，必至流亡失所，不但赋税无从出办，亦将怨嗟疾视，而起离散争夺之患矣，人君又将安所取足乎？即

此观之，吾君不当徒以足国为心，而当以厚下为念也。"按，有若此言，深得君民一体之意，人主诚宜加念者，然足民固所以足国，而足国之道，则在节用而已。能节，则薄取自见其有余；不节，则厚敛且见其不足矣。然则孔子节用爱人一言，岂非治天下者之龟鉴哉！

【原文】

子张问崇德辨惑。子曰："主忠信，徙义，崇德也。爱之欲其生，恶之欲其死；既欲其生，又欲其死，是惑也！"

【张居正讲评】

崇，是日有增加的意思。行道而有得于心，叫作德。辨，是辨别。惑，是心有所蔽。忠，是尽心而不欺。信，是诚实而无伪。徙，是迁。义，是理之所当为者。子张问于孔子说："得于心之谓德，所当崇也；蔽于心之谓惑，所当辨也。兹欲崇之辨之，果何所用其力乎？"孔子告之说："德根于心而达于事者也，使内有伪妄之心，则善端充长之无基；外无迁善之勇，则培养滋益之无助，德何由崇耶？故必存于心者，常以忠信为主，而无一毫之虚伪。又能于理之所当为者，便迁改以从之，而事事欲其合宜。如此，则根本既固，而善行又有所积累，本心之德，自将日进于高明矣，岂不是崇德之事？人之生死有命，本非吾所能张主也。今也爱其人，便要他生，恶其人，便要他死，既已溺于爱恶之私，而不达夫死生之定分矣。况此一人耳，方其爱之，既要他生，及其恶之，又要他死，易喜，易嗔，变迁无定。然则造化死生之柄，岂在吾好恶中耶？甚矣其惑也。能于此而辨之，则惑可得而去矣。"盖惑虽多端，死生乃其大者，推之于一切理外之事，皆不必虚用其心，又何惑之有？

【原文】

齐景公问政于孔子。孔子对曰："君君，臣臣，父父，子子。"公曰："善哉！信如君不君，臣不臣，父不父，子不子，虽有粟，吾得而食诸？"

【张居正讲评】

齐景公，名杵臼，一日问政于孔子。孔子对说："为政以叙彝伦为先，彝伦以君臣父子为大，必也。君尽为君的道理而止于仁，臣尽为臣的道理而止于敬，父尽为父的道理而止于慈，子尽为子的道理而止于孝。君、臣、父、子各尽其道，则治理由此而举，国家由此而治,乃人道之大经,政事之根本也。若于此忽焉而不图,岂所以为政乎?"按,是时,景公失政,而大夫陈氏厚施于国,则君不君、臣不臣矣。又多内嬖,而不立太子,则父不父、子不子矣。故夫子告之如此,所以深儆之也。

景公闻孔子之言,深有契于心,遂称赞说道:"善哉此言,真切要之论也。如果君不成其为君,臣不成其为臣,而君臣失其道;父不成其为父,子不成其为子,而父子失其道。则纪纲颓败,法度废弛,国之灭亡无日矣。国家虽富,米粟虽多,吾岂得安享而食之乎?"景公知善夫子之言如此,亦可谓本心之暂明矣。然卒以继嗣不定,启陈氏篡弑之祸,岂非悦而不绎,吾未如之何者欤?

【原文】

子曰:"片言可以折狱者,其由也与?"子路无宿诺。

【张居正讲评】

片言,譬如说一言半句。折,是剖断。狱,是争讼。由,是子路的名。稽留隔夜叫作宿。诺,是有所许于人。子路无宿诺一句,是门人说的。孔子说:"人之争讼者,各怀求胜之心,情伪多端,变诈百出;听讼者,虽极力以讯鞫之,尚有不得其情者矣。若能于片言之间,剖断曲直,使各当其情,而人无不输服者,其惟仲由也欤?"盖仲由为人忠信明决,唯其有忠信之心,故人不忍欺;唯其有明决之才,故人不能欺,此所以言出而人信服之,不待其辞之毕也。门人因夫子之言,遂记之说:子路平日为人,最有信行,若受人之托,已应承了,则必急于践其言,曾未有迟留经宿而不行者。其为人忠信如此,则其所以取信于人者,正由其养之有素也。夫子称之,岂无自哉。

【原文】

子曰:"听讼,吾犹人也。必也使无讼乎!"

【张居正讲评】

听讼,是听断狱讼。犹人,是不异于人。孔子说:"为人上者,因民之争讼,而判其孰为曲、孰为直,此事我也可以及人,不为难也。然要不过治其末,塞其流而已。必也,正其本,清其源,而道之以德,齐之以礼,使民知耻向化,兴于礼让,自然无讼之可听,乃为可贵耳。"这是门人因孔子称许子路，并记其平日之言如此。盖治民而至于使之无讼，则潜消默夺之机，有出于政刑教令之外者，视彼片言折狱，又不足言矣。明君观此，可不以德化为首务哉。

【原文】

子张问政。子曰："居之无倦，行之以忠。"

【张居正讲评】

政，是治人之道。居，是存诸心者。倦，是倦怠。行，是施诸事者。忠，是尽心而无伪。两个之字，都指政说。子张问于孔子说："如何是为政之道？"孔子告之说："凡人心所存主叫作居，设施于事叫作行。为政者，孰无所存之心，但始虽如此，而其终不免于倦怠，则其为政不过苟且而已。必也居之无倦，如何养民而使之得所，如何教民而使之成俗，念念在兹，始如是，终亦如是，不以时之久远，而少有懈惰之意，则政自有恒，而治民可期其成效矣。为政者，孰无所行之事，但事虽如此，而未必出于真心，则其为政不过虚文而已。必也行之以忠，凡制田里以养民，兴学校以教民，肫肫切切，外如是，内亦如是，一皆本于真德实意，而不徒为粉饰之具，则政皆实事，而德泽自然及于民矣。"盖政虽多端，皆由一心以为之根本，未有始终表里一于诚，而政有不举者。是道也，小可以治一邑，大可以治一国，又大可以治天下，虽圣人之至诚无息亦不过此。有为政之责者，可不知所务哉！

【原文】

子曰："君子成人之美，不成人之恶；小人反是。"

【张居正讲评】

这是孔子论君子小人用心之不同。说道："君子见人行一件好事，便诱掖之以助其所不及，奖劝之以勉其所欲为，务期以成就其美而后已。若见人行不好的事，则规戒以晓其惑，沮抑以挽其失，务期以改易其恶而后已。"盖君子之心，有善而无恶，故见人之善其心好之，唯恐其志之不坚而行之不力也；见人之恶，若身有之，唯恐其名之玷而身之辱也。小人则不然，见人之为恶，则迎合容养以成其为恶之事；见人之为善，则忌克诋毁以阻其为善之心。盖小人之心，有恶而无善，故见人之恶，即喜其与己同，唯恐其不党于己也；见人之善，即恶其与己异，唯恐其或胜于己也，其用心之相反如此。是以国家用一君子，则不止独得其人之利，而其成就天下之善，为利更无穷也。用一小人，则不止独被其人之害，而其败坏天下之善，为害更无穷也。人君可不审察而慎用之哉！

【原文】

季康子问政于孔子。孔子对曰："政者，正也。子帅以正，孰敢不正？"

【张居正讲评】

季康子，是鲁国大夫，名肥。帅，是表率的意思。季康子问于孔子说："如何是为政之道？"孔子对说："子欲知为政之方，先须识政字之义。盖政之为言，所以正人之不正以归于正也。然必先自正其身，而后可以正人之不正，固未有己不正而能正人者。今子为政，不宜责之于人，唯当求之于己。如欲人之以正事君，则先自笃其忠敬，以示为臣之则。如欲人之以正守官，则先自尽其职业，以为居官之准。所言者必天下之正言，侃侃乎守经据理，而无少涉于诡随；所行者必天下之正道，挺挺然持廉秉公，而无少动于私曲，能帅之以正如此。将见标准立而人知向方，模范端而众皆取则。凡望子之风采，仰子之仪刑者，皆将改心易虑，而相率以归于正矣，其孰有自逾于范围之外者乎？不然，则虽刑驱势迫，有不能强之使从者，子欲为政，亦惟本诸身焉可也。大抵下之应上，如影之随形，响之应声。立曲木而求影之直，为缓呼而求响之疾，此理之必无者。"孔子斯言，不独以告鲁大夫，实治天下之要道也。汉儒董仲舒有言："正心以正朝廷，正朝廷以正百官，正百官以正万民。"亦是此意，君天下者念之。

【原文】

季康子患盗，问于孔子。孔子对曰："苟子之不欲，虽赏之不窃。"

【张居正讲评】

欲，是贪欲。昔季康子患国多盗贼，因问于孔子，求所以止盗之方。孔子对说："民之为盗，生于欲心，而所以启之者上也。诚使吾子清心克己，不事贪欲，则上行下效，廉耻风行，虽赏以诱之，使为盗窃，而其心愧耻，自不肯为之矣，尚何盗之患哉？"盖羞恶之心，人皆有之，未有上以不贪为宝，而下犹寇攘成俗者也，所以说虽赏之不窃。其实上不贪欲，则观法之地以善,诛求之扰以去,优恤之政以施。观法善,则民良;诛求去,则民安;优恤施,则民足。虽外户不闭,比屋可封之俗,将由此成矣,岂止不为盗而已耶? 为人上者慎诸。

【原文】

季康子问政于孔子曰:"如杀无道,以就有道,何如?"孔子对曰:"子为政,焉用杀? 子欲善而民善矣。君子之德风,小人之德草,草上之风,必偃。"

【张居正讲评】

无道,是为恶的人。有道,是为善的人。君子,指在上者说。小人,指在下者说。上字,解作"加"字。偃字,解作"仆"字,是颓靡倒倚的意思。季康子问政于孔子说:"稂莠不薅,则嘉禾不生;恶人不去,则善人受害。若将那为恶而无道的杀了,以成就那为善而有道者,何如?"孔子对说:"民之善恶,顾所以倡之者何如耳。今以子之为政,则何用杀乎? 子诚欲善,而躬行以率之,则民自然视效而归于善矣。"何也? 那在上的君子,其德能感乎人,譬如风一般,在下的小人,其德应上所感,譬如草一般,草而加之以风,无不偃仆,小人而被君子之化,无不顺从,此乃理之必然者也。然则欲民之善,亦反诸其身而已矣,而何以杀为哉?"按,康子三问,皆是责之于人。夫子三答,皆使求之于己。盖正人必先于正己,而不欲,正也。欲善,亦正也。使康子能以其欲利之心欲善,则民岂特不为盗,而且皆为善矣。所谓子帅以正,孰敢不正者也。《大学》说:"尧舜帅天下以仁而民从之。"即是此意。人君可不以躬行德教为化民之本哉。

【原文】

子张问:"士何如斯可谓之达矣?"子曰:"何哉,尔所谓达者?"子张对曰:"在邦必闻,在家必闻。"子曰:"是闻也,非达也。夫达也者,质直而好义,察言而观色,虑以下人。在邦必达,在家必达。夫闻也者,色取仁而行违,居之不疑。在邦必闻,在家必闻。"

【张居正讲评】

达,是所行通达。闻,是名誉著闻。昔子张之在圣门,心驰于务外,而不肯着实为己,孔子亦每因事而裁抑之。一日问于孔子说:"士何如斯可谓之达矣?""夫士君子处世,随其所往,而皆通达顺利,无有阻滞,乃人人所欲者。然必有实德于己,而后人皆信之,非可以袭取而倖致者也。"夫子已知子张不识达字之义,乃故诘之说:"何哉,汝之所谓达者?"盖将发其病而药之也。子张遂对说:"人惟名誉不彰是以行多窒碍,吾之所谓达者,惟欲声称播乎人耳,誉望服乎人心,在邦则必闻于邦,在家则必闻于家,如此而已。"是盖以闻为达,而忽于近里着己之功,正其平日受病处。夫子遂从而折之说:"据子所言家邦必闻,是乃所谓闻也,非所谓达也。"盖闻之与达虽若相似而实不同。达则以实行动人,闻则以虚声鼓众,以闻为达,差之毫厘,谬以千里矣,岂可昧于所从而不知辨哉。

质,是质实。直,是正直。察言观色,是察人之言语,观人之颜色,以验在己之得失。虑以下人,是常思谦退,不敢以意气加人的意思。孔子告子张说:"闻之与达,虽若相似而实不同。夫达也者,非有心于求人之知也。以言其内,则质实而无巧伪,正直而无私曲。以言其外,则动唯见其好义,事必求其当理。其立心行己之善如此。然犹不敢自是,而察人言语之从违,观人颜色之向背,以验在己之得失;又不敢以贤智先人,而常思谦抑退让,居人之下,其处己待物之谨又如此。夫是以盛德所感,人皆爱敬,随其所往,无不顺利,其在邦也,则上得乎君,下得乎民,而达于一邦焉;其在家也,则父兄安之,宗族悦之,而达于一家焉。盖所谓达者如此,岂偶然而致者哉。"

色取仁,是外貌假作为善的模样。违,是背。孔子又说:"德修于己,而人自信之,然后谓之达。若夫闻也者,存心虚妄,其中本非仁也,却乃矫情饰貌,做出个善人君子的模样;夷考其行,则素履多愆,全然相背,是与质直而好义者异矣。且又肆无忌惮,果于欺人,泰然处之,略无疑沮,恰似实有此仁的一般,是又与察言观色、虑以下人者异矣。夫深隋厚貌,彼既巧于文其奸,而久假不归,人又无由窥其诈,则掩饰之际,疑似乱真,人有不被其欺而称誉之者乎?故其在邦也,则动辄见称于朝廷州里焉;其在家也,则动辄见称于父兄宗族焉,盖所谓闻者如此。"然声闻过隋,君子所耻,况作伪之事,终必败露,比之于达,其相去何啻千里哉!是可见达者,为己而自孚于人;闻者,为人而终丧乎己。诚伪之间,学者固当深辨矣。若乃实行登庸,则邦家获无穷之益;虚名误采,则邦家贻莫大之忧。其关系又岂小小哉!用人者,尤宜致慎于斯。

【原文】

樊迟从游于舞雩之下，曰："敢问崇德、修慝、辨惑。"子曰："善哉问！先事后得，非崇德与？攻其恶，无攻人之恶，非修慝与？一朝之忿，忘其身，以及其亲，非惑与？"

【张居正讲评】

舞雩，是鲁城南祭天祷雨的去处。修，是治而去之。慝，是恶之藏匿于心者。攻，是克伐。忿，是愤恨。昔者孔子闲游于舞雩之下，樊迟从之，因问说："理得于心之谓德，如何可崇？恶匿于心之谓慝，如何可修？事蔽于心之谓惑，如何可辨？"孔子以其问之切于为己也，故美之说："善哉汝之问乎。夫人心不可以两用，使为其事而即计其功，则天理夺于人欲之私，德之所以不崇也。若能先其事之所难，而后其效之所得，则心志专一，功夫无间，本心之善，将日积而不自知矣，这岂不是崇德的事？人惟轻于责己，而重于责人，则自家过恶鲁莽而不暇治，慝之所以不修也。若能专于攻己之恶，一毫不肯放过，而无暇去攻人之恶，则自治诚切，而纤恶不留矣，这岂不是修慝的事？若夫一时之愤恨甚小，乃不能自制，而与人争斗，遂至于丧亡其身，因以连累父母，至于亏体辱亲，则其祸大矣。夫以小愤而致大祸，这岂不是愚惑之甚欤？能于此觉悟而惩创之，则心无所蔽，而惑可辨矣。"樊迟粗鄙近利，故夫子告之如此，所以救其失也。然工夫虽有三件，贯通只是一理。盖崇德者，所以存吾心之天理也，其事属之涵养；修慝辨惑者，所以遏吾心之人欲也，其事属之省察克治。非涵养，不足以培其源，非省察克治，不足以去其累。善学者，体验而密其功可也。

【原文】

樊迟问仁。子曰："爱人。"问知。子曰："知人。"樊迟未达。子曰："举直错诸枉，能使枉者直。"樊迟退，见子夏，曰："乡也吾见于夫子而问知，子曰：'举直错诸枉，能使枉者直。'何谓也？"子夏曰："富哉言乎！舜有天下，选于众，举皋陶，不仁者远矣。汤有天下，选于众，举伊尹，不仁者远矣。"

【张居正讲评】

达，是明其义。举，是举用。直，是正直的君子。错，是舍置。诸字，解作众字。枉，是邪枉的小人。樊迟问说："如何可以为仁?"孔子告之说："仁主于爱,必也于人之亲疏厚薄皆在其所爱之中,斯可谓仁矣。"樊迟又问说："如何可以为智?"孔子告之说："智主于知,必也于人之邪正贤否莫逃其洞察之下,斯可谓智矣。"樊迟虽闻夫子之言,而未能通晓其义。盖以仁者爱无不周,而智者知有所择。有所拣择,必有伤于爱物之仁。混同兼爱,又恐昧夫知人之哲。夫子之言,恰似自相违背的一般,此所以疑而未达也。于是夫子解之说："仁智虽有二用,其实只是一理。如立心正大,举动光明,此人之直者也,吾真知其为直,则举而用之。若夫立心偏陂,举动暧昧,此人之枉者也,吾真知其为枉,则舍而置之。由是那邪枉的人,见吾之所举者在于直,亦莫不有所感发,而去恶从善以求举用,是能使枉者直矣。甄别方行,而感化随之,道固有并行而不悖者,子何疑哉?"夫子之意,盖以举直错枉,智也;能使枉者直,仁也,于知人之中,自寓爱人之理,二者不惟不相悖,亦且相为用矣,何樊迟之终不悟耶!

乡也,譬如说前者一般。富,是所包者广。昔樊迟未达仁智之旨,夫子既告以举直错诸枉,能使枉者直矣。迟尚未喻所以能使枉者直之理,退而见子夏,乃问说："乡者吾见夫子而问智,夫子告以举直错诸枉,能使枉者直,此言何谓也?"子夏笃信圣人者,就叹说:"富哉,夫子之言! 其所包者广矣,岂止言智而已乎? 昔者舜有天下,选于众人之中而得皋陶,乃举而任之为士师。由是天下之人感皋陶之见举,而耻己之不与也,遂皆化为仁,而不仁者若见其远去而无迹矣。汤有天下,选于众人之中而得伊尹,乃举而任之为阿衡。由是天下之人感伊尹之见举,而耻己之不与也,亦皆化为仁,而不仁者若见其远去而无迹矣。"夫举皋陶、伊尹者,是举直错诸枉,智之事也;人皆化而为仁,则能使枉者直,仁之功也。即舜、汤之事,以征夫子之言,信乎仁、智兼举而无遗矣,是岂专为智而发哉? 昔禹称帝尧亦曰:"知人则哲,能官人、安民则惠,黎民怀之。"可见仁智乃人君之全德,而知人、爱人,又王道之大端。圣贤相与讲明者,不过此理。欲学二帝三王者,当知所从事矣。

【原文】

子贡问友。子曰:"忠告而善道之,不可则止,毋自辱焉。"

【张居正讲评】

忠告,是见人有过,尽心以告诚之。善道之,是委曲开导。子贡问处友之道,孔子告之说："友所以辅仁者也,若见人有过,而不尽心以告诫之,则己之情有隐;忠告而非善道,则人之意不投,皆非善处友者也。故凡过失当规者,务用一点相爱的实心以告劝之,而又心平气和,委曲开导,不径直以取忤,如此,则在我之心无不尽矣。至于听不听,则在彼也。若其蔽锢执迷,终不肯从,则当见几知止,无徒以数见疏,而自取辱焉。"盖朋友以义合者也。合则言,不合则止,乃理之当然者。处友者知此,交岂有不全者乎?

【原文】

曾子曰:"君子以文会友,以友辅仁。"

【张居正讲评】

文,是《诗》《书》、六艺之文。友,是朋友。辅,是相助的意思。仁,是心之全德。曾子说:"君子之学,所以求仁也,苟无朋友以辅助之,固不足以有成。然使会友而不以文,则群居终日,言不及义,亦不足以辅仁矣。故君子之会友也必以文,或相与读天下之书,以考圣贤之成法,或相与论古今之事,以识事理之当然,庶乎日有所讲明,不徒为会聚而已。于是乃以友而辅仁,过失赖其相规,德业赖其相劝,取彼之善,助我之善,务使吾德之修,因之而益进焉,庶乎相与以有成,不徒为虚文而已。"夫以士人之为学,尚必资于友如此,若夫人君资臣下以纳诲辅德,尤莫有要焉者。使能听之专而行之力,则其益当何如哉!

子路第十三

【原文】

子路问政。子曰:"先之,劳之。"请益。曰:"无倦。"

【张居正讲评】

先,是倡率的意思。劳,是以身勤劳其事。倦,是厌怠。子路问为政之方,孔子告之说:"为政有本,不宜徒责于人,惟当反求诸己。以兴民行,毋徒以言语教导之而已,必也

以身先之。如欲民亲其亲,则先之以孝;欲民长其长,则先之以弟;欲民之忠,则先之以不欺;欲民之信,则先之以用情。件件都从己身上做个样子与他看,则民自有所观感兴起,而教无不行矣。以作民事,毋徒以政令驱使之而已,必也以身劳之。如欲民勤于耕,则春省以补其不足;欲民勤于敛,则秋省以助其不给。或劝课其树蓄,或巡行其阡陌,件件都亲自与百姓们料理,则民竞相劝勉,而事无不举矣。为政之道,不外此二端而已。”子路自负其兼人之勇,以为政亦多术,恐不止于先之劳之二者而已,故复请增益焉。孔子以勇者喜于有为而不能持久,故又告之说:“为政不在多言,前说已尽,无可益也。但天下之事,勤始者多,克终者少,子惟于此二者,持之有常,勿生倦怠。民行虽已兴矣,所以率先之者愈加;民事虽已举矣,所以勤劳之者愈力,则教思无穷容保无疆,为政之能事毕矣。二者之外,更何所益乎?”然先劳无倦,不止居官任职者为然,人君之治天下,非躬行不足以率人,非久道不足以成化,尤当于此深加之意也。

【原文】

仲弓为季氏宰,问政。子曰:“先有司,赦小过,举贤才。”曰:“焉知贤才而举之?”子曰:“举尔所知。尔所不知,人其舍诸?”

【张居正讲评】

季氏,是鲁大夫。宰,是邑长。有司,是众职。赦,是宽宥。昔者仲弓为季氏属邑之宰,问政于孔子。孔子告之说:“宰兼众职,若不分任于先,何以责成于后?故必先授其任于有司,使各专去办理,而后考其成功,则己不劳而事毕举矣。人有大过,固不可不惩,若小小差失一概苛责,则法太密而人无所容,故必于小过而宽宥之,则刑不滥而人心悦矣。至于贤才不举,则众务必至于废弛,故凡贤而有德、才而有能者,必举而用之,则有司皆得其人而政益修矣,这便是为政之道。”仲弓又问说:“先有司可能也,赦小过可能也,若夫贤才之伏无尽,我岂能以一人之智,尽知天下贤才而举之乎?”孔子说:“贤才之在世也,汝虽不能尽知,然岂一无所知者乎?汝虽有所不知,然人岂无知之者乎?汝但于汝之所知者,举而用之,则人见其诚心荐贤,莫不感动。凡汝之所不知者,亦皆将举之矣,其孰肯终舍之哉。”盖秉彝、好德,人心所同,举其所知者于己,而付其所不知者于人,自可无遗贤之患矣,若必自己尽知而尽举之,何其示人之不广耶?即此观之,圣贤用心之大小可见矣。大抵夫子所言,皆为政之大体,虽古先帝王致治之盛,亦不外此。故狱慎罔兼,先有司也;眚灾肆赦,赦小过也;翕受旁招,举贤才也。三者之中,举贤为尤要,能举贤才,则政平讼理。凡先有司,赦小过,皆举之矣,所以说,治天下者在得人,诚君道之首务也。

【原文】

子路曰:"卫君待子为政,子将奚先?"子曰:"必也正名乎!"子路曰:"有是哉,子之迂也!奚其正?"子曰:"野哉,由也!君子于其所不知,盖阙如也。名不正则言不顺,言不顺则事不成,事不成则礼乐不兴,礼乐不兴则刑罚不中,刑罚不中,则民无所措手足。故君子名之必可言也,言之必可行也。君子于其言,无所苟而已矣。"

【张居正讲评】

卫君,是出公,名辄。昔卫灵公逐其世子蒯聩,出奔于晋。灵公卒,立蒯聩之子辄为君。其后蒯聩欲返国,辄拒而不纳,凡宗庙祭祀,与夫出政施令于国,都只称灵公为父,不认蒯聩,是统嗣不明,名实乖乱甚矣。此时孔子自楚反乎卫,子路方仕于卫,因问于孔子说:"卫君慕夫子之道德久矣,今见夫子之来,必且虚己隆礼,以待子而为政。不知子之为政,其所设施者,以何为先乎?"夫子答之说:"君臣、父子,人之大伦,未有彝伦不叙,而可以为国者。今卫君乃不以其父为父,而以其祖为父,彝伦斁而名实爽矣。若使我行政于卫,必也先正其名,使君臣父子之间,伦理昭然,名实不紊,此乃政事之根本,有国者之急务也。"子路识见未能到此,乃不深思其意,率尔妄言说:"有是哉,夫子之迂阔而不达于时务也。夫为政者,惟取今日可以安国治民者而急图之可矣。至于父子称谓之间,乃是小节,何关于国之治乱、事之得失,而必以正名为先乎?"子路之言,粗野甚矣,故孔子直责之说:"野哉仲由,何其识见之鄙陋,而言词之粗俗也。夫君子于事理有不通晓处,则姑阙其疑,以俟考问。今汝于我之言有所未知,不妨从容辩问,乃率尔妄对,直以为非,不亦野哉!"夫子盖将详示子路以正名之说,故先折其粗心浮气如此。

事得其序便是礼。物得其和便是乐。措,是安置的意思。孔子告子路说:"吾之所以欲先正名者,岂故为是之迂哉!盖以为政之道,必名分先正,而后百凡施为皆有条理。若使名有不正,非君臣而强为君臣,非父子而强为父子,则发号施令,称谓之间必然有碍而言不顺矣。言不顺,则名实乖错,言行相违,所为之事如何得成?事不成,则动皆苟且,必然无序而不和,礼乐如何可兴?礼乐不兴,则法度乖张,小人得以幸免,君子反罹于罪,刑罚如何可中?刑罚不中,则民莫知所趋避,而无安身之地,何所措其手足?夫以名之不正,其弊遂至于此,可见大网一隳,万目瓦裂,而国非其国矣。为政者,乌得不以正名为先乎?"

孔子又告子路说:"名一不正,则言不顺,事不成,其流弊有不可胜言者。是以君子之于名也,必其称谓之间,皆当其实而无爽,而后以为名,若不可言者,则不敢以为名也。其于言也,必其出诸口者,皆可见之行而无窒,而后以为言。若不可行者,则不敢以为言也。夫名必可言,则名正而言顺;言必可行,则言顺而事成;而礼乐兴、而刑罚中,皆在是矣。所以君子为政,凡于言之称名者,务求当其实,无所苟且,盖以是耳。盖一事得,则其余皆得;一事苟,则其余皆苟。吾之欲先正名者,意正为此,子乃反以为迂,岂知治体者哉!"

【原文】

樊迟请学稼。子曰:"吾不如老农。"请学为圃。曰:"吾不如老圃。"樊迟出。子曰:"小人哉,樊须也!上好礼,则民莫敢不敬,上好义,则民莫敢不服;上好信,则民莫敢不用情。夫如是,则四方之民襁负其子而至矣,焉用稼?"

【张居正讲评】

稼,是稼穑,播种五谷之事。圃,是园圃,种蔬菜之事。小人,是识见狭小之人。昔樊迟以务本力农,乃治生之常道,故请问于孔子,欲学为播种稼穑之事。孔子说:"稼穑之事,惟年老的农夫知道,吾不如老农。子欲学稼,问之于老农可也。"樊迟以种植园圃之事,比之稼穑为易,故又请学为圃。孔子说:"园圃之事,惟年老种圃的人知道,吾不如老圃。子欲学圃,问之于老圃可也。"夫樊迟再问,而夫子再拒之如此,是不足之意概可见矣。及其既出,又责之说:"小人哉樊须也。"盖天下有大人之事,有小人之事,修身齐家以治国平天下,大人之事也,务农种圃以自食其力,小人之事也。樊迟游于圣门,乃不务学为大人,而留心于农圃之事,何其识见之浅小,而志意之卑陋哉!故夫子以小人责之,盖将勉之以大人之学也。

　　情，是情实。襁负其子，是以布裹小儿于背，而负之以行也。孔子因樊迟之问稼圃，既以小人责之，此又以大人之事晓之，说道："小人劳力，大人劳心；劳力者居下而听令于上，劳心者修己以倡率于下，此天下之大义也。如使为上者，能好礼，而动容周旋皆中其节，则民之得于观瞻者，自将俨然畏之，谁敢不敬乎？能好义，而设施措置皆合其宜，则民之得于承顺者自将帖然守之，谁敢不服乎？能好信，而以实心实意待人，则至诚动物，而民亦以实心实意应之，谁敢不以其情实归上者乎？能如是，则四方之民闻风向化，皆将襁负其子而至矣。民归既众，则皆任土作贡，以奉其上。上虽安享其奉而不为泰也，又安用身亲为稼穑之事哉！"此所谓大人之事也。樊迟不此之务，而顾请为稼圃，何其陋哉！夫周公陈《无逸》以告成王，要先知稼穑之艰难，而樊迟请学稼，孔子乃鄙之为小人者。盖人君深居九重，小民疾苦常患不得上闻，故周公惓惓以此为言。若学者所志，当以大人自期，又不宜屑屑于农圃之事，周孔之言，夫各有所当也。

【原文】

　　子曰："诵《诗》三百，授之以政，不达；使于四方，不能专对。虽多，亦奚以为？"

【张居正讲评】

　　诵，是读。诗三百，是《诗经》三百篇。授之以政，是与之以位，而使其行政。达，是通晓。使于四方，是将君之命，出使于他国。专对，是自以己意应对诸侯，不烦指授也。奚字，解作何字。以，是用。为，是语词。孔子说："《诗》之为经也，本乎人情，该乎物理，可以验风俗之美恶、政治之得失，故读之者，必达于政。且其言温厚和平而不激亢，多所讽喻而不直率，故读之者必长于言。若有人焉读《诗》三百篇，可谓多矣。乃授之以政务，而漫不知所设施；出使于四方，而不能自为应对，则是徒有记诵之勤，全无心得之益，读诗虽多，有何用处？亦与不读者同矣。所以说虽多亦奚以为？"盖穷经必先明理，明理方能适用，若不能明理，不过记问口耳之学而已，何足贵哉！然不止三百篇为然，大凡经书所载，莫非经世之典，修齐治平之理备在其中，读者须逐一体验而推行之，乃为有益。不然则是求多闻而不能建事，学古训而不能有获，虽多而无用矣，善学者，可不知所究心乎？

【原文】

子曰："其身正，不令而行；其身不正，虽令不从。"

【张居正讲评】

令，是教戒。孔子说："上之导下，以身不以言。若使伦理无不尽，言动无不谨，淫声美色不以乱其聪明，便嬖谀佞不以惑其心志，则身正矣。由是民皆感化，虽不待教令以驱使之，而自然迁善敏德，无敢有违背者。若其身不正，伦理不能尽，言动不能谨，声色乱其聪明，便佞惑其心志，则民心不服，虽教令谆切，使之为善，亦有不从者矣。"盖上之一身，下所视效，不能正己，焉能正人？所以《大学》论齐治均平，皆以修身为本，即是此意。有天下国家者，可不求端于身哉。

【原文】

子曰："鲁卫之政，兄弟也。"

【张居正讲评】

孔子说："鲁乃周公之后，卫乃康叔之后，本是兄弟之国。以今日观之，两国之政，也正是兄弟一般。以鲁，则三家僭窃而公室微；以卫，则不父其父而祢其祖。纪纲同一陵替，法度同一纵弛，何其衰乱之适相类也！"盖夫子思拨二国之乱以反之治，而时不我用，力莫能挽，故徒付之慨叹如此。

【原文】

子谓卫公子荆："善居室。始有，曰：'苟合矣'。少有，曰：'苟完矣。'富有，曰：'苟美矣。'"

【张居正讲评】

公子荆，是卫大夫。居室，是处家。合，是聚合。完，是齐备。美，是精美。三个苟字，是聊且粗略的意思。孔子说："人之嗜欲无涯，则其贪求无厌。若卫公子荆之处家，可谓善矣。盖公子荆先贫后富。方其贫时，居处服食之类，草草初具而已。在他人处此，必将求其尽有而后为快也。彼则曰：吾今已苟且聚合矣。推其心，使其止于始有，则亦以是为足而不复望矣。既而渐渐少有,在他人处此,必将求其尽备而后为快也。彼则曰:吾今已苟且完备矣。推其心,使其止于少有,则亦以是为足而不复求矣。其后饶裕充足,虽到富有的时节,然未必至于精美,彼则曰:吾今已苟且精美矣。推其心,盖不啻尽美极备而无以复加矣。是则由合而完,由完而美,可见其随处而安,而无贪求之想。合曰苟合,完曰苟完,美曰苟美,可见其所欲有节,而无尽美之心。公子荆之居室如此,亦贤矣哉。"大抵人之处世,莫病于贪求,莫贵于知足。然所谓知足者,谓其当下便足,非谓有所期限而止也。若有所期限,则亦不免于求矣。子荆当始有之时,不慕少有;当少有之时,不求富有,随时便足,无事营求。非其心清欲寡,不以外物累其中者,讵能之乎?故孔子贤之,谓其近于道也。

【原文】

子适卫,冉有仆。子曰:"庶矣哉!"冉有曰:"既庶矣,又何加焉?"曰:"富之。"曰:"既富矣,又何加焉?"曰:"教之。"

【张居正讲评】

适字,解作往字。卫,是卫国。冉有,是孔子弟子。仆,是御车。庶,是众多的意思。昔者,孔子周游四方,行到卫国,时冉有为孔子御车而行。孔子看见那百姓们众多,因叹说:"众矣哉此卫国之民也。"冉有问说:"有国者,固欲民之蕃庶,然不知既庶之后,又何道以加之?"孔子告之说:"庶而不富,则生养不遂,终必离散,安能长保其庶乎?必也制为田里,薄其赋敛,使百姓们丰衣足食,无贫乏之患,则庶者长庶,而可以为充实之国矣。这是王者厚生之政,所当加于既庶之后者也。"冉有又问说:"有国者,固欲民之富足。然不知既富之后,又何道以加之?"孔子又告之说:"富而不教,则饱暖逸居,乖争易起,安能长保其富乎?必也设为学校,教之礼义,使百姓们孝亲敬长,兴仁让之俗,则富不徒富,而可以为有道之国矣。这是王者正德之政,所当加于既富之后者也。"圣贤一问答之间,而王道之规模、施为之次第,皆具于此,岂非万世之法程哉!

【原文】

子曰:"苟有用我者,期月而已可也,三年有成。"

【张居正讲评】

期月，是周一年之月。可，是治理可观。成，是治功成就。昔孔子怀匡世之志，抱经纶之具，而不得试，故感而叹说："当今之世，无用我者耳。诚使有人委我以国政而用我焉，虽至于周一年之月而已，将见弊者革，废者兴，纪纲法度渐次就理，皆有可观者矣。若至于三年之久，则化行俗美，礼备乐和，民生以厚，民德以新，而治功成矣。"惜乎不得少试，而使其徒托诸空言也。

【原文】

子曰："善人为邦百年，亦可以胜残去杀矣。诚哉是言也！"

【张居正讲评】

善人，是天资仁厚的人。胜残，是化残暴之人。去杀，是不用刑戮。孔子说："古语有云：善人治国，累代相继，至于百年之久，则世德积久，和气熏蒸，亦可以化残暴之人，使之同归于善，不用刑杀而天下自治矣。古语如此，诚哉是言，信有此理也。"盖凡民之心，有善无恶，其所以放辟邪侈而陷于刑辟者，岂无仁义之良哉？唯上之人无以感之耳。善人为政，虽未必德业全备、礼乐修明，只以其一念醇厚之心，积之而化，便可使刑措不用，但须先后相承，迟以岁月耳。若夫圣人之治天下，何待百年，其效亦岂止此而已哉。

【原文】

子曰："如有王者，必世而后仁。"

【张居正讲评】

王者，是圣人受命而兴。以君主天下者，三十年为一世。仁，是教化浃洽。孔子说："善人为邦百年，仅可以胜残去杀，不过小康之国而已。若乃至治之世，仁恩渗漉，教化浃洽，举天下之大，如人一身，血气周流，无不贯彻，才叫作仁。今明主不作，民之不被其泽久矣。如有圣人受命而起，欲纳天下于同仁之域，恐亦未可遽期其效。必是积之以渐，仁心仁政，涵育熏陶，至于三十年之久。然后深仁厚泽，浃于肌肤，沦于骨髓，天下之人皆涵濡于德化之内，而相忘于熙嗥之天也。夫岂一时可致者哉！"此可见非王道不足以成至治，非悠久不足以行王道。盖惟唐虞之万邦时雍，成周之宇宙泰和，可以语此愿治者当知所从事矣。

【原文】

子曰："苟正其身矣，于从政乎何有？不能正其身，如正人何？"

【张居正讲评】

从政，是为大夫而从事于政治。孔子说："为政所以正人也，而其本在于正身。苟能居仁由义，动遵礼法，先自正其身矣，则上行下效，捷于影响，其于从政而正人也，何难之有？若立身行己，一有未善，不能自正其身，则表仪不端，焉能率下，其如正人何哉？"

【原文】

冉子退朝。子曰："何晏也？"对曰："有政。"子曰："其事也？如有政，虽不吾以，吾其与闻之。"

【张居正讲评】

朝，是鲁大夫季氏私家之朝。晏，是晚。政，是国政。事，是家事。以，是用。古者大夫虽致仕，犹得与闻国政。昔者冉子为季氏宰，朝于季氏而退，来见孔子。孔子问说："今日何退朝之晚也？"冉子对说："适有国政，相与商议，所以来迟。"孔子说："此必是季氏私家之事耳，非国政也。若是国政，则我旧日曾为大夫，虽已致仕不用，于礼犹得与闻之。今既不闻，则非鲁国之政明矣。"是时季氏专鲁，其于国政，盖有不与同列议于公朝，而独与家臣谋于私室者。故夫子阳为不知而言，所以正名分，抑季氏，而教冉子之意深矣。

【原文】

定公问："一言而可以兴邦，有诸？"孔子对曰："言不可以若是其几也。人之言曰：'为君难，为臣不易。'如知为君之难也，不几乎一言而兴邦乎？"曰："一言而丧邦，有诸？"孔子对曰："言不可以若是其几也。人之言曰：'予无乐乎为君，唯其言而莫予违也。'如其善而莫之违也，不亦善乎？如不善而莫之违也，不几乎一言而丧邦乎？"

【张居正讲评】

定公，是鲁君。几，是期必的意思。鲁定公问于孔子说："为治有要，不在多言，紧要的只一句言语，便可以兴起国家，果有之乎？"孔子对说："兴邦，大功也。一言之微，便未可若是而必期其效。然亦有之。今时人有句话说道：'为君难，为臣不易。'夫人君势分崇高，威福由己。若无难为者，殊不知君之一身，上焉天命去留所系，下焉人心向背所关。一念不谨，或贻四海之忧；一日不谨，或致无穷之患，为君岂不难乎？人臣职守有常，随分自尽。若可易为者，殊不知臣之事君，上焉辅之以凝承天命，下焉辅之以固结人心。致君之道少亏，则有瘝官之咎；泽民之方未备，则有旷职之愆，为臣亦岂易乎？时人之言如此，人君唯不知其难，固无望于兴邦耳。诚使真知为君之难，而兢业以图之。处己，则不敢有

冉子

一念之或肆；治民，则不敢有一事之或忽。由是以倡率臣工，皆务勤修职业，以共尽克艰之责。如此，将见君德日以清明，政事日以修治，上而天命于是乎眷佑，下而人心于是乎爱戴，国家之兴，端可必矣。然则为君难一言，不几乎为兴邦之明训乎？吾君有志于兴邦，亦于斯言加之意而已。"

定公又问说："一言兴邦，既闻之矣。若说一句言语便可以丧亡其国者，亦有之乎？"孔子对说："丧邦，大祸也。一言之间，便未可若是而必期其祸。然亦有之。今时人有言说道：'我不是喜乐为君，只是为君时随我所言，臣下都遵奉而行，无敢违背，此乃其所乐也。'时人之言如此。自今言之，君令臣从，固无敢有违者，然也看君之所言何如。如其所言而善，有益于生民，有利于社稷，那臣下们都依着行，不敢违背，则生民必受其福，社稷必得其安，岂不是好事？如其所言不善，有害于生民，有损于社稷，也都要臣下们依着行，不敢违背，则生民必受其祸，社稷必为之危，而国不可以为国矣。然则唯言莫违之一言，岂不可期于丧邦乎？"夫邦之兴亡，非细故也，而皆始于一言。《大学》所谓一人定国，一言偾事，意亦如此。人君审其所以兴，鉴其所以亡，则可以永保天命而长守其社稷矣。

【原文】

叶公问政。子曰："近者悦，远者来。"

【张居正讲评】

叶公,是楚大夫。叶公问政于孔子。孔子说:"为政之道,在得民心。若能使民之近者被其泽而喜悦,远者闻其风而来归,则为政之道得矣。然人心至愚而神。苟非有实心实政足以感人,而欲以欢虞小术违道干誉,则四境之内且不能服,况其远者乎?"此盖夫子言外之意也。

【原文】

子夏为莒父宰,问政。子曰:"无欲速,无见小利。欲速则不达,见小利则大事不成。"

【张居正讲评】

莒父,是鲁邑。速,是急速。小利,是小小便宜。达,是通达。昔者子夏为莒父邑宰,问政于孔子。孔子说:"为政之弊有二,躁急之人,方为其事而遽责其效,这是欲速之弊。子之为政,必须推行有渐,不可欲速以求目前之效。浅狭之人,狃于浅近而昧于远大,这是见小之弊。子之为政,必须志量广大,不可见些小事功便以为得。何也?盖政以能达为贵,然必有渐而后可以达也。若欲速,则求治太急而无次第,欲其通达,反不能达矣,此所以不可欲速也。政以大成为期,所志者大,则小者有所弗顾也。若见小利,则其心已足而无远图,所得者小,而所失者大矣。此所以不可见小利也。"盖子夏素有近小之病,故孔子以此教之,其实为政之道,不外于此矣。

【原文】

叶公语孔子曰:"吾党有直躬者,其父攘羊,而子证之。"孔子曰:"吾党之直者异于是:父为子隐,子为父隐,直在其中矣。"

【张居正讲评】

党,是乡党。直躬,是直身而行者。攘,是窃盗。证,是证明。昔楚大夫叶公与孔子说道:"吾乡党之中,有直身而行,无所私曲的人。其父盗人之羊,而己为之子,乃从而证明其事。夫父子至亲,尚且不能隐,则其直可知矣。"孔子说:"我乡党中亦有直身而行者,与此不同。子有过也,而父为之隐,不使闻之于人;父有过也,而子为之隐,不使闻之于人。夫父子相隐,虽不得为直,然于天理为顺,于人情为安,迹虽枉而理则直,虽不求为直,而直自在其中矣。若父子相证,则于天理、人情两有所乖,岂得为直哉!"此可见道不远于人情,事必求夫当理。矫情以沽誉,立异以为高,流俗之所慕,而圣人之所不取也。后世论道与论人者,宜以孔子之言为准。

【原文】

樊迟问仁。子曰:"居处恭,执事敬,与人忠。虽之夷狄,不可弃也。"

【张居正讲评】

仁,是心之德。恭,是敬之见于外者。敬,是恭之主于中者。忠,是尽心而不欺。之字,解作往字。弃,是合去的意思。樊迟问说:"如何可以为仁?"孔子告之说:"仁具于心,本体事而无所不在。故为仁之道,须随事而检束其心。大凡日用之间,不是闲居,即是应事,不是应事,便是接人。若此心一有不存,即失其本然之理,而不足以为仁矣。故必静而居处,便要俨然恭庄,而不敢惰慢,则心存于居处之时矣。动而应事,便要肃然敬谨,而不敢急忽,则心存于执事之时矣。以至与人相处,又要忠实而不敢欺诈,则心存于与人之时矣。然又不可少有间断,必须以此三者拳拳服膺,而无须臾之违。不但安常处顺之时为然,虽到那夷狄患难之中,居处也是这般样恭,执事也是这般样敬,与人也是这般样忠,确然固守而不可弃失。则此心无往不存,将至于全体不息,而浑然天理之周流矣,岂非为仁之道乎?"

【原文】

子贡问曰:"何如斯可谓之士矣?"子曰:"行己有耻,使于四方,不辱君命,可谓士矣。"曰:"敢问其次?"曰:"宗族称孝焉,乡党称弟焉。"曰:"敢问其次?"曰:"言必信,行必果,硁硁然小人哉!抑亦可以为次矣。"曰:"今之从政者何如?"子曰:"噫!斗筲之人,何足算也?"

【张居正讲评】

耻,是羞耻。硁硁,是小石之坚确者。小人,是局量浅狭的人,非为恶之小人也。斗筲,是器名,所容不多。何足算,是说不足数。昔子贡问于孔子说:"民生有四,士为之首,士之名亦难称矣。必何如,然后可以谓之士乎?"孔子说:"节行乃立身之本,才略为用世之具。若于行己之间，以道义为大闲，凡非义之事，皆羞耻而不为，是大本已立矣。及其奉君命而出使于四方，则又能应对诸侯，随机达变，不致辱了君命，是其志既有所不为，而其才又足以有为，若此者，始可以谓之士也。"子贡又问说："全才不容以多得，取人不可以求备，亦有次于此而可以称为士者乎？"孔子说："士固以才行相兼为贵，然与其行之不足，宁可才之不足。若有人焉，善事其亲，而宗族皆称其为孝；善事其长，而乡党皆称其为弟；此其才虽有不足，而大本不失，亦可以为次一等之士矣。"子贡又问说："人之品类不同，一节非无可取，又有下此一等而可称为士者乎？"孔子说："人之言行，本不可以意必。然与其失之放恣，宁可失之固执。若有人焉，所言者，不择理之是非而必期于信；所行者，不问其事之可否而必期于果，是乃识量浅狭，硁硁然坚固拘小之人也。此其本末虽无足观，而亦不害其为自守之固，抑亦可以为又一等之士矣。"子贡又问说："今之从政而为大夫者何如，亦有可取者乎？"夫子叹息而鄙之说道："此辈乃猥琐之徒，譬如斗筲小器，所容无几，何足置之谈论哉！"此可见论士以才行为准，而取人以实行为先。苟有其行，则虽硁硁之小人，尤为圣门之所不弃，不然，则市井无行之徒虽有小才，不可以称为士矣。有用人之责者，宜致辨于斯。

【原文】

子曰："不得中行而与之，必也狂狷乎！狂者进取，狷者有所不为也。"

【张居正讲评】

中行，是资质既高，学力又到，无过不及，中道而行者。与，是传授。狂，是有志的人。狷，是有守的人。进取，是进而取法乎上。有所不为，是不为非礼之事。孔子说："道以中庸为至。若得那无过不及，中道而行之士，以传授之，固吾之所深愿者。但中庸之道，民之鲜能已久，斯人不可得而见之矣。然道不可终无所寄，下此而求其可教者，必也狂与狷乎？夫狂者志大而略于事，狷者孤介而违于俗，皆性禀之失中者，而吾反有取焉，何也？盖天下有一种谨厚的人，其行己检饬，而不见其过差，其处人和易，而动谐于流俗，恰似个中行的模样。然其识趣凡近，而无向上之志；行履卑陋，而鲜特立之操，这等的人，未可以进于道也。惟夫狂者，进而取法于上，动以远大自期，虽其行有所不逮，而迈往之志，则有骎骎乎不可以限量者。狷者，自爱其身，非礼之事断然不为，虽其知有所未及，而能守之节,则有皎皎乎不可以少缁者,吾于是因其志节,而激励裁抑之。狂者使之践履笃实,以充其进取之志,狷者使之恢弘通达,以扩其不为之节。则今日之狂狷,固他日之中行也,传道之托,庶几其有望乎?若夫谨厚拘挛之士,非吾之所愿与者矣。"按:孔子所谓中行,即《洪范》所谓平康正直。狂、狷,即《洪范》所谓高明沉潜之人也。中行之士不可以易得,故不得不有取于狂狷,平康之世不可以常见,故不得不用刚柔以克治之。圣人之教人,与帝王之治世,其道一而已,有君师治教之责者,宜留意焉。

【原文】

子曰:"南人有言曰:'人而无恒,不可以做巫医。'善夫!""不恒其德,或承之羞。"子曰:"不占而已矣。"

【张居正讲评】

南人,是南国之人。恒,是常久。巫,是巫祝,祝鬼的人。医,是行医的人。承,是进。占,是占卜。孔子说:"南国之人,有常言说道:'凡人之处己处人,皆当有恒久之心。若使人而无恒,处事则或做或辍,而有始无终;处人则一反一覆,而多变难测。这等的人,虽巫医贱役亦不可以为。'"盖巫所以交鬼神,不恒,则诚意不足,而神必不享;医所以寄死生,不恒,则术业不精,而医必不效,南人之言如此。此虽常言,实有至理,不亦善乎!然不独南人有此言,《易经》中《恒卦》九三爻辞也说道:"人而不恒其德,则内省多疚,而外侮将至,人皆得以羞辱进之矣。"孔子既引此辞,又说道:"《大易》之戒,明显如此,人但不曾玩其占而已矣。苟玩其占,岂不惕然省悟哉。"此可见天下无难为之事,而人贵有专一之心。君子恒其德,则可以为圣贤;圣人久其道,则可以化天下。若以鲁莽灭裂之心,而尝试漫为天下之事,是百为而百不成者也。

【原文】

子曰:"君子和而不同,小人同而不和。"

【张居正讲评】

和,是以道相济,而心无乖戾。同,是以私相徇,而务为雷同。孔子说:"君子、小人,心术不同,故其处人亦异。君子之心公,其与人也,同寅协恭,而绝无乖戾之心。既不挟势以相倾,亦不争利以相害,何其和也。然虽与人和,而不与人同。事当持正,则执朝廷之法,而不可屈挠,理有未当,则守圣贤之道,而不肯迁就。固未尝不问是非而雷同无别也。小人之心私,其与人也,曲意徇物,而每怀阿比之意。屈法以台己之党,背道以顺人之情,何其同也。然外若相同,而内实不和。势之所在,则挟势以相倾;利之所在,则争利以相害。固未尝一德一心,而和衷相与也。"此可见和之与同,迹同而心异。公则为和,私则为同,此君子、小人之攸分,而世道污隆之所系。欲进退人才者,所宜慎辨于斯也。

【原文】

子贡问曰:"乡人皆好之,何如?"子曰:"未可也。""乡人皆恶之,何如?"子曰:"未可也。不如乡人之善者好之,其不善者恶之。"

【张居正讲评】

子贡问于孔子说:"公道每出于众论。今有人焉,一乡之人都道他好,果可以为贤乎?"夫子答说:"一乡未必尽善人也,而皆好此人,安知其非同流合污者乎?未可便信其为贤也。"子贡又问说:"正人多忤于流俗。今有人焉,一乡之人都憎恶他,抑可以为贤乎?"夫子答说:"一乡未必尽不善人也,而皆恶此人,安知其非诡世戾俗者乎?亦未可便信其为贤也。盖好恶之公,不在于同,而善恶之分,各以其类,与其以乡人皆好为贤,不如只以乡人之善者好之之为得也;与其以乡人皆恶为贤,不如只以乡人之不善者恶之之为得也。盖善者循乎天理,今从而好之,是必喜其与己同也。不善者狃于私欲,今从而恶之,是必嫉其与己异也。既能取信于君子,又不苟同于小人,其为贤也,复何疑哉!"此可见观人之法,徒取其同,则群情或有所蔽;各稽其类,则实行自不能掩。欲辨官论才者,尤当以圣言为准可也。

【原文】

子曰:"君子易事而难说也。说之不以道,不说也;及其使人也,器之。小人难事而易说也。说之虽不以道,说也;及其使人也,求备焉。"

【张居正讲评】

事,是服侍。说,是喜悦。器之,是随才器使。求备,是求全责备。孔子说:"君子之人,易于服侍,却难取其喜悦,何也?盖君子之心,公而恕者也。公,则好尚必以其正,人或以非理之事悦之,如声色货利之物,阿徇逢迎之事,彼必拒之而不为之悦,是悦之不亦难乎?恕,则用合各适其宜,故虽持己方严,而及其使人之际,则又随材任能,唯器是适,虽一才一艺者,皆得以进而效用于君子之前,其事之也不亦易乎?所以说君子易事而难说也。若夫小人,则难于服侍,而反易以取悦,何也?盖小人之心,私而刻者也。私,则好尚不以其正,惟诡谀之是甘、慢游之是好。人以声色货利之物,阿徇逢迎之事,一投其心,彼即欣然而从之矣,是悦之不亦易乎?刻,则用合不适其宜,故虽易与亲狎,而及其使人之际,则又责望无已,取必太深,不录其所长,而惟攻其所短,必求其全备而后已,其事之也不亦难乎?所以说小人难事而易悦也。"要之君子悦人之顺理,小人悦人之顺己;君子则爱惜人才,故人乐为之用,小人则轻弃人才,故正人日远而邪人日亲。天理人欲之间,每相反而已矣,用人者可不辨哉。

【原文】

子曰:"君子泰而不骄,小人骄而不泰。"

【张居正讲评】

泰,是安舒自得的模样。骄,是矜高放肆的模样。孔子说:"君子,小人,其存心不同,故其气象亦自有辨。君子以道德润身,是以内和而外平,心广而体胖。但见其安舒自得而已,何尝矜己傲物,而或涉于骄乎?小人以才势自恃,是以志得而意满,心高而气盛。但见其矜夸自足而已,何尝从容不迫,而有所谓泰乎?"盖泰若有似于骄,而有道之气象与逞欲者自殊;骄若有似于泰,而负势之气习,与循理者迥别。欲知君子小人之分,观诸此而已矣。

【原文】

子曰:"刚、毅、木、讷,近仁。"

【张居正讲评】

刚,是强劲。毅,是坚忍。木,是质朴。讷,是迟钝。孔子说:"仁为心德,本人人所固有者。但资禀柔懦而萎靡者,不胜其物欲之私;文饰而口辨者,每蹈于外驰之失,其去仁也远矣。若夫刚者,强劲而不挠;毅者,坚忍而不馁;木者,质朴而无华;讷者,迟钝而不佞。这四样资质,虽未可便以为仁,而实与仁相近。何也? 刚毅,则不屈于物欲,欲之分数少,自然理之分数多矣。木讷,则不至于外驰。心不驰于外,自然能存于内矣,岂不与仁相近乎? 有是质者,若能加以自强不息之学,则天理易于纯全,且将与仁为一矣,岂止于近而已哉! 不然亦徒有是美质,而终不足以为仁,良可惜也。"

【原文】

子路问曰:"何如斯可谓之士矣?"子曰:"切切偲偲,怡怡如也,可谓士矣。朋友切切偲偲,兄弟怡怡。"

【张居正讲评】

切切,是情意恳至的意思。偲偲,是告诫详勉的意思。怡怡,是容貌和悦的意思。昔子路问于孔子说:"士者,人之美称,然必何如而后可以谓之士乎?"孔子说:"士之质陛,贵于中和。若于行己接人之时,或径情直行,或率意妄言,或过于严厉而使人难亲,皆非所以为士也。必也切切焉情意恳至,而竭诚以相与,偲偲焉告诫详勉,而尽言以相正,又且怡怡焉容貌温和,而蔼然其可亲,斯则恩义兼笃,刚柔不偏,非涵养之有素者不能也,可谓士矣。然是三者,又不可混于所施,于处朋友,则当切切偲偲以尽箴规之道;处兄弟,则当怡怡以敦天性之爱。盖朋友以义合者也,以义合者则可以善相责,苟以施之兄弟,其能免于贼恩之祸耶? 兄弟以恩合者也,以恩合者,则宜以情相好,苟以施之朋友,其能免于善柔之损耶?"此可见天下有一定之道,而无一定之用,虽知其道,而不善用之,尤为德之累也,兼体而时出之,斯善矣。

【原文】

子曰:"善人教民七年,亦可以即戎矣。"

【张居正讲评】

即戎,是用之为兵。孔子说:"善人之道,笃实无伪。故其教民也,存之内者,皆实心,而能使其情意之流通;发之外者,皆实政,而能使其纲纪之振举。或教之以孝弟忠信之行,使之知尊君亲上之义;或教之以务农讲武之法,使之知攻杀击刺之方。积而至于七年之久,亦可以使之披坚执锐,而从事于戎伍之间矣。"谓之亦可者,是仅可而有所未尽之辞,若夫圣人在上,以善教民,自将无敌于天下,岂但可以即戎,而又何待于七年哉。

【原文】

子曰:"以不教民战,是谓弃之。"

【张居正讲评】

孔子说:"兵者,死地;战者,危事。若平素不曾教民,则民不知尊君亲上之义、攻杀击刺之方。一旦驱之于战,适足以杀其躯而已,非弃其民而何?"此两章,总是见兵不可以不慎之意。盖天下虽安,忘战则危,所以古之帝王,常于太平之日,不忘警诫之心。讲武事,除戎器,以备不虞,盖为此也。

宪问第十四

【原文】

宪问耻。子曰:"邦有道,谷;邦无道,谷,耻也。""克、伐、怨、欲不行焉,可以为仁矣?"子曰:"可以为难矣,仁则吾不知也。"

【张居正讲评】

宪,是孔子弟子,姓原,名宪。耻,是愧耻。谷,是居官的俸禄。原宪问孔子说:"人不可以无耻。不知何者为可耻之事?"孔子告之说:"人之可耻者,莫过于无能而苟禄。如邦家有道,明君在上,言听计从,正君子有为之时也,乃不能有所建明,只空吃着俸禄。至若邦家无道,上无明君,言不听而计不从,虽卷而怀之可也,乃犹靦颜居位,只空吃着俸禄。夫君子居其位,则必尽其职,称其职,乃可食其禄。今世治而不能有为,世乱而不能引退,乃徒窃位以素餐,贪得而苟禄,则其志行之卑陋甚矣,人之可耻,孰大于是乎?"按,原宪为人狷介,其于邦无道,谷之可耻,盖已知之,至于际时行道,或短于设施之才,故夫子兼举以告之,乃因其所已能,而勉其所未至也。

原宪又问说:"人心至虚,物欲蔽之。好胜者谓之克,自矜者谓之伐,愤恨者谓之怨,贪求者谓之欲,有一于此,皆为心累。若能于此四者,皆制之而不行焉,则人欲既遏,天理自存,斯可以为仁矣?"孔子说:"克、伐、怨、欲,皆人情之易动者。今能制之而不行,是其力足以胜私,刚足以克欲,斯亦可以为难矣。若遂以为仁,则吾不知也。"盖仁者纯乎天理,自无四者之累。今但目不行,则不过强制其情,暂时不发而已。譬之草根不除,终当复生;火种未灭,终当复燃。倘操持少懈,宁无潜滋暗长,而不自觉者乎? 是未可便谓之仁也。要之原宪之问,徒知制其流。夫子之答,是欲澄其源。惟能致力于本源,则天理渐以浑全,私欲自然退听矣,此求仁者所当知也。

【原文】

子曰:"士而怀居,不足以为士矣。"

【张居正讲评】

怀,是思念。居,是意所便安处。孔子说:"士志于道,则居无求安,为其所志者大,不暇为燕安计也。苟于意所便安处,即恋恋不能合,或怀于宫室器用之美,或怀于声色货利之私。则心为形役,而志以物损,处富贵则必淫,处贫贱则必移,其卑陋甚矣,恶足以为士乎?"

【原文】

子曰:"邦有道,危言危行;邦无道,危行言孙。"

【张居正讲评】

危,是高峻的意思。孙,是卑顺的意思。孔子说:"君子处世,其言行固当一出于正,不可少贬以徇人,然也看时势何如。如君明臣良,公道大行,此邦家有道之时也。则当高峻其言,明是非,辨邪正,而侃然正论之不屈,高峻其行,慎取与,洁去就,而挺然劲气之不回。盖道与时合,无所顾忌,故言行俱高而无害也。若夫君骄臣谄,公道不明,此邦家无道之时也,当此之时,其行固当仍旧高峻,不可少屈以失己之常,言则不妨于卑顺,不可太直以取人之祸。盖道与时违,不得不为此委曲以避害耳。"此可见行无时而不危,君子守身之节也;言有时而可孙,君子保身之智也,然有国者而使人孙言以苟容,岂国之福也哉!

【原文】

子曰："有德者必有言,有言者不必有德。仁者必有勇,勇者不必有仁。"

【张居正讲评】

孔子说:"人有存诸中的是根本,有发诸外的是枝叶。即其所存,固可以知其所发,据其所发,则未可信其所存。如行道而有得于心者谓之德。有德者虽不尚夫言,然和顺积中,而英华发外,敷之议论,必然顺理成章而可听,是言乃德之符也,若夫有言者则未必其有德,盖言一也,有君子之言,有色庄之言,若但听其言而取之,则君子色庄,何从而辨别之乎? 故未可遽信其为有德也。心德浑全之谓仁,仁者虽不期于勇,然心无私曲,则正气常伸,其临事之际,自然见义必为而有勇,是勇乃仁之发也。若夫有勇者,则未必有仁,盖勇一也,有义理之勇,有血气之勇,若但从其勇而观之,则义理血气何从而辨别之乎? 故未可遽信其有仁也,"此可见,德可以兼言,言不可以兼德,仁可以兼勇,勇不可以兼仁。自修者固当知所以务本,而观人者亦乌可徒取其末哉。

【原文】

南宫适问于孔子曰:"羿善射,奡荡舟,俱不得其死然。禹稷躬稼而有天下。"夫子不答。南宫适出。子曰:"君子哉若人! 尚德哉若人!"

【张居正讲评】

南宫适,即南容。羿,是有穷国之君。奡,是羿臣寒浞之子。荡舟,是陆地行舟。南宫适问于孔子说:"羿善于射,奡能陆地行舟,以力言之,天下无有能过之者矣。然一则为其臣寒浞所杀,一则为夏后少康所诛,皆不得正命而死。禹平水土,稷播百谷,身亲稼穑之事,以势言之,亦甚微矣。然禹则亲受舜禅而有天下,稷之后,至周武王亦有天下。夫以强,则羿奡之亡也如彼;以弱,则禹稷之兴也如此。其得失之故,果安在哉。"南宫适之问,托意甚深,且或有感而发。夫子于此,盖有难于言者,故默然不答,但俟其既出而叹美之说道;"自世俗尚力而不尚德,此君子所以不可见,而知德者鲜也。今观适之所言,进禹稷而退羿奡,贵道德而贱权力,则其人品之高,心术之正,可知矣。君子哉其此人乎,尚德哉其此人乎。"再言以赞美之,盖深有味乎其言,且以寓慨世之意也。

【原文】

子曰:"君子而不仁者有矣夫,未有小人而仁者也。"

【张居正讲评】

孔子说:"仁者,心之德。心存则仁存,心放则仁失。然存之甚难,失之却易。如君子之心纯乎天理,固宜无不仁也。然毫忽之间心不在焉,则人欲有时而窃发,天理有时而间断,间断即非仁矣。所以君子而不仁者尚有之也。若夫小人,则放僻邪侈之心滋,行险侥幸之机熟,纵有天理萌动之时,亦不胜其物欲攻取之累矣,岂有小人而仁者哉。"夫人而不仁,不可以为人,则小人固当为戒。然以君子而尚有不仁焉,则操存省察之功,盖不可一时而少懈矣。

【原文】

子曰:"爱之,能勿劳乎? 忠焉,能勿诲乎?"

【张居正讲评】

劳,是劳苦之事。诲,是规谏之言。孔子说:"天下有甚切之情,则有必至之事。父母之于子,有以姑息为爱而骄之者矣。骄则将纵其为恶以取祸败,此乃所以害之,非所以爱之也。若慈亲之于子也,爱之也切,则其为虑也远。或苦其心志,或劳其筋骨,禁其骄奢淫佚之为,而责之以忧勤惕厉之事。盖其心诚望之以为圣为贤,故自不肯以姑息豢养而误之。是劳之者,正所以成其爱,爱之能勿劳乎? 臣之于君,有以承顺为忠,而谀之者矣。谀则将陷君于有过,以致覆亡,此乃所以戕之,非所以忠之也。若忠臣之事君也,其敬之也至,则其为谋也周。或陈说古今,或讥评时事,不避夫拂意犯颜之罪,而务竭其纳诲辅德之忠。盖其心诚望其君以为尧为舜,故自不忍以缄默取容事之。是诲之者,正所以忠之也,忠焉能勿诲乎?"夫知爱之必劳,则为子者不可以惮劳,惮劳,非所以自爱也。知忠之必诲,则为君者不可以拒诲,拒诲,非所以劝忠也。君臣父子之间,贵乎各尽其道而已。

【原文】

'子曰:"为命,裨谌草创之,世叔讨论之,行人子羽修饰之,东里子产润色之。"

【张居正讲评】

命,是词命。裨谌、世叔、子羽、子产,都是郑大夫。草创,是造为草稿。讨,是寻究。

论，是讲论。行人，是奉使的官。修饰，是增损其词。东里，是子产所居之地。润色，是加以文采。孔子说："郑以小国，而介乎晋楚大国之间，其势甚危。然能内抚百姓，外和诸侯，使国家安宁，而强大莫之敢侵者，则以贤才众多，而用之又各当其任故也。试举一事言之。如词命，乃有国之要务，况以小国之事大国，全赖以讲信修睦，解纷息争，则尤其要者。郑国之为词命也，以裨谌善谋，则使之创为草稿，而立其大意；然一人之识见未可以遽定也，世叔博通典故，则使之寻求故事，而以义理论断之；然虽经评驳，未必多寡适中也，又使行人子羽修饰之，而加以笔削焉；然虽经裁割，未必辞藻可观也，又使东里子产润色之，而加以文采焉。一词命而成于四贤之手，此所以详审精密，而应对诸侯，鲜有败事也。"即词命一事，而其他可知矣。众贤毕集而各效其长，郑之能国也宜哉。然四子之贤，亦自有不可及者。观其同心共济，略无猜嫌，此不以为矜所长，彼不以为形所短，仿佛虞廷师师相让之风，非同有体国之诚意，忘己之公心者，其能若是乎？真可为人臣事君之法矣。

【原文】

或问子产。子曰："惠人也。"问子西。曰："彼哉！彼哉！"问管仲。曰："人也。夺伯氏骈邑三百，饭疏食，没齿无怨言。"

【张居正讲评】

子产，是郑大夫，名公孙侨，执郑国之政二十余年，当时以为贤，故或人问于孔子说："子产之为人何如？"孔子说："子产听郑国之政，德泽浃洽于国人，乃惠爱之人也。"按，子产为相，政尚威严，芟除强梗，又铸刑书以禁民之非，其迹近于寡恩。然其心切于爱民，修法度而使人知所守，严禁令而使人不陷于罪辟。三年之后，国人皆歌颂之，终子产之身，郑国大治强于诸侯，盖其实爱之及于民者深矣，故孔子以"惠人"称之。及子产死，孔子又为之垂涕曰："古之遗爱也。"

子西，是楚平王之庶长子，名申。平王卒，令尹子常以其贤，欲立之，子西不许，竟立嫡长子壬为王，又能改修其政，以定楚国，当时称之，故或人又问说："子西之为人何如？"孔子无所可否，但应之说："彼哉！彼哉！"外之之辞也。按，楚僭称王号，凭陵周室。孔子做《春秋》，嘉桓文之功，贬楚之王号，而称子，盖以夷礼外之，子西虽贤，不过僭窃之臣耳，故曰"彼哉！彼哉！"者，盖置贤否于不足论也。

管仲，是齐大夫管夷吾，相桓公霸诸侯，一匡天下。人也，是说此人也。伯氏，亦齐大夫。骈，是伯氏所封之邑，有三百户，盖大邑也。疏食，是粗饭。没齿，是终身。或人又问："管仲之为人何如？"孔子说："此人也其功足以服人者也。昔齐大夫伯氏有罪，桓公夺其所封之骈邑三百户，以封管仲。伯氏后来穷约，饭食粗饭，以至终身，曾无怨言。夫夺人之有，人之所不堪也；夺之而致其穷约终身，尤人之所不堪也。乃伯氏安焉终不以为怨，苟非有以深服其心，岂能如此。观此而管仲之功可知矣，是则管仲之为人也。"按，子产、子西、管仲三人，皆春秋之名臣，然当时议论犹有未定，子产以法严而掩其德爱，管仲以器小而昧其大功，子西以能让千乘之国，而盗一时之名，非夫子一言以定其人品，则万世之公论几不白矣。此人之所以为难知，而论人者当以圣言为准也。

【原文】

子曰："贫而无怨，难；富而无骄，易。"

【张居正讲评】

孔子说："贫者多怨尤之心，富者多骄肆之失，此乃人情之常。若处贫而能安于义命，无所怨尤，斯善处贫者也。处富而能收敛谦抑，不为骄肆，斯善处富者也。然贫为逆境，非心无愧怍，而真有所得者，必不堪其忧，故贫而无怨，实乃人之所难。富为顺境，但稍知义理，而守其常分者，便可以自制，故富而无骄，犹为人之所易。知无怨之唯，则人固当勉其难；知无骄之易，则人又岂可忽其易哉。"

【原文】

子曰："孟公绰为赵魏老则优，不可以为滕薛大夫。"

【张居正讲评】

孟公绰，是鲁大夫。赵、魏，都是晋之世卿，最称大家者也。老，是家臣之长。优，是有余。滕、薛，都是小国。大夫，是任国政之官。孔子说："人之材器，各有所宜，用人者，必当因材而器使之。如孟公绰为人廉静寡欲，而才干则短，本宜于简，而不宜于繁者也。若使他做家臣之长，就是赵、魏之大家，他也为之而有余。何也？家老之职，唯在端谨以领率群僚而已,公绰之廉静寡欲,固自优于此也。若使他做大夫,就是滕、薛小国,亦所不可。何也？大夫任一国之政,非有理繁治剧之才者不能,公绰短于才,则固不足以办此矣。夫一孟公绰也,以为家老,则赵、魏且优,况小于赵、魏者乎？以为大夫,则滕、薛且不可,况大于滕、薛者乎？"可见人各有能有不能,任当其才,皆可以奏功；用违其器,适足以偾事。图治者,可不知人而善任之哉？

【原文】

子路问成人。子曰："若臧武仲之知,公绰之不欲,卞庄子之勇,冉求之艺,文之以礼乐,亦可以为成人矣。"曰："今之成人者何必然？见利思义,见危授命,久要不忘平生之言,亦可以为成人矣。"

【张居正讲评】

成人,是完全成就的人。臧武仲,是鲁大夫,名纥。公绰,即前章孟公绰。不欲,是廉洁无欲。卞庄子,是卞邑大夫,力能刺虎。冉求,是孔子门人冉有。艺,是多才能。子路问于孔子说："人以一身参于三才,必何如然后可以为全人,而立于天地之间乎？"孔子说："人之资禀,庸常者多,高明者少,或虽有高明之资,而不学不知道,往往蔽于气禀之疵,而局于偏长之目,此世所以无全人也。若似臧武仲之智识精明、孟公绰之廉静寡欲、卞庄子之勇敢有为、冉求之多才多艺,其资禀才性固已有大过人者矣。又能各就其所长者,而节之以礼,去其过中失正之病,和之以乐,消其气禀驳杂之疵。则智足以穷理,而不流于苛察；廉足以养心,而不失于矫厉；勇足以力行,而不蔽于血气；艺足以泛应,而不伤于便巧,譬之美玉而又加之以砻琢,良金而又益之以磨炼,斯可以为成人矣。"惜乎四子之未能也,盖子路忠信勇敢,有兼人之才,所少者学问之功耳,故夫子以此勉之。

曰字,还是孔子说。危,是危难。授命,是合了性命。久要,是旧约。平生,是平日。孔子既答子路之问,又说道："吾所谓成人者,自人道之备者言之也。若夫今之所谓成人者,亦何必如此？但能见利思义,而临财无苟得；见危授命,而临难无苟免；与人有约,虽经历岁月之久,而亦不忘其平日之言。有是忠信之实如此,则虽才智礼乐有所未备,而大本不亏,亦可以为成人矣。"此又因子路之所可能者,而告之也。

【原文】

子问公叔文子于公明贾曰:"信乎? 夫子不言,不笑,不取乎?"公明贾对曰:"以告者过也。夫子时然后言,人不厌其言;乐然后笑,人不厌其笑;义然后取,人不厌其取。"子曰:"其然? 岂其然乎?"

【张居正讲评】

公叔文子,是卫大夫公孙拔。公明贾,是卫人。厌,是苦其多而恶之的意思。昔卫大夫公叔文子是个简默廉洁的人,故当时以不言不笑不取称之。夫子闻而疑焉,乃问于卫人公明贾说:"人说汝夫子平日,通不说话,不喜笑,又一毫无取于人,信有之乎?"公明贾对说:"言、笑、取、予,乃吾人处己接物之当,岂有全然不言不笑不取者? 此殆言者之过也。盖多言的人,则人厌其言,吾夫子非不言也,但时可以言而后言,言不妄发,发必当理,是以人不厌其言,而遂谓之不言也。苟笑的人,则人厌其笑,吾夫子非不笑也,但乐得其正而后笑,一颦一笑,不轻与人,是以人不厌其笑,而遂谓之不笑也。妄取的人,则人厌其取,吾夫子非不取也,但义所当得而后取,苟非其义,即却而不受,是以人不厌其取,而遂谓之不取也。岂诚不言不笑不取哉。"夫时人之论文子,固为不情之言,而公明贾至以时中称之,尤为过隋之誉。故夫子疑而诘之,说道:"汝谓汝夫子时言、乐、笑、义、取,其果然乎? 然此非义理充溢于中而得时措之宜者不能,汝夫子岂真能然乎?"夫不直言其非,而但致其疑信之词如此,圣人与人为善之心,含洪忠厚之道也。

【原文】

子曰:"臧武仲以防求为后于鲁,虽曰不要君,吾不信也。"

【张居正讲评】

臧武仲,是鲁大夫臧孙纥。防,是武仲所封之邑。要,是有挟而求。武仲得罪于鲁,出奔于邾,既而自邾归防,使人请立臧氏之后于鲁,而后去。孔子即其事而诛其心,说道:"臧武仲既已得罪出奔,虽欲请后,只宜使人陈词于鲁,以听处分,不当又人防以请。推其心,以为若不得请,则将据邑以叛矣,是盖挟不逞之心而劫之以不得不从之势,虽曰不要君,吾不信也。"夫人臣之罪,莫大于要君,武仲之所以敢于为此者,亦以鲁君失政故耳。

使鲁之纪纲正,法度举,彼武仲者,其敢蹈不轨之诛乎？图治者,宜慎鉴于斯。

【原文】

子曰:"晋文公谲而不正,齐桓公正而不谲。"

【张居正讲评】

晋文公,名重耳。齐桓公,名小白。谲,是诡谲,与正相反。孔子说:"齐桓、晋文相继为诸侯之长。当时虽称为二霸,然文非桓比也。盖文公为人专尚诈谋,不由正道,是谲而不正者。桓公则犹知正道,不尚诈谋,是正而不谲者。即如伐楚一事,文公欲解宋围,乃伐曹卫以致楚,欲与楚战,又复曹卫以携楚,不能声罪致讨,只以阴谋取胜而已。若桓公伐楚,则以王祭不供而声其罪,又退师召陵而许其盟,名正言顺,举动光明,此桓之所以优于文也。"二公他事,亦多类此,其优劣判然矣。然夫子亦就二公之事论之耳,推其心,则皆假借仁义,同归于谲而已,其于王者之道,岂可同日而语哉。

晋文公重耳

【原文】

子路曰:"桓公杀公子纠,召忽死之,管仲不死。"曰:"未仁乎？"子曰:"桓公九合诸侯,不以兵车,管仲之力也。如其仁,如其仁。"

【张居正讲评】

公子纠,是齐桓公之弟。齐有襄公之乱,桓公出奔于莒,召忽、管仲奉子纠奔鲁,以与桓公争立。桓公既返国,使鲁杀子纠,而缚管、召以与齐。召忽死之,管仲请囚。既至,桓公释其缚,用以为相。九字,《春秋传》作纠,是督率的意思。子路问说:"桓公使鲁杀公子纠,召忽致命而死,于义得矣。彼管仲者,同为子纠之臣,乃独不死,而反臣事桓公,盖忘君事仇,忍心害理之人也,岂得为仁乎？"孔子说:"稽古者当论其世,论人者勿求其全。彼桓公当王室微弱,夷狄交侵之时,乃能纠合列国诸侯,攘夷狄以尊周室。且又不假兵车之力、杀伐之威，只是仗大义以率之，昭大信以一之，而诸侯莫不服从，若是者，皆管仲辅相之力也。使桓公不得管仲，则王室日卑，夷狄益横，其祸将有不可胜言者矣。夫仁者以济人利物为心，今观管仲之功，其大如此，则世之言仁者，孰有如管仲者乎？孰有如管仲者乎？殆未可以不死子纠之一节而遂病之也。"按，齐世家，桓公兄也，子纠弟也，以弟夺兄，于义已悖。是以忽之于纠，虽有可死之义，而仲之于桓，亦无不可仕之理，况实有可称之功彰彰如是乎。圣人权衡而折衷之，其义精矣。

【原文】

子贡曰："管仲非仁者与？桓公杀公子纠，不能死，又相之。"子曰："管仲相桓公，霸诸侯，一匡天下，民到于今受其赐。微管仲，吾其被发左衽矣。岂若匹夫匹妇之为谅也，自经于沟渎而莫之知也。"

【张居正讲评】

霸诸侯，是为诸侯之长。匡，是正。微字，解作无字。衽，是衣衿。被发左衽，是夷狄之俗。谅，是小信。自经，是自缢。昔子贡问于孔子说："管仲之为人，其非仁者欤？当桓公杀公子纠之时，仲为子纠之臣，义当有死无二。彼不能死，则亦已矣，乃又事桓公而为之相，其忘君事仇，忍心害理如此，是岂仁者之所为乎？"孔子答说："子徒知管仲之过，而不知管仲之功。自周之东迁，王室微弱，夷狄纵横，天下日入于乱矣。幸而有管仲者，辅相桓公为诸侯之长，攘夷狄以尊周室，天下之乱于是乎一正。非特当时赖之，至于今，吾民犹得以享安宁之福者，皆仲之赐也。使无管仲，则中华之地将沦为夷狄，吾其被发左衽矣，尚有今日衣冠文物之盛哉。夫仲之功如此，则其不死，亦何不可之有。岂若匹夫匹妇所见浅狭，守一己之小信，而忘终身之远图，意气感激，即自缢于沟渎之中，而竟无闻于天下后世者哉。"是可见豪杰之士将建不世大功，则不拘拘于一身之小节。然此不可以常理论、常情测也，彼管仲之可以无死，贤如由赐尚或疑之，非圣人孰能定其论哉。

【原文】

公叔文子之臣大夫僎与文子同升诸公。子闻之，曰："可以为文矣。"

【张居正讲评】

公叔文子，是卫大夫公孙拔，其后谥为贞惠文子。公，是公朝。昔卫之大夫有名僎者,先为公叔文子家臣,文子因其贤,遂荐之于君,而与己为同僚。夫子闻此事而称美之,说道:"谥法'文'之一字,最为美称,非其平生有才德行美者,不足以当之。今公叔之得谥为文,我固不知其他,然只就这一件观之,是即可以为文矣。夫知贤而能荐,明也;拔之家臣之贱,而升之公朝之间,公也;唯知为国用贤,不嫌名位之逼,忠也。一事而三善备焉,谥之曰文,夫何愧乎?"按:臧文仲不荐柳下惠,则夫子讥其为窃位,公叔文子荐家臣僎,则夫子称其可为文。是可见,荐贤为国,乃人臣之盛节,以人事君者,所当知也。

【原文】

子言卫灵公之无道也,康子曰:"夫如是,奚而不丧?"孔子曰:"仲叔圉治宾客,祝鮀治宗庙,王孙贾治军旅,夫如是,奚其丧?"

【张居正讲评】

康子,是鲁大夫季康子。昔孔子在鲁,曾谈及卫灵公无道之事。盖其彝伦不叙,纲纪不张,在当时诸侯中最为失德,故夫子言之。季康子因问说:"人君有道则兴,无道则亡。卫灵公既无道如此,何故能终保其位,而不至于丧亡乎?"孔子答说:"灵公虽是无道,然却有件好处,他平生最善用人。如仲叔圉长于言语者也,则用之以接待宾客,应对诸侯;祝鮀熟于礼文者也,则用之管宗庙祭祀之事;王孙贾长于武事者也,则用之以治军旅,居将帅之任。夫治宾客得其人,则朝聘往来,无失礼于邻国,而不致启衅召祸矣。治宗庙得其人,则祀事精处,神人胥悦,而人心有所系属矣。治军旅得其人,则缓急有备,而敌国不敢窥矣。这三件,乃国之大事,皆择人以任之,而用之又各当其才,此所以内外咸理,而国家可保也。灵公虽无道,何由便至于丧亡哉?"夫卫灵以无道之君,得人而任之,尚可以保国,况于有道之世,得天下之贤才而善用之乎? 所以说君子在朝,则天下必治,人主为社稷计者,宜知急亲贤之为务矣。

【原文】

子曰:"其言之不怍,则为之也难。"

【张居正讲评】

怍,是惭愧。孔子说:"凡人放言易,力行难。故躬行君子,每切其言而不敢易。若或轻肆大言,高自称许,略无惭愧之心,这等的人,考其所行,必不能相顾,徒妄言以欺人耳。其为之也,不亦难乎?"所以君子贵夫实胜,而听言者又当观其行也。

【原文】

陈成子弑简公。孔子沐浴而朝,告于哀公曰:"陈恒弑其君,请讨之。"公曰:"告夫三子。"孔子曰:"以吾从大夫之后,不敢不告也。君曰'告夫三子'者。"之三子告,不可。孔子曰:"以吾从大夫之后,不敢不告也。"

【张居正讲评】

陈成子,是齐大夫陈恒。简公,是齐君,名壬。讨,是兴兵以讨其罪。三子,是鲁三家:孟孙氏、叔孙氏、季孙氏。孔子尝为大夫,时已致仕,故谦言从大夫之后。昔齐大夫陈成子,平日厚施于国,以邀人心,有篡齐之意。简公恶之,使其臣阚止图之,成子遂杀阚止而弑简公。此时孔子虽已致仕家居,犹沐浴斋戒而朝,告于鲁哀公说道:"陈恒不道,上弑其君,此人伦之大变,天理所不容,人人得而诛之者,请君兴兵以讨之。"当时鲁国政事都是孟孙、叔孙、季孙三家专擅,哀公不得自由,乃答说:"你去与三子计议何如?"孔子出而说道:"弑君之贼,法所必讨。我今虽不在位,然尝从大夫之后,此等大事,不敢不以告闻,亦以行吾义而已。君乃不能自会,而使我曰告夫三子者,何耶?"夫子此言,所以伤其君者至矣。

之字,解作往字。孔子奉君命而往三子之家,告以讨贼之义。彼三子者素有无君之心,实与陈氏声势相倚,故沮其谋以为不可。意以齐强鲁弱,势不相敌,且他国的事,与我何与?盖与逆臣为党,故以讨贼为非也。夫子乃应之说道:"弑君乃齐之大变,讨贼实鲁之大义。吾之所以来告者,以吾从大夫之后,不敢不告也。三子以为不可,又独何心哉。"夫子此言,所以伤其臣者至矣。按:此章所记齐简公、鲁哀公,皆衰世昏庸之君,不足道者。然亦可见人主独揽乾纲,深防祸本。不可使威福下移,而奸邪有僭逾之渐;不可使事权去已,而纪纲有陵替之忧,然后君臣相安,而国家永保矣,图治者尚鉴于兹。

【原文】

子路问事君。子曰:"勿欺也,而犯之。"

【张居正讲评】

犯,是犯颜谏诤。子路问说:"人臣事君之道当何如?"孔子告之说:"臣之于君,有匡弼之责。君有过,必当尽言以谏诤。虽至于冒犯威严,亦有不容自己者。然须本之以忠君爱国的诚心,不可有一毫欺罔之念。由是以进言于君,虽侃侃焉危言谠论,犯颜色甘罪谴而不顾,而其一念忠爱之诚,实有溢于言词之外者,如是而后可以谓之纯臣也已。若外沽强谏之名,而内无纳诲之实意;徒避不言之责,而故为不切之虚谈,是欺也,非忠也。臣而欺君,其罪可胜诛乎!"盖子路刚直敢言,不患其不能犯,患其无忠爱之诚耳,故孔子以是勉之。然勿欺在于臣,而纳谏系于君。大舜舍己从人,闻一善言,即从之若决江河,唯求有裨于君德,有利于国家耳,何必问其心之诚与不诚乎?此又在上者所当知也。

【原文】

子曰:"君子上达,小人下达。"

【张居正讲评】

达,是通透的意思。孔子说:"君子之所以为君子,小人之所以为小人,始焉不过一念之少殊,终焉遂至趋向之迥绝,何以言之?天理本自高明也。君子凡有所为,都只循着天理而行,故其心志清明,义理昭著,所知者日以精深,所行者日以纯熟,渐至于为圣为贤,而造位乎天德。譬之登山者,一步高似一步,将日进于高明矣,岂非上达者乎?人欲本自污下也。小人凡有所为,都是一团私欲,故其志气昏昧,物欲牵引,良心则日以丧失,邪行则日以恣肆,渐至于为愚为不肖,而与禽兽不远。譬之凿井者,一步低似一步,将日流于污下而已,岂非下达者乎?欲脱去凡近以游高明者,当知所择矣。"

【原文】

子曰:"古之学者为己,今之学者为人。"

【张居正讲评】

为己,是欲得之于己。为人,是欲见知于人。孔子说:"古今人所学之事虽同,而其用心则异。古之学者,其从事于学问思辨,饬躬励行,若与今同也。然学问思辨,只为道未明也,而孜孜焉以明其道,饬躬励行,只为德未立也,而孜孜焉以进其德,所知者性分之固有,所为者职分之当然,唯求尽其在我而已,所以说古之学者为己。今之学者,其从事于学问思辨,饬躬励行,若与古同也。然学问思辨,未必其明道者如何,而汲汲焉欲见知于人;饬躬励行,未必其进德者如何,而汲汲焉欲求知于世。非矜炫以要名誉,则矫饰以媒爵禄,唯恐人之不知而已,所以说今之学者为人。为己者虽专于务内,而有诸中者形诸外,其终自至于成物。为人者虽心在务外,而虚誉隆者实德病,其终并至于丧己。学者不可不知省也。"

【原文】

蘧伯玉使人于孔子,孔子与之坐而问焉。曰:"夫子何为?"对曰:"夫子欲寡其过而未能也。"使者出,子曰:"使乎!使乎!"

【张居正讲评】

蘧伯玉,是卫之贤大夫,名瑗。使是差人。昔孔子尝至卫,主于卫大夫蘧伯玉之家,既而返鲁,伯玉差人来问候孔子。孔子敬其主以及其使,特命之坐而问之。说道:"尔夫子近日在家干些甚事?"使者对说:"人不能无过,而贵于能寡。我主人之心时常战战兢兢,省事克己,欲其言皆顺理而寡尤,行皆合宜而寡悔。但人欲难于净尽,天理难于纯全,恒以为学问功疏,未免于有过,此则我主人之所为也。"使者之言虽愈自卑约,而伯玉好学力行之美,自有难掩者,盖亦善为说辞者矣。故夫子于其既出而称之说道:"斯人也,其真可谓使者乎,其真可谓使者乎!"重言而叹美之,盖亦以彰蘧伯玉之贤也。大抵天下之义理无穷,人心之出入无定,故寡过未能,非使者为伯玉谦词,乃真实语也。尧、舜、禹之授受,以为人心惟危,道心惟微,成汤之检身若不及,文王之望道而未之见。古之圣贤,未有不以此存心而成德者,善学者宜加意焉。

【原文】

子曰:"不在其位,不谋其政。"曾子曰:"君子思不出其位。"

【张居正讲评】

位,是职位。这一句是《易经》中《艮卦》的象词。曾子尝称述之说道:"凡人之居位,虽有大小尊卑之不同,莫不各有当尽之职。若合其本职,而出位妄想,则在己为旷职,而于人为侵官矣。君子则身之所居在是，心之所思亦在是，凡夙夜之所图虑者，唯求以尽其本分所当为之事。如居乎仓库之位，则思以审会计，明出纳，而尽乎理财之职；如居乎军旅之任，则思以勤训练，饬军令，以尽乎诘戎之职，初未尝越位而有所思也。如是，则众职毕举，而庶务成理矣。"

【原文】

子曰："君子耻其言而过其行。"

【张居正讲评】

耻，是羞耻。孔子说："人之言行贵于相顾。若喜为高论，轻肆大言，而考其所行未能如是，则为言过其行。究其归，不过便佞小人而已，故君子耻之。以是为耻，则勉不足而谨有余者，自不容不至矣。"

【原文】

子曰："君子道者三，我无能焉：仁者不忧，知者不惑，勇者不惧。"子贡曰："夫子自道也。"

【张居正讲评】

忧，是忧虑。惑，是疑惑。惧，是恐惧。自道，是自家说自家的事，言道其实也。昔孔子以至圣之德，而常怀望道未见之心。说道："君子之道有三件，反之于我，一件也不能。三者何？曰仁、曰智、曰勇是也。仁则心德浑全，而私欲净尽，凡穷通得丧，皆不足以累其心，故不忧；智则心体虚明，而思虑详审，凡是非邪正，皆不足以蔽其心，故不惑；勇则浩然之气至大至刚，以之决大疑，任大事，自勇往直前，而无足以动其心，故不惧。此三者，皆君子之全德，而我之所未能者也。"夫孔子道全德备，其于三者，皆已各造其极而时出之，岂复有所未能者乎？故子贡闻其言而叹说："此乃夫子自言其实有者如是耳。"而乃以为未能，盖圣不自圣之心也，大抵圣人深见义理之无穷，其自视常以为不足，故圣而益圣。有志于希圣者，当知所惕励矣。

【原文】

子贡方人。子曰："赐也贤乎哉？夫我则不暇。"

【张居正讲评】

方,是比方。子贡平日好比方人物而较其短长。此虽穷理之一事,然专务为此,则心驰于外,而自治之功疏矣,故孔子反言以警之说:"赐也其贤乎哉? 盖唯贤者,自家学问工夫极其精密,乃可以其余力而较量他人。若我则以义理无穷,工夫未到,日孜孜焉唯以进德修业,迁善改过为事,方自治之不暇,而何暇于方人哉?"夫方人之事,在圣人犹以为未暇,况学者乎? 孔子言此,其所以警子贡者,至深切矣。

【原文】

子曰:"不患人之不己知,患其不能也。"

【张居正讲评】

孔子说:"人之处世,常患名誉不彰,人不知己,然此不足患也。惟夫学焉而未能明其理,行焉而未能践其实,此则在己本无可知之具,反之吾心而有歉者,正学者所当患也。今乃不以此为患,而徒患人之不知,何哉?"

【原文】

子曰:"不逆诈,不亿不信,抑亦先觉者,是贤乎!"

【张居正讲评】

逆,是事未来而逆料的意思。亿,是事未形而意度的意思。诈,是欺诈。不信,是不实。抑,是反语词。先觉,是无心而自然知觉。孔子说:"人之于己,未必有欺诈之事也,而先意以料之,叫作逆诈。人之于己,未必有不信之心也,而先意以猜之,叫作亿,不信。这等样有心防人,固有幸而中者,亦有诬而枉者,非诚心率物之道也。然虽不为逆亿,而人或得以欺之,则又忠厚太过,甘受人瞒,亦不足为贤也。惟于人之诈者,不必先意以迎之,于人之不信者,亦不先意以度之,而其诈与不信者之情伪,自能先知之,而不为所眩,斯则虚以应物,知能通微。譬之明镜,虽未尝有心以索照,而人之美恶妍媸,自无遁形,是乃可谓之贤也已。"盖多疑生于不明,而明者自无所疑,逆诈、亿、不信,皆由不明故耳。至明之人,物至即知,孰得而欺之乎? 然非有居敬穷理之功,讲学亲贤之助,则此心虚灵之体,未免为物所蔽。欲以坐照天下,亦未易能也。此又事心者所当知。

【原文】

微生亩谓孔子曰："丘，何为是栖栖者与？无乃为佞乎？"孔子曰："非敢为佞也，疾固也。"

【张居正讲评】

微生亩，是当时的隐士，盖年高有德之人也。栖栖，是依依不舍的意思。佞，是便佞。疾，是恶。固，是执一不通的意思。昔孔子周流列国，欲行其道，而人皆不能用之。有隐士微生亩者，讥之说道："孔丘，我只见你今日之齐，明日之鲁，人不见知，则亦可以已矣。何故这等栖栖然依恋不舍欤？夫世之佞人，则务为口给，以希世取宠。你今所为，无乃为佞以求用于世乎？"孔子答说："君子立身行己，自有法度，丘岂敢为佞人之事。但以世道污浊，挽回在人，而康济民物，当有所寄。若是守拘滞之见，以隐为高，昧变通之宜，果于忘世，则执一不通的人，又我之所恶者也。其所以栖栖然而不能忘情于斯世，盖以此耳，岂敢为佞哉！"盖微生亩是齿德俱尊的人，但其所见偏执，故圣人对之礼恭而言直如此，其警之亦深矣。

【原文】

子曰："骥不称其力，称其德也。"

【张居正讲评】

骥，是良马之名。德，指马之调习驯良说。孔子说："君子之所以见称于世者，不徒以其有可用之才，以其有可贵之德也。譬如马中有骥，其所以见称于世者，不徒以其有驰骤之力，以其有驯良之德也。盖马之任重致远者存乎力，然使虽有力，而不免于蹄啮，难于控御，则亦凡品而已，何得为骥乎？人虽有才，而苟无其德，是亦小人而已，何得为君子乎？故人不可徒恃其才而不修其德，观人者，论其才而又当考其德也。"

【原文】

或曰："以德报怨，何如？"子曰："何以报德？以直报怨，以德报德。"

【张居正讲评】

或人问于孔子说："人惟恩怨之心太明，故忠厚风日薄。若于人之有仇怨于我者，我皆忘其怨,而准以恩德报之,何如?"孔子说:"酬恩报怨,也是人道之常;称物平施,乃为事理之当。人之有怨于我者,既以德报之,则人之有德于我者,又将何以报之乎?此于隋理乖谬甚矣。必也于人之有怨于我者,我则不计其怨,而爱憎取合,一唯以直道处之。使其人之可爱可取欤,我固不以私怨而昧其与善之公心;使其人之当恶当弃也,我亦不避私嫌而废夫除恶之公典,这是以直报怨。若于人之有德于我者,则必以德酬之,大而捐躯以图报,小而一饭之不忘。虽其中有委曲用情,屈法从厚者,若于直道有背,而揆之天理人情,固亦未为过也,这是以德报德,如是而施报之间,庶为得其平乎。"夫观或人之言,非不近厚,而反不得其平;圣人之论,既得其平,而亦未尝不厚。诚权衡万事者之准也。

【原文】

子曰:"莫我知也夫!"子贡曰:"何为其莫知子也?"子曰:"不怨天,不尤人。下学而上达,知我者其天乎!"

【张居正讲评】

义理有本末精粗,从下面学起,才到得上面,所以说下学上达。昔孔子道高德厚,不求人知,当时亦罕有知之者,故发叹说:"今之人,其莫我知也夫。"子贡问说:"夫子之道德高厚如此,何故人都不知夫子?"孔子答说:"人之学问,惟是高世绝俗,与众不同,乃可以致人之知,若我则无是也。如穷通得丧,系于天者,我虽不得于天,未尝怨天;用合予夺,系于人者,我虽不合于人,未尝尤人,只是反己自修,循序渐进。如义理有本末精粗,我只在下面这一层着实用工,使功深力到,将上面这一层渐次通达。譬如登山的,必由卑以至高;如行路的,必自近以及远。这不过职分之当为,进修之常事,无以甚异于人,何足以致人之知哉。惟是心存为己,仰不愧天,或者上天于冥冥之中能知我耳,所以说知我者其天乎。"盖甚言其必不见知于人也。夫圣人尽性至命,与天合一,其独得之妙,真有人不能知而天独知之者,然下学上达之一言,乃万世学者之准则。人于可知可能者,逐一讲求,则于难知难能者,自然通透,固不当躐等而进,亦不可畏难而止也。有志圣学者,宜究心焉。

【原文】

公伯寮愬子路于季孙。子服景伯以告,曰:"夫子固有惑志于公伯寮,吾力犹能肆诸市朝。"子曰:"道之将行也与,命也;道之将废也与,命也。公伯寮其如命何!"

公伯寮，是鲁人。想，是谗谮。子服景伯，是鲁大夫子服何。夫子，指季孙说。杀人而陈其尸叫作肆。昔子路方仕于鲁，为季氏宰。鲁人有公伯寮者，乃谗谮之于季孙，而季孙信之。子服景伯心怀不平，因以其事告于孔子说："季孙之于子路，固因公伯寮之言而有疑心矣。谗邪害正，法不可容。以吾之力，犹能诛伯寮，而陈其尸于市朝，以明子路之诬而报其怨。夫子以为何如？"

孔子因子服景伯欲诛公伯寮，乃以理晓之说道："士君子之心，非不欲行其道于天下，而道之或行或废，实有非人所能为者，使其道之将行欤，则动见遇合，事事如意，是乃命之通也，固非人之所能使，使其道之将废欤，则动见阻滞，事事违心，是乃命之穷也，亦非人之所能。夫道之兴废，皆由于命如此，今仲由之或用或合，固自有命存焉，使其命该亨通，虽有谗言何畏？若使谗说得行，则亦命之穷耳，于公伯寮何尤乎？吾子固不必深憾而欲诛之矣。"按：圣人于得失利害之际，惟义是安，本不待决之于命而后泰然也，其言命者，特以晓景伯、安子路、而警伯寮耳，然所谓不怨天、不尤人者，即此亦可见其一端矣。

【原文】

子曰："贤者辟世，其次辟地，其次辟色，其次辟言。"子曰："作者七人矣。"

【张居正讲评】

孔子说："贤者之心，未尝不欲有为于天下，然时不可为，则不得不高蹈远举，避而去之。故有见世之无道，即隐居不仕，而终身以避世者矣，其次有见此邦无道，去而之他邦者，谓之避地，其次有见君之礼貌既衰而去者，谓之避色，其次有因君之议论不合而去者，谓之避言。此皆不降其志，不辱其身者也，世有此人，世道之衰可知矣。"

作，是隐遁。孔子说："当时之君子，不见用于世，作而隐遁者，有七人矣。"七人，今不知其姓名，夫子叹之，盖深为世道虑也。

【原文】

子路宿于石门。晨门曰："奚自？"子路曰："自孔氏。"曰："是知其不可而为之者与？"

【张居正讲评】

石门，是地名。晨门，是管门启闭的官，盖贤而隐于下位者。奚字，解作何字。自，是从。昔子路相从孔子周游四方,晚宿于石门。时有守门官问说:"汝从何来?"子路说:"我从孔氏而来。"晨门说:"我闻君子相时而动,邦有道则仕,邦无道则隐。彼孔氏者,既已知时事之不可为,即卷而怀之可也。乃犹遑遑焉奔走四方,必欲有为于天下,其亦不智甚矣。子之所从者,得非此人乎?"盖讥孔子之不隐也。夫晨门之言,盖亦士君子进退之常。但圣人道高德大,视天下无不可为之时,特时君不能用耳,此又非晨门之所知也。

【原文】

子击磬于卫,有荷蒉而过孔氏之门者,曰:"有心哉,击磬乎!"既而曰:"鄙哉!硁硁乎!莫己知也,斯己而已矣。深则厉,浅则揭。"子曰:"果哉!末之难矣。"

【张居正讲评】

荷字,解作担字。蒉,是草器。昔孔子处春秋衰乱之世,而其康济天下之心,有不能一日忘者。时在卫国,偶然击磬以寓其忧世之心。适有一隐士,担着草器行过孔子之门,闻磬声而知之。说道:"有心哉,斯人之击磬乎?"盖人心哀乐之感,每托之乐音以宣其意。夫子忧世之志,寓于磬声之中,隐士贤者故能审音而识其心也。

硁硁,是小石之坚确者。"深则厉"一句,是《卫风·匏有苦叶》之诗,带衣涉水叫作厉,褰衣涉水叫作揭。荷蒉者闻孔子之击磬,既叹其为有心,乃又讥之说道:"斯人也,鄙哉硁硁乎,何其专确固执,而不达夫时宜也。夫君子相时而动,智者见几而作。今世莫我知,道与时违,则亦惟洁身以去乱而已,何为周游四方,可止而不止乎?观诸《卫风》之诗说道:'凡徒步涉水者,遇着水深的去处,则穿着下体之衣而过之;遇着水浅的去处,则揭起下身之衣而过之。'夫涉水者,必视其水之深浅以为厉揭;则君子处世,当视其时之治乱以为进退。今斯人也,世不见知,犹栖栖然而不止,是深不知厉,浅不知揭矣,岂不鄙哉其硁硁乎?荷蒉之讥孔子如此,是不知圣人之心者矣。

孔子闻荷蒉之言而叹,说:"观斯人之言,何其果于忘世哉。夫君子之欲行其道于天下,非以为利也,将以救世也。若只要洁其一身,委而去之,亦有何难?然则荷蒉者一之果,我非不能为,直不忍为耳。"盖圣人心同天地,天地不以时之闭塞而废生物之心,圣人不以时之衰乱而忘行道之志,诚上畏天命,下悲人穷,非得已也。彼荷蒉之流,何足以知之。

子张曰:"《书》云:'高宗谅阴,三年不言。'何谓也?"子曰:"何必高宗? 古之人皆然。君薨,百官总己以听于冢宰三年。"

【张居正讲评】

《书》,是《商书·说命》篇。高宗,是商王武丁。谅阴字,当作梁闇,是天子居丧之处。总己,是总摄己职。冢宰,是宰臣之长。昔子张问于孔子说:"《商书·说命》篇说,商王高宗武丁居其父小乙之丧,三年不亲政事,不发言语。夫人君一日万裁,若三年不言,则臣下何所禀令乎? 不识此书之旨果何谓也?"孔子说:"亲丧乃人子之大变,哀慕乃人子之至情。三年不言,何必高宗为然,自古为君的都是如此。考之古礼,君薨,则嗣君居庐守丧,不亲政事,不发号令;百官各总摄己职,以听处分于冢宰,如此者三年。夫既有冢宰可托,则嗣君虽三年不言,何忧国之乱哉? 然托孤寄命,国家大事,必有忠贞不二心之臣,而后可使百官总己以听。苟非其人,又不若嗣君躬亲听览,以守先业之为大孝。故古今异时,宜此礼之不行于后世也。"

【原文】

子曰:"上好礼,则民易使也。"

【张居正讲评】

礼,是尊卑上下的礼节。孔子说:"有国者常患民之难使,然民之难使,由其不知礼耳。盖礼所以别尊卑、辨上下,其节文度数之间至严至肃。若为上的心诚好之,修之于身,而视听言动必以礼;达之于政,而教训正俗必以礼。则等威辨而纪纲振,那百姓们都安分循理,而无敢抗违。不假刑驱势迫,而趋事赴工之恐后矣,岂不易使乎? 若上之人,先自畏拘检而乐简傲,则下皆化之,而僭逾凌迫,固其所也,岂民之难治哉?"所以说礼达而分定,有天下者所宜深念也。

【原文】

子路问君子。子曰:"修己以敬。"曰:"如斯而已乎?"曰:"修己以安人。"曰:"如斯而已乎?"曰:"修己以安百姓。修己以安百姓,尧舜其犹病诸!"

【张居正讲评】

病,是有歉于心的意思。子路问说"人必何如而后可以为君子?"孔子告之说:"人之为学,不外乎一心而已。能庄敬,则此心惕励,而日进于高明;才安肆,则此心放逸,而日流于污下。必须静而存养,动而省察,使戒慎恐惧之心无时而少懈,则身无不修,而德无不成矣。君子之所以为君子者,以此而已。"子路问说:"君子之道大矣,乃止于如此而已乎?"盖以为未足也。孔子说:"这敬不但可以成身,乃人己合一之理。诚能敬以修己,而至于充积之盛,则己正物格,此感彼通。虽推之而至于安人者,亦不外是矣。"子路又问说:"君子之道大矣,乃止于如此而已乎?"盖犹以为未足也。孔子说:"这敬不但可以安人,乃天下为公之理。诚能敬以修己,而至于充积之盛,则处无不当,感无不通。虽极之而至于安百姓者,亦不外是矣。夫功用至于安百姓,岂易能哉?虽尧舜至圣,以钦明温恭之德,致时雍风动之休,而当时之民亦难保其无一夫之不获,在尧舜之心,犹有歉然不能自宁者矣。夫观尧舜且以为病,则修己以敬,岂不足以尽君子乎?"按:修己以敬,乃千圣相传之要,而尧舜犹病,实圣人无穷之心。人君诚能法尧舜之敬以修身,而推尧舜之心以图治,何患德不符于二帝,而世不跻于唐虞哉。

【原文】

原壤夷俟。子曰:"幼而不孙弟,长而无述焉,老而不死,是为贼。"以杖叩其胫。

【张居正讲评】

原壤,是孔子的故人,平素从老氏之教,放旷于礼法者。夷,是蹲踞。俟,是待。叩,是击。胫,是足骨。昔原壤见孔子之来,而蹲踞以待之,其疏放不检如此。孔子责之说道:"礼法乃检身之要,傲惰为恶德之尤。汝自年幼时,则任隋傲物,而不知逊弟之道。及至长大,则蹉跎岁月,而无一善状之可称。今又老而不死,徒败常乱俗,为风化之蠹而已,非害人之贼而何?"孔子既责之,而以所曳之杖微击其胫,若使勿蹲踞然。圣人于败坏礼教之人,深恶而痛责之如此。

【原文】

阙党童子将命。或问之曰:"益者与?"子曰:"吾见其居于位也,见其与先生并行也。

非求益者也,欲速成者也。"

【张居正讲评】

阙党,是地名。将命,是传宾主之言。益,是进益。昔阙党之中,有童子者来学于孔子。孔子使之答应宾客,而传往来之命,或人问于孔子说:"传命亦非易事也。此童子必学有进益,故夫子使之为此,以宠异之欤?"孔子答说:"在礼童子当隅坐随行。今此童子,吾见其居于长者之位,而不循夫隅坐之礼;见其与先生并行,而不循夫随行之礼。夫为童子而不安其分如此,是乃进修无渐,积德无基,非求益者也。但欲凌节躐等,而速进于成人之列耳。故我使之给使令之役,观少长之序,而习揖逊之容,所以折其少年英锐之气,而令其日就于规矩法度之中也,岂宠而异之哉?"由是观之,可见圣门之教,虽以敏求为先,亦以躐等为戒。盖躐等,则欲速而不达;循序,则日益而不知,所以夫子亦自云下学而上达,为此故耳。学者,宜知所从事焉。

卫灵公第十五

【原文】

卫灵公问陈于孔子。孔子对曰:"俎豆之事,则尝闻之矣。军旅之事,未之学也。"明日遂行。

【张居正讲评】

陈,是军师行伍之列。俎豆,是礼器。昔卫灵公好勇而无道,故以战阵之事问于孔子。孔子对说:"吾自幼学礼,凡俎豆礼文之事,陈设祭飨之仪,盖尝闻其说矣;若夫军旅之事,则固未之学也。既未尝学,则岂敢妄对乎?"夫以孔子之圣,文事武备,孰非其所优为者?但灵公所问,乃军师行伍之列,攻杀击刺之方,此不过武夫战士之事耳,岂足以尽圣人之蕴乎?舍其大而究其小,其不足与有为可知矣。故孔子不对,而明日遂行。所谓见几而作,'可以速则速者也。

【原文】

在陈绝粮,从者病,莫能兴。子路愠见曰:"君子亦有穷乎?"子曰:"君子固穷,小人穷斯滥矣。"

在陈绝粮

【张居正讲评】

兴,是起。愠,是含怒的意思。滥,是泛滥,言人之放溢为非,如水之泛滥而不止也。孔子既不对灵公之问,遂去卫适陈。至于陈国,粮食断绝,从者皆饥饿而病,莫能兴起。子路当此穷困之时,不胜愠怒之意,见于颜色,问说:"君子之人,宜乎为天所佑,为人所助,不当得穷者也,乃亦有时而穷困若此乎?"孔子说:"穷通得丧,系乎所遇。有不在我者,君子安能自必乎? 盖亦有穷时也,但君子处穷,则能固守其穷,确然以义命自安,而其志不少移夺;若小人一遇困穷,则自放于礼法之外,而无所不至矣。然则今日之穷,但当固守,而不至于滥焉可矣,何必怨尤乎哉?"夫观圣贤之所遭如此,则春秋之世可知矣!

【原文】

子曰:"赐也,汝以予为多学而识之者与?"对曰:"然。非与?"曰:"非也。予一以贯之。"

【张居正讲评】

识字,解作记字。贯,是通。子贡之学,多而能识,而于道之本原处,尚未能悟,故孔子呼其名而告之说:"赐也,汝见我于天下事物之理,无所不知,岂以我为件件穷究,事事学习而记识于心,故能如此乎?"子贡对说:"事物之理,不学则不能知。夫子之多知,故必由于多学也。"既而又忽疑说:"事物之理无穷,夫子虽好学,亦岂能一一而周知?"意者别有简易切要之方,无事于多学而识之者欤?盖子贡学将有得,故方信而忽疑也。孔子乃晓之说;"我非多学而识者也。盖天下义理,虽散见于事物之中,而实统具于吾心。吾惟涵养此心,使虚灵之体不为物欲所蔽,则事至而明觉,物来而顺应,自然触处洞然,无所疑惑。譬之镜体清明,则虽妍媸万状,自照见之而无遗;权衡平审,则虽轻重万殊,自称量之而不爽。盖一以贯之者也。若欲一一多学而识之,则事理无穷,而闻见有限,用力愈劳,而去道愈远矣,岂吾之所为学者哉?"按一贯之旨,即尧舜以来相传心法,非子贡学将有得,孔子亦未遽以语之也。学圣人者,宜究心焉。

【原文】

子曰:"由,知德者鲜矣。"

【张居正讲评】

孔子呼子路之名而告之说:"义理之得于心者谓之德,非实有是德者,不能知其意味之真也。若人而至于知德,则性分之乐,充然自足。倘来之遇,何所加损。凡小而是非毁誉,大而用舍行藏,极而死生祸福,皆无足以动其中矣。顾今之人,能知德者几何人哉!"夫子此言,盖为子路愠见而发,所以深警之,使其勉进于德也。

【原文】

子曰:"无为而治者,其舜也与?夫何为哉。恭己正南面而已矣。"

【张居正讲评】

孔子说:"自古帝王以盛德而致至治者多矣。然或开创而前无所承,则不能无经始之劳;或主圣而臣莫能及,则不能得任人之逸,是皆未免于有为也。若夫躬修玄默,密运化机,不待有所作为,而天下自治者,其惟虞舜之为君也与?盖舜之前有尧,凡经纶开创之事,尧固已先为之。舜承其后,不过遵守成法而已,下又得禹、稷、契、皋陶、伯益诸臣,以为之辅。凡亮工熙载之事,诸臣皆已代为之,舜居其上,不过询事考成而已。以今考之,舜果何所为哉?但见其垂衣拱手,端居南面,穆穆然著其敬德之容而已。"而当其时,庶绩咸熙,万邦自宁,后世称极治者必归之有虞焉。所以说无为而治者,惟舜为然也,然无为者,有虞之治,而无逸者,圣人之心。故书之称舜,不曰无怠无荒,则曰兢兢业业,一日二日,万几。盖无逸者,正所以成其无为也,不然,而肆然民上,漫不经心,何以有从欲风动之治哉?善法舜者,尚于其敬德任贤求之。

【原文】

子张问行。子曰:"言忠信,行笃敬,虽蛮貊之邦行矣。言不忠信,行不笃敬,虽州里行乎哉?"

【张居正讲评】

行,是所行通利。二千五百家为州,二十五家为里。子张问于孔子说:"人必何如,然后能使己之所行,无往而不通利乎?"孔子说:"至诚乃能感人,君子求诸在己,如使所言者忠诚信实,而绝无虚诞之辞;所行者笃厚敬谨,而不为浅躁之行。似这等诚实无伪的人,自然见者敬爱,闻者向慕,虽南蛮北貊之邦,亦将通行而无碍矣,而况其近者乎!若使言不忠信,而徒务口给以御人;行不笃敬,而徒为饰貌以相与。似这等虚诈不实的人,必然动则招尤,言则启侮,虽州里乡党之近,亦将阻碍而难行矣,而况其远者乎!行之利与不利,惟视其心之诚与不诚而已。"

【原文】

"立,则见其参于前也;在舆,则见其倚于衡也。夫然后行。"子张书诸绅。

【张居正讲评】

参是参对。倚是倚靠。车轭叫作衡。绅是大带之垂者。孔子又告子张说:"感人以诚,固无有不动者。然这存诚工夫,不可少有间断。少有间断,则虚伪杂之,亦终不可行也。必须念念在此,而无顷刻之间。站立则见忠信笃敬之理,参对在我面前,在舆则见忠信笃敬之理,倚靠在那衡上,这等样念兹在兹,无少间断,然后所言者,句句都是忠信,所行者,事事都是笃敬,而州里蛮貊皆可行也。"盖子张务外,而不能有恒,故夫子勉之如此,于是子张即以夫子之言,书写于大带之上,盖欲常接于目而警于心,亦可谓能佩服圣人之教矣。按此章之言,不独学者切己之事,在人君尤宜致谨,人君一言失,则天下议之;一行失,则天下背之,甚则怨之詈之。非细故也,诚能忠信笃敬,则所谓至诚与天地参者,亦不外此，而况于人乎，所以说王道本于诚意。

【原文】

子曰："直哉史鱼。邦有道，如矢，邦无道，如矢。君子哉蘧伯玉！邦有道，则仕，邦无道，则可卷而怀之。"

【张居正讲评】

史鱼、蘧伯玉，都是卫大夫。矢，是箭。如矢，言其正直如射的箭一般。卷，是收。怀字，解作藏字。昔者，孔子周游四方，往来过卫，尝识其大夫史鱼、蘧伯玉，而知其贤，故称美之说道："直矣哉，史鱼之为人也。盖人固有自守以正，而时异世殊，或不能不委曲以随俗者，未足为之直也。惟夫史鱼，当邦家有道，可以危言危行之时，彼之忠说刚正，无所回护，固挺然如矢之直矣，及邦家无道，方当危行逊言之时，彼之忠说刚正，无所委徇，亦挺然如矢之直焉。"时有变迁，而守无屈挠，是乃忠鲠性成，有死无二者也，所以说直哉史鱼。又称美蘧伯玉说道："君子哉蘧伯玉之为人也。盖人德有未成，则其进退出处之间，必有不能适当其可者，未足为君子也。今观蘧伯玉，当邦家有道，正君子道长之时也。彼则居位行志，出而见用于世；及邦家无道，乃君子道消之时也，彼则从容引去，卷而怀之焉。随时进退，各适其宜，盖庶几于圣贤之大道者也。所以说君子哉蘧伯玉。"夫以卫之小国而得此二贤，亦可谓有人矣。惜乎灵公无道，而不能用也，是故惟圣主为能容直臣，惟治朝为能用君子，有世道之责者，当知所辨矣。

【原文】

子曰："可与言，而不与之言，失人；不可与言，而与之言，失言。智者不失人，亦不失言。"

【张居正讲评】

孔子说："人之识见，有浅深不同，而我之语默，贵施当其可。彼人有造诣精深，事理通达，这是可与言的人，却乃缄默而不与之言，是在彼有受言之地，而在我无知人之明，将这样好人不识得，岂不是失了人？若其人昏愚无识，或造诣未到，这是不可与言的人，却乃不择而与之言，在彼则不能听受，在我则徒为强聒。可惜好言语轻发了，岂不是失了言。惟夫明智之人，藻鉴素精，权衡素审，一语一默，成适其宜。遇着可与言的人，即与之言，既不至于失人；遇着不可与言的人，即不与之言，亦不至于失言，此其所以可法也。"盖君子一言以为知，一言以为不知，知与不知，只在一言之间，言之不可不慎如此。

【原文】

子曰"志士仁人，无求生以害仁，有杀身以成仁。"

【张居正讲评】

合乎天理而当于人心者，谓之仁。孔子说："好生恶死，人之常情。然有事关纲常之重，而适遭其穷者，又不得避死而偷生也。故有志之士与夫成德之人，其处纲常伦理之间，唯求以合乎天理，当乎人心，以成就吾之仁而已，使其身可以无死，而于仁又无所害，固不必轻生以犯罪矣。若身虽可免而大节有亏，则为志士仁人者，决不肯偷生苟免以害吾之仁，宁可杀身授命以成吾之仁。"盖生固可欲，而仁之可欲有甚于生，故生有所不为也；死固可恶，而不仁之可恶有甚于死，故死有所不避也。然死生之义亦大矣，自非上为君亲之难而身系纲常之重，宁肯决死生于一旦哉？欲成其仁者，又当揆之以义可也。

【原文】

子贡问为仁。子曰："工欲善其事，必先利其器。居是邦也，事其大夫之贤者，友其士之仁者。"

【张居正讲评】

子贡问于孔子说："人之为学，必如何而后可以全其本心之德乎？"孔子说："为仁之功，固当决之于己；为仁之资，亦必有取于人。譬如百工技艺之人，将欲精善其所为之事，必先磨利其所用之器，器利而后事可精也。曲艺必有所资如此，况于为仁者乎？是以君子处于一邦之中，于大夫之贤者，则当执弟子之礼而事之，接其言论风采，以消吾之鄙吝；考其德行政事，以励吾之进修。如此，则为吾之标准者有其人，自然此心收敛谨肃，而不敢放肆矣。士之仁者，则当执交游之礼而友之。德业则相劝，以日进于仁；过失则相规，以日远于不仁，如此则为吾之夹持者有其人，自然此心观感兴起，而不敢怠惰矣。为仁之道，孰有加于此哉？"然学者资师友以成其仁，人君赖贤臣以成其德，其道一也，所以古之帝王,左右前后,莫非正人,侍御仆从,皆得进谏,无非所以防此心之放逸耳,明主宜从事焉。

【原文】

颜渊问为邦。子曰:"行夏之时,乘殷之辂,服周之冕,乐则《韶》舞。放郑声,远佞人。郑声淫,佞人殆。"

【张居正讲评】

时,是时令。辂,是大车。冕,是朝、祭服之冠。《韶》,是舜乐。郑声,是郑国之音。佞人,是卑谄辩给之人。昔颜渊有志于用世,因问为邦之道于孔子。孔子答之说:"治莫善于法古,道尤贵于用中。自昔帝王之兴,必改正朔。周正建子,盖取天开于子之义,商正建丑,盖取地辟于丑之义。夏时建寅,盖取人生于寅之义,然治历明时,本以为民,则夏以寅月为岁首,于人事切矣。故欲改正朔者,当行夏之时,大辂之制,其来久矣,后世饰以金玉,则过侈而易败。惟殷之辂,但以木为之,朴素浑坚,既可经久,而贵贱之间,等威又辨,此质而得中者也。故乘辂之制,有取于殷焉。冠冕之服,始于黄帝,而文采未著。惟周之冕,华不为靡,费不及奢,盖文而得中者也。故服冕之制,有取于周焉。帝王之兴,皆有乐舞,以象成功。历代作者非一,而尽善尽美,则莫有过于舜之《韶》乐者,故乐当用《韶》舞焉。至于郑国之声,则禁绝之,勿使其接于耳,便佞之人,则斥远之,勿使其近于前。何也,盖郑声邪辟淫佚,听之使人心志淫荡,故不可不放也,佞人变乱是非,近之足以覆人邦家,故不可不远也。"夫既酌三代之礼,而法其所当法,又严害治之防,而戒其所当戒,则治国之道大备于此矣。颜子有王佐之才,故孔子以是告之。至于郑声、佞人,实万世之明戒。盖有治则有乱,世之治也,以礼乐法度维持之而不足,其乱也,以声色佞幸败坏之而有余。是以尧舜犹畏孔壬,成汤不迩声色,诚所以绝祸本而塞乱源也。《书经》上说:"不役耳目,百度维贞。"保治者宜留意焉。

【原文】

子曰:"人无远虑,必有近忧。"

【张居正讲评】

孔子说:"天下之事变无常,而夫人之思虑贵审。故智者能销患于未萌,弭祸于未形者,唯其有远虑也。若只安享于目前,而于身所不到处,通不去照管,苟且于一时;而于后来的事变,通不去想算。这等无远虑的人,其计事不审,防患必疏,自谓天下之事,无复可忧,而不知大可忧者,固已伏于至近之地,几席之下,将有不测之虞,旦夕之间,或起意外之变矣。是故圣帝明王,身不下堂序,而虑周四海之外,事不离日用,而计安万年之久,正有见于此也。"

【原文】

子曰:"已矣乎! 吾未见好德如好色者也。"

【张居正讲评】

已矣乎,是绝望之词。孔子说:"秉彝好德,人之良心。人固未有不好德者,然须见而好,好而乐,如好好色一般,方是心诚好德。乃今之人,见德者,未必能好,好德者,未必能乐。或外亲而内疏,或阳慕而阴忌,求其能如好色之诚者。已矣乎,吾终不得见其人矣。"孔子此言,所以激励天下,欲其移好色之心以好德也。

【原文】

子曰:"臧文仲,其窃位者与? 知柳下惠之贤,而不与立也。"

【张居正讲评】

臧文仲,是鲁大夫。柳下惠,是鲁之贤人。窃位,是无德而居乎其位,如偷盗的一般。孔子说:"人臣居乎其位,当求无愧于心,若鲁大夫臧文仲者,其盗窃官位而据之者与? 何也? 盖朝廷官位,以待才贤。是以君子居其位,不但自己尽心供职,以求称其位,又当荐引天下贤才,以布列于有位,而后谓之忠。彼臧文仲者,明知柳下惠是个贤人,便当荐之于君,以为国家之用可也,却不能汲引荐拔与己并立于公朝,而使之终身困厄于下位。夫不知其贤犹可诿也,既知其贤而故弃之,推其心,盖唯恐贤者进用夺了他这位子一般,是以嫉贤妒能之私,为持禄固宠之计,非窃位而何?"夫人臣蔽贤而不举,则为窃位,使人臣举之而君不能用,岂不亦有负于大君之任哉?

【原文】

子曰:"躬自厚而薄责于人,则远怨矣!"

【张居正讲评】

躬字,解作身字。躬自厚,是责己者厚。孔子说:"常人之情,恕己则昏,责人则明,此怨之所由生也。诚能厚于责己,而薄于责人,如道有未尽,只就自家身上点检,而于人则每存恕心,初不强其所未能;如行有不得,只就自家身上反求,而于人则曲为包容,初不责其所不及。夫责己厚,则其身益修;责人薄,则于人无忤。如是,人将爱敬之恐后矣,怨其有不远者哉?"此修己待人之法,古帝王检身若不及,与人不求备,正此意也。

【原文】

子曰:"不曰如之何如之何者,吾末如之何也已矣。"

【张居正讲评】

如之何,如之何,是熟思而审处之辞。末如之何,是无奈他何的意思。孔子说:"人之于事,必须思之审,而后处之当。若于临事之际,不仔细思量反覆裁度,说此事当如何处置,此事当如何处置,却只任意妄为,率尔酬应,似这等的人,于利害是非,全无算计,虽与之言,彼亦不知,任之以事,必至偾事。我将奈之何哉?"于此见天下之事,必虑善而后动,斯动罔弗臧,计定而后举,斯举无弗当,亦谋国者所当知也。

【原文】

子曰:"群居终日,言不及义,好行小慧,难矣哉!"

【张居正讲评】

小慧,是私智。孔子说:"君子之取友,本以为讲学辅仁之资也。夫苟群聚而居,至于终日之久,所言者全不及于义理,而唯以游谈谑浪为亲,所行者全不关乎德业,而唯以小事聪明为好。夫然则放辟邪侈之心滋;行险侥幸之机熟。不唯无以切磋而相成,且同归于污下而有损矣。欲以人德而免患,岂不难矣哉?"

【原文】

子曰:"君子义以为质,礼以行之,孙以出之,信以成之。君子哉!"

【张居正讲评】

质,是质干。孙,是谦逊。孔子说:"人之处事,难于尽善。若既不失事理之宜,而又兼备众善之美,则惟君子能之。盖君子知事无定形,而有定理,故凡应事接物,以义为之质干,其是非可否,一惟视事理之当然者而处之,盖有不可以势夺,不可以利回者,其心有定见如此,然未尝径情而直行也。又行之以礼,而周旋曲折,灿然有品节之文焉,未尝自是而轻物也。又出之以逊,而谦卑退让,蔼然有和顺之美焉,且自始至终,全是一片真切诚实的心,以贯彻于应事接物之间,而绝无一毫虚伪矫饰之意,这是信以成之。"夫以义为质,则固已得事理之当矣,而又备众善之美,以此处天下之事,将何往而不宜哉?盖非成德之君子未易及也。然此必学问深而涵养熟者,然后能之,有经世宰物之责者,当知所从事矣。

【原文】

子曰:"君子病无能焉,不病人之不己知也。"

【张居正讲评】

病字,解作患字。孔子说:"今之学者为人,故每以人不己知为患。君子学以为己,其所患者唯在道不加进,德不加修,碌碌焉一无所能而已。若身有道德之实,而人莫我知,于我本无所损,于人果何足尤?故君子不以为患焉。"此可见自修之道,当务实而毋务名矣。

【原文】

子曰:"君子疾没世而名不称焉。"

【张居正讲评】

疾,是疾恶。没世,是终身。孔子说:"君子学以为己,固无意于求名,然人德有诸己,则名誉自彰,是名所以表其实者也。若从少到老,至于下世的时候,而其声名终不见称于人,则其无一善之实可知。这等的人,虚过了一生,与草木同腐焉耳,岂非君子之所恶者哉?"然则君子之所恶,非恶其无名也,恶其无实也。修己者当知所勉矣。

【原文】

子曰:"君子求诸己,小人求诸人。"

【张居正讲评】

孔子说:"君子小人,人品不同,用心自异。君子以为己为心,故凡事皆反求诸己,如爱人不亲,则反求其仁,礼人不答,则反求其敬。即其省身之念,只恐阙失在己,而点检不容不详,何尝过望于人乎? 小人则专以为人为心,故凡事惟责备于人,己不仁而责人之我亲,己无礼而责人之我敬,即其尤人之念,只见得阙失在人,而所求不遂不止,何尝内省诸己乎?"夫求诸己者,己无所失,而其德自足以感人,求诸人者,人未必从,而其弊徒足以丧己。观于君子小人之分,而立心可不慎哉?

【原文】

子曰:"君子矜而不争,群而不党。"

【张居正讲评】

庄以持己,叫作矜。不争,是无乖戾的意思。和以处众,叫作群。不党,是无偏向的意思。孔子说:"大凡处己严毅的人,易至于乖戾,惟君子之持己也,视听言动,无一事不在礼法之中,可谓矜矣。然其矜也,乃以理自律,而非以气陵人也,何尝矫世戾俗以至于争乎? 凡处人和易的人,多流于阿党。惟君子之处众也,家国天下,无一人不在包容之内,可谓群矣。然其群也,乃以道相与,而非以情相徇也,何尝同流合污以至于党乎?"夫持己莫善于矜,而不争乃所以节矜之过。处众莫善于群,而不党乃所以制和之流。古之帝王,检身克己,而未尝忿嫉求备于人,容民蓄众,而不废旌淑别慝之典。其善处人己之间,亦用此道而已矣。

【原文】

子曰:"君子不以言举人,不以人废言。"

【张居正讲评】

孔子说:"君子听言贵审,取善贵弘。其言虽有可取,而其人或未可信,则君子亦惟取其言而已。至于其中之所存,则有不可以言尽者。敷奏而必试以功,听言而必观其行,何尝因言而遂举其人乎?"盖天下真才难辨,使以言举人,则饰言以求进者众矣,而可若是之易乎? 其人虽无足取而其言或有可采,则君子亦姑置其人而已。至于其言之当理,则有不可以人弃者。狂夫或有可择,刍荛亦所当询。何尝因人而遂废其言乎? 盖善之所在无方,使以人废言,则嘉言之攸伏者多矣,而可若是之隘乎? 夫用人审,既不至于失人,取善弘，又不至于失言，可以见君子至公之心矣，尧舜静言是惩，迩言必察，正此意也。

【原文】

子贡问曰："有一言而可以终身行之者乎？"子曰："其恕乎！己所不欲，勿施于人。"

【张居正讲评】

一言，是一字。子贡问于孔子说："学者必务知要，今有一言之约，可以终身行之而无弊者乎？"孔子教之说："道虽不尽于一言，而实不外于一心。欲求终身可行之理，典准恕之一言乎！盖人己虽殊，其心则一。使把自己心上所不欲的事却去施以及人，这便不是恕了。所谓恕者，以己度人，而知人之心不异于我，即不以己所不欲者，加之于人。如不欲上之无礼于我，则亦不以此施之于下，不欲下之不忠于我，则亦不以此施之于上。斯则视人惟己，而知之无不明；以己及人，而处之无不当。不论远近亲疏，富贵贫贱，只是这个道理推将去，将随所处而皆宜矣。然则欲求终身可行，宁有外于恕之一言者哉？"按：此恕字与《大学》"絜矩"二字之义相同。盖平天下之道，亦不过与民同其好恶而已。推心之用，其大如此，不但学者之事也。

【原文】

子曰："吾之于人也，谁毁谁誉？如有所誉者，其有所试矣。斯民也，三代之所以直道而行也。"

【张居正讲评】

毁，是毁谤。誉，是夸奖。试，是验。直道，即公道。孔子说："天下本有是非之公，而人间多徇于好恶之私。吾之于人也，恶者固未尝不称之以示戒，然但指其恶之实迹而言之耳。若将人没有的事，而肆为诬谤，便是作意去毁人，非公恶矣。吾于谁而有毁乎？善者固未尝不扬之以示劝，然亦据其善之实事而言之耳。若将人本无的事，而过为夸许，便是作意去誉人，非公好矣，吾于谁而有誉乎？然毁誉固皆不可有，而誉犹不失夫与人为善之公。故我之于人，容或有誉之少过者，亦必试验其人，志向不凡，进修有序，即今日之所造，虽未必尽如吾言，料他日之有成，决可以不负所许者，然后从而誉之耳。夫誉且不敢轻易，而况于毁乎？然我之所以无所毁誉者，何哉？盖以天理之在人心，不以古今而有异者也。今之世虽非三代之世，而今之民所以善其善，恶其恶，一无所私曲者，固即三代直道之民也。民心不异于古如此，我安得枉其是非之实，而妄有毁誉哉？"孔子此言，盖深为世道虑，而欲挽之于三代之隆也。要之公道在人，以之命德讨罪、褒善贬恶者，都是此理。使在上者持此以操赏罚之权，则天下以劝以惩，而公道大行；在下者持此以定是非之论，则天下以荣以辱，而公道大明，尚何古道之不可复哉？

【原文】

子曰："吾犹及史之阙文也，有马者，借人乘之，今亡矣夫！"

【张居正讲评】

孔子说："观人心可以知世道。向当我生之初，去古虽远，然质朴真率之意，犹有存者。如作史者，或闻见未真，考据未确，即阙其文而以疑传疑，未尝执己见以自是焉。有马者，或彼此相假，有无相通，即借诸人而忘物忘我，未尝挟所有以自私焉。这等风俗，犹为近古，今则不然矣。"执己自用，不顾是非之实，能知史文之当阙者何人哉？悭吝自私，全无公利之意，能以马借人者何人哉？盖人心日漓，而风俗日薄矣，有世道之虑者，岂不可慨也哉！

【原文】

子曰："巧言乱德，小不忍则乱大谋。"

【张居正讲评】

孔子说："凡持正论者，多尚实不尚文。唯那舌辩巧言的人，以是为非，以非为是，以贤为不肖，以不肖为贤。听其言，虽若有理，而实不出于天下之公。一或误听之，则真伪混淆，而聪明为其所眩，是非倒置，而心志为其所移，适足以乱德而已。至若谋大事者，必有忍乃有济，使或小有不忍，而任情动气，当断不断，而以妇人之姑息为仁，不当断而断，而以匹夫之果敢为勇。如此，则牵于私爱，或以优柔而养奸，激于小忿，或以轻躁而速祸，适足以乱大谋而已。"然则人之听言处事，可不戒其意向之偏，而约之义理之正哉？

【原文】

子曰："众恶之，必察焉；众好之，必察焉。"

【张居正讲评】

察，是审察。孔子说："好善恶恶，虽人之公心，而同声附和之言，亦有未必尽实者。有人于此，众口一词，都说他是个不好的人，其所恶宜若公矣。然其中宁无特立独行，而不合于流俗者乎？还要仔细审察，必真见其可恶而后恶之可也。有人于此，众口一词，都说他是个好人，其所好宜若公矣。然其中宁无同流合污而取悦于流俗者乎？还要仔细审察，必真见其可好而后好之可也。"盖天下有众论，有公论，众论未必出于公，公论未必尽出于众，能于此而加察焉，则朋党比周之人，不得以眩吾之明，而孤立无与之士，成得见知于上矣，此用人者所当知。

【原文】

子曰："人能弘道，非道弘人。"

【张居正讲评】

弘，是廓大的意思。孔子说："有此人，则有此道。道固不外于人，然人心有觉，而道体无为，故率其性分之所固有者，廓而大之，以修身齐家治国平天下，极之而至于参天地，赞化育，都是这个道理发挥出来，所以说人能弘道也。若道，则寓于形气之中，而泯乎见闻之迹，不得人以推行之，则虽有修齐治平之能，参赞弥纶之妙，亦无由而自见矣，道岂能以弘人乎哉？"夫人能弘道，则道所当自尽，非道弘人，则人不可自诿矣。然弘之一字，其义甚大。理有一之未备，不叫作弘。化有一之未达，不叫作弘，故语修己必尽性至命，语功业必际天蟠地，斯足以尽弘字之义也，体道者可不勉哉？

【原文】

子曰："过而不改，是谓过矣！"

【张居正讲评】

过，是过差。孔子说："人之学问工夫，未到精密的去处，其日用之间，岂能无一言之差，一事之失。但知道是自己的不是，随即改了，则可复于无过矣。若遂非文过，惮于悛改，则无心之差，反成有心之失。一时之误，遂贻终身之尤，其过将日积而不及改矣，可不戒哉？"于此见人固以无过为难，而尤以改过为贵。故大舜有予违汝弼之戒，成汤有改过不吝之勇,万世称圣帝明王者必归焉,自治者当以为法。

【原文】

子曰:"吾尝终日不食,终夜不寝,以思,无益,不如学也。"

【张居正讲评】

思,是思量。益,是补益。孔子说:"我于天下之理,以为不思则不能得。固尝终日不吃饮食,终夜不去睡卧,于以研穷事物之理,探索性命之精,将谓道可以思而得也。然毕竟枉费了精神,而于道实无所得,何益之有?诚不若好古敏求,着实去用功,以从事于致知力行之学,久之,功夫纯熟,义理自然贯通矣,其视徒思而无得者,岂不大相远哉?所以说不如学也。"然孔子此言特以警夫徒思而不学者耳,其实学与思二者功夫相因,阙一不可,善学者,当知有合一之功焉。

【原文】

子曰:"君子谋道不谋食。耕者,馁在其中矣;学也,禄在其中矣。君子忧道不忧贫。"

【张居正讲评】

谋,是图谋。馁,是饥馁。孔子说:"人之所以终日营营而不息者,都只是谋图口食,干求利禄而已。乃若君子之人,其所图惟于念虑者,只在求得乎道焉耳。至于口食之求,则有所不暇计者,盖食之得与不得,不系于谋与不谋。如农夫耕田,本为谋食而求免于饥,然或遇着年岁荒歉,五谷不登,则无所得食而饥馁在其中矣。君子为学,本为谋道,固无心于禄,然学成而见用于时,则居官食俸,而禄自在其中矣。夫求者未必得,而得者不必求。则人亦何用孳孳以谋食为哉?是以君子之心,惟忧不得乎道,无以成性而成身;不忧无禄而贫,而欲假此以求禄而致富也。"君子立心之纯有如此,人臣推此心以事君,敬事而后食,先劳而后禄,斯可以为纯臣矣。

【原文】

子曰:"知及之,仁不能守之,虽得之,必失之。知及之,仁能守之,不庄以莅之,则民不敬。知及之,仁能守之,庄以莅之,动之不以礼,未善也。"

【张居正讲评】

容貌端严叫作庄。莅字,解作临字。动是鼓舞作兴的意思。孔子说:"天下道理无穷,而君子之学,必求其尽善而后已。固有资质明敏,学问功深,于修己治人的道理,已是见到这分际了,即拳拳服膺而勿失之可也,却乃持守弗坚,以至于私欲混杂,有始无终,则向者所得终亦必亡而已,虽知之何益乎? 此有其智者不可不体之以仁也。若夫智既及之,仁又能守之,则其德已全矣。乃于临民处事之际,容貌或有未端,不能庄以莅之,则自亵其居尊之体,而无威可畏,适以启民之慢而已,此有其德者,又不可不谨其容也。至若智及之,仁能守之,又能庄以莅之,斯则内外交修,宜无可议矣。然于化民动众之间,条教法令之设,犹有未能合天理之节文,约人情于中正者,则细行弗矜,终累大德,虽能使民敬,而不能使民化,亦岂足为尽善全美乎?"是务其大者,亦不可不谨于小也。此可见,道合内外,兼本末,有一边,不可缺一边,而德愈全,则责愈备;进一步,更当深一步。体道之功,庸可以自足乎哉!

【原文】

子曰:"君子不可小知,而可大受也。小人不可大受,而可小知也。"

【张居正讲评】

知,是我知其人。受,是彼所承受。孔子说:"君子小人,人品不同,材器自异。君子所务者大,而不屑于小。若只把小事看他,则一才一艺或非所长,未足以知其为人也。惟看他担当大事的去处,其德器凝重,投之至大而不惊;材识宏深,纳之至繁而不乱,以安国家,以定社稷,皆其力量之所优为者,观于此而后君子之所蕴可知已。至于小人,器量浅狭,识见卑陋,譬之杯勺之器,岂能与鼎鼐并容,朴樕之才,无以胜栋梁之任,托之天下国家的大事,彼必不能堪也。然略其大而取其小,则智或足以效一官,能或足以办一事,未必一无所长焉,观此则虽小人亦有不可尽弃也已。"夫君子小人,才各有能有不能,则辨别固不可不精;而用各有适有不适,则任使尤不可不当矣,但大受之器厚重而难窥,小知之才便捷而易见,自非端好尚识治体则断断大臣。或以无他技而见疏,碌碌庸人,或以小有才而取宠,而蠹国偾事,有不可胜言者矣。欲鉴别人才者,必先有穷理正心之功焉。

【原文】

子曰:"民之于仁也,甚于水火。水火,吾见蹈而死者矣,未见蹈仁而死者也。"

足所践履，叫作蹈。孔子说："人之生理，莫切于仁，而养生之物，莫切于水火。然水火还是外物，没了水火，不过饥渴困苦，害及其身而已。若没了这仁，则本心丧失，虽有此身，亦无以自立矣。仁之切于人也，岂不尤甚于水火乎？况水火虽能养人，亦或有时而杀人。如蹈水而为水所溺，蹈火而为火所焚。吾尝见其有死者矣，仁则天之尊爵，人之安宅，得之者荣，全之者寿，何尝见有蹈仁而死者哉？"夫仁至切于人，而又无害于人，人亦何惮而不为乎？孔子此言，所以勉人之为仁者至矣！

【原文】

子曰："当仁不让于师。"

【张居正讲评】

当，是担当。仁，是心之全德。孔子说："人之为学，凡道理所当尽，职业所当修者，必须直任于己，勇往以图之，不宜因循退托，而逊让于人。莫说凡人不必逊让，便是弟子之于师，他事固无所不让，至于担当为仁的去处，亦有不容让者。"盖仁者吾所自有而自为之，非夺诸彼而先之也，何让之有？故有颜子之请事，然后能克己而复礼；有曾子之弘毅，然后能任重而道远，此真足担当乎仁者也。况人君体仁以长人，将为天地立心，为生民立命，为万世开太平，又何让乎哉？

【原文】

子曰："君子贞而不谅。"

【张居正讲评】

孔子说："人固贵于持守之定，然守一也，有见理明确，而守之不易者，叫作贞。有偏执己见而居之不移者，叫作谅。夫人察理不精，而体道不熟，鲜有不以谅为贞者。君子则审时措之宜，以端其贞一之守。"凡大而经纶显设，小而酬酢云为，义当行，则勇往直前；义当止，则特立不变。精明果确，惟归于至当而已。初未尝不顾是非，不达权变，言必于信，行必于果，而硁硁然执一己之小信也。盖贞若有似于谅，然任理而无所适莫，不可谓之谅也。谅若有似于贞，然任己而不知变通，反有害乎贞矣。贞而不谅，此君子之所以异乎人,而疑似之间,学者可不深辨乎?

【原文】

子曰:"事君,敬其事而后其食。"

【张居正讲评】

事,是职分之所当为。食,是居官的俸禄。孔子说:"人臣之事君,职任虽有大小不同,莫不各有所司之事。若禄以劝功,则系乎上者,使才任其事,而即有得禄之心;或先治其事,而随有计禄之念,皆非忠也。必须一心敬谨,办理所管的事务。如有官守者,则兢兢焉思以尽其职;有言责者,则兢兢焉思以效其忠。唯求职业之无忝,委托之不负而已。至于所食之常禄,则不必以是为先,而汲汲以图之也。尽人臣志存立功,事专报主,虽死生患难,有不暇计,而况爵禄能人其心乎?"知此义者,斯可谓之纯臣矣!

【原文】

子曰:"有教无类。"

秦公簋

【张居正讲评】

类,是等类。孔子说:"人性虽同,而气禀或异。其中有智的,有愚的;有贤的,有不肖的,种种不齐。然君子之心,惟欲使人人皆复于善而后已。"智的、愚的、贤的、不肖的,都是一般样教训化导他,何尝分别等类,而有所拣择于其间哉?盖天地无弃物,圣人无弃人,故尧舜之世,比屋可封;文武之民,遍为尔德,亦有教无类之一验也。

【原文】

子曰:"道不同,不相为谋。"

【张居正讲评】

谋,是谋议。孔子说:"人必道同而后其心同,心同而后可与谋议。若各人行的道路不同,则心术异趣,意见相反,与之商量计议,必乖违而阻格矣,是岂可相与为谋哉?"凡图议国事,与讲明学术者,皆不可以不慎矣。

【原文】

子曰:"辞达而已矣!"

【张居正讲评】

辞,是词命之类。孔子说:"凡宣上达下,与夫聘问酬答之类,皆必有赖于文辞,然古之为辞者,但以其意有所在,无以相通,不能不发之而为言。言之无文,行之不远,不能不修饰而为辞。是辞也者,惟取其达吾之意而已,意尽而止,何必为虚谈浮辞,而以富丽为工哉?"盖是时周末文胜,真意日漓,故孔子言此以救其弊也。

【原文】

师冕见,及阶,子曰:"阶也。"及席,子曰:"席也。"皆坐,子告之曰:"某在斯,某在斯。"师冕出,子张问曰:"与师言之,道与?"子曰:"然。固相师之道也。"

【张居正讲评】

师,是掌乐之官。冕,是乐师之名,盖瞽目人也。古时乐师多用瞽者,以其听专能审音也。昔乐师名冕者,来见孔子,孔子出而迎之。方其至阶,则告之说:"这是阶。"使之知而升也。行到座席边,则告之说:"这是席。"使之知而坐也。及众皆坐定,又历举在座之人以告之说:"某人在此,某人在此。"使之知同坐者姓名,便于酬对也。当时及门之徒,于夫子一言一动,无不用心省察。故师冕既出,而子张问说:"师冕一瞽目之人,而夫子待之委曲周详如此,其所与之言者岂亦有道存于其间与?"夫子告之说:"然。古者瞽必有相,随事而告诏之,使不迷于所从,我之所言,固相师之道也。"要之圣人矜不成人之情动于中,故扶持教导之宜详于外,乃其盛德之至,自然而然。岂作意而为之哉?而其范围曲成,欲使天下无一物不得其所之心,于此亦可见矣。

季氏第十六

【原文】

季氏将伐颛臾,冉有季路见于孔子曰:"季氏将有事于颛臾。"孔子曰:"求,无乃尔是过与？夫颛臾，昔者先王以为东蒙主，且在邦域之中矣，是社稷之臣也，何以伐为？"

【张居正讲评】

季氏，是鲁大夫。颛臾，是鲁附庸之国，盖伏羲氏之后裔也。东蒙，是山名，在鲁境内。社稷，譬如说公家。昔鲁三家强横，四分公室，季氏取其二，孟孙、叔孙各有其一。独颛臾附庸之国，尚为公臣。季氏又欲举兵伐之，取以自益。时冉有、季路仕于季氏，来见孔子说："季氏将有征伐之事于颛臾。"盖此事二子与谋，其心亦有不安者，故告于孔子，以微探其可否也。孔子以二子虽同仕季氏，而冉求为之聚敛，尤为用事，故独呼其名而责之说："此事无乃是尔之过失与。夫伐人必因其衅，兵出不可无名，今颛臾之为国，乃昔者周先王封之于东蒙山下，使主其祭。苗裔传于太嗥，茅土受之天朝，是不可伐也，且在我封疆之内，原非敌国外患者比，是不必伐也。况附庸于鲁，又是公家之臣，而不在季氏管辖之内，尤非所当伐也。不可伐而伐之，则不仁；不必伐而伐之，则不智；不当伐而伐之，则悖礼而犯义。然则季氏之伐之也，何为者哉？"夫子言此，所以罪季氏之不臣，而斥冉有之党恶者深矣。

【原文】

冉有曰："夫子欲之，吾二臣者皆不欲也。"孔子曰："求！周任有言曰：'陈力就列，不能者止。'危而不持，颠而不扶，则将焉用彼相矣？且尔言过矣。虎兕出于柙，龟玉毁于椟中，是谁之过与？"

【张居正讲评】

夫子，指季氏说。周任，是古之良史。陈字，解作布字。列，是位。相，是导引瞽目的人。兕，是野牛。柙，是关兽的栏槛。龟，是占卜的宝龟。椟，是柜。冉有因夫子责其伐颛臾之非，遂为自解之词，说道："颛臾之伐，乃出于季氏之意，非我二臣所愿欲也。"夫既身与其事，而又归咎于人，冉求之文过饰非，其罪愈大矣。故夫子又呼其名而折之说："这事你如何推得？昔周任有言说道：'为人臣者，能展布其力，则可就其位。若有事不能赞襄，有过不能匡救，而力不得展，便当知止引去。'不宜观颜居乎其位，譬如瞽目的人，全赖那相者为之扶持，而后能免于颠危，苟倾危而不能持，颠仆而不能扶，则何用彼相者为哉？今汝为季氏之臣，伐颛臾之事，若果不欲，便当谏，谏不听，便当去；乃既不能谏，又不能

去，徒观颜居位，坐视季氏之有过而不为扶持，亦将焉用汝为哉？且你推说这事情不干你事，此言差矣。比如虎兕猛兽，若不在栏槛中，走了；龟玉重宝，若不在箱柜中，坏了，固不干典守者之事。若虎兕已入于栏内，而致令走出；龟玉已收在柜中，而致令毁坏，此非典守者之责而谁与？今汝既为季氏之臣，居中用事，就如典守器物的人一般，乃任其妄为胡做，不为匡救，到这时节，却推说不是我的意思，其罪将谁诿欤？"夫子欲冉有服罪而改图，故切责之如此。

【原文】

冉有曰："今夫颛臾，固而近于费，今不取，后世必为子孙忧。"孔子曰："求，君子疾夫舍曰欲之，而必为之辞。丘也，闻有国有家者，不患寡而患不均，不患贫而患不安，盖均无贫，和无寡，安无倾。

【张居正讲评】

费，是季氏的私邑。昔冉有因夫子反复折之，理屈词穷，又设词支吾说道："季氏之欲取颛臾，非有他也，只为颛臾的城郭完固，而又近于己之费邑耳，固则在彼有难克之势。近，则在我有侵凌之虞。若失今不取，后世子孙必有受其害者，此所以不得不伐也。"冉有此言，不惟自解，且欲为季氏遮饰矣。故孔子又呼其名而责之说："君子最恶那心里贪图利欲，却乃合之不言，别为饰词以欺人的人。今季氏之伐颛臾，明是贪其土地人民之利，你却替他遮饰，说是为后世子孙忧，岂非君子之所深恶哉？且丘也尝闻有国而为诸侯，有家而为大夫者，不患人民寡少，而患上下之分，不得均平；不患财用贫乏，而患上下离心，不能相安。盖贫由于不均，若上下之分，既均平了，则君有君之入，臣有臣之入，各享其所当得，而彼此皆足，何贫之有？寡生于不和，若上下均平，既和睦了，则诸侯治其国，大夫治其家，各分其所当理，而不须增益，何寡之有？如此，则君之心安于上，而不疑其臣；臣之心安于下，而不疑其君。君臣相安，则衅孽不萌，祸乱不作，而自无倾覆之患矣。由此观之，有国家者，贫与寡不足患，而不均不和所当患也。汝为季氏谋，乃不务其所当务，而患其所不必患，岂计之得者哉？"

【原文】

夫如是，故远人不服，则修文德以来之。既来之，则安之。今由与求也，相夫子，远人不服而不能来也,邦分崩离析而不能守也,而谋动干戈于邦内,吾恐季孙之忧,不在颛臾,而在萧墙之内也。"

【张居正讲评】

这"夫子",也指季氏说。是时鲁国公室四分,家臣屡叛。所以说邦分崩离析。萧墙,是门内的屏墙,言其近也。孔子说:"为国之道,内治既修,外患自息。若能均而无贫,和而无寡,安而无倾,则不但近者悦之,虽远方之人,亦将向风慕义而来服矣。设有不服,亦不必勤兵于远,但当布教化,明政刑,益修吾之文德以怀来之。及其来归,则顺其情,因其俗,抚绥爱养,以保安之。这是柔远能迩、安定国家的大道理。今由与求也,同为季氏之辅,全无匡弼之忠。外则远人不服,既不能修文德以来之,内则国势分崩,又不能修内治以守之。而乃谋动干戈于邦内,贪远利而忽近防,上下离心,内变将作,吾恐季孙之忧,不在颛臾,而在萧墙之内矣,可不戒哉?"按夫子此章,反复论辩,虽明正门人长恶之罪,实阴折季氏不臣之心,所以强公室、杜私门者,意独至矣。

【原文】

孔子曰:"天下有道,则礼乐征伐自天子出;天下无道,则礼乐征伐自诸侯出。自诸侯出,盖十世希不失矣。自大夫出,五世希不失矣。陪臣执国命,三世希不失矣。"

【张居正讲评】

希字,解作少字。陪臣,即家臣。国命,是国之命令。孔子说:"天下,势而已。势在上则治,势在下则乱。礼乐征伐,乃人君御世之大柄。天下有道,君尊臣卑,体统不紊,则礼乐征伐之权,都自天子而出,礼出于天子所制,乐出于天子所作。诸侯有罪者,天子乃命将而征伐之,为臣下者,不过奉行其命而已。谁敢有变礼乐专征伐者乎?惟是天下无道,君弱臣强,下陵上替,于是礼乐征伐之权,不出自天子,而出自诸侯矣。夫上下之分明,然后民志定,而不敢相逾越。若诸侯既可以僭天子,则大夫亦可以僭诸侯。故政自诸侯出,则大夫必起而夺之,大约不过十世,鲜有不失其柄者也。大夫既可以僭诸侯,则陪臣亦可以僭大夫。故政自大夫出,则陪臣必起而夺之,大约不过五世,鲜有不失其柄者也。以陪臣之微,而操执国命,则悖逆愈甚,丧亡愈速,大约不过三世,鲜有不失其柄者矣。"考春秋之时,五伯迭兴,世主夏盟,是政自诸侯出矣;六卿专晋,三家分鲁,是政自大夫出矣；阳虎作乱，囚逐其主，是陪臣执国命矣。周天子从拥虚名，政教号令，不及于天下久矣。夫子言此，盖伤之也。然则人君威福之权，岂可使一日不在朝廷之上哉？

【原文】

天下有道，则政不在大夫。天下有道，则庶人不议。"

【张居正讲评】

这是承上章说："天下无道，而僭乱纷纷并起者，只因朝廷之上，政失其御而已。若天下有道，乾纲振举，凡政教号令，件件都在人君掌握之中，为大夫者，虽佐理赞襄于下，然主张裁夺，都请命于上，而非其所得专也，上下相维，体统不紊，有道之世固如此。然天下大权，固当归之于上，而上之御下，又不可徒恃其势之足以服人也，必有以服其心而后可。故天下有道，则朝政清明，凡用合举措，事事都合乎天理，当乎人心，就是那庶民百姓，也都安其政令，服其教化，无有非议之言矣，议且不敢，而况敢有僭乱者乎？"然天下有公议，有私议，公议可畏也，私议不可徇也。在上者，惟自反其所为，果有背于道理，有拂乎人心，则虽匹夫匹妇之言，犹有不可忽者焉。若使其所为，一出于大公至正，而在下者，敢为私议以阻挠摇惑之，是坏法乱纪之民，刑戮之所必加也，何徇之有？此又在上者所当知。

【原文】

孔子曰："禄之去公室，五世矣。政逮于大夫，四世矣。故夫三桓之子孙，微矣。"

【张居正讲评】

禄，是国之赋税。公室，指鲁国说。逮，是及。三桓，是仲孙、叔孙、季孙三家。这三家都是鲁桓公的子孙，故叫作三桓。孔子说："天下之势，有盛必有衰，而国之大柄，下陵则上替。今以鲁事观之，自文公薨，公子遂杀了子赤，立宣公为君，自是君失其政，而国之赋税，始不入于公室。历成公、襄公、昭公、定公，凡五世矣，公室衰而政权始下移于大夫。自季武子专国政以来，历悼子、平子、桓子，凡四世矣。夫政自大夫出，五世希不失者。今鲁之大夫专政，已及四世，以数计之，也是他当衰的时候了。故今三桓之子孙，都微弱而不振，固理势之必然者也。"不久，桓子果为家臣阳虎所执，孔子之言，于是乎验矣。夫政逮于大夫，宜大夫之强也，而三桓以微，可见名分不可以僭逾，大权不可以窃据，而以僭逆得之者,终当以僭逆失之耳。《书》曰:臣之有作威作福,害于而家,凶于而国。诚万世人臣之永鉴也。

【原文】

孔子曰:"益者三友,损者三友。友直,友谅,友多闻,益矣;友便辟,友善柔,友便佞,损矣。"

【张居正讲评】

谅,是信实。便,是习熟的意思。孔子说:"人之成德,必资于友,而交友贵知所择。有益于我的朋友,有三样,有损于我的朋友,也有三样。所谓三益者,一样是心直口快、无所回护的人;一样是信实不欺、表里如一的人;一样是博古通今、多闻广记的人。与直者为友,则可以攻我之过失,而日进于善矣;与谅者为友,则可以消吾之邪妄,而日进于诚矣;与多闻为友,则可以广吾之识见,而日进于明矣,岂不有益于我乎? 所以说益者三友。所谓三损者,一样是威仪习熟、修饰外貌的人;一样是软熟柔媚、阿意奉承的人;一样是便佞口给、舌辩能言的人。与便僻为友,则无闻过之益,久之将日驰于浮荡矣;与善柔为友,则无长善之益,久之将日流于污下矣;与便佞为友,则无多闻之益,久之将日沦于寡陋矣,岂不有损于我乎? 所以说损者三友。"人能审择所从,于益友则亲近之,于损友则斥远之,何患乎德之无成也哉? 然友之为道,通乎上下,况君德成败,乃天下治忽所关,尤不可以不谨。故曰与正人居,所闻者正言,所见者正行,亦所谓益友也;与不正人居,声色狗马之是娱,阿谀逢迎以为悦,亦所谓损友也。养德者可不辨哉?

【原文】

孔子曰:"益者三乐,损者三乐。乐节礼乐,乐道人之善,乐多贤友,益矣;乐骄乐,乐佚游,乐宴乐,损矣。"

【张居正讲评】

乐,是喜好。节,是审辨。孔子说:"凡人意有所适,则喜好生焉。然所好不同,而损益亦异。举其要者言之,喜好而有益于我的,有三件;喜好而有损于我的,也有三件。所谓好之而有益者,一是好审辨那礼之制度,与乐之声容,而求其中正和乐之则;一是见人有嘉言善行，便喜谈而乐道之；一是好广交那直谅多闻的好朋友。夫乐节礼乐，则外之可以治身，内之可以养心，而中和之德成矣；乐道人之善，则在人得为善之劝，在己有乐取之心，而人己同归于善矣；乐多贤友，则习与正人居，所闻者皆正言，所见者皆正行，而相规相劝之助多矣，岂不有益于我乎？所以说益者三乐。所谓好之而有损者，一是好骄隋淫荡，而任隋于纵侈之事；一是好安逸遨游，而蝓取乎一时之快；一是好宴饮戏耍，而沉酣于杯酒之中。夫好骄乐，则侈肆而不知节，将日入于放荡矣；好佚游，则惰慢而恶闻善，将日流于怠荒矣；好宴乐，如淫溺而狎小人，久将与之俱化矣，岂不有损于我乎？所以说损者三乐。"此三益者，学者好之，则为端人正士；人君好之，则为明君圣主，可不勉哉？此三损者，学者好之，则足以败德亡身；人君好之，则足以丧家亡国，可不戒哉？孔子此言，其警人之意切矣。

【原文】

孔子曰："侍于君子有三愆：言未及之而言，谓之躁；言及之而不言，谓之隐；未见颜色而言，谓之瞽。"

【张居正讲评】

侍，是侍立。君子，是有德有位者之通称。愆，是过失。躁，是躁急。隐，是隐默。瞽，是无目的人。孔子说："凡卑幼者，侍立于尊长之前，其言语应对，有三件过失，不可不知也。盖人之语默，贵于当可，有问即对，无问即默可也。若君子之言问未及于我，而我乃率尔妄言，不知谦谨，这是粗心浮气的人，所以叫作躁，是一失也；如言问已及于我，而我乃缄默无言，不吐情实，这是机深内重的人，所以叫作隐，是二失也；如或时虽可言，又要观其颜色，察其意向，然后应对不差，乃未见其颜色意向所在，只管任意肆言，这就与无目的人一般，所以叫作瞽，是三失也。"此皆心失其养，故语默失宜，招尤致辱，皆由于此。学者可不加养心之功，以为慎言之地哉？

【原文】

孔子曰："君子有三戒：少之时，血气未定，戒之在色；及其壮也，血气方刚，戒之在斗；及其老也，血气既衰，戒之在得。"

【张居正讲评】

色，是女色。斗，是争斗。得，是贪得。孔子说："君子检束身心，固无所不致其戒慎，而其切要者，则有三件。方年少之时，血气未定，精神未充，其所当戒者，则在于女色。盖房帏之好，易以溺人，而少年之人，又易动于欲，此而不谨，则必有纵欲戕生之事。以此致疾而伐其性命者有之，以此败德而丧其国家者有之，故少之时，所当戒者，一也；到壮盛的时节，血气方刚，其所当戒者，则在于争斗。盖好刚使气，最人之凶德，而壮年之人，易动于气，此而不谨，则必有好勇斗狠之事，小或以一朝之忿而亡其身，大或以穷兵黩武而亡其国，故壮之时，所当戒者，又其一也；及其老也，血气既衰，精神亦倦，其所当戒者，则在于贪得，盖人当少壮之时，类能勉强自守，以要名誉，比其衰老，则日暮途穷，前无希望，而身家之念重矣。此而不谨，则必多孳孳为利之图。缙绅大夫，以晚节不终，而丧其平生者有之；有土之君，以耄荒多欲，而财匮民离者有之，故既老之所当戒者，又其一也。"盖人之嗜欲，每随血气以为盛衰，惟能以义理养其心，则志气为主，而血气每听命焉，故孔子随时而设戒如此。其实自天子以至于庶人，从少至老，皆当以三者为戒也，修己者可不警哉？

【原文】

孔子曰："君子有三畏：畏天命，畏大人，畏圣人之言。小人不知天命而不畏也，狎大人，侮圣人之言。"

【张居正讲评】

畏，是畏惮的意思。天命，是天所赋于人之正理。大人，是有德有位之人。圣人之言，是简册中所载圣人的言语。狎，是裹狎。侮，是戏玩。孔子说："君子小人不同，只在敬肆之间而已。君子之心，恐恐然常存敬畏而不敢忽者，有三件事。三畏维何？彼天以民彝物则之理，付畀于人，这叫作天命。君子存心养性，唯恐不能全尽天理，辜负其付畀之重，故一言一动，亦必戒谨恐惧，常如上帝鉴临一般，此其所畏者一也；至若有德有位的大人，他是能全尽天理的人，君子则尊崇其德位，而致敬尽礼，不敢少有怠慢之意，此其所畏者二也；圣人之言载在简册，句句是修身齐家治国平天下的大道理，君子则佩服其谟训，而诵说向慕，不敢少有违背之失，此其所畏者三也。这三事，都是立身行己切要的工夫，故君子常存敬畏而不敢忽焉。若夫小人冥顽无知，全不晓得义理为何物，恣情纵欲，无所不为,何知有天命之足畏乎？唯其不畏天命,故于有德位的大人,也不知其当尊,反狎视而慢待之。于圣人的言语,也不知当法,反非毁而戏玩之。"盖小人不务修身成己,甘心暴弃,故无所忌惮如此,此所以得罪于天地,得罪于圣贤,而终陷于济恶不才之归也。然此三畏,分之虽有三事,总之只是敬天而已。盖人之所以勉于为善而不敢为恶者,只因有个天理的念头在心,所以凡事点检,不敢妄为,若天理之心不存,则骄淫放逸,将何所不至乎？故尧舜兢业,周文小心,唯一敬耳。有志于事心之学者,不可不知。

【原文】

孔子曰："生而知之者,上也；学而知之者,次也；困而学之,又其次也；困而不学,民斯为下矣！"

【张居正讲评】

困,是窒塞不通的意思。孔子说："人之资质,各有不同,有生来天性聪明,不待学习,自然知此道理的,这是清明在躬、志气如神的圣人,乃上等资质也。有生来未能便知,必待讲求习学,然后知此道理的,这样的人,禀天地清纯之气虽多,而未免少有渣滓之累,乃次一等资质也。又有始不知学,直待言动有差,困穷拂郁,然后愤悱激发而务学的,这是气质浊多清少,驳多粹少,必须着实费力,始得开明,盖又其次也。若到困穷拂郁的时节,犹安于蒙昧,不知务学以求通,这等昏愚蠢浊的人,虽圣贤与居,亦不能化,终归于凡庸而已,所以说民斯为下矣。"

【原文】

孔子曰："君子有九思：视思明,听思聪,色思温,貌思恭,言思忠,事思敬,疑思问,忿思难,见得思义。"

【张居正讲评】

孔子说："人之一身,自视听言动,以至于待人接物,莫不各有当然的道理,但常人之情,粗疏鲁莽,不思其理,故动有过差,而无以成德、成身。惟君子之人,自治详审,事事留心,约而言之,其所思者凡有九件。所谓九者,目之于视,则思视远睹明,而不为乱色所蔽；耳之于听,则思听德准聪,而不为奸声所壅；颜色则思温和,而暴戾之不形；容貌则思恭谨,而惰慢之不设;发言则思心口如一,忠实而不欺;行事则思举动万全,敬慎而无失;心中有疑,则思问之于师,辨之于友,以解其疑惑;与人纷争,则思不忍一朝之怒,或至于亡身及亲而蹈于患难;至于临财之际,又必思其义之当得与否,如义所不当得,虽万钟不受,一介不取矣。"君子于此九者,随事而致其思如此,此所以持己接物之间,事事都合乎理,而非常人之可及也。然此九思者,其本在心,若能存养此心,使之湛然虚明,澄然宁静,则应事接物,自然当理。不然,本原之地,妄念夹杂,虽有所思,安能胜其物交之引哉?此正心诚意所以为修身之本也。

【原文】

孔子曰:"见善如不及,见不善如探汤。吾见其人矣,吾闻其语矣。"

【张居正讲评】

孔子说:"古语有云:见人有善,则欣慕爱乐之,如有所追而不及的一般,唯恐己之善不与之齐也。见人有不善,则深恶痛绝之,如以手探热汤的一般,唯恐彼之不善有浼乎己也。这样好善恶恶、极其诚实的君子,吾见今有此人矣,吾闻古有此语矣。"盖在当时如颜、曾、冉、闵之徒,皆足以及之,故夫子闻其语而又见其人也。

【原文】

隐居以求其志,行义以达其道,吾闻其语矣,吾未见其人也。

【张居正讲评】

孔子说:"古语又云:士方未遇而隐居之时,则立志卓然不苟,把将来经纶的事业,都一一讲求豫养,而备道于一身;及遭际而行义之日,则不肯小用其道,将平日抱负的才略,都一一设施展布,而不肯负其所学。这样出处合宜、体用全备的大人,吾但闻古有此语矣,未见今有此人也。"盖此必伊尹、太公之流,乃足以当之,故夫子以未见其人为叹,其所感者深矣。

【原文】

齐景公有马千驷,死之日,民无得而称焉。伯夷叔齐,饿于首阳之下,民到于今称之,其斯之谓与?

马四匹为驷。千驷，是四千匹也。伯夷、叔齐，是孤竹君之二子。孔子说："世人多慕富贵而羞贫贱，不知富贵不足慕，贫贱不足羞也，只在人之自立何如耳。昔者齐景公以诸侯之尊享一国之奉，畜马至有千驷之多，可谓富厚之极矣。然而功业不著于时，德泽不施于众，身死之后，百姓通不思念他。考其平生，没有一善之可称，是其生为虚生，死为徒死而已，虽富贵何益乎？至若伯夷、叔齐兄弟二人，一匹夫耳。他以武王伐纣为不义，耻食周粟，逃之首阳山下，采薇而食，卒以饿死，可谓贫困之极矣。然而风节著于当时，名闻施于后世，直到于今，人还称颂他，是其身虽亡，而名则不朽矣。虽贫困何损乎？"于此见富而无德，虽王侯不见称于时，贫而自立，虽匹夫亦可传于世，然岂独景公、夷、齐为然？自古君天下为天子者多矣，《书》《传》所载二帝、三王及汉、唐、宋英君明主，可传于后世者，亦不过十数君而已，其余皆湮灭无闻，而孔、颜以匹夫为百世之师，其他闾巷韦布之贱，以道德行谊闻于世者尤不可胜数也，然则人可徒恃其势位而不修德哉？

【原文】

陈亢问于伯鱼曰："子亦有异闻乎？"对曰："未也。尝独立，鲤趋而过庭，曰：'学诗乎？'对曰：'未也。''不学诗，无以言。'鲤退而学诗。"

【张居正讲评】

陈亢，是孔子弟子。鲤，是孔子之子，字伯鱼。昔陈亢受学于孔子，不知圣人立教之公，妄以私意窥度圣人，谓必阴厚其子，因问于伯鱼说："情莫亲于父子，教莫切于家庭，子为夫子之子，亦有传授心法，独得于所闻，而不同于群弟子者乎？"伯鱼对说："我未尝有所异闻也。曾有一日，夫子闲居独立，我趋走而过于庭前，这时更没他人在旁，使有异教，正当于此时传授矣。夫子只问说：汝曾学《诗》否乎？我对说：未曾学《诗》。夫子因教我说：《诗》之为教，温柔敦厚，学之则心气和平，而事理通达，必然长于言语。若不学《诗》，则无以养其心气，而达于事理，欲言语应对之皆善岂可得乎？鲤于是受教而退，始学夫《诗》。凡《国风》《雅》《颂》，无不究其旨焉。"

【原文】

"他日又独立，鲤趋而过庭，曰：'学礼乎？'对曰：'未也。''不学礼，无以立。'鲤退而

【张居正讲评】

二者,指《诗》《礼》而言。远,只是不私厚的意思。伯鱼又告陈亢说:"他日,夫子又尝闲居独立,我复趋走而过于庭前。这时也没他人在旁,使有异教,亦可于此时传授矣。乃夫子却又只问说:'汝曾学《礼》否乎?'我对说:'未曾学《礼》。'夫子因教我说:'《礼》之为教,恭俭庄敬,学之,则品节详明,而德陛坚定,必卓然有以自立;若不去学《礼》,则无以习其节文,而养其德性,欲自立于规矩准绳之中,岂可得乎?'鲤于是受教而退,始学夫《礼》。凡礼仪威仪,无不习其事焉。我之所闻于夫子者,一是学《诗》,一是学《礼》,唯此二者而已。夫《诗》《礼》之教,固夫子之所常言者,我之所闻,亦群弟子之所共闻也,何尝有异闻乎?"于是陈亢闻言而退,深自喜幸说:"问一得一,乃理之常。今我所问者,异闻之一事耳,而乃有三事之得。闻学《诗》之可以言,一也;闻学《礼》之可以立,二也;又闻君子之教其子,与门弟子一般,全无偏私之意,三也。一问之间,有得三之益,岂非可喜者哉?"夫圣人之心,至虚至公,其教子也,固未尝徇私而独有所传,亦非因避嫌而概无所异,惟随其资禀学力所至,可与言《诗》,则教之以《诗》,可与言《礼》,则教之以《礼》焉耳,岂得容心于其间哉? 陈亢始则疑其有私,终则喜其能远,不唯不知圣人待子之心,且不知圣人教人之法,陋亦甚矣。

【原文】

邦君之妻,君称之曰"夫人",夫人自称曰"小童",邦人称之曰"君夫人",称诸异邦曰"寡小君",异邦人称之亦曰"君夫人"。

【张居正讲评】

邦君之妻,是诸侯的正妻。寡,是谦言寡德的意思。孔子尝引古礼说道:"一家之中,男正位乎外,女正位乎内,自有一定的名分,况邦君之妻,尤非常人比者,其称谓之间,岂可苟焉而已哉? 故邦君称她,叫作夫人,言其与己敌体也。夫人在君前自称,叫作小童,谦言幼无知识,不敢与君敌体也。国中的人称她,叫作君夫人,言其相君以主内治者也。称之于邻国,谦作寡小君,言其寡德,而忝为小君以治内者也。邻国的人称她,也叫君夫人,以其为一国之主母,尊称之词,与本国同也。"夫以邦君之妻,一称谓之间,截然不紊如此,名实之际,可不谨哉?

阳货第十七

【原文】

阳货欲见孔子,孔子不见,归孔子豚,孔子时其亡也而往拜之,遇诸途,谓孔子曰:"来,予与尔言。"曰:"怀其宝,而迷其邦。可谓仁乎?"曰:"不可。""好从事而亟失时,可谓知乎?"曰:"不可。""日月逝矣,岁不我与。"孔子曰:"诺。吾将仕矣。"

【张居正讲评】

阳货,名虎,是季氏家臣,尝囚季桓子而专国政者。因孔子是鲁国人望,欲其来见己。孔子以货是乱臣,义不往见。阳货乃馈送孔子以蒸豚。孔子以货既加礼于己,不得不往拜以谢之,而其本心实不欲相见。于是趁他不在家的时节,乃一往拜之。盖虽不废乎报施之礼,而亦终不亏其不见恶人之义也。乃不期与之相遇于途中。怀宝是比人有道德,如怀藏着重宝一般。亟字,解作数字。阳货遇见孔子,迎而谓之说:"来,我与你说话。凡人有道德则当摅其所蕴,以济时艰。如有重宝,当售之与人,不可私也。苟徒藏怀其宝而坐视国之迷乱,不为拯救,可以谓之仁乎?"孔子说:"仁者心存于救世,怀宝迷邦,不可谓之仁也。"阳货又问:"人之好有为者,则当乘时而出,以设施于当世。苟徒好从事,而每每坐失事机之会,可以谓之智乎?"孔子说:"智者熟察乎事机,好从事而亟失时,不可谓之智也。"阳货又说:"日月如流,一往不返,人之年岁日增,而不为我少留。及今不仕,更待何时?"孔子应之说:"及时行道,实士君子之本心,吾将出而仕矣。"阳货所言,皆讥讽孔子的意思。不知夫子抱拯溺亨屯之志,本未尝怀宝失时,而亦非不欲仕也,但不仕于货耳。故直据理答之,不复与辩。盖圣人之待恶人,不激不随如此。

【原文】

子曰:"性相近也,习相远也。"

【张居正讲评】

孔子说："天之生人，本同一性。虽气有清浊，质有纯驳，然本其有生之初而言，同一天地之精，五行之秀。其清而纯者，固可以为善；其浊而驳者，未必生成便是恶人。彼此相去，未为大差，固相近也。及到形生神发之后，德性以情欲而迁，气质以渐染而变。习于善的，便为圣为贤；习于恶的，便为愚为不肖。于是善恶相去，或相什佰，或相千万，而人品始大相远矣。"夫以人之善恶，系于习而不系于性如此。则变化气质之功，乃人之所当自勉者也。岂可徒诿诸性而已哉？

【原文】

子曰："唯上智与下愚不移。"

【张居正讲评】

这是承上章说。"人之初生，其性固为相近，然有一等气极其清，质极其粹而为上知者；有一等气极其浊，质极其驳而为下愚者。世间惟这两样人，美恶一定，非习之所能移。其在上知，是天生成的善人，虽与不善人居，不能诱之使为不善也。其在下愚，是天生成不善的人，虽与善人居，亦不能化之使为善也。善恶系于性而不系于习者，惟这两样人为然。"世间极智之人，固不常有；极愚之人亦不多见。惟半清半浊，可善可恶者最多。此变化气质之功，在中人所不容已也。然尧舜犹谨微危之畿，汤武不废反身之学，虽圣人不敢以上智自恃如此。桀纣恃其才智，荒淫暴虐，拒谏饰非，卒与下愚同辙，岂不悖哉？故曰："气质之用小，学问之功大。"

【原文】

子之武城，闻弦歌之声，夫子莞尔而笑曰："割鸡焉用宰牛刀。"子游对曰："昔者偃也闻诸夫子曰：'君子学道则爱人，小人学道则易使也。'"子曰："二三子，偃之言是也！前言戏之耳。"

【张居正讲评】

武城是邑名，在今山东兖州府地方。莞尔是小笑的模样。偃是子游的名。君子是有位的人。小人是细民。昔孔子行到武城县中，听得处处琴瑟歌咏之声。盖是时子游为武城宰，方以礼乐为教，故邑人皆弦歌也。夫子见当时皆不能用礼乐为治，而子游独能行之，故骤闻而深喜之。遂莞尔而笑说："言偃所治者小邑，何必用此礼乐之大道？譬如杀鸡者，何必用屠牛之大刀乎？"子游不知夫子之意，乃对说："昔者尝闻夫子说道，道本切于身心，人能学之，则各有所益。如在上的君子，治人者也，若使学道而有得，则能养其民胞物与之心，而推以爱人，是君子不可以不学道也。在下的小人，治于人者也，若使学道而有得，则能明乎贵贱尊卑之分，而易于驱使，是小人不可以不学道也。夫子此言，偃尝佩服之久矣。今日武城虽小，安敢鄙其民而不教之以礼乐乎？"夫子因子游未喻其意，遂呼门人而告之说："二三子听之，言偃之言诚为当理，我前割鸡不用牛刀之言，特戏之耳。岂真谓小邑不可以大道治之哉？"盖深嘉子游之笃信，又以解门人之惑也。

【原文】

公山弗扰以费畔，召，子欲往。子路不说，曰："末之也已，何必公山氏之之也！"子曰："夫召我者岂徒哉？如有用我者，吾其为东周乎！"

【张居正讲评】

公山弗扰是鲁大夫季氏之家臣，为费邑宰。末之之字，解作往字。昔鲁自文公以来，季氏世执国政，公室衰弱，君反受制于臣，如此者，四世矣。至季桓子之时，有公山弗扰者与阳虎共执桓子，遂据费邑以叛。因使人聘召孔子。孔子尝愤宗国之陵替，疾季氏之不臣，而思以匡之久矣。今幸其家臣内叛，衅起私门，倪因其可乘之隙，而运吾转移之术，则亦振鲁兴周之一机也，故因其来召而遂欲往应之。乃子路不达孔子之意，艴然不悦，说："夫子之齐之鲁，道既不行，身无所往，亦可以止矣。何必又往应公山之召，而徒取失身之辱乎？"是不知公山弗扰之叛，乃叛季氏，非叛鲁也。孔子之欲往，非为公山弗扰，乃为鲁也。故不得已而晓之说："今世莫我知，无能召我而用之者。今公山氏特来召我，斯其意岂徒然哉？殆必有以用我也。当此之时，如有委我以国，授我以政，而能用我者，我必将修纪纲之废坠，正名分之陵夷，举文武周公之治，而整顿于今日，使秉礼之宗国，复西京之旧俗，而鲁其为东周矣乎？"孔子自表其用世之志，以晓子路如此。而其拨乱反正之微权，转移化导之妙用，则有未易窥者。然考之春秋传，公山弗扰与季氏战，兵败奔齐，而孔子亦竟未应其召。道之将废，而鲁之终于不振也。可慨也夫！

【原文】

子张问仁于孔子。孔子曰："能行五者于天下，为仁矣。"请问之。曰："恭、宽、信、敏、惠。恭则不侮，宽则得众，信则人任焉，敏则有功，惠则足以使人。"

【张居正讲评】

侮是侮慢。任是倚仗的意思。子张问为仁的道理于孔子。孔子教之说："仁道虽大，不外于心。心德之要，凡有五件。若能于此五者，体验扩充于身心之间，推行运用于天下之大，则其心公平，其理周遍，天德全而仁在是矣。"子张因请问其目，孔子说："所谓五者，一是恭敬，二是宽容，三是信实，四是勤敏，五是惠爱。其名虽异，都是心德之所散见，缺一不可言仁者。然五者亦人所同具，有感必通的。诚能恭以持己，则在下的人自然畏惮、尊仰而无敢侮慢矣。宽以容众，则在下的人自然心悦诚服而归服于我矣。言行一于诚信，则人都依靠着我而无所疑贰矣。行事勤敏快当，则所为无不成就而动必有功矣。恤人饥寒，悯人劳苦，而恩惠及人则感吾之恩者莫不尽心竭力，乐为我用矣，又岂不足以使人乎？"五者之效如此，汝能兼体而力行之，则天德流通，物我无间，而仁之体用皆备矣，可不勉哉？

【原文】

佛肸召，子欲往。子路曰："昔者由也闻诸夫子曰：亲于其身为不善者，君子不入也。佛肸以中牟畔，子之往也如之何？"子曰："然。有是言也：不曰坚乎，磨而不磷；不曰白乎，涅而不缁。吾其匏瓜也哉？焉能系而不食。"

【张居正讲评】

佛肸是晋大夫赵简子的家臣，时为中牟宰。磷是薄。涅是染皂之物。缁是黑色。匏是大匏，味苦而不可食者。时晋室微弱，政在六卿。赵简子与范中行相攻，其家臣有佛肸者因据中牟以叛。一日，佛肸使人来召孔子，孔子即欲应其召而往见之。盖亦欲应公山弗扰之意也。子路不达而阻之说："昔者我闻夫子有言：'凡人有悖理乱常，亲身为不善者，君子不入其党，唯恐其浼己故也。'今佛肸据中牟以叛，正是亲为不善的人，君子当远避之不暇，而夫子乃欲往应其召，是辱身而党恶也。何自背于昔日之言乎？"孔子晓之说：

"汝谓身为不善,君子不入。此言诚然,我诚有此言也。然人固有可浼者,有不可浼者。譬之于物,凡可磨而薄者,必其坚之未至者也。独不曰天下有至坚厚者,虽磨之,安能使之损而为薄乎?凡可染而黑者,必其白之未至者也。独不曰天下有至洁白者,虽染之,安能使之变而为黑乎?夫物有一定之质,尚不可变,我之志操坚白自处固已审矣,彼虽不善,焉能浼我乎哉?且君子之学,贵适于用,我岂若彼匏瓜者哉?咢然徒而悬系,而不见食于人,则亦弃物而已!何益于世哉?然则,佛肸之召,我固当有变通之微权,而君子不入之说,有不可以概论者矣。"按:孔子前于公山之召,则以东周自

子路

期,此于佛肸之召,则以坚白自信,盖圣人道大德宏,故能化物而不为物所化。若使坚白不足而自试于磨涅,则己且不免于辱,何以能转移一世乎?君子处世,审己而动可也。

【原文】

子曰:"由也,汝闻六言六蔽矣乎?"对曰:"未也。""居,吾语汝。好仁不好学,其蔽也愚;好知不好学,其蔽也荡;好信不好学,其蔽也贼;好直不好学,其蔽也绞;好勇不好学,其蔽也乱;好刚不好学,其蔽也狂。"

【张居正讲评】

有所遮掩叫作蔽。荡是放荡。贼是伤害于物。绞是急迫的意思。昔子路负谅直刚勇之资,而少学问陶镕之力。故孔子呼其名而问之,说:"人之偏于所向者,有一件好处,便有一样遮蔽。总之有六言,而六蔽随之。汝曾闻之否乎?"子路时方侍坐,遂起而对说:"由未之闻也。"孔子说:"汝复坐,我当一一告汝。盖天下之事,莫不有理,人必好学穷理,而后所行为无蔽。不然,则虽才质之美,制行之高亦将有所遮蔽,而无以成其德矣。如仁

主于爱，本美德也，而所以用其爱者，有理存焉。若但知爱人之为美，而不好学以明其理，则心为爱所蔽，将至于可陷可罔，而人亦俱丧矣，岂不流而为愚乎？智主于知，亦美德也，而所以通其智者，有理存焉。若但知多智之为美，而不好学以明其理，则心为智所蔽，将至于穷高极远，而无所归着矣，岂不流而为荡乎？有言必信，亦美德也，而所以成其信者，有理存焉。若但知信实之为美，而不好学以明其理，则心为信所蔽，将至于期必固执，而伤害于物矣，岂不流而为贼乎？直而无隐，亦美德也，而所以行其直者，有理存焉。若但知直道之为美，而不好学以明其理，则心为直所蔽，将至于径隋急迫，而无复含弘之度矣，岂不流而为绞乎？遇事勇敢，亦美德也，而所以奋其勇者有理存焉，若但以勇敢为尚，而不好学以明其理，则心为勇所蔽，必将恃其血气之强，肆行而无忌矣，岂不流于乱乎？刚强不屈，亦美德也，而所以全其刚者，有理存焉，若但以刚强为尚，而不好学以明其理，则心为刚所蔽，必将逞其轻世之志，放旷而不羁矣，岂不流于狂乎？"夫仁、智、信、直、勇、刚，六者，美行也；愚、荡、贼、绞、乱、狂，六者恶名也。人惟足己而不学，见理之不明，遂使美者化而为恶，而况其生质之不美者乎？于此见气质之用小，学问之功大。是以古之帝王不恃其聪明绝异之资，而必以讲学穷理为急，诚恐其流于过中失正而不自知也。

【原文】

子曰："小子，何莫学夫《诗》？《诗》可以兴，可以观，可以群，可以怨。迩之事父，远之事君。多识于鸟兽草木之名。"

【张居正讲评】

兴是兴起。观是观感。群是群聚。怨是怨恨。孔子呼门弟子而教之，说："《诗》之为教，有益于人甚大。尔小子何不于《诗》而学之乎？盖《诗》之所言，有善有恶。学之，则善者可以为劝，恶者可以为惩。而吾心好恶之机将有勃然不能自已者，故可以兴。《诗》之所载，有美有刺。学之，则美者可以考见其得；刺者可以考见其失，而吾身行事之实，将有惕然因之感动者，故可以观。其叙述情好于和乐之中，不失夫庄敬之节。学之，则可以处群，虽和而不至于流矣。其发抒悲怨于责望之下，犹存乎忠厚之情，学之，则可以处怨，虽怨而不至于怒矣。近而家庭之间，所以事父的道理；远而朝廷之上，所以事君的道理，莫不备载于中，学之，则可以为忠臣孝子，而大伦克尽矣。且其情景所发，或因鸟兽以起兴,或托草木以寓言,其中称名不一,取类至繁。学之,则可以多识鸟兽草木之名,而小物亦察矣。夫《诗》之有益于人如此,尔小子岂可以不学乎哉?"然诗之为教,不但学者所当诵习也,《关雎》《麟趾》为风化之原,《凫鹥》《既醉》乃太平之福。《天保》以上,所以治内;《采薇》以下,所以治外,王道莫备于斯矣,为人主者,亦不可以不究心焉。

【原文】

子谓伯鱼曰:"女为《周南》《召南》矣乎? 人而不为《周南》《召南》,其犹正墙面而立也与?"

【张居正讲评】

为,是习学。《周南》《召南》是《诗经·国风》之首篇。昔周文王与其后妃俱有圣德修身、齐家以令于国中,又使周公治陕以西,召公治陕以东。由是风化自北而南,远被于江汉之域,故诗人咏歌其事。《周南》之诗,自《关雎》以下,言文王后妃闺门之化行于南国也。《召南》之诗,自《鹊巢》以下,言南国诸侯夫人与大夫之妻皆被文王后妃之化而成德也。孔子教其子伯鱼说:"汝尝学夫《周南》《召南》之诗矣乎? 盖《周南》《召南》两篇所言皆修身、齐家之事,于人伦日用,最为切要。学者须把这两篇诗,讲诵玩味,身体力行,乃为有益。人若不学《周南》《召南》则无以正性情,笃伦理。身且不知修,家且不知齐矣,安望其能经邦而济世,化民而易俗哉? 譬如正对着墙面站立的一般,咫尺之地,隔碍障蔽,一物无所见,一步不可行矣,况其远者乎?"甚哉,二南之切于人,不可以不学也。然《大学》说:"自天子以至于庶人,壹是皆以修身为本。"人君一身,乃万国之仪刑,未有不修身齐家,而可以治国平天下者。则二南之诗,岂独为学者之所当习哉?

【原文】

子曰:"礼云礼云,玉帛云乎哉? 乐云乐云,钟鼓云乎哉?"

【张居正讲评】

孔子见世之用礼乐者,专事其末,而不知探其本也。故发此论说道:"先王制礼以交神、人,恰上下,固未有不用夫玉帛者,然必先有个恭敬、诚悫的意思存之于中,然后用玉帛以将之。若无是敬,则虽玉帛交错,不过虚文而已。然则,所谓礼云礼云者,岂徒玉帛云乎哉？先王作乐以养民德，导民和，固未有不用夫钟鼓者，然必先有个欣喜欢爱的意思蕴之于心，而后用钟鼓以宣之。若无是和，则虽钟鼓铿锵，不过虚器而已。然则所谓乐云乐云者，岂徒钟鼓云乎哉？"盖先王以礼乐教天下，皆本之和敬之实德，而发之于仪文节奏之间，后世徒事于文，而不求其本，故孔子叹之如此！

【原文】

子曰："色厉而内荏，譬诸小人，其犹穿窬之盗也与？"

【张居正讲评】

厉是威严。荏是柔弱。穿窬是剜墙凿壁为窃盗之事者。孔子说："人必表里相符，然后可谓之君子。今有人焉，观其外貌，则威严猛厉，似乎确然有守，毅然有为的人，而内实懦弱，见利而动，见害而惧，全无执持刚果的志气。这等的人中实多欲，而貌与心违，譬之小人，就如盗窃一般。黑夜里剜墙凿壁偷了人家财物，外面却假装个良善的模样，唯恐人知，岂不可耻之甚哉？"孔子深恶作伪之人，故儆之如此。

【原文】

子曰："乡原，德之贼也。"

【张居正讲评】

原字当作"愿愨"的愿字，是谨厚的意思。乡愿是乡俗中一样软滑的人。人都称为谨厚，所以叫作乡愿。贼字，释作害字。孔子说："人之有德者为君子，悖德者为小人，不难辨也。唯有一样人，名为乡愿者，居之似忠信，而非忠信，行之似廉洁，而非廉洁，自处柔佞而不肯立异，其待人软熟而唯求取悦，是以人人都道他好。这样人似德非德而反乱乎德，乃德之害也。"盖行合乎道之中，事出乎理之正，这才叫作德，今乡愿不顾道理之是非，只图流俗之喜悦。人见他以此得人心、取声誉，便都慕效他，以是为德，而不复知有大中至正之道，其惑人心、坏风俗，岂不甚乎？所以说乡愿德之贼也。

【原文】

子曰："道听而途说，德之弃也！"

【张居正讲评】

道途都是人行的路。孔子说："人之实心为学者，于凡天下道理，或得之师友之所传授，或考诸典籍之所记载，就便存之于心，身体而力行之，以求实德于己，方为有益。若有所闻而不体会于心，只把来放在口中谈论讲说，这是入耳出口之学。譬如道路上听了一句言语，就在途路上与人说了。如此，则虽闻善言，不过以资口说而已，何能有诸己哉？所以说德之弃也。”

【原文】

子曰：“鄙夫可与事君也与哉？其未得之也，患得之；既得之，患失之。苟患失之，无所不至矣。”

【张居正讲评】

鄙夫是庸恶陋劣之人。患是忧患。孔子说：“为人臣者，必有忘身之诚，而后可以语事君之义。有一等鄙夫，其资性庸恶，全无忠义之心，识趣陋劣，又乏刚正之节，若此人者，岂可使之立于朝廷之上而与之事君也与哉？何也，盖所贵于事君者，唯知有君而不知有身也。乃鄙夫之心只知有富贵权力而已。方其权位之未得，则千方百计徼幸营求，汲汲然唯恐其不得之也。及其权位之既得，则千方百计系恋保守，兢兢然唯恐其或失之也。夫事君而一有患失之心，则凡可以阿意求容，要结固宠者，将何事不可为乎？小则卑污苟贱，丧其羞恶之良；大则攘夺凭陵，陷于悖逆之恶，皆生于此患失之一念而已，以此人而事君，其害可胜言哉？”然君臣之义本无所逃，而忠君爱国之臣，亦鲜不以得君为念者，但忠臣志在得君，鄙夫志在得禄。忠臣得君，志在任事，鄙夫得君，志在窃权。心术之公私少异，而人品之忠奸顿殊，明主不可不察也。

【原文】

子曰：“古者民有三疾，今也或是之亡也。古之狂也肆，今之狂也荡；古之矜也廉，今之矜也忿戾；古之愚也直，今之愚也诈而已矣。”

【张居正讲评】

疾字，解作病字。凡人气失其平，则致病，故人之气质有偏者，亦谓之病。亡字与有无的无字同。狂是志愿太高的人。肆是不拘小节。荡是放荡。矜是持守太严的人，即狷者也。廉是棱角峭厉。忿戾是忿争乖戾。愚是昏昧不明的人。直是直憨。诈是虚诈。

孔子叹说："人之气禀中和者少,偏驳者多。一有偏驳,则行有疵病而谓之疾。然古之时,风气纯厚,其中虽有三样资禀偏驳、过中失正的人,然皆质任自然,本真犹未甚凿也。今则淳者日入于漓,厚者日趋于薄,不但气禀中和者绝不复见,就是那三样病痛的人,或者也没有了。盖古之人,有志愿太高,锐意进取的,这是狂之疾。然其狂也,不过志大言大,不拘小节,肆焉耳矣。若今之所谓狂者,则不顾礼义之大闲,纵放于规矩之外,而流于荡矣。古之人有赋性狷介,持守太严的,这是矜之疾。然其矜也,不过立崖岸,有棱角,示人以难亲,廉焉耳矣。若今之所谓矜者,则逞其刚狠之气,动至与人乖忤,而流于忿戾矣。古之人,有资识鲁钝,暗昧不明的,这是愚之疾。然其愚也,不过任性率真,径行自遂,直焉耳矣。若今之所谓愚者,则反用机关,挟私妄作,而流于诈矣。"夫狂而肆焉,矜而廉焉,愚而直焉,此虽气质之偏,而本真未丧。若加以学问磨砻之功,其病犹可瘳也。至于肆变而荡,廉变而忿戾,直变而诈,则习与性成,将并其疾之本然俱失之矣,欲复乎善,岂不难哉?所以说,古者民有三疾,今也或是之亡也。夫子此言,盖深叹时习之偷,而望人以学问变化之功者至矣。

【原文】

子曰:"恶紫之夺朱也,恶郑声之乱雅乐也,恶利口之覆邦家者。"

【张居正讲评】

朱是正色。紫是间色。郑声是郑国之音。雅是正。利口是巧言辩给之人。覆是颠覆。孔子说:"天下之理,有正则有邪,而邪每足以害正。如色以朱为正,有紫色一出,其艳丽足以悦人之目,于是,人皆贵紫而不贵朱,而朱色之美反为所夺,故所恶于紫者,为其能夺朱也。乐以雅为正,自郑声一出,其淫哇足以悦人之耳,于是人皆听郑声而不听雅乐,而雅音之善,反为所乱,故所恶于郑声者,为其能乱雅乐也。至若事理之是非,人品之贤与不肖,本自有一定之论,乃有一种利口的人,把是的说作非,非的说作是,贤的说作不肖,不肖的说作贤,其巧言辩答足以惑乱人意,耸动听闻,人主不察而误信之,必至于举动错乱,用合倒置,正人远去,小人得志,而邦家之颠覆不难矣。然则,利口之所以可恶者,岂非以其能覆邦家也哉?"按:孔子此言,其意专恶利口之人,借紫与郑声为喻耳。从古至今,邪佞小人谗害正直,倾覆国家者不可悉数,如费无忌、江充之流,虽父子兄弟、骨肉至亲亦被其陷害，况臣下乎？是以，大舜疾谗说殄行。《大学》说："屏诸四夷，不与同中国。"盖畏其流祸之惨毒，故深恶而痛绝之也。人君之听言，可不戒哉？可不畏哉？

【原文】

子曰："予欲无言！"子贡曰："子如不言，则小子何述焉？"子曰："天何言哉？四时行焉，百物生焉，天何言哉？"

【张居正讲评】

述是传述。昔孔门学者，多求圣人之道于言语之间，而不知体认于身心之实。故孔子警之说道："天下之道，以有言而明，亦以多言而晦。我自今以后，要默然无言矣。"子贡正以言语观圣人者，即疑而问之说："天下道理，全赖夫子讲明，然后门弟子得以传述。若夫子不言，则门人小子何所闻而传述之乎？"孔子晓之说："子谓道必以有言而后传，独不规诸天乎？今夫天，冲漠无朕，何尝有言哉？但见其流行而为四时，则春、夏、秋、冬往来代谢，而未尝止息也。发生而为百物，则飞、潜、动、植，因物赋形，而无所限量也。是天虽不言，而其所以行，所以生，则冥冥者实主之。盖造化之机缄，固已毕露于覆载之间矣，亦何俟于言哉？观天道以无言而显，则我之教人，固亦无俟于言矣。"盖圣人一动一静，莫非妙道精义之发，正与天道不言而成化一般，学者熟察而默识之，自有心领而神会者，岂待求之于言语之间乎？故孔子前既以无行不与之教示门人，此又以天道不言之妙喻子贡，其开示学者，可谓切矣。

【原文】

孺悲欲见孔子，孔子辞以疾，将命者出户，取瑟而歌，使之闻之。

【张居正讲评】

孺悲是鲁人，尝学士丧礼于孔子。一日来求见孔子。想当时必有得罪处，故孔子不欲与之相见，而托言有疾以辞之。然既辞以疾矣，又恐其不悟，乃俟传命者方出户，即取瑟而弦歌之，使孺悲闻而知其非疾焉。夫孔子于孺悲之见，本非疾也，而辞以疾绝之也。既辞以疾矣，又使之知其非疾，警之也。使孺悲苟能省其过而迁于善焉，圣人亦其终绝之乎？此所谓不屑之教诲也。

【原文】

宰我问："三年之丧,期已久矣。君子三年不为礼,礼必坏;三年不为乐,乐必崩。旧谷既没,新谷既升,钻燧改火,期可已矣。"子曰:"食夫稻,衣夫锦,于汝安乎?"曰:"安。""汝安则为之。夫君子之居丧,食旨不甘,闻乐不乐,居处不安,故不为也。今汝安,则为之。"宰我出,子曰:"予之不仁也。子生三年,然后免于父母之怀。夫三年之丧,天下之通丧也。予也有三年之爱于其父母乎?"

【张居正讲评】

宰我是孔子弟子,名予。周一岁为期。燧是镵火之木。古人镵木取火,四时各有所宜。春取榆柳之火,夏取枣杏之火,秋取柞槚之火,冬取槐檀之火,故叫作镵燧改火。已是止。怀是抱。宰我问于孔子说:"古礼,人子居父母之丧,必以三年为制。以予观之,礼贵通变,但持丧一年亦已久矣,何必三年? 盖君子三年在哀经之中,不去习礼,则礼节疏旷,而礼必坏矣;三年在哀戚之中,不去习乐,则音律废弛,而乐必崩矣。以虚文而妨实学,何益之有哉? 若以期年而言,谷之旧者既没,新者又登,而物候为之一变。钻木取火,木既更而火已改,而天运为之一周。人子哀痛之情至是亦已尽矣,丧不可以止乎?"夫短丧非宰我之本意,但有疑于古礼之难行,因设此问耳。孔子诘之说:"三年之丧,食必蔬食,衣必衰麻,礼也。你说期年可止,则自期年之后,便当合蔬素而食稻,释衰麻而衣锦,于汝心能自安乎?"宰我不察而直应之说:"安。"则昧其本心之良矣。孔子遂责之说:"凡人有所不为,只为心上不安耳。汝既安于食稻衣锦,则期年之丧,任汝为之矣。夫礼因人情而生者也,君子居父母之丧,哀痛迫切,口食旨味而不以为甘,耳闻音乐而不以为乐,身之居处,卧苦枕块,而不即安便,唯其心有所不忍,故不肯为食稻衣锦之事也。今汝既以食稻衣锦为安,则期年之丧,何不可为乎?"孔子此言,所以绝之者至矣。及宰我既出,孔子又惧其真以为可安而遂行之也,乃复深探其本而斥之说:"人未有不爱其亲者,宰予何其爱亲之薄而不仁也。夫父母之丧,所以必三年者,正以子生三年,然后能免于父母之怀抱,故丧必以三年为期,以少尽其报称之情耳! 白天子至于庶人,无一人不本于父母,则无一人不有此丧服,是三年之丧,乃天下之通丧也。予亦人子也,宁独无三年之恩爱于其父母乎? 今乃谓亲丧可短,则何其薄亲之甚哉?"孔子此言,欲宰我闻之,反求而得其本心也。夫子于父母，终身慕之，岂谓三年之丧足以尽其心乎？盖先王因人情而为之节文，使贤者可以俯而就，不肖者得以企而及耳。宰予不求先王制礼之意，而徒欲任情以为礼，故孔子责之如此！盖以垂教万世也。

【原文】

子曰："饱食终日，无所用心，焉矣哉！不有博弈者乎，为之犹贤乎已。"

【张居正讲评】

博是居戏。弈是围棋。贤是胜。已是止。孔子说："吾人日用之间，莫不各有当为之事，必知所用心而后能有成也。设使终日之间，优游放旷，唯知餍饱饮食而已，于凡义理所当讲求，职业所当修举者，一无所用其心。如此之人，神昏志惰，把光阴都虚度了，一事无成，百事皆废，欲以人德而成人，岂不难哉？不有居戏围棋而博弈者乎？这等的人虽所为非正，然其心未尝无事也，较之悠悠荡荡，全然无所用心者，岂不犹为胜乎？"孔子此言，非以博弈为可，特甚言无所用心之不可耳。盖人之一心常运用斯常精明，是以尧舜兢业，大禹孜孜，文王日昃不遑暇食。古之圣人岂好为是焦劳哉？诚以心易放而难收，一念不谨，则庶事隳而天工旷，其关系治乱，非细故也。明主宜深省于斯。

【原文】

子路曰："君子尚勇乎？"子曰："君子义以为上，君子有勇而无义为乱，小人有勇而无义为盗。"

【张居正讲评】

尚是崇尚。昔子路好勇，故问于孔子说："君子为人，亦尚刚勇否乎？"孔子教之说："君子之人唯以义为上而已。盖义者事物之权衡，立身之主宰，是以君子尚之。义所当为则必为；义所不当为则不为。虽万钟千驷，有弗能诱；虽刀锯鼎镬，有所弗避，乃天下之大勇也。至于血气之勇，岂君子之所尚者乎？盖以血气为勇，非勇也，使在位的君子徒知有勇，而无义以裁制之，则必将倚其强梁，逆理犯分，或无故而自启衅端，或任情而妄生暴横，至于悖乱不止矣。使在下的小人，徒知有勇，而无义以裁制之，则必将逞其凶狠，放荡为非，小而草窃奸宄，大而贼杀剽夺，不流于盗贼不止矣。是人之大小尊卑虽不同，苟不义而勇,无一可者也,然则,勇何足尚乎哉?"孔子因子路好勇而无所取裁,故深救其失如此!

【原文】

子贡曰:"君子亦有恶乎?"子曰:"有恶。恶称人之恶者,恶居下流而讪上者,恶勇而无礼者,恶果敢而窒者。"曰:"赐也亦有恶乎?"子贡曰:"恶徼以为知者,恶不孙以为勇者,恶讦以为直者。"

【张居正讲评】

下流是在下卑贱之人。讪是谤毁。窒是窒塞不通。徼是伺察。讦是攻发人之阴私。子贡问于孔子说:"君子于人无所不爱,岂亦有所恶者乎?"孔子教之说:"好恶,人之同情,君子岂无所恶乎? 其所恶者有四:其一,恶那样刻薄的人,专喜称扬人之过恶,全无仁厚之意者。其一,恶那样忿戾的人,身居污下之地而谤毁君上,非毁尊长,无忠敬之心者。其一,恶那样强梁的人,好刚使气,徒恃其勇而不知礼让,至于犯上而作乱者。其一,恶那样执拗的人,临事果敢,率意妄为而不顾义理,往往窒塞而不通者。凡此,皆人心之公恶,故君子恶之也。"孔子因问子贡说:"汝赐也亦有所恶乎?"子贡对说:"赐之所恶者有三,其一,恶那样苛刻的人,本无照物之明,乃窃窃焉伺察人之动静,而自以为智耳。其一,恶那样刚愎的人,本无兼人之勇,徒悻悻然凌人傲物,而自以为勇者。其一,恶那样偏急的人,本无正直之心,专好攻讦人之阴私,而自以为直者。赐之所恶,如此而已。"由此观之,圣贤所恶,虽有不同,而以忠顺长厚之道望天下,其意则一而已。盖天下之患,常始于轻薄恣睢之徒,横议凭陵,而纪纲风俗,遂因之以大坏。明主知其然,故务崇浑厚以塞排诋之端,揽权纲以消悖慢之气。故谗慝无所容,而凶人自伏也! 审治体者宜辨之。

【原文】

子曰:"唯女子与小人为难养也,近之则不逊,远之则怨。"

【张居正讲评】

小人是仆隶下人。近是狎昵的意思。远是疏斥的意思。孔子说:"天下的人,唯有妇人女子与仆隶下人最难畜养。何以言之? 常情于这两样人,不是过于用恩,狎昵而近之,便是过于用严，疏斥而远之。若是昵近他，他便狎恩恃爱，不知恭逊之礼，是近之不可也；若是疏远他，他便失去所望，易生怨恨之心，是远之不可也，此其所以难养也。诚能庄以临之，慈以畜之，则既有以消其怙恃之心，又有以弥其愤恨之意，何怨与不逊之足患乎？"

【原文】

子曰："年四十而见恶焉，其终也已。"

【张居正讲评】

孔子说："人年四十，乃是成德之时。前此，而年力富强，正好加勉。过此，则神志衰怠，少能精进矣。若于此时，而犹有过恶见憎恶于人，则善之未迁者，终不及迁，过之未改者，终不及改，亦止于此而已，可不惜哉？"这是孔子勉人及时进修的意思，人能以此自警于心，虽欲一时不汲汲学问，以求日新其德业，不可得矣。

微子第十八

【原文】

微子去之，箕子为之奴，比干谏而死。孔子曰："殷有三仁焉。"

【张居正讲评】

微子是商纣之庶兄，箕子、比干是纣叔父。当理而无私心叫作仁。昔纣为无道，其国将亡。微子进谏不听，恐一旦被祸，绝了商家宗祀，遂引身而去之。箕子谏纣不听，被纣囚系为奴，因佯狂而受辱。比干直言极谏，犯纣之怒，被纣杀之，剖其心以死。此三人者同为纣之亲臣，而或去，或不去，或以死，行各不同。孔子从而断之说："殷有三仁焉。"盖论人者不当泥其迹而当原其心。三人者就其迹而观之，虽有不同，原其心而论之，则其忧君爱国之忠，至诚恻怛之意，一而已也。其去者欲存宗祀，非忘君也，奴者欲忍死以有待，非惧祸也。死者欲正言而悟主，非沽名也，所以说，殷有三仁焉。盖自孔子之论定，而三子之心，始白于天下后世矣。大抵人臣之义，莫不愿世平主圣，服休宠而保荣名者，不得已而逃遁、而囚辱、而杀身,则所遇之不幸耳。向使纣有纳谏之美,而三仁者得效其进谏之忠,相与救过图存,则商祀未宜遽绝也,乃拒谏饰非,淫威以逞,卒之三仁去而殷国墟,岂不可为永鉴哉?

【原文】

柳下惠为士师,三黜。人曰:"子未可以去乎?"曰:"直道而事人,焉往而不三黜?枉道而事人,何必去父母之邦?"

【张居正讲评】

柳下惠是鲁之贤人。士师是掌刑狱的官。三黜是屡遭罢斥。父母之邦指鲁国说。昔柳下惠为鲁士师之官,屡被退黜。人或有讽之者说:"子屡摈不用如此,尚未可以去而之他国乎?"言其道不合则当去也。柳下惠答说:"我之所以屡被罢黜者,只因我直道而行,不能屈己以随人耳!今世之人,谁不悦佞而恶直?若我守定这正直之道以事人,则到处为人所恶,何所往而不被其退黜?若我肯阿意曲从,枉己以事人,则到处为人所喜,只在我鲁国亦自安其位了,又何必远去父母之邦乎?"柳下惠以此解或人之言,盖自信其直道而行,不以三黜为辱也。要之,衰世昏乱,故正直见恶于时,惟治朝清明,斯君子得行其志,是以有道之君于秉公持正者,必崇奖而保护之,倾险邪媚者,必防闲而斥远之,则众正之路开,而群枉之门杜矣!

【原文】

齐景公待孔子,曰:"若季氏则吾不能,以季孟之间待之。"曰:"吾老矣,不能用也。"孔子行。

【张居正讲评】

昔孔子适齐。齐景公素知孔子之贤,因与其臣商量待孔子的礼节,说道:"鲁有三卿,季氏最贵,鲁君待之极隆。我今要把鲁君待季氏的礼待孔子,似为过厚,则我有所不能。若把鲁君待孟氏的礼待他,于礼又简,有所不可。就中斟酌,当以季、孟之间待之,固不至如季氏之隆,亦不至如孟氏之简,庶几其可乎?但惜我年已衰老,不能用其道矣。"夫孔子至齐,本为行道,既不能用其道,而徒拟议于礼节之间,则已虚拘焉耳。盖不合则去,一重道之义也。

【原文】

齐人归女乐,季桓子受之,三日不朝,孔子行。

【张居正讲评】

季桓子是鲁大夫,名斯。鲁定公时,孔子为司寇,三月而鲁国大治。齐人惧其为霸,因设计选好女子八十人,皆衣文衣,乘文马,舞康乐以馈送鲁君,欲以惑乱其心,阻坏其政。鲁君果中其计,与同季桓子再三游观,悦而受之。于是荒于声色,怠于政事,三日不复视朝,则其简贤弃礼,不足与有为可知,故孔子行。盖礼貌衰则去,一见几之明也。合前章而观,景公知好贤矣,而毫倦于勤,好之而不能用,定公能用之矣,而中荒于欲,用之而不能终,无怪乎二国之不兢也。

【原文】

楚狂接舆歌而过孔子曰:"凤兮凤兮,何德之衰。往者不可谏,来者犹可追。已而已而,今之从政者殆而。"孔子下,欲与之言,趋而避之,不得与之言。

【张居正讲评】

接舆,是楚之狂士。昔周之衰,贤人隐遁。接舆盖亦佯狂以避世者也。殆字,解作危字。下,是下车。辟,是躲避。昔孔子周流至于楚地,楚之狂人接舆者,口中唱歌而行过孔子之车前说:"凤兮,凤兮,何德之衰? 说凤凰是灵鸟,能审时知世,有道则见,无道则隐,所以为稀有之祥瑞。如今是什么时候,乃出现于世,是何其德之衰而不知自重耶! 然既往之事,虽不可谏止,从今以后,尚可以改图,趁此之际,可以止而隐去矣。我观今之出仕而从政者,非唯不能建功,且将至于取祸,亦岌岌乎危殆而难保矣,于此不止,安得谓之智乎?"接舆之意,盖以凤鸟比孔子,而讥其不能全身以远害也,然以避世为高,而不以救时为急,则其趋向之偏甚矣。孔子时在车中闻其歌词,知其为贤人,故下车来欲与之讲明君臣之大义,出处之微权。而接舆自以为是,不肯接谈,遂趋走避匿,孔子竟不得与之言焉。盖圣人抱拯溺亨屯之具,而又上畏天命,下悲人穷,是以周游列国,虽不一遇,而其心终不能一日忘天下也。彼接舆之徒,果于忘世,往而不返,何足以语此哉?

【原文】

长沮桀溺耦而耕,孔子过之,使子路问津焉。长沮曰:"夫执舆者为谁?"子路曰:"为孔丘。"曰:"是鲁孔丘与?"曰:"是也。"曰:"是知津矣。"

【张居正讲评】

长沮、桀溺都是人姓名,盖亦贤而隐者也。二人相并为耦。津是河边渡口。执舆是执辔在车。昔孔子自楚反蔡,子路御车而行。适遇隐士二人。一个叫作长沮,一个叫作桀溺。两人并耕于野。孔子经过其地,将欲渡河,不知渡口所在,因使子路下车而问于长沮。长沮问说:"那坐在车上执辔的是谁?"子路对他说:"是孔丘。"长沮素知孔子之名,因问说:"是鲁国之孔丘与?"子路对说:"是也。"长沮遂拒之说:"问者不知,知者不问。既是鲁之孔丘,他游遍天下,无一处而不到,于津渡所在,必已知之久矣,又何必问于我哉?"其意盖讥孔子周流而不止也。

【原文】

问于桀溺,桀溺曰:"子为谁?"曰:"为仲由。"曰:"是鲁孔丘之徒与?"对曰:"然。"曰:"滔滔者天下皆是也,而谁以易之。且而与其从避人之士也,岂若从避世之士哉?"耰而不辍。

【张居正讲评】

滔滔是流而不及之意。易是变易。于此不合,去而之他国,叫作辟人之士。高蹈远举,与世相违,叫作辟世之士。耰是田器,所以扒土覆种者。辍是止。子路问津于长沮,长沮不肯告。因又问于桀溺,桀溺问说:"你是谁?"子路说:"我是仲由。"桀溺素闻孔子弟子有仲由者,因问说:"是鲁国孔丘之徒与?"子路对说:"然。"桀溺遂责之说:"人贵识时,我看如今的世道,愈趋愈下,如流水滔滔,不可复反。举一世而皆然,其乱极矣!若要易乱为治,易危就安,将谁与转移之乎?今汝之师,今日之齐,明日之楚,不合于此,又求合于彼,是乃辟人之士,亦徒劳而已。你与其从着那辟人之士,奔走而无成,岂若从我辟世之士,离尘远俗,优游而自乐哉?"语毕,遂自治其田事,耰而不止,亦不告以津处。其拒之也深矣!

【原文】

子路行以告,夫子怃然曰:"鸟兽不可与同群,吾非斯人之徒与而谁与? 天下有道,丘不与易也。"

【张居正讲评】

怃然是怅然叹息的意思。子路问津于长沮、桀溺而不见答,反被其讥讽,于是还以二人之言告于孔子。孔子惜其不喻己意,乃怃然叹息说:"彼谓辟人不如辟世,则必高飞远举,不在人间方可耳。殊不知人生天地间,鸟兽既是异类,不可与之同群。若斯人者,固与我并生并育,同一气类,吾不与之为群而谁与哉? 既与之为群,则不可绝人逃世以为洁矣! 他说天下无道,谁与易之? 不知我之所以周流不息,正为天下无道,故欲出而变易之也。若使天下有道,世已治,民已安,则固无用我之变易,而我岂乐于多事哉? 彼二子者其亦不谅我之心矣!"盖天生圣贤本为世道计。故古之圣人,民饥则曰己饥,民溺则曰己溺。一夫不获,则曰己辜。其忧时悯世,非但其心之不容己,亦其责之不可辞耳,使如沮、溺之言,则安危理乱邈不相关,生民将何所托命乎? 有世道之责者,宜加意焉。

【原文】

子路从而后,遇丈人,以杖和蓧,子路问曰:"子见夫子乎?"丈人曰:"四体不勤,五谷不分,孰为夫子?"植其杖而耘。子路拱而立,止子路宿,杀鸡为黍而食之,见其二子焉。

【张居正讲评】

丈人是老人。蓧是竹器。去草叫耘。昔孔子周流四方,子路随行,偶相失在后,于田间遇一老人,以拄杖挑着竹器。子路问说:"你曾见我师夫子否?"丈人不对而直责之说:"汝于四体,则不知勤劳耕作以自食其力;于五谷,也不能分辨其孰为稻,孰为黍稷,孰为麦菽。合其农业而从师远游,却来问汝夫子于

鸟兽龙纹壶

我，我知谁是你的夫子?"遂植立其杖，而自于田间耘草，更不答他。子路闻丈人之言，知其为贤人也，遂竦然起敬，拱手而立。丈人见子路改容相待，亦为之感动，遂留子路宿于其家，杀鸡造饭以管待之，又令其二子出见，叙长幼之礼焉。盖春秋之时，天下无道，贤人隐遁，而孔氏之徒独周游四方，欲以行道济时，故动而见沮如此，可以观世矣!

【原文】

明日，子路行以告，子曰:"隐者也。"使子路反见之，至则行矣。子路曰:"不仕无义。长幼之节，不可废也。君臣之义，如之何其废之。欲洁其身，而乱大伦。君子之仕也，行其义也，道之不行，已知之矣。"

【张居正讲评】

子路遇丈人之次日，前行追及孔子。把丈人责己之言，相待之礼，一一告知。孔子说:"观此人的言语行事，乃贤而隐遁者也。惜其不明出处之大道耳。"因使子路复回见之，欲晓然告以君臣之义，及至其家，而丈人已先出，不得相遇矣。子路乃就夫子之意，说道:"君臣之义无所逃于天地之间。人臣事君，义所当然也。若不仕，则是无君臣之义矣。夫君臣、长幼并列于五伦，而君臣为尤大。丈人昨使其二子出见，是于长幼之节，既知其不可废矣，至于君臣之大义，却何其独废之耶? 今汝以隐为高，不过欲全生避世，归洁其身而已。不知一身虽洁，而君臣之义，从此遂废，寰有乱乎人之大伦矣，大伦岂可乱者乎? 故君子之出而事君，岂是要图富贵? 盖欲行此君臣之义耳。若夫衰世难挽，明君难遇，道之不行，我岂不知? 但恐废义而乱伦，有不忍恝然者耳。丈人何其见之固哉! 大抵接舆、沮、溺、丈人之徒，皆明于保身，而昧于行义，故往往是己见而非圣人。不自知其陷于一偏，害义而伤教也。"是以，夫子每倦倦接引，各因其明以通其蔽，所以扶世教而正人心者，意独至哉!

【原文】

逸民，伯夷、叔齐、虞仲、夷逸、朱张、柳下惠、少连。子曰:"不降其志，不辱其身，伯夷、叔齐与?"谓柳下惠、少连:"降志辱身矣。言中伦，行中虑，其斯而已矣。"谓虞仲、夷逸:"隐居放言，身中清，废中权。""我则异于是，无可无不可。"

【张居正讲评】

逸民，是隐逸高尚的人。虞仲，即周太王次子，仲雍与泰伯同窜荆蛮者。伦是义理之次第。虑，是思虑。记者说，古时隐逸高尚之士，可以考见者七人，如伯夷、叔齐、虞仲、夷逸、朱张、柳下惠、少连是也，然七人者，志节虽同，而制行则异。孔子一一而品评之说："立志高而不肯少有贬屈，持身洁而不肯少有污染，其伯夷、叔齐欤？观他非其君不事，非其民不使，不立恶人之朝，不与恶人言，峻节清风，何凛凛也！若夫柳下惠、少连，则和同混俗，于人无忤。虽降屈其志，卑辱其身，有弗惜者，其出言则合乎伦理，行事必当乎人心，以之处世，如此而已矣，不为过高绝俗之行也。至于虞仲、夷逸则行不必其中虑，而隐居以自适；言不必其中伦，而放言以自废矣，然虽隐居独善，而洁身不污，合乎道之清，虽放言自废，而韬晦得宜，合乎道之权。盖与矫异之士，害义伤教者不同矣，然此七人者，其行虽洁，其志虽高，而未免有执一之病也。在夷、齐、虞仲、夷逸，则以绝世离俗为可，而以和光同尘为不可；在柳下惠、少连则以和光同尘为可，而以绝世离俗为不可。各是其是，各非其非，都先有个主意在，其见偏矣！若我则异于是，可仕，则仕；可止，则止，用之则行，合之则藏。因时制宜，不胶于一定，固无所谓可，亦无所谓不可也，此我所以异于逸民欤。要之，七人之心有所倚，故止成其一节之高，圣人之心无所倚，故优入于时中之妙。所以说，观乎圣人，则见贤人，凡行己处世者，当知所取法矣！

【原文】

太师挚适齐，亚饭干适楚，三饭缭适蔡，四饭缺适秦，鼓方叔入于河，播鼗武入于汉，少师阳、击磬襄入于海。

【张居正讲评】

太师是乐官之长。古时国君每食，必作乐以侑食，故有亚饭、三饭、四饭之名。少师是乐官之佐。鼓、播鼗、击磬都是掌乐器的官。齐、楚、蔡、秦、河、汉、海都是地名。鲁自三家僭乱，歌雍舞佾，私家日盛，而公室反微。音乐废阙宗庙之祭，至不能备八佾之舞，于是典乐之官，皆失其职，散而之四方。有掌乐的太师名挚者，去而适齐，掌亚饭之乐名干者，去而之楚。掌三饭之乐名缭者，去而之蔡。掌四饭之乐名缺者，去而之秦。掌击鼓的官名方叔者，去而入居于河内。掌播摇鼗鼓的官名武者，去而入居于汉中。为乐官之佐名阳与击磬的官名襄者，去而入居于海岛。夫礼乐所以为国者也，鲁失其政，下陵上替，礼坏乐崩，至使瞽师乐官皆不能守其职，而纷然四散。是尚可以为国乎？记者言此，盖伤鲁之衰也。

【原文】

周公谓鲁公曰："君子不施其亲，不使大臣怨乎不以。故旧无大故，则不弃也。无求备于一人。"

【张居正讲评】

鲁公是周公之子伯禽。施字当作弛字，是废弃的意思。以，是用。昔鲁公伯禽受封之国，周公训戒之说道："立国以忠厚为本。忠厚之道在于亲亲、任贤、录旧、用人而已。盖亲，乃王家一体而分者，苟恩义不笃，则亲亲之道废矣，必也亲之欲其贵，爱之欲其富，使至亲不至于遗弃可也。大臣，国之所系以为安危者，苟大臣有怨，则任贤之礼薄矣，必也推心以厚其托，久任以展其才，不使大臣怨我之不见信用，可也。故旧之家皆先世之有功德于民者，苟弃其子孙，则念旧之意衰矣。必也官其贤者，其不贤者亦使之不失其禄，非有恶逆大故，则不弃也。人之才具各有短长，在乎因材而器使之，苟责备于一人，则用才之路狭矣。必也因能授任，不强其所不能。无求全责备于一人焉。此四者皆君子之事，忠厚之道也。汝之就封，可不勉而行之，以培植国家之根本哉？"按周家以忠厚立国，故周公训其子治鲁之道，亦不外此。其后周祚八百，而鲁亦与周并传绵远，岂非德泽浃洽之深哉？此为国者所当法也。

【原文】

周有八士：伯达、伯适、仲突、仲忽、叔夜、叔夏、季随、季娲。

【张居正讲评】

伯、仲、叔、季是兄弟次序。记者说：贤才之生，关乎气运。昔周室盛时，文武之德泽涵育者深，天地之精英蕴蓄者久，于时灵秀所钟，贤才辈出，其中最奇异者，兄弟八人同出一母，而又皆双生。其头一胎生二子，叫作伯达、伯适；第二胎生二子，叫作仲突、仲忽；第三胎生二子，叫作叔夜、叔夏；第四胎生二子，叫作季随、季娲。此八士者产于一母，萃

于一门，而又皆有过人之德，出众之才。多而且贤，真乃是盛世之瑞，邦家之光。其关系一代气运，岂偶然哉？考之尧、舜之时，有八元八恺；成周则有八士，盖天将祚帝王以太平之业，则必有多贤应运而生，一气数之自然耳！顾天能生才而不能用才，举而用之，责在人主。是以，史称舜举十六相而天下治。《诗》云："济济多士，文王以宁。"言其能用之也。

子张第十九

【原文】

子张曰："士见危致命，见得思义，祭思敬，丧思哀，其可已矣。"

【张居正讲评】

子张说："论人当观其大节。若大节有亏，则其余不足观矣。若使今之为士者，能见危难则委致其命，以赴公家之急，而不求苟免；见财利则必思义之当得与否，而不为苟得；于祭则思敬以追远，而致其如在之诚；居丧则思哀以慎终，而极其思慕之笃。士能如此，则外著光明磊落之行，内存仁孝诚敬之心，大节无亏，其可谓士也已矣。"然此，固修己之大闲，盖亦取人之要法。人君诚得是人而用之，以之当大任、托大事，何不宜哉？外此，而求其才艺之美，智巧之优，抑末也已。

【原文】

子张曰："执德不弘，信道不笃，焉能为有，焉能为亡？"

【张居正讲评】

执是执守。弘是廓大。笃是坚确的意思。子张说："理得诸心谓之德，德有诸己，贵于能执，而执之又贵于扩充。若或器量浅狭，容受不多，才有片善寸长，便侈然自以为足，不复加扩充之功，这是执德不弘，理所当然谓之道，道有所闻，贵于能信，而信之，尤贵于坚定。若或意念纷纭，把持不定，才遇事交物诱，便茫然失其所守，不复有的确之见，这是信道不笃。夫执德不弘，久则将并其所执者而失之矣；信道不笃，久则将并其所信者而亡之矣。"此等之人虽终身为学，毕竟无成，在世间，有之不为多，无之不为少，一凡庸人等耳，何足贵乎？所以说，焉能为有？焉能为亡？言不足为有无也。

【原文】

子夏之门人，问交于子张。子张曰："子夏云何？"对曰："子夏曰：可者与之，其不可者拒之。"子张曰："异乎吾所闻。君子尊贤而容众，嘉善而矜不能。我之大贤与，于人何所不容；我之不贤与，人将拒我，如之何其拒人也？"

【张居正讲评】

拒是拒绝。矜是怜悯。昔子夏、子张都是圣门高弟，而两人不同。子夏笃信谨守，子张才高意广，故其所见亦各有异。一日子夏的门人问交友之道于子张。子张说："你师子夏如何说？"门人对说："我师子夏说道：凡人直谅多闻，有益于我的，方可与他相交。若那便辟柔佞，无益于我的人，却宜拒绝之，不可与他相交。"子夏之论交如此。子张说："子夏此言与我平日所闻全然不同。吾闻君子之人，心存大同，而与物无忤。于人之才德出众者，则从而尊敬之。至于庸常的众人亦含容而不遽厌弃。于人之有善而可取者，则从而嘉尚之。至于一无所能的人，亦矜冷而不忍斥绝。可者固在所与，而不可者亦无所拒，君子之交当如此也。且反己而观之，我果大贤与？则与人何所不容？固自不宜拒人，我若不贤与？则人将拒我，而我何暇于拒人也？"子夏之言，何其示人之不广乎。要之，子夏之论严择交之道矣，而乏待物之宏。子张之论，得待物之宏矣，而非择交之道。惟夫以主善为师之心辨贤否，以含宏光大之度待天下，则自无迫狭与泛滥之弊矣。此非但取友，亦用人者所当知也。

【原文】

子夏曰："虽小道，必有可观者焉。致远恐泥，是以君子不为也。"

【张居正讲评】

小道如农圃医卜之属。泥是窒塞不通的意思。子夏说："理无往而不在，故虽日用事为之常，百工技艺之末这等的小术亦皆道之所寓，以之济民生而资世用，未必无可观者焉。然其体之所包涵者浅，用之所利济者微，就一事一物而用之可也。若要推而极之，以达于天下国家之远，则必有窒碍而难通者矣，是以君子之人，以天下国家为己责，而所志者远，以修齐治平为己事，而所务者大，于此区区之小道，自有所不屑为也，学者可不知所用心也哉?"盖道虽不遗于细微，而学贵知所当务，故孔子不以多能为圣，尧、舜不以百亩为忧。用心于大，自不暇及于其小耳！有志于帝王之大经、大法者，宜审图也。

【原文】

子夏曰："日知其所亡，月无忘其所能，可谓好学也已矣！"

【张居正讲评】

亡字与有无的无字同。所亡，是未知的道理。所能，是已得的道理。子夏说："人之为学，未得则患其有因循之心，而不知所以求之。既得则患其有遗忘之病，而不知所以守之。虽日为学，不过入耳出口，玩时愒日而已。安得谓之好学乎? 必须于每日之间，将那未知的道理，今日讲求一件，明日讲求一件，务使所知所闻者与日而俱进焉。然又恐其久而遗忘也，必于每月之间将这已得了的道理，时加温习，随事体验，尊其所闻，行其所知，拳拳服膺而弗失之焉，似这等用功，方是真能好学的人。"盖能知其所无，则既有知新之益，无忘其所能，则又加温故之功，日积月累，无时间断。非真知义理之可悦，而以远大自期者能如是乎? 所以说，可谓好学也已矣。人能如是，则所知日进于高明;所行日就于光大，而为圣为贤不难矣，可不勉哉！

【原文】

子夏曰："博学而笃志，切问而近思，仁在其中矣。"

【张居正讲评】

子夏说："学莫先于求仁，而仁非由于外至，诚能博学于文，而多闻以广其识，使此心无一理之不明，笃信乎道而坚心以要其成。使此心无一息之少懈，有所问辨，必关切义理，而不徒为浮泛之谈。有所思维，必体贴身心，而不徒为汗漫之想。此四者皆学问思辨之事，虽未尝力行而为仁，然仁只是此心之理而已。今能从事于学，而有精实切近之功，则此心有所收敛，天理即此而存，妄念不得纷驰，人欲何由而肆? 不期仁而仁自在其中矣。"于此见求仁之道，不外于存心，存心之功，不外于务学，学在是，则心在是，心在是，则仁在是矣,有志仁者可不勉哉!

【原文】

子夏曰:"百工居肆以成其事,君子学以致其道。"

【张居正讲评】

肆是工匠造作的公所。致是造到极处的意思。子夏说:"天下事居之必有定所,然后术业可专,为之必有成法,然后功效可集。彼百工匠作的人,要成就他一件手艺,必须住在那官府造作的处所,无别样事务相妨,尽力尽巧,用以专攻其事,然后成得那一一般技艺。如梓匠则成其建屋之事,轮舆则成其造车之事,所以说百工居肆以成其事。君子之学道也,就如百工学艺的一般,必须终日修习,只在这学问上,志向更无分夺,工夫更无休歇,有一件道理未知,必孜孜然求以知之,有一件道理未行,必孜孜然求以行之,务使万理皆明,万善皆备,而道之具于我者,无不有以诣其极焉,此方是君子真实学道之全功也。"若徒慕为学之名,是外夺于纷华之诱,或做或辍,有始无终。纵然从事于学,毕竟何所成就哉?是反百工之不如矣。

【原文】

子夏曰:"小人之过也,必文。"

【张居正讲评】

文是文饰。子夏说:"人之处事,安能一一尽善?也有一时防检少疏,不觉差错了的,这叫作过。惟能知其过而速改之,则固可复于无过,此君子修德迁善之事也。若夫小人之有过也则不然,分明意向差了,却仍多方回护,求以掩其差。分明举动错了,却仍巧计弥缝,求以掩其错。"盖其心中全是私欲蒙蔽,护短自是,不肯认错,反将无心差失都做了有心罪恶,所谓耻过作非,心劳而日拙也。小人所以徇欲忘返,卒至于败德亡身者,皆由于此,可不戒哉?

【原文】

子夏曰:"君子有三变:望之俨然,即之也温,听其言也厉。"

【张居正讲评】

俨然是庄严的模样。即是就。温是和。厉是刚正。子夏说:"君子盛德积中,而发见当可其容貌词气。夫人得于接见之顷者，有三样变态，不可以一端尽也。远而望之，则见其衣冠正，瞻视尊，俨然有威之可畏焉，俨然如此，若示人以不可近矣。及近而就之，则又见其温良乐易，蔼然和气之可亲也，其温如此，若可得而狎之矣。及听其言论，则又词严义正，是是非非，确有定执，初无一毫委曲迁就之意，听之使人悚然而可敬也。"始而俨然，中而温焉，既而厉焉，一接见之间而容貌词气屡变而不可测如此，所以说君子有三变。然君子岂有意而为之者哉？盖其德备中和，动容正辞，无非盛德所发，而人之得于瞻仰听闻，见其变动不拘若此耳，君子何心哉？

【原文】

子夏曰："君子信而后劳其民，未信，则以为厉己也。信而后谏，未信，则以为谤己也。"

【张居正讲评】

厉字，解作病字。子夏说："君子事上使下，皆必诚意交孚而后其事可行。如劳民动众之事，本非民所乐为者，必其平日爱民之意至诚恻怛，民已相信了，然后不得已而至于劳民，则民亦谅其心之出于不得已，而踊跃以趋事矣。若未信于民而遽劳之，事虽当为而人心不悦，不以为伤财，则以为虐下而病己矣，事何由而成乎？谏净违拂之言，本非君所乐听者，必其平日爱君之意，至诚恳切，君已见信了，然后不得已而形之谏净，则君亦谅其心之出于忠爱，而虚心以听纳矣。若未信于上，而遽谏之，则意虽效忠，而上心不悦，不以为讪上，则以为卖直而谤己矣，言何从而入乎？"此可见君子欲有为于天下，非积诚以感动之，未有能济者也。然此特就事君使民者言之耳。若夫下之事上，趋事赴功，乃其常分，君之于臣，听言纳谏乃为至明，上下各务自尽可也。

【原文】

子夏曰："大德不逾闲，小德出入，可也。"

【张居正讲评】

大德、小德譬如说大节、小节。闲是栏，所以限其出入者。子夏说："人之为学，贵识其大，若能于立身行己大关节处，如君臣父子之间，进退出处之际，一一皆尽其道，而不越乎规矩之外，则大本立矣。至于小小节目，如动静语默，事物细微，或少有出入，未尽合理亦无害也。若不务先立乎其大，而徒拘拘为小廉曲谨之行，亦奚足贵哉？"然不矜细行，终累大德，大者固所当谨，而小者亦岂可不慎哉？子夏此言，用以观人则可，用以律己则不可也。

【原文】

子游曰："子夏之门人小子，当洒扫、应对、进退，则可矣。抑末也，本之则无，如之何？"子夏闻之曰："噫，言游过矣！君子之道，孰先传焉？孰后倦焉？譬诸草木，区以别矣。君子之道，焉可诬也。有始有卒者，其惟圣人乎！"

【张居正讲评】

洒扫应对进退都是小学之事。噫是叹息之声。倦是厌倦。区是类。诬是罔。卒字，解作"终"字。昔子夏以笃实为学，故教人先从下学用功。子游不知其意而讥之说："道有本有末，人之学道不可徒事其末而忘其本。今子夏之门人小子观其洒扫应对进退之间，其威仪习熟，容节周详，则信乎其可矣。然特小学之事，道之一节而已，律之以根本之学，如《大学》诚意、正心之事，则全未有得，如之何其可哉！"子夏闻其言而叹之说："言游以我之门人务末而遗本，恰似我不肯把至道传他们的一般，此言差矣。盖君子以大公无我之心，而施之为曲成不遗之教，何尝有意说某一样道理是浅近的，可以为先而传之；某一样道理是高深的，可以为后而倦教。定要立这等次第，但以学者所造，其分量自有浅深，譬诸草木之有大小一般，其区类判然有别，不得不分个先后，各因其材而施之耳。若不量其造诣之浅深，工夫之生熟，概以高远的道理教他，则是语之以所不能知，导之以所不能行，徒为诬之而已，焉有君子教人而可以诬罔后学如此也？若夫自洒扫应对，以至于诚意、正心，彻首彻尾，本末一贯，全不假进修次序，这惟是聪明睿智天纵的圣人，生知安行之能事也。今此门人小子岂能便到得圣人地位，安得不先教以小学乎？子游讥我失教，其言信为过矣。"盖道有定体，教有成法，古人八岁入小学，十五而后入大学，其次第自应如此。宋儒程子说，自洒扫应对上，便可到圣人事，然非穷理之至，精义入神，何以知圣人事，从洒扫应对中来？有志于成始成终之学者，不可无深造之功焉。

【原文】

子夏曰:"仕而优则学,学而优则仕。"

【张居正讲评】

优是有余力的意思。子夏说:"凡人为学,则以藏修为主。出仕则以尽职为忠,固各有所专。然学所以求此理,而不仕则学为无用。仕所以行此理而不学,则仕为无本,乃相须以为用者也。故凡出仕而在位者,当夙夜匪懈,先尽其居官之事,待职业修举有余力之时,却也不可间过了光阴,仍须从事于学,以讲明义理,考究古今。则聪明日启,智虑日精,所以资其仕者,不益深乎?未仕而为学者,当朝夕黾勉,先进其务学之事,待涵养纯熟,有余力之时,却不可虚负了所学,必须出仕从政,以致君泽民,行道济时。则抱负既宏,设施亦大,所以验其学者,不亦广乎?"要之,仕学不可偏废,而学尤终身受用之地。盖义理无穷,若不时时讲究,则临民治事之际,未免有差,此念始终典于学,古之贤臣所以倦倦为君告也。

【原文】

子游曰:"丧,致乎哀而止。"

【张居正讲评】

致字,解作极字。子游说:"方今之世,文胜质衰。居丧者徒尚仪文之末节,而少哀戚之真情。以吾观之,人子执亲之丧,只须极尽乎哀而止,何以文饰为哉?盖哀恸有余,则真情已竭,虽礼文不足,何伤乎?"考之《礼记》,子游平素究心于丧礼,非脱略于仪文者。此言盖为救时而发,即夫子丧与其易也,宁戚之意也。

【原文】

子游曰:"吾友张也,为难能也,然而未仁。"

【张居正讲评】

张是子张。子游说:"吾友子张之为人也,才高意广,人所不能为者,彼却为之,是难能也。然少诚实恻怛之意,未免心驰于外,而天理之所存者寡矣,其于仁则未也。"盖仁者本心之德,实理具备,无假于外。人惟依著真心、本等做去,则事皆著己务内。乃所谓仁,何必为所难能哉?"是以圣门教人专以求仁为本,而以徇外为戒也。

【原文】

曾子曰:"堂堂乎张也,难与并为仁矣。"

【张居正讲评】

堂堂是容貌之盛。曾子说:"朋友所以辅仁,故必有诚笃之资,专用心于内者,彼此讲习切磋,然后可相助以进于善。乃若堂堂乎吾友子张也,惟致饰于威仪,修整其容貌而已,其驰心于务外自高如此,以之为己,则无操存涵养之功;以之为人,则无箴规观感之助,人固不能辅他为仁,他也不能辅人之仁,所以说难与并为仁矣。"曾子此言,盖救子张之失,欲其用心于内也。

【原文】

曾子曰:"吾闻诸夫子:人未有自致者也,必也亲丧乎?"

【张居正讲评】

致是推致其极的意思。曾子说:"吾尝闻夫子有言:常人之情于凡应事接物之际,真切恳到处少,苟且忽略处多,未有能自尽其心,推之以至其极者也。求其能自尽者,必也于父母之丧乎!"盖子与父母,本天性之至亲,而况居丧之时,又人道之大变,惟是这个时候,其哀痛迫切之诚,发于至情而不容已,乃能内尽其心,无一毫之勉强,外尽其礼,无一毫之欠缺也,使于此而不尽其心,恶乎尽其心哉? 于此见人心之良,随处发见,而最真切者莫过于亲丧之时,能识其端而推广之,则礼意无一念之不真,伦理无一件之不厚,而仁不可胜用矣。此曾子所以有感于圣人之言也。

【原文】

曾子曰:"吾闻诸夫子:孟庄子之孝也,其他可能也,其不改父之臣,与父之政,是难能也。"

【张居正讲评】

孟庄子名速,是鲁大夫,当时人皆称其有孝行。曾子说:"我闻诸夫子说,孟庄子之孝也,其他生事尽礼,死事尽哀,虽足为孝,然犹可能也,惟是那不改父之臣与父之政这两件,乃是人所难能。"盖庄子之父献子贤而相鲁,其所用之臣乃贤臣,所行之政乃善政,固皆可以不改,但献子既殁,庄子得以自专,苟非卓然欲继父志而为善,则其臣与政必有与己相违拂者,焉能不改乎?庄子则以亲之心为心,略无适己自便之意。其于臣也,父用之,吾亦承而用之;其于政也,父行之,吾亦踵而行之,终身遵守,无少更变。是盖志在立身行道,世济其美,以显亲扬名,乃孝之大者。非但不忍死其亲而已,岂人所易及者哉?所以说难能也。

【原文】

孟氏使阳肤为士师,问于曾子,曾子曰:"上失其道,民散久矣。如得其情,则哀矜而勿喜。"

【张居正讲评】

阳肤是曾子弟子。士师是掌刑狱之官。散是离散。哀矜是哀怜的意思。昔鲁大夫孟氏使阳肤为士师之官,着他断理刑狱,阳肤因问治狱之道于曾子。曾子告之说:"刑狱之设,所以防民之奸,表率之而不从,教诏之而不入,乃用法以威之,非得已也。今也在上的人德教不修,既不足为民表仪;刑政无章,又无以示民趋避,将长民的道理都失了,以致百姓们,情意乖离,无所维系,相率入于不善,若所当然,而不知陷于大戮也,其来非一日矣。尔为士师,当念犯法虽在于民,而所以致之则由于上。治狱之时,如或讯得其情,虽其行私干纪,信为有罪,而犹必哀怜之,矜悯之,视之有若无辜,而加恻隐之意焉。莫为情伪微暧,而我能得其隐情,便欣然自喜其明察也。如此则用法必平,民可无冤,而士师之责任为无忝矣。"

【原文】

子贡曰:"纣之不善,不如是之甚也。是以君子恶居下流,天下之恶皆归焉。"

【张居正讲评】

下流是地形卑下,为众流所归的去处。子贡说:"古今言荒淫暴虐,一切不善之事,皆以商纣为称首,其实纣之不善,亦不至如是之甚也。只因他是个无道之君,恶名彰著,古今言人之为恶者,皆举而归之于纣,譬如地势洼下的去处,众水都流在里面的一般,盖其自处然也。是以君子常自警省，不肯一置其身于下流不善之地。"盖一自处于不善，则人遂从而指名之，凡天下不好的事都归于其身，不是他做的事，也说是他做的了。故纣以一时之凶德，而被千载之恶名，遗臭无穷，终莫能洗，岂非万世之明戒哉？古语云：从善如登，从恶如崩。甚言上达之难，而下流之易也。自修者诚能朝乾夕惕，不以小善为无益而不为；不以小恶为无伤而不去，则日进于高明，而尧、舜亦可几及也。

【原文】

子贡曰："君子之过也，如日月之食焉。过也，人皆见之；更也，人皆仰之。"

【张居正讲评】

更字，解作改字。子贡说："过者人之所不能无，故虽以君子之人，防检少疏，也有一时差错，但常人有过唯恐人知，所以遂成其过。君子有过即自认说，这是我差错了，明白昭示于人，绝无一毫遮饰，譬如日月之食一般，一分一秒人皆得而见之，不可得而掩也。既自认以为过差，随即就改了，复于无过。譬如日月亏而复圆，光明皎洁，人皆翕然仰之，不可得而议也。"盖日月以贞明为体，故虽暂食而无损于明，君子以迁善为心，故因有过而益新其德，若小人之遂非文过，只见其日流于卑暗而已，安望其能自新也哉？然过而使人见，更而使人仰，此其修德于昭昭者耳。若夫幽独之中，隐微之际，遏绝妄念，培养善端，此则君子慎独之功，修之于人所不见者也。欲立身于无过之地者，宜于此加谨焉。

【原文】

卫公孙朝问于子贡曰："仲尼焉学？"子贡曰："文武之道，未堕于地，在人。贤者识其大者，不贤者识其小者，莫不有文武之道焉，夫子焉不学？而亦何常师之有！"

【张居正讲评】

公孙朝是卫大夫。识是记。卫大夫公孙朝问于子贡说："汝夫子仲尼于天下事理无大无小，莫不周知，果何所从学而能然耶？"子贡晓之说："道之灿然者，莫备于文武。其一代谟训功烈，礼乐文章之类，虽去今已远，然未至坠落于地，固尚在人也。世有贤而出众的人，其识见宏远，则能记其纲领之大；有不贤而平常的人，其识见浅近，亦能记其节目之小，是人之贤否虽不齐，而识大识小，莫不有文武之道存焉。文武之道既无所不在，夫子之学亦何所不周,如贤者识其大,夫子则于贤者而学其大;不贤者识其小,夫子则于不贤者而学其小。盖随处访求,无往而非学也。无往而非学,则亦无往而非师也,而又何常师之有?岂如他人之学有定在,师有常主者哉?"夫孔子以生知之圣,犹且学无常师如此,诚以义理无穷,而取善贵广也。况人君以一身而膺天下国家之寄,尤当以务学为急,故高宗则逊志时敏,成王则日就月将,所以称殷周之盛王也。

【原文】

叔孙武叔语大夫于朝曰:"子贡贤于仲尼。"子服景伯以告子贡,子贡曰:"譬之宫墙。赐之墙也及肩,窥见室家之好。夫子之墙数仞,不得其门而入,不见宗庙之美,百官之富。得其门者或寡矣。夫子之云,不亦宜乎?"

【张居正讲评】

叔孙武叔、子服景伯都是鲁大夫。七尺为仞。后面夫子指武叔说。昔孔子道德高深,时人不能窥测。一日,叔孙武叔在朝中对众大夫说:"人皆称孔子是圣人,以我观于子贡,其聪明才辩还过于仲尼,仲尼殆不及也。"时子服景伯适闻此言,因告于子贡。子贡说:"人唯见道而后可以言道。武叔以我为贤,由于所见者浅也。以赐之道,上比于夫子,其高卑悬绝,譬如宫墙一般。赐也造诣未深、识见有限,比之于墙,不过及肩而已,其墙既卑,故人不必入其门也,但从外面窥之,于凡室家所有,一器一物之好,举目便看见了,是赐之道浅狭而易见如此。若吾夫子,道德尊崇,地位峻绝,比之于墙,其高数仞者也。其墙既高,若不得其门而入,则其中宗庙气象之美,百官威仪之富,何由而见之乎?是夫子之道,深广而难窥如此。今之人不过官墙外望而已,能得其门而入者几何人哉?若武叔者,正不得其门而入者也。他于圣道之美富,本不曾见是何等模样,则谓我贤于仲尼,亦何足怪乎?"盖由其识见之未深,故其拟议之欠当耳。子贡以是而晓景伯,所以尊孔子鄙武叔者,可谓至矣。

【原文】

叔孙武叔毁仲尼,子贡曰:"无以为也。仲尼,不可毁也。他人之贤者,丘陵也,犹可逾也。仲尼,日月也,无得而逾焉。人虽欲自绝,其何伤于日月乎?多见其不知量也。"

【张居正讲评】

土坡高者叫作丘。冈阜大者叫作陵。逾是逾越，量是分量。叔孙武叔前说仲尼不及子贡，至是乃从而毁谤之，其诬圣之罪愈大矣。子贡晓之说："尔无用此谤毁为也。盖仲尼之圣非他人可比，不可得而毁也。何者？他人之贤者，虽异于人，然所造未至，就如丘陵一般，自平地下看着虽高，其高终是有限，犹可得而逾越也。若仲尼之道，冠绝群伦，高视千古，就如日月一般，悬象著明，与天地同运，无一物不在其照临之下，谁得而逾越之乎？纵有不肖的人，欲自弃于圣人之教横肆非毁，而圣人之道高德厚，岂彼浮言妄议所能污蔑？如日月之明，万古常新，非人所得而毁伤也。尔今之毁仲尼，正如要伤日月，只见其不揣自己的分量，于圣凡高下，懵然无辨，一天地间妄人而已，何足校哉？"按：子贡前以宫墙喻圣道，此又以日月为喻，所以尊孔子而晓武叔者，其词愈峻，而意愈切矣。

【原文】

陈子禽谓子贡曰："子为恭也，仲尼岂贤与子乎？"子贡曰："君子一言以为知，一言以为不知，言不可不慎也。夫子之不可及也，犹天之不可阶而升也。"

【张居正讲评】

陈子禽即陈亢。恭是推逊的意思。阶是梯。昔陈子禽虽学于孔子，而莫能窥其道之高大。一日乃谓子贡说："师不必贤于弟子，今汝推尊仲尼，极其恭敬，岂以仲尼之贤有过于子乎？"子贡以其轻于议圣，因斥其失言之非说："言语之发，不可不谨，一句言语说的是，人便以为智；一句言语说的不是，人便以为不智。智与不智，但系于一言之微。如此，可不谨乎哉？今汝谓仲尼不贤于我，其失言甚矣。知者固如是乎？盖人有可及不可及，若吾夫子圣由天纵，道冠群伦，人虽欲企而及之，而化不可为，有非思勉之可至。殆如天之高高在上，所可仰者轻清之象而已，岂有阶梯之具可攀跻而上升者乎？知登天之难，则知希圣之不易矣。子乃以我为贤，真日囿于天之中而不知其高者也，何其惑之甚哉！"

【原文】

夫子之得邦家者，所谓立之斯立，道之斯行，绥之斯来，勤之斯和。其生也荣，其死也哀。如之何其可及也？"

【张居正讲评】

立是植其生。道是引导。绥是安。动是鼓舞的意思。四个斯字,言其随感而应,见效之速也。荣是尊荣。承上文说:"夫子之所以不可及者,盖有非常之道德,自有非常之事功,唯其穷而在下,故无由见其设施耳。使其得邦家而治之,其感人动物之效,岂小小哉? 正所谓民生未遂,为之分田制里以扶植其生。那百姓们即耕食凿饮,并立于生养之中矣;民行未兴,为之建学明伦以倡导于善,那百姓们即遵道遵路,率由于教化之内矣;民居有未安,一抚绥之,使之得所。那百姓们即闻风向化,群然而来归矣;民俗有未化,一鼓舞之,使之自断,那百姓们即兴仁兴让,蔼然相亲睦矣。其在生之时,人皆欢欣爱戴,莫不尊亲而极其荣显。既殁之后,人皆悲伤思慕,如丧考妣,而极其哀诚。其德化感人之速,而人人之深如此,就如天道发育万物,以生以长,曾莫测其所以然也。如之何其可及也哉?"子禽不知而妄议之陋亦甚突。按古帝王治世之盛莫如尧舜。尧舜之治以时雍风动为极。而孔子之化,以绥来动和为成,于此见圣人功用其感通变化之机,一而已矣,故史臣赞尧之德曰如天,舜曰协帝。而子贡推尊孔子则曰犹天之不可阶而升,诚见其道之同也。有君师治教之责者,不可不深探其本焉。

尧曰第二十

【原文】

尧曰:"咨,尔舜,天之历数在尔躬,允执其中。四海困穷,天禄永终。"舜亦以命禹。

【张居正讲评】

咨是嗟叹声。历数是帝王相承的次序,如岁节气先后一般,故谓之历数。允是信。天禄即天位。这是记者历叙帝王之道,以见孔子授受都只是这个道理,首举帝尧将禅位于舜而戒命之说:"咨! 尔舜,自古帝王代兴,莫非天之所命。如今天命在汝,将帝王相传的历数付托于汝舜之身矣。夫天以天下授汝,汝必能安天下之民,然后可以克享天心。

而其道无他也,天下之事虽日有万机,莫不各有个自然恰好的道理,这叫作中。必是此心廓然大公,无为守正,事至物来,皆因其本然之理,顺而应之,各当其可。兢兢持守,不使一有偏倚,而或流于过与不及之差,则民心悦,而天位可常存矣。苟或不能执中,则政乖民乱,将使四海之人危困穷苦,心生怨叛,而人君所受于天之禄位,亦永绝而不可复享矣,可不戒哉?"其后帝舜禅位于禹也,就把帝尧这几句话叮咛而告语之。凡执中之训,永终之戒,一如尧之所命,无异词也。夫尧、舜、禹相授受,独举中之一字为言,盖即《洪范》所谓建用皇极者也。自非好恶不做,偏党反侧不形,鲜有能允执此道者。唐虞夏后致治之盛,皆由此一言基之。岂非万世之标准哉?

【原文】

曰:"予小子履,敢用玄牡,敢昭告于皇皇后帝,有罪不敢赦,帝臣不蔽,简在帝心。朕躬有罪,无以万方,万方有罪,罪在朕躬。"

【张居正讲评】

履是汤之名。玄牡是黑色的牛。皇是大,皇皇后帝即皇天后土。蔽是隐蔽。简字,解作阅字,是一一监察的意思。这一节是记成汤受命之事。汤既放桀,作书以告诸侯,因述其初时请命于天说:"我小子履,敢用玄牡之牲,敢昭告于皇天后土之神:今夏王无道,得罪于天,乃天讨必加,我当明正其罪而不敢赦。其贤人君子为上天所眷命者,这都是帝臣,我当显扬于朝而不敢隐。盖凡此有罪有德的人,都一一简在上帝之心,或诛或赏,我惟奉顺天意而已。岂得容私于其间乎?使我受天之托,所为或有不公不正,不能替天行道,这是我自家的罪过,于万方小民有何干涉?我当甘受上天之罚。若万方小民有罪犯

成汤

法,却是我统御乖方,表率无状所致,其罪实在于朕之一身,不可逭也。"盖人君以奉天子

民为责,故汤于命讨之典,则听命于天;于下民之罪,则引咎于己,乃真知为君之难者。其视三圣之允执厥中,殆异代同符矣。

【原文】

周有大赉,善人是富。虽有周亲,不如仁人。百姓有过,在予一人。

【张居正讲评】

大赉是大施恩惠。周亲是至亲。这是记武王受命之事。武王初克商而有天下,他务未遑,首先散财发粟,以赈穷恤困,而大施恩泽于四方,又于其中拣那为善的人,特加优赉,不但补助其不足,尤使之丰给而有余也。其赏善之公如此!始初誓师说:"商纣至亲虽多,忠良者少,不如我周家臣子,个个是仁厚有德之人,贤而可恃也。我今既获仁人之助,若不往正商罪,则百姓每嗟怨日甚,把罪过都归于我之一身矣。"其责己之厚如此。夫利则公之于下,过则引之于己,则武王伐纣之举,无非为除暴安民计耳,岂有一毫自私自利之心哉?

【原文】

谨权量,审法度,修废官,四方之政行焉。兴灭国,继绝世,举逸民,天下之民归心焉。所重民,食、丧、祭。

【张居正讲评】

权是量秤,是斗斛。武王既定天下,见得商家旧政都坏乱了,乃扫除其积弊,从新整顿之。于权量,则谨定其规则,而轻重大小,无复参差。于法度,则审酌于时宜,而礼乐刑政无复混淆。于官制,则修举其废坠,而百司庶府无复旷闲。由是法纪所颁,在在遵守,而四方之政无有壅遏而不行者矣。至于前代帝王之后,国土已灭者,则兴之,使复有其国;世系已绝者,则续之,使不失其祀;贤人废弃在下者,则举用之,使野无遗贤。由是德意所感,人人欣戴,而天下之民,无不倾心而归服者矣。至其加意民事所最慎重者,则有三件,曰食,曰丧,曰祭。盖食以养生,丧以送死,祭以追远,乃人道之大经。故制为田里,以厚民生;定为丧葬、祭祀之礼,以教民孝,所以重王业之本,风化之原者,又如此。由武王所行之政而观,其德泽周遍,既有以团结一代之人心,政教修明,又有以恢张一代之治体。所以能建中于民，而副上天宠绥之命，有由然矣，谓非上接尧、舜、禹、汤之统者哉！

【原文】

宽则得众，信则民任焉，敏则有功，公则说。

【张居正讲评】

任是依靠的意思。记者历叙尧、舜、禹、汤、武之事，因总结之说：帝王御世，虽因时立政，各有不同，而保民致治之大端，总之只有四件，曰宽、信、敏、公而已。盖人君以天下为度，若专尚严急，则人无所容，而下有怨叛之心。若能宽以御众，而胸襟广大，如天地之量一般，则包涵遍覆，众庶皆仰其恩泽而莫不尊亲矣。君道以至诚为本，若虚文无实，则人无适从，而下有疑贰之心。惟能信以布令，而始终唯一，如四时之运一般，则实政实心，下民皆有所倚仗，而莫不归附矣。人君总理万机，一或怠缓，则易以废事，惟能励精图治，而孜孜汲汲，宵旰常若不遑，则纪纲法度件件修举，而事功于是乎有成矣。人君宰治万国，一或偏私，则无以服人，惟能大公顺应，而荡荡平平，好恶有所不作，则赏罚举措事事合宜，而人心于是乎悦服矣，凡此四者皆人君治天下之要术。自尧舜禹汤文武，交修而并用之，所以成唐虞三代之盛也。然要其致治之本，则皆不外乎一中之传。盖道具于心则为中，措诸政事则为宽信敏公，亦如《洪范》皇极以立本，三德以致用，故刚柔正直，而建极之化始全，宽信敏公，而执中之道斯备，其义一也。有志于帝王之治者，宜究心焉。

【原文】

子张问于孔子曰："何如斯可以从政矣？"子曰："尊五美，屏四恶，斯可以从政矣。"子张曰："何谓五美？"曰："君子惠而不费，劳而不怨，欲而不贪，泰而不骄，威而不猛。"

【张居正讲评】

尊是崇尚。屏是屏绝。泰是安舒。猛是刚厉的意思。子张问于孔子曰："君子出而用世，当何作为，斯可以居位而为政乎？"孔子告之说："治道不止一端，唯在审所取合而已。凡政之美而有益于治者，有五件，汝必尊敬而奉行之；政之恶而有害于治者，有四件，汝必惩戒而屏绝之。夫善政行则百姓蒙其福,恶政去则百姓远于害。取舍当而治道可举矣,于从政何有哉?"子张因问说:"何谓五美?"孔子举其目而告之说:"凡施于人者未免有所费,君子则不必捐己之所有,而人自然蒙其利于无穷。夫于下既有所益,而于上又无所损,此所以为美者一也;劳民之力者多致民之怨,君子虽有役以劳民,而人皆乐于趋事,未尝见其怨焉。夫既以劳民之力而又能得民之心,此所以为美者二也。常人心有所欲易至于贪,君子虽亦有所欲,然于己有所得,于人无所求,欲而不贪,此所以为美者三也。常人志意舒泰易至于骄,君子虽若泰然自得,却无一毫矜肆之意,泰而不骄,此所以为美者四也。常人以威临民易至于猛,君子虽若有威可畏,却不至于暴厉而使人难堪,威而不猛,此所以为美者五也。"

【原文】

子张曰:"何谓惠而不费?"子曰:"因民之所利而利之,斯不亦惠而不费乎?择可劳而劳之,又谁怨?欲仁得仁,又焉贪?君子无众寡、无小大、无敢慢,斯不亦泰而不骄乎?君子正其衣冠,尊其瞻视,俨然人望而畏之,斯不亦威而不猛乎?"

【张居正讲评】

子张闻五美之目,而未知其实。因问说:"惠则必费,如何叫作惠而不费?"孔子乃备举其事而告之说:"凡施惠而捐己之财,这便费了。君子因天下之利,利天下之民。如田里树畜,但就百姓本等的生理与之区划而已,本非分我所有以与民,岂非惠而不费乎?劳民而不量其力,民就怨了。君子用民之力,不夺民之时,如城池、仓库,但择国家紧要的工程,间一驱使而已,固不肯泛兴工役以劳民,其谁得而怨之乎?欲其所不当欲,斯谓之贪。君子心之所欲,唯在于仁,而仁本固有,欲之即至,自然合乎天理之正,即乎人心之安,这是近取诸身,无慕乎外者,谁得而议其贪乎?安舒的人,其志意多疏放,故失之骄。君子不论人之众寡,事之小大,一惟兢兢业业,临之以敬慎,而不敢有慢易之心,这是宽裕之中,常自检束,非有心于简傲也。此岂非泰而不骄乎?威严的人,其气象多粗厉,故失之猛。君子衣冠整肃,瞻视端庄。俨然恭己于上,而人之望其容色者莫不敬畏。这是临御之体,自然尊重,非有意于作威也,此岂非威而不猛乎?"这五件施之于民,则为善政;修之于身,则为令德,所谓五美之当尊者如此!

【原文】

子张曰:"何谓四恶?"子曰:"不教而杀谓之虐,不戒视成谓之暴,慢令致期谓之贼,犹之与人也,出纳之吝,谓之有司。"

【张居正讲评】

虐是残酷。暴是急躁。贼是伤害。犹之,譬如说一般样的。子张又问说:"何以谓之四恶?"孔子告之说:"为人上者欲民为善,须要时常教导,知其不从,乃可加刑。若平素不能教民,使知善之当为,恶之当去,一旦有罪便加之以刑杀,是其用刑残酷,全无恻隐之心,这叫作虐;欲民趋事,须要预先戒饬,使之警省,乃可责成。若常时不加戒饬,令其着实奉行,渐次整理,一旦省视,骤然责其成效,是其举动躁急,殊无宽裕之体,这叫作暴,有所惩求于民,必先期出令,而后民知所从。若稽慢诏令,故意耽延,却乃刻定日期,严限追并,则事有难于卒办,刑必至于妄加。是其伤人害物有不可胜言者,不谓之贼而何?至若有功当赏,即断然赏之,而人始蒙其惠。若迟回顾惜,一般样地与了人,而于出纳之际,却乃欲与不与,悭吝而不决,则虽以与人,而人亦不怀其惠,此乃有司为人守财,不得自专者之所为,为人上者岂宜如此?凡此四者,为政之所当屏也,汝其戒哉!"按:《论语》一书,孔子告问政者多矣,而美恶并陈,法戒具备,未如此章之明切者。故记者列此以继帝王之治,见圣人修身立政之道,一而已矣。

【原文】

子曰:"不知命,无以为君子也;不知礼,无以立也;不知言,无以知人也。"

【张居正讲评】

孔子说:"君子修身处世,其道固不止一端,然其要只在于天人物我之理,见得分明而已。盖人之有生,吉凶祸福,皆有一定之命。必知命,乃能安分循理而为君子也。若不知命,则见害必避,见利必趋,行险侥幸,将无所不为,而陷于小人之归矣,此何以为君子乎?此命之不可不知也;礼为持身之具,故必知礼,乃能检摄威仪而有以自立。若不知礼,则进退周旋,茫无准则,耳目手足惶惑失措,欲德性坚定,而卓然自立难矣。此礼之不可不知也；人心之动，因言以宣。故必知其言之美恶，斯人品之高下，可概而知也。若不知言，则众言淆乱，漫无折中，得失无由而分，邪正无由而辨，人不可得而知之矣，此言之不可不知也。知此三者，则天人物我之理洞察无遗，而君子修身之道备矣。"

按：《大学》一书，首先致知，《中庸》一书，要在明善，而《论语》一书则以三知终焉。诚以天下之理必知之明，而后能行之至，尧、舜、禹相授受，其大旨亦不过曰唯精唯一而已。有志于圣道者，可不以讲学明理为急务哉？

第八章 《论语》中的成语

学而篇第一

不亦说乎

【语义】

义为不就是让人感到快乐的事吗？

【语评】

在学习和实践的过程中，如果用心的话，常常会有一些新的体会、发现和收获，那是个人付出劳动的结果。正因为是属于个人独有而他人莫及，是自己的创新、发现和成就，所以有着一种让人感到特殊的惬意满足和欢欣鼓舞。这是别人所不能享受得到的。

变形龙纹盆

犯上作乱（又作乱犯上）

【语义】

义为冒犯上司，忤逆长者，为非作歹，祸乱社会。

君子务本

【语义】

义与上同。

【语评】

于今而言,"务本"亦可引申为看问题要抓关键,做工作要有重点,解决矛盾要着力于主要矛盾,抓住矛盾的主要方面。

本立道生

【语义】

义与"本立而道生"同。后引申可指治国等,义为治国之根本确立了,治国之法则也就产生了。

巧言令色(又令色巧言)

【语义】

义为用花言巧语和媚情伪善来取悦别人。

【语评】

为人当直言正色,不当巧言令色;当作正人君子,不当作奸佞小人。

三省吾身

【语义】

义为要从三个方面检查自己,后泛指。

【语评】

"三省吾身"是一个人思想修养升华和能力锻炼提高的有效的重要途径。每天入梦之前,扪心自问,应该去做的事情,哪些做了,哪些没做,哪些做好了,哪些做得还不够好,一个方面一个方面地去思去想,长期坚持下去,则就不但提高了思想修养,而且提高了办事能力。

一日三省

【语义】

义为每天都要从三个方面来反省自己。后泛指,不局限于三,而是含有反复之意。

敬事而信

【语义】

义为严肃认真地做好自己的工作并且做到言而有信。

敬慎处事

【语义】

义为要严肃认真并且小心谨慎地做好每一件事情。

【语评】

无论做什么事情,都应该持有此种态度。与人合作,则应该敬事而信。

节用爱人(又节用爱民)

【语义】

义为节俭用度,爱护百姓。

【语评】

作为治国之道言,"人"于此非是指个人,而是指人民大众。为政者切记,节约用度就是关爱百姓,而真正关爱百姓的管理者,也绝不是仅仅停留在口头,重要的是要珍惜百姓提供的财力,节约各项用度。

使民以时

【语义】

义为按照农时季节,在农闲时役使百姓,以免影响农业生产。

【语评】

农业生产,时间节气是万万错不得的,错过了务田的一时机会,则影响农业之一年收成,这是统治阶级,特别是封建社会的统治阶级所必须要懂得的道理。而今,又何尝过时了呢? 又,引申言之,我们央求别人帮助,又何尝没有一个时机的问题呢?

入孝出悌

【语义】

义为在家孝顺父母,出外遵从兄长。

【语评】

"入孝出悌"为中华传统之美德,"悌"于此泛指。

行有余力

【语义】

义为在完成自己的本职工作之后,还有多余的时间和精力。

孝悌忠信

【语义】

义为孝敬父母、遵从兄长、忠心不二、诚实不欺。

【语评】

此为人与上下左右交际来往中的四种美好品德。"孝"专指对父母之应有态度;"悌"本专指对家中兄长之应有态度,后引申泛指对社会之同辈长者;"忠"本指对待工作要竭尽心力,后延伸指对于国君,实际上是对于国家要忠心耿耿、绝无二致;"信"是言语真实、无欺、守信,指人与人之间要推心置腹,坦诚相待,不欺哄隐瞒,无尔虞我诈。

贤贤易色

【语义】

本指对于妻子要看重品德,不要看重容貌。后引申为要尊崇贤者,轻视女色,如《汉书·李寻传》:"圣人承天,贤贤易色,取法于此。"唐颜师古注:"贤贤,尊上贤人。易色,轻略于色,不贵之也。"

【语评】

从本章"事父母,能竭其力;事君,能致其身"可以看出,孔子和他的弟子们把为国看得重于为家。"君"不能简单、机械地理解为国君,更多和更深的意义上指的是国家。

言而有信

【语义】

义为说话要讲求信用。

【语评】

"有"与"无"相对,作拥有讲,此处引申含有讲求、坚守之意。

言而无信（又言而不信）

【语义】

义为说话不算数，不讲求信用。

不重不威

【语义】

义为一个人言行不严肃庄重则在人前没有威仪。

过勿惮改（又过则勿惮改）

【语义】

义为有了过错不要害怕改正。

【语评】

俗言："人非圣贤，孰能无过?"其实圣贤亦有过错。孔子者，圣人也，不只有错，而且错非个别，单是《论语》中记着的就有好几桩，比较明显的如《述而篇第七》之第31章："陈司败问：'昭公知礼乎?'孔子回：'知礼。'孔子退，揖巫马期而进之，曰：'吾闻君子不党，君子亦党乎? 君取于吴，为同姓，谓之吴孟子。君而知礼，孰不知礼?'巫马期以告。子曰：'丘也幸，苟有过，人必知之。'"又如《阳货篇第十七》之第4章："子之武城，闻弦歌之声。夫子莞尔而笑，曰：'割鸡焉用牛刀?'子游对曰：'昔者偃也闻诸夫子曰：君子学道则爱人，小人学道则易使也。'子曰：'二三子! 偃之言是也。前言戏之耳。'"但是过错并没有损害孔子的光辉形象。当然，他意识不到的时候也有。

改正错误，对于有些人来说却并非易事，特别是成了习惯之后，改起来很难，必须狠下决心并且要有坚强的意志和毅力。至于对于小人，《子张篇第十九》之第8章子夏说"小人之过也，必文"，那就是另外一回事了。他不是不知道错误，而是千方百计地掩饰错误,因此当与意识不到错误者有原则区别。

慎终追远(又追远慎终、慎终思远、谨终追远)

【语义】

义为对父母的丧事要极尽哀思,对祖先的追念要极尽虔诚。

【语评】

此章言含在上者要以身作则,为在下者或是百姓做出表率之意。就"慎终追远"言,我们没有权利忘却父母的恩养和祖先的恩德。

温良恭俭让(又温良恭俭、温良俭让)

【语义】

义是为人要态度温和、心地善良、礼下恭敬、生活节俭、作风谦让,泛指立身谦恭、温文尔雅、朴实端庄、饶有风度。

【语评】

此为中华民族之传统美德,人人当细嚼、体悟并身体力行之。中国的古人曾经有过对于美好社会的设计和幻想,比如晋陶渊明的世外桃源,还有清李汝珍《镜花缘》中写的在君子国的所见所闻,其中都不乏温良恭俭让的影子。当今提倡建设一个和谐温馨的国家和社会环境,温良恭俭让亦是必备条件。

礼之用,和为贵

【语义】

义为礼在施行的过程中,要以中和诚敬为最好。

【语评】

汉语中,"和"之所以为贵,在于它是和平、和善、和气、和谐、和合、和好、和美、和顺以及平和、谦和、协和、随和等等,包含了人和人相处的一切真情、善意、优美的东西,没有矛盾纠缠,没有尔虞我诈,没有仇恨不容,没有势不两立。"和"是人间最为美好的品德和最为理想的追求之一。

小大由之

【语义】

义为无论是大的方面还是小的方面都要依据于此。

【语评】

孟子说:"天时不如地利,地利不如人和。"(《孟子·公孙丑下》)"天时"重要,"地利"重要,相比起来,"人和"尤其重要。做任何事情,都要从"和"字出发,而又落脚于"和"。

信近于义

【语义】

义为守信必须符合义的要求。言外之意,不符合义的要求的守信是没有意义的,只能陷自己于不义。

【语评】

义是什么? 义者,宜也。义是合乎道理的思想和主张,是合乎正义的事情和行为。义在《论语》和儒学中是一个评判是非、真假、美丑、善恶的标准,是一个人思想和言行的基本的出发点。在孔子那里,一切都要符合义的要求。

恭近于礼

【语义】

义为对人的恭敬要符合礼的要求。言外之意是不卑不亢,无过而又无不及。

【语评】

恭敬当然是人的美好的品德,但是也有一个度的要求问题,要恰如其分,要符合礼的要求规定。人不可目中无人、傲慢无礼,亦不可低声下气、卑躬屈膝,要不卑不亢、堂堂正正。

食无求饱,居无求安

【语义】

义为吃饭不要贪求满足,居住不要贪求安逸。

【语评】

人应该追求什么? 什么是真正的好学? 孔子在这里作如是说。

人没有吃穿住行的基本条件就不能生存于社会,但是在生活的享受上绝不要有太高的贪求。孔子推崇个人生活俭朴而不忘列祖列宗,不忘故国故园、故乡故土并且竭尽心力为人民谋福的人,《泰伯篇第八》之第21章有他关于大禹的一段称颂,可以看出他的这个思想,他说:"禹,吾无间然矣! 菲饮食而致孝乎鬼神,恶衣服而致美乎黻冕,卑宫室而尽力乎沟洫。禹,吾无间然矣!"

敏于事而慎于言(又敏于事,慎于言)

【语义】

义为在做事的时候一定要努力勤奋,在说话的时候一定要谨慎小心。

【语评】

只要方向对头,"敏于事"在什么样的情况下,怕是都不会错的,而言语则有不同。作为国家的领导人,出言谨慎尤其重要,《子路篇第十三》之第15章讲一言可以几近兴邦,一言亦可以几近丧邦。作为凡夫俗子,由于说话不慎即使好心善意而闹出麻烦的教训却也不在少数。俗话说"祸从口出",虽然并非全然如此,但是因为话不投机而把事情搞糟的却常见之,所以对于"慎于言"亦应切记。

贫而无谄,富而无骄

【语义】

义为贫穷了不可有巴结谄媚之色,富有了不可有狂傲骄矜之态。

【语评】

为人一定要贫有脊骨,富当谦下。孔子对于"贫而无谄,富而无骄"是认可的,但是觉得还不够理想、完美,他认为最为理想、完美的境界应该是"贫而乐,富而好礼"。孔子的这个思想我们在以后的陈述中将会有更深刻的阐释。

贫而乐道

【语义】

义为生活贫穷却能以陶醉学习、获得真知而自得其乐。

【语评】

世界上绝对贫穷和相对贫穷的人很多很多,但是能够做到了道的怕是很少很少,这是需要思想修养和精神境界很高的人才能达至并且坚持的。孔子做到了,《论语》中还有一个极好的榜样是颜渊,孔子感慨地称赞他道:"贤哉,回也!一箪食,一瓢饮,在陋巷,人不堪其忧,回也不改其乐。贤哉,回也!"(《雍也篇第六》之第11章)我们未必能够像孔子和颜渊那样,但是应该向他们学习,朝着那个方向努力。贫而乐道,富裕了,尤其应该乐道。

颜渊

富而好礼

【语义】

义为家庭富有却谦逊有礼。

【语评】

为富者常有不仁,故好礼者为上。

告往知来

【语义】

义为告诉已往之事,则可以推知未来之事。也用以说明提起学过的知识,就可以领悟到还没有学过的知识。常用来形容人的聪明智慧,善于类推联比。

为政篇第二

为政以德

【语义】

义为要以道德治理国家。

【语评】

此为治国之言,当政者,当切记。

治国有法治和德治两手,二者缺一不可,最为理想的当然是法治和德治的完美结合。

比较法治和德治,在某个时期、某一阶段强调法治的重要性是十分必要的,但是从最为基础、最为根本、最为长远的方面来讲,应该说还在于德治,在于提高人的思想觉悟和道德水平。法的一切规定,都是需要人去具体执行的,有了好的法的规定,如果没有人的好的素质,再好的法律、规章也难以执行,也执行不出好的结果。历史上常常有这样的情况,愈是高喊法的整顿和法的制裁的时候,愈是显得社会的思想觉悟和道德水平无奈的时候。孔子正是从这个角度提出自己的这个思想观点的,还有下边我们将紧接着看到的"道之以政,齐之以刑,民免而无耻;道之以德,齐之以礼,有耻且格",亦是如此。

德是什么?是道德、品德,是人的品行、品格、品质,是人的节操。孔子十分看重人的德的修养,"为政以德"其实也就是要重视对人的道德的培养,重在启发人的道德的自觉。我们不能片面地理解为"为政以德"只是针对最高统治者而言的,推而演之,一切做领导工作的人,一切从事于国家政务工作的人,无论做什么事情,都要把符不符合礼义道德放在第一的位置去考虑,都要以礼义道德律己、以礼义道德育人,都要以自己的思想、人格、品德服人,都要为他人做出表率、样子,而后才能得到众人的信赖和拥护,得到众人的支持和帮助,才能影响和引导别人,才能把事情办好。由此而言,一切服务于人民的人,人人都当切记。

一言以蔽之(又一言蔽之)

【语义】

义为用一句话来概括它。

【语评】

"一言以蔽之"即"以一言蔽之",介词"以"宾语前置。"以"亦可视为助词,省略而成"一言蔽之","一言"活用作状语,翻译作现代汉语时仍然必须是"以一言"之意。蔽:覆盖、遮盖,引申做概括、总括讲。

导德齐礼

【语义】

义为用道德来引导,用礼法来教育。本指对于百姓,后泛指。

【语评】

"礼"在孔子的思想和学说中是可以和"仁"相提并论的一个重要部分,而且是现代孔子研究中争议最多的一个问题。关于"礼",我们在前边已经有所论及,说"礼"包含有礼貌、礼节、礼仪、礼制等,是一种秩序的规定性。它是一种什么样的秩序的规定性?简言之,是人的身份和职分的一种规定性,是人际关系的一种规定性,是一种社会稳定、和谐、健康、发展的规定性,如同《颜渊篇第十二》之第 11 章孔子对于齐景公问政的回答:"君君,臣臣,父父,子子。""礼"作为一种社会正常秩序的要求、国家运行秩序的要求、团体组织工作秩序的要求、家庭生活秩序的要求、人和人和谐交往秩序的要求,包括有做人和做事两个方面。这种规定性和秩序的要求,既出自个人思想的自觉,也出自社会的约定俗成,乃至出自国家的法的强制性。这是任何一个人都不能超然于外的,无论是位高之"天子",还是芸芸之众生,因为任何一个人都是生活在人群之中。

"礼"扎根于德的沃土又同法有着密切的关系,与德不尽相同而又属于德的范畴。所以孔子说:"道之以政,齐之以刑,民免而无耻;道之以德,齐之以礼,有耻且格。"他的认识是很明确的,划分是很清楚的。德和礼与政和法共同构成治国之本。

礼表现于社会生活的方方面面,有上下之礼、夫妇之礼、朋友之礼,有结交之礼、进退之礼,有生之礼、死之礼、祭之礼,等等。《论语》中言及礼的语录很多,需要引起我们注意和思考的此处只简要提示以下几点:第一,礼是对人的一种约束,如《雍也篇第六》之第 27 章"子曰:'君子博学于文,约之以礼,亦可以弗畔矣夫'",《颜渊篇第十二》之第 1 章"克己复礼为仁"以及"非礼勿视,非礼勿听,非礼勿言,非礼勿动"等;第二,礼非先天生就,而是后天习得,如《八佾篇第三》之第 8 章"子夏问曰:'巧笑倩兮,美目盼兮,素以为绚兮。何谓也?'子曰:'绘事后素。'曰:'礼后乎?'子曰:'起予者商也!始可与言《诗》已矣'";

第三，礼的施用，最为根本的目的是要达到社会和人际关系的和，达到和好、和合、和缓、和解、和乐、和美、和睦、和平、和恰、和善、和暖、和气、和顺、和谐，达到平和、谦和、亲和、随和、调和、协和、中和等，一切人间美好的东西都包含在"和"中，如同《学而篇第一》之第 12 章所说"礼之用，和为贵"。

孔子关于礼的论述，有许多很好的、精彩的独到见解，然而认识上的守旧、固执、繁琐、冗余亦不乏见。他说"礼，与其奢也，宁俭"（《八佾篇第三》之第 4 章），说"麻冕，礼也；今也纯，俭。吾从众"（《子罕篇第九》之第 3 章），这是很正确的，是具有精进的、变革的思想。但是，却又说"拜下，礼也；今拜乎上，泰也。虽违众，吾从下"（《子罕篇第九》之第 3 章），还有《八佾篇第三》之第 17 章在关于要不要去除告朔之饩羊，《阳货篇第十七》之第 21 章关于要不要守三年之丧的问题上，不能说他的观点就没有道理，但是对于他人观点持完全否定的态度则明显出于主观，而且带有片面。至于《乡党篇第十》之第 2 章、3 章、4 章、5 章中的一些礼节行为，没有必要渲染、宣扬也是显而易见的。这些虽然不是孔子直言，然陈述中表现了孔子的得意和喜悦，则从侧面反映了孔子的思想倾向。

有耻且格

【语义】

义为人有羞耻之心并且能够自觉匡正自己的言语行为。《十三经注疏·论语注疏》宋邢昺疏云："言君上化民必以道德。民或未从化，则制礼以齐整，使民知有礼则安，失礼则耻。如此则民有愧耻而不犯礼，且能自修而归正也。"

【语评】

人当有羞耻之心。有羞耻之心的人，才不会去做没羞没耻、没脸没皮的事。《孟子·公孙丑上》中有这样一段耐人寻味的话："人皆有不忍人之心。……所以谓人皆有不忍人之心者，今人乍见孺子将入于井，皆有怵惕恻隐之心。非所以内交于孺子之父母也，非所以要誉于乡党朋友也，非恶其声而然也。由是观之，无恻隐之心，非人也；无羞恶之心，非人也；无辞让之心，非人也；无是非之心，非人也。"他把有无羞耻之心看作是人与非人的区别之一。没有羞耻之心的人不是人，只是枉披人皮而已。

三十而立

【语义】

义为人到三十岁就应该能够在社会上自立，做到有所建树。后亦有以"立"引申指三十岁的，如唐刘知几《史通·自叙》："及年以过立，言悟日多。"

而立之年

【语义】

为三十岁之代称。

不惑之年

【语义】

为四十岁之代称。

年逾不惑

【语义】

义为年纪超过了四十岁。

知命之年

【语义】

为五十岁之代称。

耳顺之年

【语义】

为六十岁之代称。

年逾耳顺

【语义】

义为年纪超过了六十岁。

从心所欲(又随心所欲)

【语义】

义为顺随着自己的心愿,想做什么就做什么。后以"从心所欲"借指年龄达到七十,如明吴承恩《寿王可斋七帙障词》:"年由此晋,值吾师从心所欲之年;月极其良,当我佛应世而生之月。"

【语评】

一个人当有自由,无自由毋宁死。但是任何人都没有绝对的、不受任何限制的自由,至少是你的自由不能建立在妨碍、侵犯和有害于他人的基础之上。这是为人的一种起码要求和原则。

自由是什么? 自由是对必然的认识、掌握、依从和利用。那么必然又是什么呢? 必然是非人的意志所能左右的自然和社会发展的客观规律。人不能去做与自然、社会发展规律背道而驰的事情,只能在认识、依从和掌握自然、社会的发展、变化规律的基础上去尽情地发挥自己的聪明才智,去自由驰骋。随着人的智力的开发,无论是个人还是整个人类,对于自然和社会的规律的认识是越来越深刻了,因此自由的程度也越来越大。毛泽东说:"人类的历史,就是一个从必然王国向自由王国发展的历史。这个历史永远不会完结。"（见 1964 年 12 月 31 日《人民日报》）但是，自由的程度再大，也还是不能超越自然和社会发展的规律。

　　孔子所说的"从心所欲"，也不是没有限制的，而是在自觉遵守一定的礼法的范围之内的从心所欲。这是在经历了一个很长的认识过程和思想达到了一个很高的境界之后才能做到的，按照孔子的个人体验，那是在七十岁以后。由此可见事情之艰难。

从心之年

【语义】

为七十岁之代称。

犬马之养

【语义】

义为供养父母;谦词。

温故知新

【语义】

本义为复习学过的知识而又有新的认识和体会。后又引申指重温历史而认识当今，如《汉书·百官公卿表上》:"故略表举大分,以通古今,备温故知新之义云。"

【语评】

"温故知新"的要害在善思,温而思之,才能新意出之。

君子不器

【语义】

可译作:一个有才德的人,不能像某个器具一样,只能有某一个方面的用途。言外之意是,一个人应该能够担当多方面的重任,适应多个岗位的需要。

【语评】

艺不压身。人活于世,要适应社会的需要,当应一专多能。

周而不比

【语义】

亲密团结却不结党勾结。

【语评】

此为君子相处之人际关系,与人相处当是如此。

比而不周

【语义】

结党勾结却不亲密团结。

【语评】

此为小人相处之人际关系,与人相处时当戒。

异端邪说(又邪说异端)

【语义】

义为与正确思想相悖谬的邪枉之说。后则是以自己为准,指斥他人思想、学说的一种说法,如欧阳予倩《桃花扇》第一幕:"谁要是不跟随着他,不附和着他,他就说你是毁圣叛君,说你是异端邪说。"

多闻阙疑

【语义】

义为遇事要多听听别人是怎么讲的,有疑问的地方暂且保留起来。

【语评】

此章言为官之道,意在教人凡事要认真思考,言谨行慎,不要是非不分,随意言行,亦含有凡事要谦虚谨慎、不要不懂装懂的意思。

禄在其中

【语义】

义为俸禄就在里面。引申指生活有了着落,衣食没有忧虑,如《隋书·儒林传·序》:"古之学者,禄在其中;今之学者,困于贫贱。"

【语评】

"禄在其中"反映了读书做官的一种思想,反映了"劳心者治人,劳力者治于人"(《孟子·滕文公上》)的一种思想,其中有需要批判的东西。但是细细去想,也有许多合理的成分在其中。从"知识就是力量""管理就是财富""科技就是生产力"的角度来说,又何尝没有道理? 而且,作为一个完全的社会,管理者和被管理者、统治者和被统治者,在任何时候、任何情况下都是不能或缺的,学习做官的本领只要学得好,坐在官位上不贪污、不腐化、不堕落、不玩忽职守,认认真真地去为人民大众做好事、做实事,而后心安理得地去享有他应得的一份报酬,又有什么不可? 现在社会已经进入了 21 世纪,"馁"在"耕"中的问题仍然没有彻底解决,为官仍然是许许多多人的不懈追求,何必再去对 2500 年前的孔子说三道四?

【语义】

义为重用正直正派的贤者而贬黜邪曲奸佞的小人,老百姓就会信服;重用邪曲奸佞的小人而贬黜正直正派的贤者,老百姓就不会信服。

【语评】

这当然是对统治者讲的,为民者亦当以此作为衡量为官者好坏的标准。

举直措枉(又举直厝枉)

【语义】

意与"举直错诸枉"同。措:本为"错",后作"措"。

大车无輗

【语义】

比喻人如果没有信用就不可能在世上立足。参见"人而无信,不知其可也。大车无輗,小车无軏,其何以行之哉"。

陈侯鼎

百世可知

【语义】

义为无论在经历了多少年代之后,都是可以推知的。

【语评】

孔子在这里讲的是作为一个民族,有着区别于其他民族的最为根本的东西。这个根本的东西贯穿于民族的始终,只要这个民族存在,那么这个根本的东西就不会灭绝,无论世道如何变化,都只能是围绕着这个根本的变化,万变不离其宗,因此未来是可以推知的。中华民族就是中华民族,她有她的道统,这个道统就是中华的文化和风情。一旦这个道统丢失,中华民族也就在这个世界上泯灭了。人虽不会全然死去,但是祖宗没有了,民族没有了,祖国没有了,他也就不再是中国人了。或许有人说,要祖宗何用,要民族何用,我讨厌做中国人!我无言以对。只是想问一句,连祖宗、祖国都可以抛弃的人,外国人会看得起你吗?

百世不易

【语义】

义为千秋万代,永远不变。

见义勇为(又见义勇发)

【语义】

义为看到正义的事情要勇于去做。

【语评】

"见义勇为",这在向着市场经济进军的社会里,在人们崇尚着金钱的时代,是尤其应该呼唤和提倡的。

见义必为

【语义】

义为见到正义的事情一定去做。

八佾篇第三

是可忍，孰不可忍

【语义】

义为倘若这件事情可以忍受，那么还有什么事情不可以忍受呢？言外之意是说，对于此事已经忍无可忍。

【语评】

"佾"是乐舞之行列，一排八人为一佾，"八佾"是八排之佾，横竖各八人之乐舞。周制，此为天子所能观赏之乐舞。宋朱熹《论语集注》："佾，舞列也。天子八，诸侯六，大夫四，士二。"超出于上，则有僭越篡逆之嫌。属于僭越之嫌者，《论语》中还有，如《八佾篇第三》之第6章："季氏旅于泰山。子谓冉有曰：'女弗能救与？'对曰：'不能。'子曰：'呜呼！曾谓泰山不如林放乎？'"这是孔子那个时候的思想，他是按照那个时候严格的等级要求论定的。当然，单就此事而言，似乎也不一定要大动肝火，愤愤不平，孔子大概是相联而思，季氏专权鲁国，横行霸道，因而借机发泄罢了。

其实，就孔子而言，对于不同的人，也还是有着不同的分析。比如对于管仲，他就不是那样愤愤不平，如本篇之第22章言："子曰：'管仲之器小哉！'或曰：'管仲俭乎？'曰：'管氏有三归，官事不摄，焉得俭？''然则管仲知礼乎？'曰：'邦君树塞门，管氏亦树塞门。邦君为两君之好，有反坫，管氏亦有反坫。管氏而知礼，孰不知礼？'"他批评管仲度量狭小，不能节俭和不能守礼。但是当着别人否定管仲是一个没有仁德的人的时候，他却坚决反对说："桓公九合诸侯，不以兵车，管仲之力也。如其仁，如其仁！"并且说道："管仲相桓公，霸诸侯，一匡天下，民到于今受其赐。微管仲，吾其被发左衽矣。岂若匹夫匹妇之为谅也，自经于沟渎而莫之知也？"（《宪问篇第十四》之第16章、17章）由此来说，孔子是以对人民有利与否作为认识事物和判断是非的标准的。只是就八佾言之,世道发展到今天,则是与已往有天壤之别,只要有钱有权,岂止是超规格的歌舞醉乐?只是,你也不要过分地得意忘形、忘乎所以、肆无忌惮、为所欲为,明目张胆地触犯国家的法律。

忍无可忍

【语义】

义为到了实在无法忍受的地步。

【语评】

"忍无可忍"也要做具体分析:对于伤害国家、民族、人民的思想言行忍无可忍,可以助你成为仁人志士;对于触犯个人思想、情志、利益的忍无可忍,则可能使你成为莽撞匹夫。

礼奢宁俭

【语义】

义为礼节与其繁杂不如俭约。参见"礼,与其奢也,宁俭"。

戒奢宁俭

【语义】

义为宁可生活上拮据一些也不要奢侈,亦可作宁要俭省不要奢侈讲。

【语评】

创业容易守业难。愈是在经济发展时期,愈是在生活富裕之后,愈是难以做到戒奢宁俭,愈是应该倡导戒奢宁俭。任何时候,任何情况下,即便你是百万富翁、千万富翁、亿万富翁,你有挥霍奢侈的条件,但是你没有挥霍奢侈的权利。要知道,地球的资源是有限的,而且,物极必反,自己的挥霍奢侈则意味着他人和子孙的困顿贫穷。

君子无所争

【语义】

义为君子没有什么争持不下的事情。

绘事后素

【语义】

义为绘画之事后于先有白色丝绢,亦为先有白色丝绢而后才可以谈论绘画之事。后亦用作比喻行事初始简单,而后渐趋深入,最后达到很高的程度,如汉荀悦《汉纪·元帝纪》:"孔子曰:'行有余力则可以学文,简于始也,绘事后素成有终也。'"又比喻有了良好的质地,才能做锦上添花的工作,如清曾国藩《抄〈朱子小学〉书后》:"仲尼曰'行有余力,则以学文',绘事后素,不其然哉?"

【语评】

子夏由此推论而出,礼并非人之先天就有,而是在出生之后慢慢学得,是后天的培养,因此受到孔子的表扬。学习要善于联想思考,才会有新的发现、体会。

考献征文

【语义】

义为从古代遗留下来的文献和熟悉历史的硕儒中可以考察证明。后引申指引经据典。

如指其掌（又如指诸掌）

【语义】

义为如同指着他的手掌一样，比喻事情很容易做到。三国·魏何晏《论语集解》在注释"指其掌"的时候，引用汉包咸的话说："如指示掌中之物，言其易了。"

了如指掌（又了若指掌、明如指掌）

【语义】

义为对事情了解得非常清楚。

祭神如神在

【语义】

义为祭祀神灵的时候就如同神灵在自己眼前一样。形容用心之真切虔诚。

【语评】

无论做什么事情，我们都要有"祭神如神在"这样一种心态，认认真真，一丝不苟，要感到冥冥之中有眼睛在监视着自己，不容你有任何粗心和懈怠，不容你有丝毫不轨和邪念，这眼睛其实就是你的良心。这也就是《大学》中所倡导的慎独，"毋自欺也"。

宁媚于灶

【语义】

就字面解是宁可向灶神讨好也不巴结奥神，引申而言其义为做事与其巴结位高的人，不如巴结顶头上司。

【语评】

今人所言"不怕官,只怕管"与之有同。不同者,"不怕官,只怕管"言内心之惧怕,而"宁媚于灶"则是讲内心取悦之趋向。孔子所言"不然",是从另外一个意义上讲的,是说要服从于大局,而不为一时去利己,倘若没有了全体,也就没有了个别。

每事问

【语义】

义为对于自己不懂的事情,每一件都要详细地向别人请教。后引申指在每遇事情时都要先做调查研究,如毛泽东《反对本本主义》二:"迈开你的两脚,到你的工作范围的各部分各地方去走走,学个孔夫子的'每事问',任凭什么才力小也能解决问题"。

【语评】

"每事问"表现了人的谦逊好学、诚实不欺以及执着追求的一种向上的思想和品德。不懂就是不懂,不要装懂,而且要去虚心地学习,这就是礼,这样做才是符合礼的要求。所以,孔子说"是礼也"。

力不同科

【语义】

义为力量大小不同,不能划一。

【语评】

引申而言,人的能力也有大有小,不可强求。只要努力,就好。

告朔饩羊

【语义】

就字面解是朔日祭祀时用的活羊,后喻为图存形式、虚应故事。

【语评】

周时,天子于每年十二月把次年的历书颁发给各诸侯国,诸侯接受后将其供奉于宗庙之中,每月朔日宰杀一只活羊祭祀。《周礼·春官·大史》:"颁告朔于邦国。"汉郑玄注:"天子颁朔于诸侯,诸侯藏之祖庙,至朔朝于庙,告而受行之。"此一习俗传至孔子时,鲁国的国君已经不能亲临宗庙,杀羊祭祀已成形式,所以子贡亦欲免除杀羊的规矩。孔子反对子贡的主张。前言"礼,与其奢也,宁俭;丧,与其易也,宁戚"时说孔子重内容而轻形式,此处似有相悖。其实这里讲的是孔子反对废弃告朔之礼,所以也反对废除杀活羊祭祀,他想要说的是不管别人怎样,自己做事要认认真真。由此而言,也是对的。当然,子贡所言,亦不无道理,既然已经形同虚设,何必还要牺牲一只活羊? 站在不同的立场,则会有不同的认识,不必去争论一个孰是孰非。

爱礼存羊

【语义】

本义为因为爱好礼的规定而主张保存用活羊来祭祀,后泛指因为留恋某种感情而保存某种事物的原貌。

乐而不淫

【语义】

义为快乐而不放纵。本是针对《诗经·周南·关雎》这首诗中所表现的思想情感而言,后泛指。言外之意是高兴起来不可忘乎所以。

【语评】

凡事皆有限度,孔子主张做到中和、中庸,恰到好处,不可过之,亦不可不及。

孔子主张爱人,也主张爱己,而且甚知养生之道(参见本书《乡党篇第十》之第8章成语"食不厌精,脍不厌细"引文),乐不可淫、哀不可伤就包含有养生之理。意思是说要从感情的两端加以节制,不可以过分陶醉于欢乐之中,亦不可过分沉溺于悲痛之中。然而在有些情况下,也是难以控制得好的。以孔子而论,颜渊死的时候,他就哭得有点过分伤心,并且捶胸顿足,仰天呼啸:"噫!天丧予!天丧予!"过后,当学生说起这件事情时,他还说:"有恸乎?非夫人之为恸而谁为?"(《先进篇第十一》之第9章、第10章)当然,这里需要特别指出的是,孔子的爱己不单是为了个人的生存苟活,而是有着更高的追求。

哀而不伤

【语义】

义为悲哀而不伤害身体。此亦是针对《关雎》这首诗中所表现出来的思想情感而言,后泛指。参见"乐而不淫"。

尽善尽美(又尽美尽善)

【语义】

义为事物达到了理想的完美无缺的状态。

【语评】

"尽善尽美"反映了一个人应有的理想和追求。我们做任何事情都必须努力再努力、认真再认真,至少是自己觉得已经无可挑剔、完美无缺,达到了非常满意的程度才肯罢休。即便如此,也只能说是相对而言,在别人看来,未必就没有瑕疵。所以说,"尽善尽美"是一个不断奋进和不断完善的过程,人永远不可止步不前、故步自封。

大克鼎

里仁篇第四

造次颠沛

【语义】

比喻人在仓促匆忙和穷困受挫之中。

【语评】

为人之道,什么时候都不能忘记,哪怕是在匆忙急迫之时,还是在挫折困顿之中。

颠沛流离(又流离颠沛)

【语义】

形容生活艰难,到处漂泊流浪。

【语评】

流离:东奔西走,流转离散。

观过知人(又观人知过、观过知仁、知仁观过)

【语义】

义为察看一个人所犯的错误,就可以知道他是个什么样的人了。

朝闻道,夕死可矣

【语义】

可译作:只要是能够在早上弄清了自己想要弄清的问题,就是晚上死去也是无憾的。

【语评】

"朝闻道,夕死可矣"反映了孔子对于知识和真理之渴望、追求的迫切心情,反映了孔子积极向上、永无止息的一种昂扬奋斗的精神。

人都是要死的,这是客观的一种必然,过去有多少人去追求长生不老而不可能。与其如此,不如去追求知识和真理,使自己得到满足和充实,因此说不能放弃学习。要活到老、学到老,特别是在当今知识四溢的社会里,尤其应该像孔子那样,终生付出努力,直到死而后已。

朝闻夕死

【语出】见上,由"朝闻道,夕死可矣"简化而成。

【语义】

义与"朝闻道,夕死可矣"同。

恶衣恶食(又恶衣菲食、恶衣粗食、恶衣粝食)

【语义】

义为粗粝的食物,破旧的衣服。形容生活俭朴。

无适无莫

【语义】

义为待人处事,不偏不倚,不分亲疏,不厚此薄彼。

【语评】

适:通"嫡",亲也。莫:薄也,此处是疏远的意思,与"适"相对。

礼让为国

【语义】

义为以礼义谦让的精神治理国家。

【语评】

岂止为国需要礼让? 和谐人与人之间的关系尤其需要礼让。俗话说:"礼多人不怪。"

一以贯之

【语义】

义为用一句话就可以贯穿到底。本指孔子的忠恕之道贯穿其一生的思想和言行之中,后泛指一种思想、理论、道理、观点贯通事物的始终,如朱自清《经典常谈》十三:"到了《红楼梦》,组织才更严密了;全书只是一个家庭的故事。虽然包罗万象,而能'一以贯之'。""一以贯之"又简化作"一贯",如唐张九龄《故河南少尹窦府君墓碑铭序》:"形有万殊,道以一贯。"亦引申作同一道理讲,如宋叶适《宜兴县修学记》:"上该千世,旁括百家,异流殊方,如出一贯。"

【语评】

做事当一以贯之,做人尤其应当一以贯之。如何才能做到一以贯之? 时时不忘"忠恕"二字。

"忠恕"何解？于人诚厚宽信、竭尽心力，于己将心比心、推己及人。用孔子的话说，一是"己所不欲，勿施于人"（《颜渊篇第十二》之第 2 章），二是"己欲立而立人，己欲达而达人"（《雍也篇第六》之第 30 章）。

见贤思齐（又见德思齐）

【语义】

义为看见德行高尚的人就要想着向他看齐。

【语评】

见贤思齐，向上阶梯。

游必有方

【语义】

义为出游一定要有确切的地方，后引申指做事要有确定的努力方向。

一则以喜，一则以惧（又一则以喜，一则以忧）

【语义】

义为一方面感到高兴，一方面感到忧惧。本指父母年事而言，后泛指，用于形容喜忧交织之心情。

【语评】

期盼父母健康长寿，为父母健康长寿而感到高兴，然而人毕竟都要离开这个世界，因此又为父母年迈将去而感到忧惧，为父母垂暮体衰而感到忧虑，此为孝子之常有心态。

讷于言，敏于行（又讷言敏行、言讷行敏）

【语义】

义为在言语上可以迟钝一些，在行动上则一定要勤勉敏捷。

【语评】

做人当言讷行敏，言讷是少说、适可，少说、适可人不厌烦；行敏是勤快、利落，勤快、利落人人喜欢。

言讷词直

【语义】

义为言语不多但言辞率直。

德不孤，必有邻

【语义】

可译作：道德高尚的人是不会感到孤苦独立的，一定会有人来与他相依为伴。后泛指做好事的人，一定会有人前来帮助或得到支持。

【语评】

邻：邻居，此处引申指伙伴。